議論と翻訳

明治維新期における知的環境の構築

桑田禮彰

新評論

議論と翻訳／目次

議論と翻訳

明治維新期における知的環境の構築

凡例

一　引用文の出典等は、基本的に、引用文末尾に（　）で示した。

一　引用文中の（中略）は引用者＝筆者による省略、［　］は引用者＝筆者による補足説明である。

一　引用文中のルビは、基本的に、引用者＝筆者が付したものである。

一　引用文献については、「主要引用文献索引」として、本書末尾に掲げた。この「索引」に挙げた翻訳書のうち、筆者が原書を参照したものは、その版名を翻訳書名の直後に付した。なお、この原書版は、引用した翻訳書の底本になっているとは限らない。

一　引用した翻訳書の訳文・訳語は、一部変更した。

一　翻訳語・外国人名の直後には、適宜、原語・原綴を挿入した。

はしがき

私は最近、とりたてて老いを痛感するようになったわけではないが、それなりの年齢になって定年退職が近づいたせいか、これまでの自分の人生を振り返り、「私は何をやってきたのか」と考えることが多くなった。もっともこのこと自体が、老いであり、少なくとも私なりの老いのかたちかもしれない。それはさておき、右の問いに対する答えは、すぐに見つかった。私がやってきたのは「議論と翻訳」である。

それは、必ずしも私がこれまで実際に数多くの議論に参加し、ひっきりなしに翻訳を行なってきたということではない。むしろそれは、多少の議論と翻訳の経験をもとに、私が他人と言葉をやり取りするときはいつでも、議論や翻訳をやるような姿勢で臨んできたということを意味する。議論をやるような姿勢とは、相手の言葉を理解し考え、その自分の考えを相手に向かって言葉で表現し返す姿勢というほどのことであり、翻訳をやるような姿勢とは、言葉が通じない者どうしのために両者の表現と理解を仲介しようとする姿勢のことである。

翻訳者は議論の直接の当事者ではなく仲介者にすぎない。しかし、異言語使用者間の議論は、その仲介がなければ成り立たない。翻訳者は、議論の一方の当事者の表現を、その相手となる他方の当事者に代わって理解し考え、その他方の当事者に向かい、先の当事者に代わって表現する、という仕方でその仲介作業を行なう。それゆえ翻訳者は、このように理解と表現という議論の本質的プロセスに深く関与する以上、議論の非当事者とはいっても、議論の局外に身を置くたんなるオブザーバーとかアドバイザーとは異なり、むしろそれなりの仕方で議論に深く関与し議論それ自体の成立を可能にする、当事者双方を代理し媒介する媒介代理人である。

私は、他人との言葉のやり取りには必ず議論的要素が含まれている、と考えている。その意味で、少なくとも物心がついて親に叱られ自分の意見を主張し始めてから今日まで、私はたえず議論の中にいた。「議論」は、私にとっての生活環境である。

これに対して「翻訳」のほうは、なるほど実際に公刊された翻訳の仕事という点では、もっと量的・時間的に限定されている。私が出版社から依頼されて、いわゆる翻訳の仕事を始めたのはようやく二〇代の後半であり、しかもその仕事は、断続的に行なわれてきた。私は翻訳の専門家、翻訳家ではない。しかし、私にとって翻訳は、実際の翻訳の仕事にかぎられるものではなく、むしろその仕事をとおして身につけた基本姿勢、上述の意味での仲介者・代理人としての姿勢であり、あくまでもその姿勢の点で、幼い頃の英語学習を出発点として、私の人生において「議論」に負けない広がりを持っている。

ただし議論における意見表明のプロセスのほうは、相手の言葉の聞き取りに始まり自己表現をもってひと区切りがつき、いったん完了するのに対し、翻訳のそれは、外国語の読み取りに始まり、あくまでも日本語表現にまで至らなければ完了しない。それゆえ私の翻訳作業は、数多くの外国語文献を読解してきたとしても、その一部しか日本語で公刊してこなかった以上、プロセスの中途で止まっているものが多いことになる。外国語文献を読解して書かれる私の論文は、私自身の自己表現であり私自身が議論に参加することであるが、もはや厳密な意味では仲介・代理としての翻訳作業ではないからである。

しかし、私の言う「翻訳をやるような姿勢」の核心は、日本語の枠を乗り越えて外国語の表現を受けとめ、考え、何らかのかたちで議論の場で表現することにあるから、たとえその表現が原著者の言葉の直接の言い換えではなく自分の言葉になっていたとしても、その姿勢を貫いたことになる、と私は考えている。簡単に言えば、この姿勢は、日本語の外の視点を重要と観じ、それを、厳密な意味での翻訳（和訳）を含むさまざまな表現のかたちで日本語の議論に導入・紹介しようとするそれである。この意味で、翻訳は議論を開かれたものにする。

本書はまず何よりも、私が議論と翻訳の経験をとおして身につけたこのような基本姿勢の起源を、明治維新期に探る試みである。

＊

議論と翻訳について、もう少し敷衍しておこう。

上述したように、私にとって議論とは、何か特別の場で特別のかたちで行なわれるものではなく、他人との言葉によるコミュニケーションとほぼ同じ広がりを持ち、したがって日常生活全般に及ぶものであって、しかも私は個人的な思索を、内在的議論と考えており、他人の言葉を受けとめ他人へ向かって語りかけることなしにはありえないものとみなしているので、議論は私にとって、思索によって中断されないからほぼ生活に等しい。実際、職場でも家庭でも宴会でも、そして書斎でさえも、言葉のやり取りの相手が現に目の前にいるか、たんに記憶や想像の中に存在するかにかかわらず、どこにいても私は議論をしてきたと感じている。

議論は、必ずしも激しい言葉の応酬というかたちを取るわけではない。静かで穏やかで落ち着いた議論は、いくらでもある。議論には、にらみ合いや、内在的議論としての思索のように、沈黙の局面さえある。

ただし、沈黙は、議論を構成する一要素とはなりうるが、議論の全体を支配することはできない。にらみ合いにしろ個人的な沈思黙考にしろ、いつかは何らかのかたちの表現へと至る。議論は、発端としても目標としても、表現を前提する。議論は、過去と将来の表現がなければ始まらない。

しかし、人間の言葉は、その起源においてそもそもは何を表現するものだったのか。ふつう人類の最初の言葉は、飢えとか渇きを癒したいという自分の身体的欲求を表現したと思われている。これに対してルソーは、原始時代の人間の最初の言葉が表現したのは自分の身体的欲求ではなく、相手に対する精神的欲求、相手に対する愛・憎しみ・憐れみ・怒りの情念であったと言う（『言語起源論』第二章、小林善彦訳、現代思潮社、一九八二年）。言語表現は最初から、自己閉鎖的ではなく、相手に向かって叫ばれた自己表現であり、それゆえ社会と文明の輪郭をすでに素描するものであった。さらに踏み込んでルソーは、一人の人間の最初の言葉についても、こう述べている。「この〔赤ん坊の〕泣き声を人々はそれほど注意にあたいするものとは思っていないのだが、ここから、人間の、かれの周囲にあるすべてのものにたいする最初の関係が生じてくる。ここに社会の秩序を形づくる長い鎖の最初の輪がつくられる」（『エミール』上、今野一雄訳、岩波文庫、二〇一六年、九九頁）。言語表現は、社会秩序あるいは人間の結びつきを形成する。個人的な叫びは、社会的な議論の発端である。

ルソーによれば、各人の身体的欲求は人間相互の斥力として働き、相互を遠ざけ、相互に無関心とさせ、相互の情念を消滅させるであろう。それに対し各人の精神的欲求である情念は相互の引力として機能し、相互を近づけ、相互に関心を抱かせ、各人に相手へ向かって言葉を叫ばせる。憎しみや怒りに発するものでも、叫びは相手を自分に近づけるのである。議論の原型は、おそらくこの原初の叫び、誕生の際の叫びにある。議論はこの叫びが展開されたものであって、社会秩序形成に不可欠な道具である。言葉は、たとえ独白であっても、相手を前提し、将来の議論を想定しているのである。

さて、翻訳もまたコミュニケーションに関わり、したがって広い意味での議論に関わる。翻訳とは、異なる民族語の使用者間の意思疎通を可能にすることによって、両者の間の議論を実現するものである。ふつう議論は、そこへの参加者たちに共通する民族語によって——通常は参加者たちの母国語によって——行なわれるから、参加者の範囲が言語的に限定されているが、翻訳はその限界を乗り越えさせてくれる。翻訳利用者は、母国語の中にとどまりながら、外国人の叫びを聴き取り理解し検証し、それについて考え、異議を申し立て、意見を述べることができるようになる。

外国語で書かれた原著を日本語に訳す翻訳者は、自分の主張を表明するわけではなく、あくまでも原著者の主張を代弁するのだから、その代弁作業の正確さだけが求められる黒子であり、一見するとメッセンジャーのように見える。しかし、その代弁作業は、運搬物にいっさい手を触れない郵便配達作業とは異なり、議論を構成する他の作業(思索・検証・説得など)と同様、理解と表現のプロセスをうちに含んでいる。つまり翻訳者は、発話者の言葉をそのまま伝えるたんなるメッセンジャーではなく、原書の内容を理解し、それを日本語で表現し直すわけだから、むしろすでに述べたとおり、原語で表明された原著者の意向を正確に日本語で日本語読者に伝えるよう義務づけられた、原著者と日本語読者を媒介する代理人である。原著者本人は、日本語による議論の外に身を置きながら、代理人としての翻訳者を介してその議論に間接的に参加する、と言えるかもしれない。

議論は、同じ一つの民族語=母国語で行なわれるかぎり、閉鎖的にならざるをえない。翻訳は、この閉鎖性を打ち破る、あるいは少なくともそれに風穴を開けるものであって、外国の新たな視点の提示によって議論の質を高めるばかりか、柳父《やなぶ》章《あきら》が示したように(『翻訳語成立事情』岩波新書、一九八二年)、翻訳語の創出により日本語自体の体質を議論になじむように変化させ、さらにはベンヤミンが述べたように（「翻訳者の課題」『暴力批判論』所収、野村修編訳、岩波文庫、一九九四年）、大きな視野で見れば、諸民族語の多様性という現実を乗り越え統一的な純粋言語へと向かって踏み出す一歩となり、したがって――双方向となるのは少し先のことであるとしても――世界的な規模での議論の輪郭を素描するものである。

＊

議論は、人間にとって言葉を用いる問題解決法である。議論における相手の言葉の理解も自分の言葉の表現も、議論のすべては、問題の解決に向けられている。優れた問題解決に至りついて初めて、議論はその役割をまっとうしたことになる。では実際に、私がこれまでの人生の中で自ら参加した、あるいは外から注視した議論は、その役割を果たし、課された問題を見事に解決したか。そして、いま現に参加し注視しているそれはどうか。私の経験からすると、答えは否定的である。経験的に私には、議論という方法を通じて問題解決に至るのは困難である、という印象が強い。その点では、カール・シュミットが報告した（『現代議会主義の精神史的状況』樋口陽一訳、岩波文庫、二〇一五年）、一世紀前に西欧で議会主義者たちが挫折したときの心情は、私にはよく分かるような気がする。いくら議論しても根本的な問題解決へ至れない、という徒労感である。

しかし、だからといって、議論への参加を拒否すること、議論それ自体を放棄すること、議論による問題解決を諦めることはできない。それは問題解決への参与を拒否しそれを他人に委ねること、問題に無関心になり独裁に道を開くこと、結局は言葉のやり取りに支えられる共同生活に背を向けることになるからだ。私が実際に経験し注視してきた議論は、たしかに根本的・決定的な解決に至ることは全然なく、きわめて無力に見える。だが重要なことは、そこから、議論という問題解決法には経験的に致命的な欠陥があることが明らかになったからそれを放棄すべきだ、などという結論は絶対に出てこないということである。人間には問題が山のように与えられている。それを解決する方法は、議論しかない。いくら徒労感があっても、解決策をともに探究しなければならない。その協力し合った探究が議論である。

私が議論の経験から引き出した教訓は、議論では根本的解決について性急であってはならないということである。議論は、問題の深さを見据え、必要なら一世紀以上先までの展望を立てる必要がある。そしてたえず、いまここで議論の質を高め機能を上げる工夫をすべきである。議論に臨む者は、ただ参加し、ただ発言すればいいというわけではない。参加者は、議論のプロセスを構成する理解・思策・表現といった具体的作業を、より充実したものにすべく努める必要がある。そうした改善努力も行なわないうちに、この議論という問題解決法を、まるごと捨て去るわけにはいかない。

私が本書で行なったのは、私なりのそうした改善努力のささやかな試みである。議論を改善しようという努力は、自分の思策を含む議論現場で、相手の意見を理解し自分の意見を明確に表現しようという議論参加者各人のそれに始まり、それに尽きる、と私は考えている。政治・社会・マスメディアなどが弾圧・偏見・誘導といった大きな力によって、議論環境をまるごと歪めたとしても、それを重大な問題としてしっかりと見きわめ、議論をとおしてその解決法を探るのは、結局、その議論への参加者一人ひとりだからである。それゆえ、議論への参加者各人は、議論それ自体の要石であるとともに、議論の改善のそれであって、このことは議論規模がどれほど拡大し、たとえ全国規模・世界規模になっても変わらない。ただ、議論への参加者各人には、問題の規模や深さに応じて、視野の広さ、遠くを視る力が求められることになる。

問題解決のために質の高い議論を機能的に行なうには、議論をたえず改善する参加各人の努力が必要であり、そのためには参加各人が議論環境の歪みに敏感でなければならない。しかし、私たちは自分の居心地のいい生活環境に一般に鈍感である。居心地のよさは、歪みを忘れさせる。議論環境についても、それは言える。たとえばいま、何についても議論を行なうことは当然だと思われているが、少数意見を無視し翼賛的意見に導かれて議事がスムーズに進むことに心地よさを感じても違和感を覚えないという鈍感さが広がっている。この鈍感さは、議論環境の核心に触れる歪みを見逃す。

いま問題なのは、問題解決法としての議論の無力さではなく、個々の議論の質を低下させ、議論を改善しようとする各人の努力を徒労感に変える議論環境の歪みである。この歪みこそが、議論からその問題解決能力を奪っているのだ。そしてこの歪みの恐ろしさは、議論の参加者をその歪みそれ自体について鈍感にし無自覚にする点にある。つまりこの歪みは、議論環境を構成する常識や慣行を歪めることによって、その中で生きる議論参加者一人ひとりの議論感覚を知らず知らずのうちに歪めるのである。

この歪みを正す作業は、議論環境の全体が問題となり、その環境を生きる議論参加者一人ひとりの自覚と努力が不可欠であって、にもかかわらず鈍感さがはびこっている以上、決して容易ではない。しかし、まずは現在の議論環境が孕む歪みを浮かび上がらせる作業から始めるべきであろう。私たちがいま生きている議論環境は、歴史の産物である。過去へ遡って起源を訪ねれば、その原型のようなものが発見できる。ちょうどルソーが『人間不平等起源論』（世界の名著30「ルソー」所収、小林善彦訳、中央公論社、一九七三年。原著初出は一七五五年）で、現代社会をそのまま直接分析することはきわめて困難であるから、起源を探って、いったん現代社会の原型的モデルとして「自然状態」を設定し、それを鏡として、そこに映し出しながら現代社会を分析したように、ただしできるかぎり実際の歴史に忠実な仕方で、つまりその点ではルソーから少し距離をおいて、現在の議論環境をその原型に照らし合わせてみるという方法がある。ルソーにとって「自然状態」は、たんなる理想状態ではなく、それに照らし合わせて現代社会の問題点を浮かび上がらせる道具である。私が本書で、現在の議論環境の問題点を浮かび上がらせるために原型として用いたのは、明治維新期の議論環境である。

我が国において、社会的規模の議論環境は、はるか昔から整っていたわけではない。それが整備され、問題解決の方法として「万機公論」「多事争論」などと呼ばれる議論が当たり前になったのは、いまから一五〇年ほど前の明治維新期になってからである。そのとき我が国の議論環境は、「文明開化」のための翻訳環境と合わせて、つまり開かれたかたちで構築された。

＊

議論が理解・思策・表現の局面から構成されているとすれば、本書もその三局面を備えている。つまり本書はそれ自体、議論の試みであり、他人の叫びを受けとめ思索し、その結果を他人に向かって表現し返したもの、そのかぎりで議論を前提し予想した、いまここの私の叫びである。そして本書はそれ自体、議論の改善の試みでもある。私は、この叫びに読者から応答の叫びがあれば、相互に協力し合いながら相互の叫びを呼応させて議論のかたちに練り上げ、そうして議論の機能を回復させ、それを一時的なものに終わらせず持続させたいと思う。

本文の叙述を始めるに先立って、そうした叫びを呼応させる作業について示唆的な一本の映画作品を若干詳細に紹介し、それに沿って基本的考察を行なっておきたい。それはジム・ジャームッシュ Jim Jarmusch 監督の「ダウン・バイ・ロー」（一九八六年）という作品である。

アメリカのニューオリンズにある刑務所内の狭い一監房。二段ベッドが二組設置されているから、四人収容の房である。そこに、まず男が二人だけ収監される。ひとりは元ＤＪ（ディスクジョッキー）で失業中のザック、もうひとりはポン引きのジャックである。二人は、そこで一緒になる前は見ず知らずで、いずれも知人に騙され無実の罪で刑務所に入る羽目になった。両者は、房ではじめて顔を合わせ、二言、三言、言葉を交わすと、相手を罵り合い、取っ組み合いになって、その後は、たがいに口をきかなくなる。

まもなく、同じ房に三人目の男が放り込まれる。イタリアからやってきたばかりの移民ボブである。彼は、ギャングから追われ、身を守ろうと投げたビリヤードの球の当たり所が悪く、相手が死んでしまう。殺人罪での収監である。彼はまだ英語が片言しか話せず、必死になって英語を習得しようとしている。でも、はじめから居た二人は互いに黙りこくっており、新参者の外国人に関心を示さず、相手にもしない。これに対してボブのほうは、英語学習の意欲に燃え、二人からうっとおしがられても、どんどん英語で二人に話しかけ、重要表現を見つけると、すぐに手元のメモ帳に書き留める、といったぐあいである。

こうして、そっぽを向き合う二人も、次第にボブのペースに巻き込まれていく。ボブが動詞の活用練習の調子で、“I scream / You scream / We all scream / For ice cream.”（オレは叫ぶぞ／オマエは叫ぶぞ／オレタチ皆で叫ぶぞ／アイスクリームをよこせと）と、I scream と ice cream をかけたユーモアたっぷりのシュプレヒコールを連呼し出すと、思わずあとの二人もそれに引きずられて声を上げ、さらにはそれを聞きつけた他の房の囚人たちも同じように叫び出し、刑務所中の大合唱になる。

軽快な語り口でＤＪをやっていたザックはもとより、女を巧みな話術で売春に誘い入れるジャックも、いわば職業上は饒舌だったが、私生活では入所前から極端に寡黙であった。二人は一種の英語の専門家であって、英語を話す優れた能力を人一倍持っているのに、互いに交わすべき言葉が見つからない。ボブはその逆で、話したいことが溢れるようにあるにもかかわらず、英語の表現力が十分ではない。二人の英語のプロどうしのコミュニケーションの欠如が、たどたどしい英語しかしゃべれない外国人によって打開される、という皮肉な逆説がここにはある。

しかしボブは、たんなる話し好きでも、たんなる熱心な英語学習者でもない。もしそれだけのことだったら、ボブは二人のコミュニケーションの欠如の打開などという役割を果たすことはできなかったはずである。ボブの話し好きと英語学習欲の背後には、それ以上の何かがある。それは何か。

観客には、ストーリー展開とともに少しずつ、それが分かってくる。まもなくボブは、二人の同房者に、そっと脱獄計画を持ちかける。その計画はボブのリーダーシップのもと、すぐさま実現された。ところが刑務所の外には逃れたものの、三人はたちまち窮地に陥る。刑務所は、ワニや毒ヘビがうようよいる広大な沼地に囲まれており、彼らはそこを何日も彷徨うことになるからだ。元ＤＪとポン引きは、空腹も手伝って、そこでも自分こそがリーダーであると言い争う。しかし、二人がいがみ合っている間に、食料として野ウサギを捕まえてきて、三人の空腹を一時満たしてくれるのはボブである。「それ以上の何か」とは、まずは、ボブの計画力・実行力・生活力に裏打ちされたこの実質的なリーダーシップである。「話し好き」も「英語学習欲」も、このリーダーシップを構成するかぎりにおいて、大きな力を発揮するのである。

ただし、ボブに備わるこのリーダーシップは、それと見極め難いものである。まず、観客にも同房者二人にも、英語が苦手のボブは、リーダーシップとは縁遠い者と見える。そもそも、いずれも大柄で風貌のいかつい同房者二人と比べ、華奢で小柄でおとなしそうなボブは、リーダーに似つかわしいとは感じられない。このリーダーシップは、同房者二人に対してと同様、観客に対して、次第に開示されていくのであるが、その本質が明らかになるのは、三人がようやく沼地から脱し、道路を見つけ、その側に一軒のレストランを発見するときである。

同房者二人は、ボブに「あのレストランを偵察して来い」と言う。ボブは素直に出かけて行き、こそこそしないで正面のドアから囚人服のまま堂々とレストランに入っていく。そのボブの無防備とも思えるやり方に、二人は驚きながら、外でボブの帰りを待つが、いつまでたってもボブはレストランから出てこない。しびれをきらした二人がレストランに近づき中を覗く。ボブは一人の女性と、ワインを飲み食事をしながら楽しげに話をしている。二人が、事情を呑み込めないまま中に入ると、ボブがニコニコしながら二人に説明する。女性は、ボブと同じイタリア出身の未亡人で、いまはそのレストランを一人で経営しているが、ボブは彼女とたちまちのうちに、すっかり意気投合し、これからここで彼女と一緒に暮らすことにした、と。ザックとジャックは、ワインと食事を振舞われ、久しぶりに柔らかいベッドでぐっすり寝た上、翌朝、囚人服の代わりに彼女からもらった亡き夫の服を着て、ボブと彼女に別れを告げ、一緒にレストランを後にする。そして二人は、分かれ道のところまで来ると、それぞれ別の道を選んで立ち去っていく。

三人の男の関係は時間的にかなり限られ、その相互協力も脱獄という目的だけのためのものであって、一時的・暫定的である。刑務所の同じ房での三人の出会いは、まったくの偶然、運命のめぐり合わせであった。そして、今後、おそらく彼らは、二度と顔を合わせることはないであろう。三人は、ボブのリーダーシップのもと、それぞれが自分の自由・解放をめざして、刑務所からの脱獄を敢行した。その実現のために必要な結束を固めたのはボブであるが、事が成った後、レストランの未亡人との生活を決断し、結果としてその結束を解除したのも彼である。ボブのリーダーシップの本質は、この結束の断固とした解除に現れているように思える。ボブは、この結束の限界を、いや結局は、その暫定的でしかない現実性をよく分かっているのだ。

＊

この映画のタイトルDown by lawとは、ジャームッシュ自身によると（俗語・慣用句のオンライン辞書サイト「Urban Dictionary」の「Down by law」の項より）、囚人のスラングで、たとえば自分より前に出所し自分の「家族family」に連絡してくれたり、塀の外に残した大切な人を自分の代わりに世話してくれるような刑務所内の「身近なclose」人物を指すらしい。刑務所内のことだから、familyといっても、自ら所属する犯罪組織を含むだろうし、closeといっても、たんなる「友人friend」ではないだろう。このタイトルは、映画のストーリーからすると「脱獄仲間」といったところだが、少なくともこの映画では、たんなる「刑務所内で親しくなった友人」ではなくて、法の圧力が露骨な仕方で貫く刑務所という枠組みの中で、解放を求めてぎりぎり結束可能な相手を表すように思える。その際、重要なことは、ボブが脱獄仲間の選り好みをせず、たまたま同房になった二人をその相手に選んだことである。ボブにとっては、解放のために誰とでも結束は必要かつ可能である。おそらく、刑務所内では法の圧力は囚人一人ひとりに普遍的な仕方で及び、誰もが自由を切実に求めているからこそ、そうした無差別の結束が可能になるのであろう。言い換えれば、同房の二人の空間的な「身近さ」だけが、ボブの結束相手の選択理由である。

三人の人間関係は、一見すると、その結束の暫定性からしても「信頼」「友情」という印象なしの、かなり乾いたものである。特にザックとジャックの関係は、基本は相手に対する関心も相互のコミュニケーションもなく、間歇的に口を開けば相手を罵り合うという現代の人間関係の一つの典型であり、そうした状態は最後までほとんど変わらない。それは、ルソーが『人間不平等起源論』で描いた、言語を持たず、したがってコミュニケーションもなく、互いに無関心のまま、ときに争うとしても、すぐに相互に距離を

同じ監房に入れられた元DJのザック（左。Tom Waites）、ポン引きジャック（中央。John Lurie）、イタリアからの移民ボブ（右。Roberto Benigni）。英語のたどたどしいボブの手引きで、三人は脱獄を敢行する。映画「ダウン・バイ・ロー」（ジム・ジャームッシュ監督、Island Pictures配給、1986年）の一場面。

取って無関心に戻る自然状態の人間関係に酷似している。

二人の間では、言葉が機能を停止している。だから二人の間には、コミュニケーションもまともな議論も、まったく存在しない。このきわめて現代的な言語的閉塞状況を、いとも簡単に打開するのがボブである。しかし、この閉塞状況の根は深い。脱獄劇を通じて、ザックとジャックの間に、確かな「信頼」とか「友情」が芽生えたわけではない。二人が別々の道を選んで歩みはじめるラストシーンが、それをはっきり表している。だが、それにしても、ボブの話し好き・英語学習欲、要するに積極的な言語表現の姿勢が、「脱獄」というかたちをとり、たとえ一時的なものであれ自己解放を実現する中で、少なくともぼんやりした仕方ではあるが「信頼」とか「友情」の輪郭のようなものを二人に、そして観客に垣間見させたことはまちがいない。

いまコミュニケーションは、困難であるが、個人の言語表現が相手と自分の自己解放の文脈にしっかりと位置づけられるかぎり、一時的に実現可能である。私の叫び（I scream）は、相手の叫び（You scream）を呼び起こし、それが暫定的に結び合い私たち皆の叫び（We all scream）となって仮初《かりそめ》の自己解放（のシンボルとしてのFor ice cream）を実現する。実際の脱獄劇としてボブがやってみせたのは、それである。ただしその解放の実現は、口の中に微かな甘さと冷たさを残してたちまち溶けてしまうアイスクリームのようなもので、たんに一時的で暫定的なものにすぎない。三人の結末も同様である。仮初の解放が実現しただけで、結束はたちまち解体してしまう。むしろ、もし三人の登場人物たちが脱獄仲間の「信頼」や「友情」の幻想を今後も引きずるとすれば、現実の厳しさにシッペ返しをくらうだろう。その点で、二人は十分にクールで現実感覚を備えているし、とりわけボブは、今後の生涯を誰と何処で何をして暮らすか、がはっきり分かっている。脱獄劇は、その結束と解放の危うさからして、映画の観客にとって「御伽噺」である前に、三人の登場人物にとって「御伽噺」なのである。

映像にも台詞にもいっさい現れないものの、映画の観客には、そしておそらく三人の登場人物たちにも、彼らのすぐ近くまで追っ手が迫っていることは、よく分かっているはずである。「御伽噺」といってもいろいろで、現実といっさい接点を持たず、それゆえ非現実の世界に設定されて、現実に押し潰されることのない純然たる夢物語もあるが、現実の中にしっかりと位置づけられ、それゆえ夢が実現したとたんに現実によって押し潰される悲話もある。この映画が描く御伽噺は、まるで夢物語のように提示された悲話であるように思える。バラバラになった三人が別々に追っ手に捕らえられるのはもはや時間の問題だ、と観客の誰でもが考えている。しかし、映画は注意深く、その結末をあからさまに描くことは避け、むしろボブと未亡人の幸福の絶頂にある表情に、すぐ近くに迫った不幸の痛々しさを観客が読み取るように表現する。このように暗示された悲話性によって、この御伽噺は、いまだ悲話に至る前の純然たる夢物語でありながらも、儚《はかな》く頼りないが確固とした現実性を獲得する。おそらく、この御伽噺の核心はここに、つまり悲話に終わる直前の夢物語に備わる、頼りない解放の現実性の提示にある。そして観客は、三人の登場人物とともに、「これはどうせ解放の夢物語だから、現実の中ではアイスクリームのようにたちまち儚く消えてしまうに違いないが、たとえそうした頼りないものでも、現実に必ず存在しうるし存在すべきものなのだ」という仕方で、その現実性を確認するであろう。解放は不可能な夢ではなく、困難な可能性なのだ。そして、観客の頭にはそのとき「この夢物語を悲話に終わらせることなく、現実に存在し続けさせるには、ではどうしたらいいいか」という問いが浮かんでいるはずである。

＊

さて、この映画に現れた「母国語堪能者間のコミュニケーションの欠如を外国人が打開する」という逆説に戻ってみよう。一連の脱獄劇の発端は、外国人ボブの英語学習欲であり、英語の叫び「I scream」であった。収監される前、街角で、次々と通りがかりの人に英語で話しかけ、知らない英語表現を聞くと一生懸命メモ帳に書きつけるボブの姿は、通行人にとって、観客にとっても、ほほえましく、ときにうっとうしく、いささか滑稽でもある。しかし次第に、その英語学習欲の射程の広がり・深さ・現実性が、観客にも同房の二人にも見えてくる。そして外国人ボブの英語の叫びは、教室内での初学者の発音練習のレベルを大きく越えて、英語堪能者である相手の叫びを呼び起こし、刑務所の囚人全体の叫びへと広がり現実性を獲得する。外国人のこの英語の叫びは、ルソーが言う赤ん坊の叫びと同様に、社会秩序の形成へと向かう力を持っている。それは、相手を自分に引き寄せ、相手たち相互を近づける力である。

その叫びは、アイスクリームのように儚い自己解放に狙いを定めている。目標の実現がきわめて困難で、たとえ実現しても解放が一時的なものにすぎないことがよく分かっていれば、ふつうは誰もあえて叫ぼうとはしない。しかし、刑務所のように自由が徹底して抑圧され、それに反比例するように解放の欲求が肥大化するところでは、とりわけ解放を求める囚人の叫びが押さえ込まれる。叫びによってこそ、抑圧のために潜在化していた巨大な解放の欲求が爆発的に顕在化するからである。その意味では、自由の徹底した抑圧が行なわれている場で、儚い暫定的な解放を実現するには、叫びは一声でいい。外国人のものであってもいい。叫びはただ、囚人たちの解放の欲求を満々と湛えたダムの水門を開き、その欲求を放流するだけである。しかし、それで実現される解放は、あくまでも暫定的なものであり、自由の日々が続くのも再収監されるまでのことである。自由を謳歌できる時間は、厳しく限定されている。

　この自由・解放の限定性・暫定性・儚さを根本から解消する術は、ないのだろうか。映画が教えるように、発端は言葉である以上、問題は言葉の使い方である。ザックとジャックが置かれた言語の閉塞状況においては、わけても刑務所内の言語の抑圧状況においては、一つの叫びは、たとえようやく発せられたとしても、空しい遠吠えのようになって、それに呼応する相手の叫びを見出せない。だから人は口を閉じ、叫ばなくなる。ボブと出会う前、ザックとジャックには、聞き取った相手の叫びへの自分からの呼応の仕方、そもそも叫びの呼応とは具体的にどのようなものかすら分らなかったのだろう。この叫びの連鎖の不可能性がコミュニケーションの欠如の本質である。閉塞状況・抑圧状況にある者は、たとえ何か特別の叫びを聞き取ったとしても、ザックやジャックのように、それへの呼応の仕方が分からないので、叫びの呼応のモデルのようなものを提示してもらわないかぎり決して口を開かない。外国人ボブが、片言の英語を使って叫びつつ、脱獄劇をとおして見事に二人に示したのは、こうした叫びの呼応の具体的・暫定的モデルではなかったか。

　彼が提示するものは、最終目標としての解放にしても、到達手段としての結束にしても暫定的である。いや、結束が暫定的だからこそ、暫定的な解放にしか辿り着けないのだ。彼ら三人の結束には、充実した言葉のやり取り、叫びの呼応の練り上げが欠けている。おそらく、それは、リーダーであるボブの外国人としての決定的限界である。外国人は、異国の現状から比較的自由に身を解き放って夢を提示し、ボブがやったように一時的にそれを実現することはできるが、異国の人びとの叫びを有機的に呼応させ、持続的で広範な解放へと一歩一歩着実に向かわせることまでは、言語能力的にできない。

この点で、映画の終局近くでボブが自分と同じイタリア出身の女性と暮らす決断をすることには注意すべきだろう。二人は出会ったとたんに意気投合し、母国語のイタリア語で一晩語り明かして、互いの信頼関係を確認したのである。これもまた、ボブが同房だった二人に差し出した教訓、コミュニケーションの重要性についての最後の教訓かもしれない。しかしここには、ボブがアメリカにおいて、在米イタリア人コミュニティー（リトル・イタリー）の中に閉じこもっていく可能性、多言語主義的な可能性も暗示されている。今後も彼が、三人の脱獄劇の発端になった自分の英語学習欲を維持し続けるか否かは、分からない。ボブは、あの大切にしていた英語学習のメモ帳を、沼地を彷徨っている間に、うっかり落としてしまっているし……。

＊

叫びの呼応を着実に練り上げていく作業、コミュニケーションを実現していく作業は、ボブにとっては、アメリカの英語文化・英語社会へ精神的にまるごと溶け込んでいくこと、つまり、少なくともそこで使用される英語については外国人ではなくなっていくことを意味するであろう。それは、相手が何を言いたいのか、自分は相手にどのように言えばいいのかを考える、これまでの英語習得の努力の延長上にあるような、地味で気の長い、きわめて基本的な作業である。要するに、相手の言葉をよく考え理解の努力をした上で、その相手に向かってよく考え抜いた自分の言葉を伝えることが、ありうべきコミュニケーションであり、それこそとりもなおさず、相手との相互理解の基盤、ひいては社会的な人間関係構築の基盤である。

言語能力的に外国人ではなくなるとは、この基盤を獲得することにほかならない。

この作業においては、今度はザックとジャックのほうが、英語堪能者、英語のプロとして、言葉の使用法についての思索のリーダーシップを取る番であるはずだ。外国人ボブの英語の叫びが三人のコミュニケーションを始動させる役割を果たしたのだから、今後それを持続させ展開させ進化させる作業を主導するのは、英語の理解力と表現力を備えた二人の役割である。だからといって二人は、特別なパフォーマンスをやらなければならないわけではない。ただ、その理解力と表現力を使って思索し表現し続けさえすればよい。

「私は叫ぶ」（我叫ぶ）は、その発端となる力を維持しつつ、「私は思う」（我思う）へと、叫びは思索へと、掘り下げられなければならない。私の叫びと相手のそれが、それぞれの思索を経由しないなら、両者の叫びの呼応は薄っぺらなままであって、暫定性を脱することはできないであろう。

持続的な解放は、議論の機能回復を前提する、と私は考えている。そしてその機能回復は、各人の叫びを発端とし、その叫びの呼応が議論をとおして実質的に練り上げられることを条件に実現されるはずである。映画は、このプロセス全体のレプリカのようなものを、その発端と目標について提示しているが、その真価は、とりわけ発端としての各人の叫びの重要性を明らかにした点にある。しかし、その叫びが呼応し練り上げられていく決定的な道筋については、その困難を暗示するに止まっており、だからこそ解放は一時的なものとしてしか描かれない。解放が暫定的であることの原因は、直接的には現実の追っ手の存在であるが、根本的には叫びの呼応の練り上げの困難である。叫びの呼応の練り上げとは、相互の言語表現をベースとして、互いに質問‐回答、主張‐反論、疑問‐説明などの地道なやり取りを通じ、各自の思索において、相手を理解し自分を理解してもらえるような表現をめざすプロセスのことである。本書では、このプロセス全体のことを「議論」と呼ぶ。

すでに述べたように私の思索（我思う）は、他人の表現（我叫ばれる）の記憶と、私自身の表現（我叫ぶ）の必要を前提としている。私の思索とは、内在化された議論であって、私に向かって叫ばれ表現された他人の意見を考え検証しながら、自分の意見を練り上げ表現へともたらし他人に向かって自ら叫ぶ作業に他ならない。内在化された議論としての私の思索は、実際の議論と同様に、他人の意見の叫びがなければ、検証し批判すべき対象を見失って、空転し貧しくなり、結局は自分も叫び表現すべきことがなくなるだろう。

こうして「私は考えるI think / je pense」（思索）と「私は叫ぶI scream」（表現）は、密接に関連している。なるほど、ときには騒々しい叫び声の飛び交う議論の場から遠ざかって、一人しばらく炉部屋に閉じこもり思索に没頭することも必要であろう。しかしそれは、これまで受けとめた他人の叫びを完全に忘却するためではなく、それを慎重に検証しながら、自分の次の有効な叫びを入念に準備するためであり、上記の関連を大前提とした行動である。

ここで言う議論とは、国会議員や知識人が繰り広げている空しい論戦である前に、ザックの饒舌やジャックの話術が跋扈する隙間を突いて、おずおずと不器用に、しかし決然と発せられる外国人ボブの叫びと、それに呼応するような叫びから構成される原初的な言葉のやり取りに端を発し、参加者を思索へと導き、それを通じて新たな叫びへと至らせるやり取りのことである。

＊

議論の場に参加する（オブザーバーとかアドバイザーとしてではなく、発言権・投票権を持った正式メンバーとしての参加）には、ふつうさまざまな壁がある。町内会の議論に参加するには、その地域への居住が必要だし、国会の議論に参加するためには、国民代表に選ばれなければならず、専門家の議論に参加するには、その専門領域の知識を身につけなければならない。しかし、どんな議論に参加する場合にも共通する最低必要条件は、その議論の場における自らの意見の表現力と、他の参加者の意見の理解力を備えていることである。この表現力・理解力とは、つまりまずは言語能力のことである。言語能力のない外国人は、議論の場に参加する実質的な資格がない。ボブの英語学習欲は、おそらく、この資格取得の必要に迫られたものである。

もちろん言語能力の習得は、議論参加への条件となるばかりでなく、そもそもその土地で生活するための必須条件となるはずであるが、実際は、出身国人コミュニティーの存在のおかげで英語がまったく話せず理解できないまま出身国の言語だけで生活している外国人は、アメリカに数多くいる。外国人のうちでも英語を習得した者だけが、英語による議論の場に参加する最低必要条件を満たすことになり、そうでない者たちは、閉ざされた自分たちのコミュニティーに閉じこもるわけである。だから、外国人ボブは、イタリア人女性と一緒になるかぎりにおいて、この移民コミュニティーに閉じこもる傾向の兆しを示しているが、英語学習欲を維持するなら、アメリカ国民の議論に参加しようという志向、そしてアメリカ国民になろうという志向を持つことになるのである。

そもそも議論なるものは、参加者すべての共通利益を求めて、何らかの問題の解決について一般意思を見出すためのものである。映画の三人の場合の共通利益は「解放」であり、それを実現するための方法についての一般意思は「脱獄」で一致している。ここにおいては、議論の必要はなかったように見えるが、ボブからの脱獄の提案があり、残り二人の合意は明らかにあった。きわめてシンプルなかたちだが、議論は行なわれたと見ることができる。三人は、いずれも発言権・決定権を持ち、確実な情報に基づいた提案があり、迅速な審議をとおして合意が形成されたからである。ボブは、ひょんなことから脱出用の抜け道を発見し、その情報を二人に伝え、脱獄を提案したのである。議論が、参加者に共通する問題の適切な解決法を協力して見出すという機能を、できるかぎり有効に果たすためには、それは、必要な情報をできるかぎり収集しなければならず、そのためにはそうした情報をもたらす参加者をできるかぎり集めるべく、できるかぎり開かれていることが求められる。ザックとジャックにとって、ボブは貴重な情報源となったが、もし彼を外国人として排除し彼の提案に耳を傾けなかったら、脱獄は実現しなかっただろう。ここには情報に開かれた議論、そして情報をもたらす外国人に開かれた議論の原初的な効用・有効性が、端的に現れている。

しかし、「外国人に開かれた議論」については気をつけなければならない。この概念を構成する「外国人」に関して注意が必要だからである。日本について考えれば、外国人とは、まず法律上は外国籍を持つ者、厳密には日本国籍を持たない者、したがって参政権を持たず政治的発言権が制限され、それゆえここで言う議論への参加が法的に限定された者である。次に言語上は外国語使用者、厳密には日本語無能力者、したがって言語能力の点で議論への参加が困難な者である。さらに生活上は外国に住む者、つまり日本に居住せず日本の風俗習慣に馴染みのない者、したがって空間的な距離の点で議論への参加が不可能な者である。逆に日本人は、基本的に日本国籍・日本語能力・日本居住によって定義される。

外国人が日本国籍を取得すれば、もはや外国人ではなく日本人となるから、その者が参加できる議論は「外国人に開かれた議論」には当たらない。日本国籍の取得要件（帰化要件）には、居住（日本における五年以上の居住）のほかに、一般的能力（年齢二〇歳以上）、素行（犯罪歴がなく経済状況に問題がないこと）、生計（一定の経済的収入）、重国籍防止（無国籍ないし国籍喪失）、憲法遵守といった国籍法に明文化された六要件に加えて、明文化されていない第七の日本語能力要件（日本語の読み書き）が存在する。この第七要件が、日本人社会の中に閉鎖的な外国語コミュニティーが存在するという多言語主義的状況を回避し、日本人社会におけるコミュニケーションを維持しようとするものであることは明らかである。

政治制度の中で頂点に位置づけられ、日本国の政治の方向を決定する議論の場は、国会である。外国人は、日本国籍を取得し日本人となってはじめて参政権を獲得し、自ら国民代表となってその議論で直接発言し、あるいは自ら一票を投じ代表を選び、彼・彼女に自らの意向を託して間接的に発言できるようになる。外国人にとって、日本における公的議論の場に何らかのかたちで発言権を備えて正式に参加する唯一の道は、日本国籍を取得し日本人となることである。

国政ないし公論のレベルで、議論の広がりないし開放性の観点から重要なのは、日本人になった外国出身者よりも、日本語能力を持ち、したがって議論に参加する基本要件を満たし、にもかかわらず日本人にならない、あるいはなれないまま参政権・発言権を持たずに、日本で生活する外国人のカテゴリーである。同じ日本の国土の上で生活し、しかも日本語能力を十分に備え、それによって日本人と生活をともにし、にもかかわらずそこで日本語で行なわれる公的議論に参加しない、参加できない外国人が多数存在する（二〇一七年一二月時点で、特別永住者三三万人、一般永住者七五万人、定住者一八万人を含め、在留外国人は二五六万人）ということは、その公的議論の一般意思の客観性・正当性が揺らぎかねず、そして上述の効用・有効性が失われかねないからである。

歴史的に見ても、外国統治と、外国人への日本国籍・参政権の付与と、外国人への日本語教育は、ワンセットになっている。その場合の日本語教育は、たんなる精神主義的な面ばかりでなく、占領下の人びとに議論・コミュニケーションの能力を与えることによって日本の政治に参加させるという実質的な面を持っていた。しかし、敗戦による統治の終了とともに、旧統治下の人びとから日本国籍・参政権が剝奪されつつ、彼・彼女のもとには日本語能力だけが残り、内地に居住していた者には外国人としての永住が認められる。外国統治という人為的で政治的な強制が、その土地の生活者の存在にとって最も重要な基盤となる国籍・参政権・母国語・居住地をセットで押し付けておきながら、最後はそれらをバラバラに放置し(国籍・参政権が剝奪されたから、その取得の実質的資格であったはずの日本語能力は宙に浮いたまま残り、居住地としての旧内地には外国人として在留することが認められた)、彼・彼女の政治上・言語上・居住上の在り方の統一性を解体したのである。

外国人には、日本にいて日本語を話し日本人とともに生活している「身近な」外国人ばかりではなく、その対極として、もちろん、遠くにいて日本語を解さず外国語で表現を行なう「異郷の」者がいる。外国人らしい外国人である。その彼・彼女の声を受けとめ、日本語による議論の文脈に挿入するのが翻訳である。なるほど、日本人が外国語を用いて参加する議論もある。しかも最近は、海外でも国内でもインターネット上でも、その数は急増しているようである。しかし、そうした外国語使用の議論がどれほど増えても、我が国の政治的枠組みの中にある公的議論はもとより、企業その他の団体がそれなりの国民的・社会的広がりをもって活動しているかぎり、自らの会議・打ち合わせ等での議論から、日本語への通訳・翻訳を排除しきることはおそらくできない。外国語による議論の増加は、むしろ日本語への通訳・翻訳の需要を増加させている。外国語による議論の結果は、最終的には日本社会・日本語社会へ向かって日本語で伝えなければならないのである。その意味では、どれほど日本人が外国へ行き外国語で議論をしようが、外国人が日本にやってきて外国語で議論をしようが、それに対する伝統的な戦略、通訳を含めた翻訳という戦略の基本には少しも変化はない。

外国語習得は、つまるところ、その外国語での議論に参加するためのものである。広い意味での議論の場で、外国語習得者は、その外国語で、相手の叫びを聞き取り理解し考え、相手に向かって自分から叫び表現する。さらに外国語習得者は、そこで聞き取り理解した外国人の叫びを、母国語で叫び直し表現し直すこともできる。これが通訳・翻訳である。そのかぎりで、翻訳は、外国語での議論と母国語での議論を、あるいは外国語での叫びと母国語での叫びを呼応させる。この場合の「叫びの呼応」は、ふつうの議論における参加者相互の直接的なやり取りではないが、翻訳を通じて日本語読者が原書を理解し思策し表現するという作業を行なうかぎりにおいて、たしかに実質的に呼応し合っているのである。なるほど、翻訳には誤りや誤解があるかもしれないが、ふつうの同一言語内のやり取りにもそうしたものが不可避であることからすれば、理解・思策・表現という議論の実質を備えている以上、呼応は存在する。

こうした翻訳による外国語の議論と日本語の議論の呼応が成立するためには、まず何よりも受け皿として、日本語の議論のための環境が整っていなければならない。議論環境がなければ、翻訳が行なわれても、議論にならないからである。初めて我が国において社会的規模でそれが整ったのが、明治維新期であった。この議論環境の整備によってこそ、その時期に膨大な翻訳が可能になり、上記の呼応が実現された。その意味で議論環境は、翻訳の受け皿となった。逆に、そうした西洋文献の膨大な翻訳は、議論のための新情報の提供という点でも、議論語としての翻訳語の創出という点でも、議論環境の整備を大いに促進した。その意味では翻訳は、議論環境の基盤を形成した。我が国の議論環境の基盤は、翻訳によって、開かれたものとしてかたち作られたのである。ただし、我が国の議論環境は、西洋文献の翻訳をとおして、特に西洋のそれに呼応するように成立した。こうして我が国の叫びは、翻訳を通した西洋の叫びに呼応しつつ、議論を経ながら練り上げられたのである。

私には、明治維新期に成立したこの議論と翻訳の知的環境に、自分のやってきた「議論と翻訳」の起源が、そして自分が生きている現在の議論環境の原型が、発見できるように思えた。これから、それを報告していこう。

序論

一五〇年前の危機と変革

山形県米沢市の松岬《まつがさき》神社境内の上杉鷹山《うえすぎようざん》像。鷹山が名君と言われるのは、最悪の藩財政の再建にあたり、じきじきに家臣・民の声を聴き、彼らの生活と心を理解し、彼らに説明し理解を求めることによって、再建を成し遂げたからであるが、最も重要なのは、反対意見を受けとめ、徹底した聴取・調査・検討に基づき説諭に努めた上で毅然と判断するその議論の姿勢であった。藤沢周平は『漆《うるし》の実のみのる国』（上・下、文春文庫、二〇〇〇年）で、その姿勢を見事に描いている。

今年は二〇一八年、明治維新から一五〇年の節目の年である。いうまでもなく、明治維新は、大変革のとき、激動のときであった。それはまた、我が国が国内外の深刻な問題を抱え、大きな危機にさらされたときでもあった。むしろ、国内的には幕藩体制の崩壊、対外的には西洋列強の脅威という深刻な問題を抱え、大きな危機にさらされていたからこそ、大変革が行なわれ、激動が起こったのであろう。最大の問題は、もちろん西洋列強に対する我が国の独立であった。結果として、我が国は独立を維持し、西洋列強の植民地となることを回避することができた。当時の列強間の勢力バランスや、近隣の東アジア諸国との状況の違いといった外的要因もあるが、国民の危機意識に基づき国内の新体制作りが進んだことが独立維持実現の主たる理由であるように思える。

幕末からの激動の中で、維新以降の国内の新体制作りは、政治・経済・社会・文化など広範な領域に広がり、しかもその改革は各領域の根本にまで及び、さらにはきわめて迅速に実現されていった。幕末からの激動があったからこそ、維新以降の大変革が可能になり、その大変革が激動を増幅したのである。この新体制作りにおいて顕著なのは、その広がり・深さ・迅速さである。後世の者が維新を振り返って、たえず驚かされてきたのは、まさにこの点である。あたかも優れた指導者が、入念に準備した自らの改革プランに従い、国民全体の理解と協力のもとに、毅然とした姿勢で整然と一気に実現したかのように見えるのである。たしかに、よく知られているように、優れた指導者たちは存在した。しかし重要なのは、むしろ「国民全体の理解と協力」である。これは、国民の従順さのことではなく、国民が危機意識・問題意識を共有し、問題について自ら考え互いに議論し解決策を提案するという積極さのことを意味する。

いくら優れた指導者たちが存在しても、一握りの指導者だけでは、新体制作りにおいて、あれほどの大変革は成し遂げられなかった。しかしまた、その優れた指導者たちが、専制的で強権的な仕方で強制するだけでも、変革はできなかったに違いない。維新の指導者たちは、民主的な姿勢を備えていたというよりも、大変革の必要を思い知り、そのためには、上述の意味での国民の理解と協力が不可欠であると自覚し、その実現のための制度・システム・環境を考え構築した点で、優れていたように思える。この点では、むしろ維新の指導者たちは、知的な姿勢を備えていた。「知的な姿勢」とは、遭遇した問題の解決に当たり、情報を収集し専門家の意見を聴取しながら問題を分析した上、解決策の案を練り上げ、関係者の議論を通じてそれを検証して解決策を決定し、すみやかに関係者に伝えて実施に取り掛かるというような姿勢のことである。要するに、対外的な自国独立や国内的な新国家体制作りといった問題を、一握りの指導者だけで引き受けるのではなく、国民全体で引き受けるべきであり、それを可能にする上記のような知的プロセスのための知的環境作りこそ自らの役割であるとする姿勢である。

本書では、明治維新期における問題の知的解決のための、国民を取り巻くこの知的環境の構築に注目する。知的環境のベースは、もちろん情報環境である。知的環境構築の観点からすれば、幕末の開国は、何よりも「情報開国」であり、新たに開設された定期航路や電信網を通じて膨大な海外情報がもたらされるとともに、開国から国会開設に至る約三〇年ほどの間に、国内にも新たに新聞・雑誌・書籍などのメディア網が整備され、全国の情報の収集と、海外情報を含む全国への情報の伝達の体制が、ほぼ出来上がった。

こうした情報網の整備によって、国民は同じ情報を共有し、問題を同時に共有することになった。問題解決のための「国民の理解と協力」のためのベースが出来上がったのである。収集される情報の中核をなすのが海外情報、とりわけ西洋情報であり、西洋語の情報はそのままでは利用者の範囲が限られるが、驚くべき早さと正確さをもって行なわれた膨大な翻訳によって、国民的規模での西洋情報の利用が実現した。翻訳によって、国民の問題意識・問題関心は世界へ広がったのである。知的環境の観点からすると、この国民の問題意識の世界的拡大こそ、翻訳の最も重要な意義である。本書タイトルにある「翻訳」は、このことを表している。

しかし、情報環境は知的環境のあくまでもベースであって、核心的部分ではない。知的環境の最も重要な部分は、議論環境である。そして本書の主たるテーマは、明治維新期におけるこの議論環境である。本書タイトルの「議論」は、その表現である。議論環境の政治制度上の頂点は、「議会」、国家的規模では国会である。そして議論環境の底辺は、国民の世論である。仮に明治維新期を多少長めに明治二〇年代初めまでの明治時代前半とすれば、頂点としての国会がこの時期の終わり、明治二三（一八九〇）年に成立し、それに先立って、メディアの整備とともに展開された自由民権運動によって世論もまた活性化された。議会というものは、政治的頂点であり国民的な政治的議論が収斂し、国民的な政治方針の最終的な決定の場となるべきであるにしても、国民的な議論としての世論なしには存在しえない。むしろ世論の正確な反映こそ、議会の基本的使命である。しかし、もちろん、実質的な議論という観点からすると、当時の我が国の国民人口は三〇〇〇万人ほどであったようだが、それでも国民相互が有効な議論を行なうことはまったく不可能である。以下の本文で見るように、ギリシア史家のモーゼス・フィンリーによれば、直接民主制が採られていた古代アテナイの民会においてさえ、実際に発言するのは、ひと握りの政治的な指導者のみであり、一般市民はいっさい発言せず、議論の観客に徹していた。

ただし重要なことは、その際、古代アテナイの一般市民は、議論のやり取りに無関心になり、問題解決を政治的指導者に全面的に預けていたわけではなく、むしろ逆に、問題にはつねに強い関心を抱き、議論の成り行きを注視し、票決の際は熟考の上で自らの一票を投じていた点である。間接民主制つまり代議制において国民は、直接民主制の場合のように議会の票決には直接参加することはできないが、直接民主制の場合と同様、議会における議論の観客になることはできる。もちろん、直接議場に赴くのではなく、新聞・テレビなどのメディアを通じてであるが。ヘーゲルが言ったように、議会は、国民教育のための劇場、国民が問題共有するため観客となる舞台である。しかし古代アテナイの市民と現代の国民が、議会における議論の観客である点では同じであっても、舞台までの距離は大きく異なっている。フィンリーによると、古代アテナイ市民は、統治への参加経験が豊かで、問題への関心が強く、問題の理解度も高かったから、そうしたハイレベルの観客の前で発言し議論を行なう政治指導者は、大変な緊張を強いられることになり、議論内容もおのずと質の高いものになった。

明治維新期に、いち早く「多事争論」という言葉で、国民のための議論環境の必要を明確に説いた知識人の一人が、福沢諭吉である。その『文明論之概略』（一八七五〈明治八〉年）の冒頭第一章「議論の本位を定《さだむ》る事」では、ありうべき議論の仕方が説明されている。正しい議論とは、文明発展の原動力である。彼によれば、それまでの封建社会は、議論環境を欠いた「無議」の社会であった。実際、羽仁五郎《はにごろう》の指摘によると、松平定信は「君子は国を憂《うれ》ふる心あるべし、国を憂ふる語あるべからず」と述べた（羽仁『明治維新史研究』岩波文庫、一九七八年、三一五頁）。この「無議」の環境を破壊し、議論環境を構築することこそ、維新の変革の最大の課題であった。そもそも、福沢の『概略』に先立って、その維新の変革の第一歩を画した五条誓文の第一条には、「万機公論」という国民的議論へ向かう宣言がすでに現れていたのである。

あたかも五条誓文の「万機公論」へ、福沢の「多事争論」の提案に呼応するかのように、政治的議論の場としての国会開設をめぐる国民的議論、おそらく我が国初の国民的議論が、整備されたばかりのメディアを大いに活用しながら、実際に始まる。自由民権運動である。この運動が終焉し、国会が開設される明治二〇年代の前半になると、我が国の議論環境は、ほぼそのかたちを整え、安定するように思える。頂点には新たに開設された国会が存在し、底辺にはメディアを通じて表現される国民世論がある。重要なのは、この頃、ちょうど議会と世論を媒介するような位置に「思想界」が成立するように見えることである。つまり議論環境は、頂点に議会、底辺に世論、その中間に思想界という三層構造を持ったものとして成立するように思えるのである。

それに先立つ自由民権運動は、最初の国民的議論の実験というきわめて重要な意義を持つばかりでなく、国会を含めた議論環境構築のための議論として必要不可欠なものであった。しかしその議論は、頂点としての国会が未開設という議論環境の未整備の中で、「無議」の習慣のもとで生きてきた国民により、整備されたばかりのメディアを使って行なわれたものである以上、上述の知的プロセスとしては十分なものではなかったであろう。国民が古い習慣を脱し新しいそれを身につけるには、そのための環境が整い、その環境における経験を豊かにする必要がある。そして何よりも問題の理解・解決のための知的能力を身につけなければならない。国民のこの知的能力は、どうしても、問題分析を行ない解決策を提示できる専門家によって支えられなければならず、国民の目の前で、その専門家の意見を他の専門家の意見とつき合わせて議論し検証する場において養われる。この専門家が思想家であり、この場が思想界である。国民は、思想家の分析を通じて問題を理解し、思想家の解決策提案を他の思想家の提案とつき合わせながら自らの意見を練り上げるようになる。
自由民権運動の時代においては、思想と政治は渾然一体になっており、思想家は政治家であり、政治家は思想家であった。しかし、それが終焉し国会が開設されると、思想は政治と分離され、思想界は政治から基本的に独立した領域となり、思想家は政治家とは異なる一種の知的専門家となる。例外はあれ基本的には、思想家はもはや政治に直接関与せず、政治現場から一歩退いて、政治上の問題を分析し、必要なら政治を批判し、解決策を提案する役割、知的関与に徹するようになる。おそらくこうした思想と政治の分離、領域としての思想界の独立、知的役割を担った専門家としての思想家の登場といった事態は、文明の発展に不可欠の知的社会化の重要な一段階とみなせるだろう。

*

さて、本書は、まず第一章「議論」で、本書のテーマである「議論」について基本的な考察を行なう。冒頭第1節「議論を前提した受容」では、西洋思想の翻訳の受容は、我が国においてそれが実際に思想的な議論対象になるという観点から研究される必要があることを確認する。その点で、本書タイトルは「議論のための翻訳」あるいは「翻訳をとおした議論」でもあって、明治維新期の知的状況を凝縮した表現である。第2節「問題解決のための議論」では、「議論」なるものを、あらためて「問題解決法」として基本的に性格づける。その上で、第3節「議論の方法」において、福沢諭吉『文明論之概略』第一章「議論の本位を定《さだむ》る事」に沿って、明治維新期の代表的知識人たる福沢がどれほど議論を重視していたか、どれほど議論環境の構築に心を砕いていたか、どれほど優れた議論の必要を感じていたか、を概観する。第4節「議会・思想界・世論」では、その議論環境を議会・思想界・世論の三層からなるものと押さえた。

そのうち、思想界については暫定的に第3節における考察で基本的論点は提示できたものとし、詳論は第四章「思想」で行なうこととして、続く第5節「世論」では、世論についてウォルター・リップマンの名著『世論』に従って、一般市民にとっての議論環境作りという観点から、検討を行なう。また、議会については、第6節「議会」において、カール・シュミットの『現代議会主義の精神史的状況』を導きとして、議会における議論を考えていく。最後に、第7節「民主主義」では、シュミットからの問題提起を受けとめるかたちで、議会制民主主義について、モーゼス・フィンリーとともに、古代アテナイまで遡って再検討する。

続いて第二章「万機公論」では、具体的に明治維新期における国民的議論のための議論環境がどのように構築されたかを辿る。第1節「議論環境の構築」では、維新の際の五条誓文にある「万機公論」を議論環境構築のスローガンとして確認した上で、自由民権運動の重要性、中江兆民の議会主義・議論主義を見ておく。第2節「国会開設と教育勅語」では、議論環境構築へ向かう国会開設と、それに逆行する教育勅語発布を対置させ、久野収・鶴見俊輔の「国民と支配層の対立」という考え方の問題点を、議論主義的観点から指摘する。第3節「文明開化」では、福沢『文明論之概略』最終章「自国の独立を論ず」に沿って、「文明開化」の問題の基本的枠組みを設定し、「文明開化」と「万機公論」の関係を検討するが、そこでは、勅語の「愛国心」と福沢の「報国心」との明確な区別を行なう。さらに、「文明開化」の中枢をなす西洋知識導入の必須の道具である翻訳について、第三章「翻訳」のための準備的考察を行なう。まず、第4節「翻訳論」では、三木清と丸山真男の翻訳論を対照させた上で、ヴァルター・ベンヤミンの文明論的・多文化主義的な翻訳論を詳しく検討しながら、翻訳の意義を明らかにする。また、ベンヤミンの指摘する翻訳による翻訳言語（日本語）それ自体の変化についても、柳父章『翻訳語成立事情』に従って考えていく。

最終の第5節「翻訳法」においては、加藤周一の論考を導きとして、具体的に明治維新期の翻訳を取り上げ、その翻訳の仕方の問題を検討する。

次の第三章「翻訳」では、前章後半の翻訳についての準備的考察を受けるかたちで、明治維新期の翻訳状況を、西洋思想のそれを中心に概観する。第1節「思想の翻訳」では、「情報」と「意見」の区別に基づき、思想の翻訳に特有なこととして、それが思想家の意見を構成するものとなり特に思想界を中心とした議論の対象になること、また、原典文化と日本文化についての翻訳者の異同感覚が強く求められることを注意し、森有礼《もりありのり》の英語国語化論にも触れる。第2節「洋学と翻訳傾向」では、翻訳実現のベースとなった洋学の歴史を概観し、そこに基礎科学重視の知的洗練を確認する。この伝統の延長上に、高度に学術的・思想的な翻訳を求める柔軟で議論主義的な翻訳環境が形成されてくるのである。それを受けて、第3節「学術志向と学者の職分」では、特に明治維新期の翻訳に見られる学術志向について、高坂正顕《こうさかまさあき》『明治思想史』に従って、『明六雑誌』同人の「学者職分論争」と西周の仕事を中心に見ていく。第4節「西洋思想の翻訳書」においては、明治期に西洋思想の翻訳書はどのようなものであったか、『国立国会図書館蔵書目録』に従って、その「哲学」項目を中心に「政治」「経済」「社会」項目も参照しながら、具体的に概観してみる。大正期・昭和前期についても簡単に触れておく。章末の第5節「翻訳の戦略」では、西洋においてラテン語による学術表現が各国民言語によるそれへと移ったことを、その基本戦略が国境の乗り越えから各国民国家内の社会階層の乗り越えへと変換されたこととととらえ、翻訳も後者の戦略の枠内で国民国家形成の役割を果たすことを指摘し、あらためて森有礼の英語国語化論を検討した上で、翻訳の戦略的意義を明らかにする。

最後に第四章「思想」では、明治維新期における知的環境の中で思想が持った意義を総合的に解明する。

はじめに第1節「鎖国から開国へ」で、幕末維新期における「万機公論」と「情報開国」の、ないし「議論と翻訳」の密接不可分の関係を確認した上で、議論環境の地盤の構築に照準を合わせ、まず第2節「メディアの整備」では、山室信一の研究に従い、開国から帝国議会開設に至る時期におけるメディア的地盤の整備状況を跡づけ、次に第3節「知は力なり」において、松本三之介の論考を中心に、今度は学術的地盤の形成を辿る。そして第4節「思想」に至って、明治維新期の思想とは何であったのかを考え、あらためて思想の定義を試みた後に、思想についての中江兆民と北村透谷の考え方を検討する。それを受けて第5節「『卑屈の気風』の変容」では、自由民権運動終焉後の明治二〇年頃、我が国の思想界が政界から独立分化しそのかたちを整えること、それとともに福沢諭吉の啓蒙主義が改めようとした人民の「卑屈の気風」の「卑屈」のかたちが変容してくることを押さえ、「卑屈」問題と不可分の「惑溺」問題についても考察する。それを受けて第6節「惑溺か無関心か」においては、思想界の独立分化とともに、思想にとっての新たな基本的課題として「惑溺か無関心か」という二者択一が浮上することを指摘し、あらためて思想家の携わる知的プロセス、思想家の参加する知的議論を具体的に分析し、思想家に期待される知的能力、知的社会における思想家の役割を考えた上で、上記の二者択一を乗り越えるものとして、「現実に狙いを定めて最大限に引き絞られた弦と、現実へ向かって突き出された弓から構成される張りつめた扇形」という思想イメージを提示する。「弦」とはアカデミズムのこと、「弓」とはジャーナリズムのことである。最終第7節「思想と学問」では、この思想イメージを構成する「最大限に引き絞られた弦」が、北村透谷の言う「純理」を追求する「高踏的思想」であり、思想界においては今後「大学人思想家」がその主要な役割を担っていくこと、そして最後に思想の知的戦略は本来、敵に対して、「敵を知る」ことによってその異質性を減らし、その同質性へと向かうものであることを指摘する。

ご覧のとおり本書の叙述対象は、明治維新期の日本をベースとするものの、古くは紀元前の古代ギリシアに至るまで時空的にかなり広範に広がり、また、本書の取扱論点も、そうとう多岐にわたっている。これは、本質的には、「議論」問題、「翻訳」問題それ自体に備わる広がりであり、複雑さである。しかるに、本書が想定しているのは、思想史の専門家である前に、この問題に関心を持つ一般読者である。そうした読者にとっては、本書の叙述に従って第四章まで読み終わったとしても、それだけでは本書の叙述の流れをはっきりつかむのが難しいかもしれない。そこで「結論」部では、多少繰り返しになるが、第一章から第四章までの叙述の道筋をあらためて辿り直し、若干の補足説明を行ないながら、特にその論理の連鎖を浮かび上がらせることを試みる。

深刻な問題に直面した明治社会は、厳密な意味で「知的社会」として再編成された。本書では、知的社会とは問題解決のための知的環境を備えたものであり、その核心は議論と翻訳のシステムであることを踏まえた上で、そもそも知性とは何なのか、とりわけ知性は社会的にどのように活動しどのような役割を果たすものなのかを考えてみる。知性とは、問題に遭遇したとき、情報を収集し知識を動員して問題を分析し、慎重な思索を経て、解決策案を練り上げ、適切な実施計画を策定し、最後に関係者と議論を行なうことによって、解決案を検証した上で、然るべき決定を求める能力、環境適応能力、問題解決能力である。そして、この問題解決のための知的プロセスが機能分化した社会が知的社会である。

一般に知的作業というものは、個人の思索、相手との対話、関係者間の議論といったかたちで行なわれるが、もちろん個人の思索が基本となり、対話、さらに議論では、その個人の思索がぶつかり合い検証されることになる。知的作業は、個人の思索で完了するものではなく、議論を経てはじめて社会的になり客観的なものとなる。翻って、個人の思索は、デカルトの言う「先入見」、福沢の言う「惑溺」を逃れようとするなら、議論を先取りしていなければならない。つまり、他人からの反対意見を想定し、自己検証を行なっている必要がある。社会的議論の先取りとしての個人的思索の自己検証である。

*

以下では、本文に入るに先立って、本書理解のために、まずは現代社会の性格を考えながら、「問題」「専門家」「知性」など、いくつかの基本用語を説明した上で、本書の中心概念である「議論」について、その本質を検証性と押さえ、さらにはその検証性を個人の思索の中に先取り的に内在化する事例として、デカルトの方法的懐疑について触れておこう。

私たちは、いろいろな問題に取り囲まれている。大きな問題から小さな問題まで、抽象的な問題から具体的な問題まで、長期的な問題から短期的な問題まで、個人的な問題から社会的な問題まで、さまざまである。人生とは、問題に遭遇し悩み考え解決をめざすという、問題対応の過程である、と言えるかもしれない。問題には重要度があり、解決期限があるから、それへの対応に際しては、優先順位を付けることが不可欠になる。緊急で重大な問題は、優先的に対応されなければならない。また、個人の病気や貧困のように、問題が特定の個人において発生する場合は、少なくとも問題への初期対応は当該個人のものであるが、少子高齢化や社会的格差や核ミサイルのように、問題が社会全体に関わる場合は、政治的対応を軸とした社会全体による対応が求められる。

ただし、重要なことは、個人が社会的存在である以上、社会的問題とはなりえない純然たる個人的問題は存在しない、ということである。個人的問題は、ひとたび発生すれば、たちまちのうちに社会問題化する。伝染病の場合が典型であるが、それに限られるものではない。個人が社会的存在であるということは、さまざまな社会的役割を果たしているということであるから、その個人が病で倒れれば、職場でも地域でも家庭でも損害が発生し問題となる。したがって、個人的問題ではあれ、その問題解決は社会的なものとならざるをえず、それゆえ社会的問題となるのである。実際、個人の病気という問題は、当該個人の努力を軸として、医療機関による支援によって解決される。

いま、たとえばこのような個人の健康上の問題を解決するための社会システムは、少なくとも都市部においては、かなり完備されている。眼が不調なら眼科医、耳がおかしければ耳鼻咽喉科医、歯が痛ければ歯医者へ行けば、適切な処置をしてくれることが期待できる。法律上の問題が起これば弁護士のもとへ、租税上の問題なら税理士のもとへ、出掛ければいい。現代社会は、問題の分野別の専門家からなる問題解決システムを内蔵した社会である。もちろんこうした医者・弁護士・税理士などのいわゆる専門家のもとには、問題が発生しないかぎりは訪れる必要はないが、日常生活を営む上で欠かせない衣食住の生産・流通・販売に携わる者も一種の専門家であり、逆に言えば、専門家社会とは社会分業が高度化した社会のことである。

専門家というものは、問題の解決策について最終的決定を下す者ではない。治療法を決定するのは、担当医師ではなく患者本人である。担当医師は患者に治療法に従うことを命じるのではなく、問題となる病とその治療法について十分な説明を行なって、自らの最善と考える治療法をあくまでも参考意見として提示するにすぎない。個人的問題は、上述のとおり社会的問題となるが、解決策の決定が当該個人に委ねられている点で、個人的なものとしてとどまる。それに対して、社会的問題は、解決策の決定が国会をはじめとする政治プロセスに委ねられる点で、個人的問題とは一線が引かれる。専門家は、その場合も、決定プロセス内には参与せず、あくまでもプロセス外から参考意見を提示するにすぎない。

さまざまな問題の専門家を擁するという点で、現代社会は専門家社会とばかりでなく問題解決型社会と呼ぶこともできるが、現代社会がそのような性格を持つようになる最も大きな理由は、その規模の大きさであり、問題解決型社会の本質は、問題の専門家の存在によりもむしろ、問題解決のためにその専門家を社会的に広く活用するシステムにこそある。そして一般人は、自らの問題の解決において専門家を活用するためには、専門家の専門的な知識・方法に準ずる知的レベルに達していなければならない。歴史的に見て、社会がその規模を拡大していくとき、その社会が抱える問題も大きく多様になり、その解決に向けて構成員全体が結束してあたることは困難になっていく。小規模な部族社会と大規模な国民国家的社会とでは、問題解決のための社会構成員間の結束の困難は、まったく異なるであろう。社会構成員間の結束のためには、構成員間の問題共有が前提であるが、大規模社会においては、その問題共有から始まる問題解決のプロセスは、どうしても知的性格を持たざるをえない。

　現代社会は、知的社会と呼ばれ、科学・学術・技術・情報・メディアなどの発展によって特徴づけられるが、知的社会の本質は、科学技術や情報メディアよりも前に、その社会を支配する知的な問題解決方式と結びつけて理解しなければならない。知的社会とは、まず何よりも、自らの問題を知的な仕方で解決する社会であり、あくまでもその知的解決のために、科学・学術・技術・情報・メディアなどを発展させ駆使する社会である。したがって知的社会とは、問題の知的な解決のために、社会構成員の知性を活性化させるような知的環境を整える社会のことである。知的環境は、社会構成員の知性を育む大学をはじめとする教育制度、社会構成員間の情報共有・問題共有を実現するメディア、そして知的問題解決法の核心をなす議論の場、たとえば国会を頂点とする議会などの会議、等から形成される。「知的」社会とは、社会構成員の問題解決能力としての「知性」を活かすような知的環境を自らの内に構築して、自らの問題の知的解決をめざす社会である。

知性は、身体的行動に対置された頭脳的活動の能力とみなされ、現実から一歩退いた研究室や書斎のイメージと結びついて、非行動的・非現実的で外界に対し受動的なものとみなされがちであるが、本来は、人間行動を導く状況適応能力、問題解決能力である。『広辞苑』の「知性」の項には、「新しい状況に対して、本能的方法によらずに適応し、課題を解決する性質」とある。『プチ・ロベール仏仏辞典』の「知性 intelligence」の項でも、「理解し容易に適応する精神の性質 qualité de l'esprit qui comprend et s'adapte facilement」となっている。哲学者アンリ・ベルクソンによれば、生物は、環境への適応の仕方の違い、環境で遭遇する問題の解決の仕方の違いで、植物と動物に、さらに本能的動物と知性的動物に分岐した。彼も『創造的進化』で、こう述べている。「本能と知性とは、同じ一つの問題を解く二つの異なる解決であり、どちらも同様に手際のいい解決である」(『創造的進化』ベルグソン全集4、松浪信三郎・高橋允昭訳、白水社、一九六六年、一六七頁)。ここでは、本能との対比の問題は措き、知性が新状況に適応するための問題解決能力である点のみを、確認しておこう。

この知性は、情報量を誇る「もの知り」とか試験得点の高い「成績優秀者」にのみ結びつけるのではなく、問題解決の能力である以上、具体的で多様な能力からなる総合的な力として把握されるべきである。問題解決の観点からすれば、知性を構成するのは、問題発見力・情報収集力・分析力・思考力・起案力・聴取力・表現力・説明力・説得力・検証力などである。問題に遭遇する、ないし問題を発見したら、必要な情報を集め、問題の所在を見極め分析し、慎重に思考し、解決案を策定の上、専門家の意見を聴取して案に活かし、自らの案として関係者の議論の場に提示し説明を行ない、他人からの意見を受けて議論し、しかるべき検証・修正を行なって最終的な解決策を決定するということである。この解決プロセス全体が知性に導かれるとき、その問題解決は知的なものと言えるだろう。逆に言えば、このプロセスはさまざまな局面からなっているから、それを支配する知性は、多様な能力となって現れることになる。

問題発見に続いては、まず問題それ自体の分析があり、情報収集、資料解読、専門家からの意見聴取などを含む調査・検討が行なわれ、解決案が策定される。プロセス全体から見れば、この問題発見から解決案策定までが、解決案の準備段階である。この段階は一般に未公開であり、その解決案としての意見は客観性を持たない。次に来るのが、参加者の範囲を広げた関係者の議論である。公開の議論の場において解決案は、一つの意見として提示され、他の参加者の意見と合わせて検討・検証され客観的なものとなり、最後に採否が決定される。解決案の検証・決定の局面である。以上は、問題解決プロセスの一例ないし概要にすぎない。実際は、このプロセスはもっとはるかに複雑であるが、どんな場合でもおおむねこの二つの段階、議論のための準備段階と、議論による検証段階は備えている。

こうしてこの問題解決プロセスは、その全体にわたって知性の能力がさまざまなかたちで求められるので、全体として知的である。しかし、その知的プロセス全体のうちで、最も知的な局面、最も知的に重要な局面は、どこであろうか。それは、議論の局面である。なぜなら、議論において知性は、一方ではその総合的な力を求められるからであり、他方では知性の本質である検証力が問われるからである。重要になるのは、たとえば問題分析のための情報収集・資料収集の局面ではもっぱら情報システム適応力であり、資料読解や専門家からの参考意見聴取の局面においてはもっぱら読解力・聴解力、要するに理解力であり、解決案策定の局面ではもっぱら表現力・説明力・説得力である。これに対し、解決策決定のためのしかるべき会議体における議論の局面においては、とりわけ他の参加者からの反対意見によって、それまでの準備段階における作業と能力がすべて検証にかけられ、必要な場合は再検討や修正が行なわれることになるから、反対者に対しては問題の十分な理解に基づき適切な説明責任を果たし説得を行なって理解を得なければならないが、同時に自らが提出した解決案をその準備段階の作業プロセス全体も含めて検証することになるので、知性はすべての力を総合的に発揮しなければならなくなるのである。そして、そもそも知性の知性たる所以、知性の最も重要な能力は、デカルトの言う「先入見」、福沢諭吉の言う「惑溺」から脱する能力、検証力にあるのだから、この議論の局面は、最も重要な局面となり、だからこそ、知性の能力が総動員されることにもなる。

問題解決プロセスにおける議論の重要性を支えているのは、議論において提案意見の検証の発端となる反対意見である。ジョン・スチュアート・ミルは、こう述べている。「ある人の判断を本当に信頼に値すると考えていいのは、どのような場合であろうか。その人が、自分の意見や行為への批判にいつでも心を開いている場合である。自分に対していわれうるすべての反対意見を傾聴し、その正当な部分すべてから利益を得て、自分自身に対してまた必要なときには他人にも、自分の誤りの誤っている点を説明することを、自分の習慣としている場合である。また、人がある問題の全体を知ることにいくらかでも近づきうるのは、あらゆる多様な意見の持ち主たちによってその問題についていわれることのすべてを聴き、あらゆる性格の精神によって見られうるすべての見方を研究することによってのみなのだ、と彼が感じている場合である。これ以外の方法で英知を獲得した賢人はいないし、また、他のなんらかの方法で賢人になることは、人間の知性の性質上不可能である。自分自身の意見を、他人の意見と対照することによって訂正し完全にするという着実な習慣は、それを実行に移す際に疑念や躊躇をひき起こすどころか、自分の意見に正当な信頼をおくための唯一のたしかな根拠となるのである。なぜなら、そのような人は、少なくともはっきりした形で自分に反対していわれうるすべてのことを知っているし、すべての反対者たちに対して自分の立場を定めたのだから——彼は、反対意見や障害を避けることなしにそれらを求め、あらゆる方向からこの問題に投げかけられる光をしめださなかったことを知っているのだから——、彼には、自分の判断が、同様な過程をきり抜けてこなかったどんな人、どんな集団の判断よりもすぐれている、と考える権利があるのだ」(『自由論』世界の名著38「ベンサム　J・S・ミル」所収、早坂忠訳、中央公論社、一九六七年、二三六～二三七頁。訳文は一部変更)。重要なことは、意見の相違は、相対立する意見それぞれの提出者にとって、自らの意見の検証の機会になるかぎりにおいて意味を持つ、ということである。議論のための時間は、必ず限られている。意見提出者は、提出前の準備段階でも提出後の議論段階でも、自らの意見について責任を持ち、反対意見に対しては、限られた時間の中で、その問題点を指摘するとともに、反対意見に従って自らの意見の検証も行なわなければならない。実は、議論の重要性、とりわけ反対意見による検証の重要性は、議論の局面で突然浮上するわけではなくて、準備段階の作業にも影響を及ぼす。つまり、意見提出の準備作業は、ふつう議論における反対意見を想定しながら行なわれるのである。

知的作業を、それに取り組む人数で分類してみよう。一人で行なうのは思索、二人は対話ないし問答、三人以上は議論としてみる。議論は、対話から構成され、対話者が次々と代わるものであり、議会とか会議では、最終的に参加者全員の意見が確認されるものである。議論を三人以上としたのは、対話者のほかに、両対話者に対して裁定者的役割を担う同じ議論の場の内にいる観客を含めたからである。したがって対話は、この裁定者的観客が不在の議論と言ってもいい。取り組む人数とは、問題に対する視点の数のことでもある。思索の視点は一つ、対話のそれは二つ、議論のそれは三つ以上ということになる。視点の数からすれば、思索は独断に陥りやすい。それを避けるには、思索は、自らの意見に対する反対意見を想定する必要がある。これは、思索が自己検証のために、対話ないし議論をモデルにする、あるいは対話ないし議論から自己検証の方法を導入することであるように思える。

たとえば、デカルトの方法的懐疑（『省察』世界の大思想7「デカルト」所収、桝田啓三郎訳、河出書房新社、一九七〇年、一四三～一四七頁）は、思索の自己検証の試みである。その懐疑の具体的プロセスは若干込み入っているが重要なので、要点を辿っておこう。懐疑は、おおまかに言うと、四つの段階からなる。第一段階では、ふだんの見まちがいや聞きまちがいの経験を理由に、自分の感覚が疑われる。第二段階では「いま私がここにいて、炉辺に座り、部屋着をまとって、この紙片を手にしていること」といった、いまここで現に自分が圧倒的な実在感をもってとらえている事態が、いや「私は夢を見ているのかもしれない」という想定によって懐疑に付される。第三段階では、夢の中でも、「2+3=5」のような数学的真理は確実であるように思える事態に対して、私は簡単な足し算をしているときにも、何か有力な神のようなものによって欺かれているかもしれないという想定、いわゆる「欺く神」の想定によって懐疑が施される。そのような自己検証によって、「長らく真なるものと私が考えていたもののうちには、疑うことを許さぬものは何もないこと」、しかもそれは「無思慮や軽率によってではなく有力で考え抜かれた理由」によっていることを踏まえ、第四段階においては、確実なものの発見のために、用心深い姿勢を維持するべく、私をいつも巧妙に欺こうとつけ狙っている「悪しき霊」が想定されることになる。

デカルトの注意深い読者ならばすぐ気づくであろうが、懐疑ないし検証の対象となっているのは、私の「意見 opinion」である。たとえば、目覚めているときの周囲の実在感が問題にされるときも、その実在感は、炉辺が実在しているという「感じ」とか「印象」であるよりむしろ、「炉辺が実在している」という「意見」である。それは最初の感覚についてばかりでなく、数学的真理についても同様で、「2+3=5である」は「認識」ではなく「意見」である。おそらく「意見」とは、「感覚」「感じ」よりも客観的であり、

「認識」ほど客観的ではない。つまり客観性の点で、「意見」は「感覚」「感じ」と「認識」の中間にある。デカルトが問題にしている真偽とは、客観的なものであり、社会的なものである。「感覚」「感じ」は、主観的なものであり個人的なものであるから、真偽が問題にならない。つまりデカルトが感覚・実在感の真偽を問題にしたかぎりにおいて、感覚・実在感は、個人的・主観的なものであることをやめ、客観的・社会的なものとして設定されたのである。ただし、正確に言えば、感覚・実在感は意見とされることによって、端的に社会的なものとして設定されるが、客観性については、真偽の検証が可能なものとしてのみ設定される。その検証過程こそ、懐疑の歩みである。これに対して、数学的認識は初めから、真偽が問題になるものであり、それゆえ社会的なものであって、意見とされることによって、端的に客観性の検証対象になるのである。

あわせて注目すべきは、直接的な検証対象である私の「意見」に対し、「正反対」のものとして方法的に設定される「私は夢を見ているのかもしれない」や「欺く神」も意見であることである。「この実在感は夢ではない」という私の意見に対して「この実在感は夢かもしれない」という反対意見が、あるいは「2+3=5であるという私の認識は確実である」という私の意見には「その私の認識は欺かれているかもしれない」という反対意見が対置されているのである。デカルトはこのように、「感覚」や「感じ」「印象」をも真偽を問題にしうるように「意見」として設定し直した上で、自己のうちに意見対立を創り出すことによって、自分の意見の真偽を検証しようとする。「意見」がたんなる「感覚」「感じ」「印象」と区別され社会的なものとなるのは、「意見」が他人の存在とその視点を前提としているからである。つまり「意見」は、他人に向けて提示されるものであり、他人からの反対意見を想定するものである。こうしてデカルトは、方法的懐疑の歩みにおいて、他人からの反対意見を導入するというかたちで他人の視点を自己内に取り込むことによって、その検証の客観性を確保した。これは、反対意見を持つ他者の視点を自己内に取り込み、自分の意見につき合わせ、その自分の意見を客観的に検証することであり、実際の他者との対話をモデルにして、客観的検証のための対立構造を自己内に持ち込んだものである。検証の客観性は、他者の視点によって保証されることになる。

実際、私に反対意見を突きつけるこの自己内他者は、具体的な形象を与えられている。「いや、この実在感は夢だ」という反対意見を提示するのは「狂人」という他者であり、「数学的認識も誤りである」というそれを提示するのは「欺く神」の存在を信じる他者であり、いずれの場合も「実在感ないし数学的認識は正しい」という私の意見に反対意見を提示することによって、私の意見を検証にかけてくれる。これに対して、私を欺こうと狙っている「悪しき霊」は、私に向き合い反対意見を突きつけてくる他者ではなく、むしろ私の背後に在って私に誤った意見を抱かせるものであるから、私自身の偏見・先入見のことであり、その「悪しき霊」を想定するとは、他者からの実際の反対意見を待たずに、自ら誤謬に陥るのを避ける自己批判・自己検証の用心深い構えを、自律的に作ることであるように思える。

西洋では古くから「民の声は神の声である Vox populi, vox dei」と言われる。我が国でも内村鑑三が『代表的日本人』の「上杉鷹山」の項でこの言葉を引いている（鈴木俊郎訳、岩波文庫、一九四一年、六五頁。傍点は鈴木）。僅か一七歳で米沢藩の藩主となった鷹山《ようざん》は、直ちに財政改革に着手するが、その出発点で、藩の最高の老臣たち七人の強い抵抗にあった。老臣たちは「若き藩主に迫り、新しい政治体制の即時撤廃の言質《げんち》を彼より強要せんとした。藩主は無言であった。彼は人民をして彼を審判せしめんと欲した。そしてもし彼らが新しい治政に反対であるならば、彼は喜んで自己の位と自己の所領を更《さら》に優れた有能の士に譲らうと思つたのである。斯《かく》して彼は直ちに家臣すべての全体会議を召集した。武具を着け武器を執《と》り、彼等は何千と城内に集合し、為すべき事を待った。斯《か》かる間に、我等の藩侯は春日神社に赴《おもむ》き、事件の平和的解決を祈願した。それより彼はその愛する家臣等を迎え、汝等の意見は我が治政を天意に悖《もと》るとなすや否やを問うた。知事とその同僚は言うた、否、と。警察官は一人残らず言うた、否、と。将校と下士は言うた、否、と。異口は同音に言うた、否、と。我が藩侯は満足した。Vox populi est vox dei（民の聲は、神の聲なり。）彼は七人を己《おのれ》の前に呼び出し、彼らに判決を言渡した」。この場合、「民の声」とは、全体会議に臨んだ家臣一人ひとりの意見表明の声のことであり、場合によっては相互に闘わされたかもしれない議論の声のことである。上で見たように知的環境の中では、議論の声は、特に可能な反対意見として、個人の思索過程においても響きわたる。「民の声」は、個人的な意見が集団的な議論の場で検証され修正されるという知的プロセスを辿り、客観的なものとなってはじめて実質的に「神の声」となるであろう。

本書は、この知的プロセスを実現するための知的環境が明治維新期に構築されたことについて考えていく。

第一章
議論

「帝国議会開院式之図」一八九〇（明治二三）年、有山定次郎筆。我が国の政治制度上の「議論」の始まり。それは、我が国初の国民的規模の「議論」である自由民権運動が、憲法とともに求めていたものであった。

他の学術の研究対象は幽遠にして深奥な源泉から汲み出されるのに対して、弁論の理法 ratio dicendi のすべては、言わば衆人環視のもとに置かれ、万人共通のある種の慣習、一般民衆の言辞や言説に関わるものであり、したがって、他の学術にあっては、門外漢の感覚や知性の及ばないはるか遠くかけ離れたものであればあるほど卓越したものと見なされるのに対して、弁論の分野 genus orationis にあっては、大衆の言論から乖離し、万人の常識に基づく慣行から逸脱することは、まさしく最大の過失と見なされる。

——キケロ『弁論家について』(キケロ選集7「修辞学」大西英文訳、岩波書店、一九九九年、九頁)

1 議論を前提した受容

外国思想の文化的受容は、翻訳をとおして行なわれる。「文化的」とは、特定の知識人だけではなく、国民文化的な広がりを持った、ということである。我が国における西洋思想の受容の場合も、そうであった。邦語翻訳が出版されないうちは、西洋思想の読者は、原語ないし外国語訳(たとえばフランス語原典の英語訳)に通じた一握りの知識人に限定されているから、広範な日本人読者を想定した文化的受容を語ることは困難である。しかし、邦語翻訳が出版されれば、読者の広がりを推測することが許される。たしかにそれを購入した読者が実際に読んだかどうか、ましてやそれを十分に理解し自らのものとして咀嚼したかどうかは正確に分からないが、少なくとも訳者・出版者の伝播の関心・意欲は確認でき、何よりも、翻訳によってその西洋思想が日本語読者に向けて表現されたことになるからである。翻訳出版は、その日本語表現の点で、我が国における西洋思想の文化的受容の第一歩である。

しかし、思想の受容は、商品の輸入ではない。西洋思想の文化的受容は翻訳出版によってたしかにその第一歩が記されるが、その出版・購入の事実も、さらには販売部数の伸びも、たとえベストセラーになったにせよ、それだけではあくまでも商品流通の問題であり、いかなるかたちでも思想受容を保障するものではない。我が国における西洋思想の文化的受容を語るには、翻訳出版に続く実質的なプロセス、つまり翻訳書の購買者が実際の読者となり、その内容を理解し、その内容について考え、我が物として咀嚼し、その結果を自らの思想として表現し相互に議論するという知的・文化的プロセスを想定する必要がある。

その知的プロセスのうち、とりわけ思想の受容を語る際に重要なのは、表現の契機である。西洋思想を含め、思想には特徴的な受容の場というものがある。それは、世論、特にその中核をなす思想界である。ここは議論の場であるから、そこで受容されるためには議論対象となる必要がある。そして、そのための最低必要条件として、そこで当該思想は表現されなければならない。西洋思想は翻訳出版されれば、この場に向かって表現され、議論対象となる可能性を持ったことになる。ここから、いよいよ翻訳読者の間で、上記の重要な知的プロセスが起動しはじめる。そのとき、翻訳読者が当該西洋思想を実際に読解し考え咀嚼したとしても、何らかの表現に至らず沈黙しているかぎり、つまり翻訳だけで表現・議論がなければ、厳密な意味での受容は語れないということである。読者が当該西洋思想について、論文・論評・批評・紹介・解説など、さまざまな仕方で表現して初めて、読者相互の議論が起こり、文化的・精神的・思想的レベルでの読者の広がりが実現するからである。この意味で、西洋思想の文化的受容は、翻訳をもって始まり議論に至る知的な表現のプロセスを前提している。

明治の思想家たちは、我が国の国力増大・国政方針決定を国民相互の議論、国民相互の思想交流によって基礎づけようとした。彼らにとって、そうした国民相互の議論・思想交流のためには、国民一人ひとりが自らの思想を明確に表現することが何より重要になる。このコンテキストで、たとえば中江兆民は、それを次のような言葉で述べた。

「人々宜《よろし》く相助《あいたす》け相益《あいえき》すべし。宜しく独善自養《どくぜんじよう》すべからず、思想宜く之《これ》を言《げん》に書《しょ》に行《ぎょう》に発洩《はつえい》して隠匿《いんとく》する所《ところ》なかるべきなり。宜く腔子裏《こうしり》に包蔵駐在《ほうぞうちゅうざい》し果然瘖唖《かぜんいんあ》の如く頑然木石《がんぜんぼくせき》の如くなるべからざるなり」

と。さらに、開国とともに国際交易が始まったものの「国勢」の発展が滞っていることを指摘した上で、こう続ける。「国勢をして此《ここ》に至らしめし者は国力の未だ結合せざるに由《よ》る、国力の結合せざる者は人の未《いま》だ能《よ》く相交通《あいこうつう》せざるによるなり、政府人民朝野上下の其《その》思想未だ相交通せざるに由るなり。天地の交わるを泰《たい》と謂ひ交わらざるを否《ひ》と謂ふ。人に気血の否塞《ひそく》あるときは即《すなわ》ち病む、国に上下の否隔《ひかく》あるときは即ち乱る、豈《あ》に寒心憂慮《かんしんゆうりょ》せざる可《べ》けんや、之《これ》を憂《うれ》へば即ち如何《いか》ん、曰《いわ》く人々各々思想を発洩せん而已矣《のみかな》。夫《そ》れ思想を秘して発洩せざる東洋人種の通弊なり、此《この》弊にして除かれざれば国家の泰平昇栄《たいへいしょうえい》を望むとも安《いず》んぞ得《え》るべけんや」（中江兆民「思不宣隠匿想」『東洋自由新聞』第一一号、一八八一（明治一四）年四月二日発行、中江篤介『兆民選集』所収、嘉治隆一編校、岩波文庫、一九三六（昭和一一）年、三一一〜三一三頁）。国勢の発展は国力の結合にかかり、国力の結合のためには人びとの相互交通が不可欠で、その交互交通をめざして、東洋人の通弊である沈黙を破り、思想表現を活発に行なうべし、との主張である。

　翻訳は、原語に通じた知識人が当該西洋思想を自分の内にのみ「隠匿」することを避け、公開の方向へと「発洩」することである以上、それ自体が兆民の求める思想表現であり、思想交流・議論活性化の第一歩である。本書において西洋思想の受容者とは、西洋思想の消費者のことではなく、西洋思想の翻訳者・

読解者・咀嚼者・表現者・議論者のことである。つまり本書で言う西洋思想の文化的受容とは、当該西洋思想を翻訳し、その翻訳を読解し咀嚼し我が物として表現し相互に議論する作業全体のことである。

2　問題解決のための議論

私たちは誰でも、総理大臣であろうがホームレスであろうが、小学生であろうが九〇歳を越えた老人であろうが、日々、実にさまざまな問題に取り巻かれている。仕事でも、家庭でも、個人的にも、金銭・健康・人間関係をはじめ、解決すべき問題は山のようにある。むしろ、それこそが生活することである、と言ってもいい。

ふつう私たちは、ほぼ習慣的に、そうした諸問題をざっとであれ総覧し、自分で関与すべき問題か否かを見極め、関与不要・不可能ないし困難なものについてはしかるべき担当者に委ね、自分が関与すべきと思えるものに限って重要性・緊急性の観点から解決のための優先順位をつけ、問題の一つひとつにつき最善の解決をめざして分析・検討を行ない、しかるべき専門家の意見を聴取し、必要な場合には中長期的な解決のためのプランを策定し、そのプランに沿ってそれを検証しつつ修正を施しながら解決に向けて、一歩一歩進んでいく。もちろんその具体的なやり方は、個人により、また問題によってさまざまであろう。

公的な問題、大きな問題、国民的問題、人類的問題もある。これについては、ふつうの国民はマスメディア、ジャーナリズム等の情報を参照しながら、自分との利害関係に応じて関心を抱きつつ観客として見守っている。

現代人は、そのかかえる問題の広がり・複雑化、それにともなう情報氾濫によって定義される。情報化の飛躍的発展により、「地球は狭くなった」。一般国民に対して、マスメディア等を通じ、世界中のありとあらゆるジャンルの情報が瞬時に、ただし、いずれも、おおむね断片的に提供されている。こうした断片的な情報の過多・氾濫の状況の中では、情報の断片性と量のせいで、重要問題の見極めが難しくなって、真っ先に取り組むべき問題が先送りされたり見逃され、どうでもいい問題に膨大な時間が浪費され対応効率が悪化するなど、問題対応それ自体が困難になり、全体的な情報量の増加にもかかわらず、かえって問題対応が短期的・条件反射的・断片的になる傾向が顕著になっている。情報戦においては、敵国に対し自国の重要情報は厳重に管理・秘匿して隠すのが基本であるが、どうしても外に流れてしまう場合は類似の偽情報を大量に流して撹乱することになる。現在の状況はそれに似ている。

さて、こうした政治社会的な大きな問題から地域や家族に関わる特殊・個人的な問題に至るあらゆる問題へ対応するに際して、私たちが用いる問題解決の最も基本的な方法・システムが「議論」である。そのために設定される「議論の場」は国政であれば国会を頂点とする議会であり、一般的に言えば会議である。企業であれ役所であれ、地域の町内会・自治会や家族会議に至るまで、利害関係者が複数となる問題の解決はほぼすべて基本的に、たんなる「話し合い」も含めた何らかの会議をとおして決定される。

会議とは、いうなら古代ギリシアの民会以来の、適切な問題解決のための議論の場であって、そこでは、参加者間で必要情報が共有され、客観的に正しい解決をめざして適切な仕方で議論が尽くされなければならない。重要情報の共有を前提として、問題は冷静・慎重にあらゆる観点から分析され、およそ可能な解決策が十分な説明責任が果たされながら提示し尽くされ、最終的に総合的な観点から最適な解決策が選択されて、結論として決定される必要がある。

このような情報共有・問題分析・客観的提案・説明責任などが、優れた議論実現のための最低必要条件である。重要情報が参加者相互でしっかりと共有され、専門家を含めて冷静に問題が分析され問題の所在が参加者によって適確に把握されて、それを受け個別利害・特殊利害を超えて会議としての一般的で客観的な解決提案が行なわれ、それについての説明責任が提案者から十分に行なわれれば、参加者全員の納得づくの全会一致でルソーの言う「一般意思」(『社会契約論』井上幸治訳、中公文庫、一九七四年)として結論が得られる。

会議は本来、特殊利害の勝負の場、有力な特殊利害の勝利・採用を確認する場ではなく、特殊利害相互のぶつかり合いから統一的で客観的な一般的結論を出すための場である。そこでは、妥協・譲歩というより、客観性・一般性へ向けて多種多様な個別意見・特殊意見の練り上げが行なわれる。

国会の場合なら、政府が解決策の提案を行なう際、当該問題についての十分な情報を会議の場に提供し、必要なら事前に委員会を開き専門家も招いて冷静・着実な分析を行ない、客観性を持った申し分のない説明を行なうことが、実のある議論実現の条件、結局は議論の目的たる客観的で適切な解決策の導出の条件である。

会議におけるこの客観性・一般性・適切性の追求こそ、会議の魂である。しかしいま、国政の場でも日常的・個別的な会議の場でも、このありうべき議論のイメージが、著しく欠けているように思える。明治維新期を対象とする本書の最終的な狙いは、その時期についての研究を通じ、あらためて問題解決の方法として「議論」が重要性・有効性を持つ理由を再確認し、ありうべき議論のかたちを再発見して、そこから現在における議論のありうべきかたちを素描することである。

ここで言う「議論」とは、何も国会における議論に限られるものではなく、広く問題の暴力的・独裁的決着方法を避けて「話せば分かる」と言われるときの「話し合い」「対話」のことであるが、その具体的方法は個々の「議論」の現場で必ずしも明確にはなっておらず、それを明らかにするには、たとえば福沢諭吉が『文明論之概略』（岩波文庫、一九八六年。初出は一八七五〔明治八〕年）「第一章　議論の本位を定《さだむ》る事」において行なったように、一連の慎重な考察が必要である。

3　議論の方法

丸山真男は、『「文明論之概略」を読む』（上・中・下、岩波新書、一九八六年）において、福沢諭吉の『文明論之概略』の読解を展開したが、その「第2講　何のために論ずるのか」で『概略』「第一章　議論の本位を定《さだむ》る事」を扱い、この福沢の書物の歴史的背景を概観しながら、本章における福沢の主旨を次のように適確に説明している。

「ずっと二世紀もの長い間つづいてきて、当然と思われてきた体制、それが目の前に瞬時に轟然としてくずれ落ち、幕府と藩の社会体制が瓦解したあとの状況をまず想像してみることが必要です。（中略）今までの公式が崩れた時代というのを、よく言えば百家争鳴の時代といえるでしょう。福沢の根本の立場に、『人事の進歩は多事争論の間に在り』という考え方があります。そういう考え方自身がこれまでの伝統と大きくちがっている。社会・政治・歴史について、いろいろなちがった考え方が出てきて争うこと自体が悪い、あるいは新しい厄介な問題が発生すること自体がのぞましくない、それが秩序の乱れるもとになる、というのが、江戸時代に通用していた一般のたてまえです。だが、福沢はそうではなく、『多事争論』のなかにこそまさに進歩の源泉があるという。ただ、それが福沢の根本の考えにはちがいないけれども、混沌状態のなかで多事争論になり、みんながワイワイ言い出すと、当然に不毛の議論が非常に多くなります。議論の座標軸がないでしょう。そこで論争が発展すると、それからそれと枝葉に分かれて、そもそも何を議論しているのかが分からなくなってしまう。こういうワイワイ状況のなかでは、どうしても二つのことが必要になってきます。一つは、議論の交通整理です。第二は、異説をすぐけしからんといって天下の議論を統一しようとする傾向にたいするたたかいです」（丸山、前掲書、上、六二〜六五頁）。

丸山が理解する福沢の主張のポイントは、議論は多事争論をベースとしながら、議論を強権的に統一しようという傾向に抗いつつ、交通整理を必要とする、という点にある。国家的問題の解決は国民的議論をとおして行なうのが最善であり、その国民的議論が有効なものになるには国民の多種多様な意見が提示され「多事争論」となる必要があるが、その議論が実のあるものとなり優れた結論が引き出されるためには、「多事争論」が陥りがちな議論の混乱を避け、しかもその「多事争論」のメリットである国民の意見の多様性を活かすような交通整理、強権的な統一とならないような交通整理が必要である、と言ってもいい。

冒頭、福沢は次のような言葉で始める。「軽重長短善悪是非等の字は相対《そうたい》したる考《かんがえ》より生じたるものなり。軽あらざれば重ある可《べか》らず、善あらざれば悪ある可らず。故《ゆえ》に軽とは重よりも軽し、善とは悪よりも善しと云《い》ふことにて、此《これ》と彼《かれ》と相対《そうたい》せざれば軽重善悪を論ず可らず」（福沢、前掲書、一五頁）。そもそも、ことの「軽重」「善悪」を問うこと、つまり「どちらを重視し、どちらを善しとするか」という基本的な選択の問題は、反対意見を想定しない単純な考え方からは決して生まれず、必ず「相対したる考」すなわち互いに対立しながら比較される考え方、一般的には異なる立場にある論争者たちによって表明される考え方から発生する。要するに、互いに対立する意見が提示されなければ、最も基本的な「軽重」「善悪」の問題も論じることができない。出発点において、異なる見解相互の議論の重要性を確認した言葉と考えられる。一つの意見は、議論を通じて初めて、独断的絶対化を免れ、まさに「相対」化されるのである。
その上で福沢は、こう続ける。「斯《かく》の如く相対して重と定り善と定りたるものを議論の本位と名《なづ》く」（同前）。章タイトルにある「議論の本位」とは、論争相手双方が「相対」した議論を通じて、重視すべき、善しとすべきと双方で合意に達したこと、したがって無用な混乱を避けてその後の議論の全体を効率的に展開するための基準・前提となる共通理解のことである。たとえば「腹は背に替え難し」「小の虫を殺して大の虫を助く」という諺の背後には、「腹か背か、大の虫か小の虫か、いずれを重視し、いずれを善しとするか」についての議論をとおした、当の諺を「議論の本位」として確定するプロセスが隠れている。

　廃藩置県の是非をめぐって行なわれた議論についても、同じことが言えるとして、福沢は説明する。「譬《たと》へば日本にて封建の時代に大名藩士無為にして衣食せしものを、其《その》制度を改めて今の如く為したるは、徒《いたずら》に有産の輩《やから》を覆《くつがえ》して無産の難渋に陥れたるに似たれども、日本国と諸藩とを対すれば、日本国は重し、諸藩は軽し、藩を廃するは猶《なお》腹の背に替へられざるが如く、大名藩士の禄を奪ふは鰌《どじょう》を殺して鶴を養うが如し」（同前）。廃藩置県の是非をめぐる議論は、「諸藩より日本国を重視すべし」という「議論の本位」が定まれば、無用な混乱を免れる。

　議論の無用な混乱を避けるには、その議論の前提としての基本的な共通理解、すなわち「議論の本位」をしっかりと確定すべきである。ここで福沢は、次のように確認している。「都《すべ》て事物を詮索《せんさく》するには枝《し》末《まつ》を払いて其《その》本源に溯り、止まる所の本位を求めざる可らず。斯《かく》の如くすれば議論の箇条は次第に減じて其《その》本位は益《ますます》確実なる可《べ》し」(同書、一五〜一六頁)。このように、福沢が冒頭の一段で明確に提示している「議論の本位を定る事」つまり論争者相互の基本的合意事項の確定作業の指示は、福沢による「議論の交通整理」の非強制的性格を端的に表している。「議論の本位」を定めるのは、その議論に参加する当事者たる論争者相互であり、それら論争者相互が議論を通じて協力し合いながらそれを自ら定めるのであって、第三者たる政府・権威、まして福沢が定めるものではないからである。

論争者相互に自分たちは「何のために議論しているのか」の基本的理解がないと、つまり「議論の本位」が定まっていないと、当然のことながら、議論は完全なすれ違いとなって、熱がこもればこもるほど無用な混乱が果てしなく続くことになる。「城郭は守る者のためには利なれど攻る者のためには害なり」。たとえば城郭建造の是非についての議論があったとして、或る論者はそれを敵に対する国防の砦とする基本的観点から建造を主張し、別の論者は戦況悪化の際に敵によってその城郭が占拠された場合という基本的観点から建造に反対したとき、両者が相手の基本的観点をしっかりと確認し、戦況の正確な見通しの分析に基づいて「議論の本位」を確定しないままなら、その両者の議論はいっさい無駄である。例として福沢は、神道と仏教、漢儒者と和学者の論争を挙げている。

「議論の本位」へ向かうとは、結局、論争者相互の理解を深め、両者の接近を実現することである。逆に、論争者相互の間で、自分たちの「議論の本位」を慎重・丁寧・適切に定めようという配慮が欠けると、その「議論の本位」へ向かう道から外れ、議論が混乱して、かえって論争者は互いに遠ざかることになってしまうが、その逸脱の仕方はさまざまである。

福沢は三つ挙げている。一つ目は、臆断による無理解である。これは論争相手の主張の深い根拠についての軽率に臆断する際に発生する。論争者相互の主張根拠がまったく異なっているのに両者の結論が類似しているとき、論争者相互の間には表面的な一致が成立してしまい、議論それ自体が終結してしまうおそれがある。つまり表面的な類似に隠れて基本的な対立が見逃される場合である。そのようなとき、彼我の主張の表面的な一致に惑わされず、意味のある議論を展開するには、目の前で表明された相手の結論のみをもって、相手の心の中の根拠についてまで軽率に臆断してはならない。一般的に言えば「一時其《その》人の挙動を皮相して遽《にわか》に其《その》心事を判断す可《べか》らざるなり」（同書、一八頁）ということである。攘夷論者と開国論者は、外国人を批判する点で表面的には類似しても、その根拠が前者の場合はたんなる感情的嫌悪のみであるのに対し、後者の場合は我が国に対するその不公平な取り扱いである点で基本的に対立している、という例を福沢は挙げている。双方の基本的対立を確認した上でないと、双方にとっての「議論の本位」を定める作業に入ることはできない。

二つ目は、煽動的論駁である。これは実際の論争には付きものであるが、論争相手の主張をもっぱら論駁し人びとを煽動するためにと、相手の主張の問題点を必要以上に誇張して、その主張を貶める場合に起こる。こうした相手の主張の理解に逆行する誹謗中傷は、相手との溝を深める。伝統主義者が「人民同権」説を「合衆政治」（丸山の説明では「アメリカの民主主義」のこと）とみなし、日本でアメリカ式の民主主義を実施したら国体は混乱し「不測の禍」が起こり、「無君無政の大乱」に陥りかねない、と人びとの猜疑心・恐怖心を煽ろうとし、逆に人民同権主義者も、丸山の説明の言葉を借りれば「伝統主義者の言うことは、維新の変革の全てをオシャカにして、旧幕時代に戻すことだ、あるいは野蛮な部族の争っていた古代日本を理想化することだ」（丸山、前掲書、上、七六頁）という具合に極端な言葉で、人びとを煽動する場合がそれである。

三つ目は、二つ目と関連するが、論争相手の否定的批判ばかりに終始し積極的評価を行なわない姿勢である。以上のすべて、特に第二・第三は、論争者が議論の最終目的が問題解決にあり、そのためには当該問題についての議論が有効に煮詰められる必要があって、さらにそのためには論争者相互が相手の主張を十分に理解するという意味で接近しなければならない、ということを忘れているから発生する。しかし「若《も》し［相手の短所ばかり見る］此輩《このやから》をして其《その》両眼を開かしめ、片眼以《もっ》て他の所長を察し片眼以て其所短を見せしめなば、或は其長短相償《あいつぐな》ふてこれがため双方の争論も和することあらん。或は其所長を以て全く所短を掩《おお》ひ、其争論止《や》むのみならず、遂《つい》には相友視《あいゆうし》して互《たがい》に益を得ることもある可し」（福沢、前掲書、一九頁）。論争者双方が、第三者を煽動することばかり気にかけ相手についての公正な評価を忘れ、相手を不正確に批判することによって、議論を充実させるどころか混乱させ貧困化させているという事態を改善するにはどうしたらいいか。福沢は、その改善策として「人と人の交際」を提示する。

「是等《これら》の弊害は固《もと》より人の智見の進むに従て自ら除く可きものとは雖《いえど》も、之《これ》を除くに最も有力なものは人と人との交際なり。其《その》交際は、或は商売にても又は学問にても、甚《はなは》だしきは遊芸酒宴或は公事訴訟喧嘩戦争にても、唯《ただ》人と人と相《あい》接して其心に思ふ所を言行に発露するの機会となる者あれば、大いに双方の人情を和らげ、所謂《いわゆる》両眼を開いて他の所長を見るを得べし。人民の会議、社友の演説、道路の便利、出版の自由等、都《すべ》て此類《このたぐい》の事に就《つい》て識者の眼を着する由縁《ゆえん》も、この人民の交際を助《たすく》るために之《これ》を重んずるものなり」（同書、二〇頁）。「人と人との交際」ないし「人民の交際」は、「唯人と人と相接して其心に思ふ所を言行に発露するの機会」つまり自分が思うことを人に向かって表現する機会になりさえすれば、酒宴から戦争までどんなものであってもいい。知識人たちが「人民の会議、社友の演説、道路の便利、出版の自由等」に注目するのも、社会的環境を整備し人民にとってのそうした機会を増やして、最終的には議論の弊害を改善しようとしているからである。

それに続け、章末近くなって、福沢は議論と「世論」との関係を論じる。議論の質は、それを行なう人びとの意見の質によって決まる。議論の本位を確定しないまま、ふだん世論を過剰に意識し相手の意見を論駁することばかりに気がとられていると、結果として世論に引きずられることになり、いざ相手が世論を越えた優れた意見を開陳するのを聞いても、しっかり受けとめることができず、その相手が自分と同じ陣営にいる場合ですら、その意見展開の優れた仕方に違和感を覚え、それを拒否し、相手と袂を分かってしまうことがある。「譬《たと》へば今外国交際の利害を論ずるに、甲も開国の説なり、乙も開国の説にて、遽《にわか》にこれを見れば甲乙の説符号するに似たれども、其《その》甲なる者漸《ようや》く論説を詳《つまびらか》にして頗《すこぶ》る高遠の場合に至るに従《したが》ひ、其説漸《ようや》く乙の耳に逆《さから》ふて遂《つい》に双方の不和を生ずることあるが如き、是《これ》なり。蓋《けだ》し此《この》乙なる者は所謂《いわゆる》世間通常の人物にして通常の世論を唱へ、其意見の及ぶところ近浅なるが故に、未だ議論の本位を明にすること能《あた》はず、遽に高尚なる言を聞て却《かえっ》て其方向を失うものなり。世間に其例少なからず。猶《なお》かの胃弱家が滋養物を喰《くら》ひ、これを消化すること能はずして却《かえっ》て病を増すが如し」(同書、一二一頁)。

福沢によれば、「世論」というものは、世の中の大半を占める「世間通常の人物」つまり「智愚の中間に居て世間と相移《あいうつ》り罪もなく功もなく互いに相雷同《あいらいどう》して一生を終わる者」の間に生じる「議論」であって、「正《まさ》に当世の有様を摸出《もしゅつ》し、前代を顧《かえりみ》て退《しりぞ》くこともなく、後世に向《むかい》て先見もなく、恰《あたか》も一処に止《とまり》て動かざるが如きものなり」(同前)。議論を画一化する暴力は、時の政府からばかりか、時の世論からも来る。しかも、おそらく後者からのもののほうが強力である。過去を真剣に振り返らず未来を本気で見通そうとしないまま現在に閉じこもる傾向にある世論に、引きずられ迎合して、世論の場で違和感のある意見を「異端妄説」として排除し、結果として議論を画一化することが、いま議論の場で行なわれている。しかし、アダム・スミスやガリレオの説、我が国の廃藩置県論を見れば分かるとおり、「昔年の異端妄説は今世の通論なり、昨日の奇説は今日の常談なり」（同書、二二頁）。

そうである以上、「今日の異端妄説も亦《また》必ず後年の常談なる可《べ》し」ということをあらためて踏まえて、「学者宜《よろ》しく世論の喧《かまびす》しきを憚《はばか》らず、異端妄説の誹《そし》りを恐るることなく、勇を振《ふるっ》て我《わが》思ふ所の説を吐く可《べ》し」。そして、それを受けとめる側はその「他人の説を聞て我《わが》持論に適せざることあるも、よく其《その》意の在る所を察して、容《い》る可《べ》きものは之を容《い》れ、容る可らざるものは暫《しばら》く其向ふ所に任《まか》して、他日双方帰する所を一《いつ》にする時を待つ可し。即《すなわち》是《こ》れ議論の本位を同《おなじ》ふするの日なり。必ずしも他人の説我《わが》範囲の内に籠絡して天下の議論を画一ならしめんと欲する勿《なか》れ」（同書、二二〜二三頁）。

この受けとめる側に求められるのが「寛容」である。丸山はこの点について、次のように説明している。この「段落〔同書、二〇〜二三頁〕は、どこまでが福沢自身の見解で、どこがJ・S・ミルの『自由論』（On liberty）から示唆を受けたものか、その境界線をひくことがたいへん難しい。（中略）ミルの自由論の主要な眼目は、といえば、なにより言論の自由・意見発表の自由ということですね。全世界の人がAといい、たった一人だけがBといっても、その一人の意見を抑圧してはいけない、というのが、ミルの挙げている例です。少数者の権利、少数意見に対する寛容ということに最も重きをおいている。他者との会話によって得るためには、寛容が出てこざるをえない」（丸山、前掲書、上、八五〜八六頁）。この説明で重要なことは、この場合の「少数意見」とは「世論」に反するものであること、また、それを受けとめる側は「世論」から外れた意見にそう簡単に「寛容」にはならないからこそ表現の自由を権利として認めておかなければならないこと、最後に、このような福沢によるミル思想の咀嚼表現こそ、西洋思想の受容モデルとなることである。

章の最終段で、福沢は第一章で自ら展開した有効な議論の仕方、つまり「議論の本位を定めて之に達するの方法」をあらためてこうまとめる。「一身の利害を以《もっ》て天下の事を是非《ぜひ》す可《べか》らず、一年の便不便を論じて百歳の謀を誤る可らず。多く古今の論説を聞き、広く世界の事情を知り、虚心平気以て至善の止まる所を明にし、千百の妨碍《ぼうがい》を犯して世間に束縛せらるることなく、高尚の地位を占めて前代を顧み、活眼を開て後世を先見せざる可らず」（福沢、前掲書、二三三頁。傍点は引用者）。

西洋思想の受容が、「古今の論説を聞くこと」の一つとして、このような有効な議論の方法構築のコンテキストの中にしっかりと位置づけられていることに、注意すべきである。西洋思想は、実際には「世論」の流行に乗ってその翻訳書が購入されるにせよ、また、はじめは「世論」のブームに知的興味が刺激されて読まれるにせよ、「面白かった、つまらなかった」で終わるわけではなく、読者自身が自らの私的利害を離れ、かつ「世論」に引きずられることなしに公的な問題について、過去を振り返り未来を見とおそうと努めながら長期的展望のもとに考えつつ、自らの意見を公に提示し「議論の本位を定る」べく問題の秩序に沿った議論を展開しようとするとき、その意見を支えてくれうるものである。ここに西洋思想の存在理由があり、その受容の実質がある。上記の福沢自身によるミル受容の場合のように、自らの意見構築の支えとするのだから、その際の当該西洋思想の十分な咀嚼は大前提となる。

4　議会・思想界・世論

我が国近代の政治社会においてこうした議論の場は、どのように機能してきたか。本書では、明治維新期についてその在り方を辿ってみたい。大きな枠は、政体としての立憲君主制であり、その実質的かつシンボル的頂点は国会であろう。しかし上述のように、議論の場というものは国会や地方議会にとどまるものではなく、政治・行政の頂点から企業・役所を経て日常生活まで無数に存在している。

我が国近代におけるこの議論の場の歴史を振り返るとき、言うまでもなく明治維新における中央集権制の成立とそれに続く憲法施行・国会（第一帝国議会）開設（明治二三〔一八九〇〕年）は決定的な意義を持っている。そのとき、中央集権的な全国的な議論の場が初めて国会として成立したからである。しかし重要なことは、近代的な議論の場が国会ないし地方議会のみで実現されたわけではないこと、つまり議会外の議論の場も同時に特に思想界を中心とした世論として成立したことである。ここで構築された議会内（国会）・議会外（思想界）の議論の場のシステムは、その後、たえず反議会主義・反議論主義の暴力、たとえば言論弾圧やテロなどによって脅かされ、藩閥政治が長く残存し政党政治・普通選挙の実現が遅れたことは、周知のとおりである。もちろん、前節末で見た「世論」の圧力と質の問題もある。

いま述べたとおり、我が国では明治二三（一八九〇）年に、中央集権的な議論の制度的場としての国会が開設されるが、それとほぼ同時期に前後して、国会を取り巻く国民的規模での議論の場としての思想界、そしていわゆる「世論」が形成されたことにも注意しなければならない。もちろん「世論」は、民衆の意見の提示の場ではあっても、その意向を眼に見えるかたちにしようとすれば、基本的にアンケート調査によって量的・趨勢的に、つまり「大衆」のおおまかな反応傾向として把握するしかないから、意見主体の匿名性、意見内容の粗雑さ・断片性などのために、発言者が個人の責任で参加する相互の緻密な議論の場ではない。現在のツイッター等のＳＮＳ利用の意見表明も、たとえそれがテレビ番組として多少公的性格を持ったとしても、その断片的・匿名的ないし私的性格は否めない。ひと言で言えば、前節で述べたように思想表現を行なう者が、自らの新しい説が「世論」から異端視されないか危惧するばかりでなく、たしかに一国の総理大臣といえどもアンケート結果に現れた「世論」の自分に対する支持率を気にかけねばならないのだから、「世論」はそれなりの大きな力を持っているが、その意見交換を「議論」の名に値するものとみなすことは難しい。

しかるに、明治時代における上記の世論形成、あるいは少なくとも思想界形成は、当時の国家独立の危機を、それに関わる政治・外交・経済・社会などの国家的問題についての国民的規模の議論をとおして乗り越えようという、維新の際の「五条誓文」（本書一三四頁参照）にある「万機公論」の理念の実現であったと見ることができる。たしかにそこには、優れた意見の提出者としての人民イメージ、つまり反愚民観、表現者として成熟した市民の理念が輝いていた。前節で取り上げた福沢諭吉の『文明論之概略』もこの理念の実現へ向けて書かれている。

明治維新に際して五条誓文に表現されたこの「万機公論」のスローガンは、その後大正時代になって吉野作蔵がリーダーシップを取った普通選挙実現を求める運動のスローガンとして再登場し、さらには第二次世界大戦終結直後の年頭に昭和天皇の、いわゆる人間宣言（「新日本建設ニ関スル詔書」）に五条誓文全体が取り上げられるという具合に、我が国の近代史の重要局面で継続的に現れ、我が国近代史を貫く一種の背骨のようなものになるが、実際にはその「公論」に参与する者はきわめて限定されていたにせよ、そこに「各自が優れた意見を提出し公的な相互の議論をとおして客観的な解決案を策定することに参与する者としての民」「その意見・議論・解決策を聴取し最終決定する者としての君」という政策決定の基本プロセスの方式が表現された点で決定的な意義を持っている。

なるほど、民の公的意見が「世論」である。しかし、世論形成の点で最も重要なのは、思想界である。

思想界がなければ、あるいは思想界が消えてしまったら、いや何よりも前節で扱ったように思想界が世論に引きずられるがままになってしまったら、匿名性・断片性・私人性・雷同性を持った世論はきわめて脆弱となり、したがってまた国会等の議会の議論のあり方も貧弱なものにならざるをえない。思想界は世論と国会を導くが、両者に対してとりわけ議論の質の高さ、つまり福沢の言う「高遠な意見・議論」を維持することについて責任を持っている。

実際、中央集権の枠組みが構築された明治維新以降、民権意識の国民的規模への拡大、それに並行する大衆化時代の進展、為政者による思想操作・思想弾圧、付和雷同的環境の広がり、要するに議論の質の不可避的低下という状況において、思想家ないし知識人の責任はいやがうえにも重いものにならざるをえなかった。福沢の前掲書『文明論之概略』は、まさにこのような状況下で書かれた。

5 世論

「世論」の力の重要性と問題性が大きくなる似たような民主主義的状況に置かれた思想家で、人びとの間の「議論」の仕方に注目したのは、もちろん福沢諭吉ばかりではない。アメリカのジャーナリストで名著『世論』(上・下、掛川トミ子訳、岩波文庫、一九八七年。原著初出は一九二二年)を書いたウォルター・リップマンもその一人である。前掲書の中で丸山真男も、「福沢はまだ、今日の大衆社会におけるマスコミの発達のなかにひそむ問題性——世論を操作し、ステロタイプ化する作用など——は洞察していません。これは、西洋でも一九二〇年代になって、たとえばW・リップマンの『世論』などという著作でようやく指摘されるようになるのです」（丸山、前掲『「文明論之概略」を読む』中、九四頁）とコメントしているが、世代と国籍を異にしているものの、「議論」についての基本的な問題意識の点では、両者は共通している。

ただし、リップマンが『世論』、特にその「第二七章　一般の人たちに訴える」で展開したのは、福沢が扱った「古風家と改革家」を主軸とする思想家レベルの議論ではなく、著書タイトルの「世論」、章タイトルにある「一般の人たち」の議論である。そうした「世論」における一般市民の議論は、上記の箇所では、福沢の叙述に沿ってもっぱら新説を提示する思想家に圧力として働くものとして取り上げられたが、リップマンは、公的問題に関する一般市民の意見・議論の形成の仕方を論じている。議論の方法を考えるに際し、一般市民・世論のレベルで展開されるこのリップマンの主張を、思想家・知識人レベル中心の福沢のそれを補うものとして検討しておきたい。

一般市民の意見・議論は、明確な表現となること、特に質の高い表現になることを期待することが難しい。しかし、その影響力を考えれば、一般市民の意見・議論を質の高い表現へともたらす方策を考えることは、困難ではあれ、きわめて重要である。リップマンの主張は、その貴重な試みの一つである。

まず大切なことは、一般市民に対して、質の高い意見を持ち質の高い議論を行なうことを過剰に期待してはならないということである。「人はあらゆる公的問題について自分の公的意見を持ちうる」という考えは、一般市民の意見・議論の質向上のための具体的方策が実際に施されないならば、ただの幻想である。そして、その方策は、一般市民の能力について過剰に期待するなら、有効性を持たない。

いま、白書・報告・統計など、政府から提示される情報は、膨大な量にのぼる。「だから、その気さえあれば、一般市民はそうした情報を使って公的問題について考え、自分の意見を持ちうる」という判断は、楽観的すぎる。そのような情報は本来、一般市民のためのものではなく、「責任ある行政者」「公共の仕事に携わっている人たち」（リップマン、前掲『世論』下、二五九頁）の業務遂行のためのものである。

したがって、一般市民がそうした行政のための情報を有効に使うには、何らかのかたちで自ら公共の仕事に携わる必要がある。一市民であっても、もし公的な委員会・審議会の委員とか、裁判員となれば、争点となっている特定問題を検討する作業に取り組むことになり、必要情報を収集し有効に使用することになる。

周知のとおり、この「一般市民の公的業務への参加」という方式は、アメリカ合衆国のタウンシップ型民主政の原点であるばかりでなく、本章第7節で見るように、古代都市国家アテナイの直接民主政の基本中の基本であった（後掲、フィンリー『民主主義——古代と現代』参照）。こうして一般市民が公的業務に参加することがどうして重要になるかというと、その市民が公的業務に参加する経験を通じて、公的問題についての理解を深め、その問題に関する自らの意見を構築し、それによって国政の議論の場への参加を実質的なものにすることができるようになるからである。一般市民の公的業務への参加は、最終的には「世論」の意見・議論としての質の向上のために大切なのである。

だが、一般市民がそのようなかたちで公的業務に参加し特定の問題についての理解を深めたにしても、その公的業務への関わりは、かなり広範なものであった古代アテナイの直接民主政とは異なり、現代ではきわめて限定されており、一般市民はそれ以外のほとんどの問題について「局外者」としてとどまらざるをえない。したがって、一般市民は、たとえ公的業務に関わって特定問題については理解を深め自らの意見を構築して公的議論の一端に参与したとしても、それ以外の多くの問題については、その公的業務への関わりの経験を活かしながらも、「局外者」としてできることといえば、問題解決のための政策決定のプロセスについてその手続きの妥当性を問いかけることしかない。

「局外者が判断できるのは、多分、その決定に利害関係のある諸集団の声に正しく耳が傾けられたか、もし投票があったのならその投票が誠実になされたのか、そしておそらく、その結果が誠実に受け入れられたか、ということであろう。局外者は、ニュースによって何か注目すべきものがあると示唆されるとき、その手続きを見守ることができる。ある手続きを通じてふつうに生じた結果が、自分の理想のよい生活と合致しない場合は、その手続き自体が正しいかどうか疑問を呈することができる」（リップマン、前掲書、下、二六二頁）。

しかし、局外者ができるのは、そこまでである。いくら手続きの結果に不満があろうが、局外者は、「世論」を楯に取ったり「世論」に直接訴えたりするべきではない。「世論」への直接の訴えは、「勝負事で困ったときの切り札」のようなものであって、議論の秩序を混乱させ、一貫した思考に基づいた意見の構築を自ら拒否することになるからである。リップマンは、福沢諭吉が思想界について行なったような議論の交通整理を、世論について行ない、こう述べる。「あらゆる種類の複雑な問題について一般公衆に訴えるという行為は、知る機会をもったことのない大多数の人たちをまきこむことによって、知っている人たちからの批判をかわしたいという気持ちから出ている」。「このような状況下で下される判断は、誰がもっとも大きな声を出しているか、あるいはもっともうっとりするような声をしているかによって、また、誰がもっとも巧妙な宣伝家か、あるいはもっとも図々しい宣伝家かによって、また、誰が新聞の最大のスペースにもっとも近い距離にあるかによって決まる」（同書、二六一～二六二頁）。

重要な問題はすべて、それなりの複雑さを持っている。その複雑さを一挙に切り捨て「世論」に雷同する、ないし雷同させるようなやり方、「世論」を切り札のように用いるやり方を避け、どれほど困難であっても、あくまでもその問題について自分なりに理解した上で判断を下すという方法を探すことこそ、有効な議論を通じた問題解決の近道である。「現代国家の多忙な一市民が自分に理解できるかたちになってから問題と取り組みたいと願うなら、一定の手続きを経てからでなければ自分のところにそうした問題をもちこまないようにと強く主張するほかない」(同書、二六二頁)。ここで言う「一定の手続き」とは、特に党派的人間の主張から、当該問題の理解の障碍となる「余分な脂肪」、つまり大げさで過剰な表現、福沢の言う「論駁のための極端すぎる表現」を取り除く作業のことである。このような「余分な脂肪」がこびりついたままでは、一般市民には問題の本質を理解することはできないからである。

リップマンは、この脂肪除去作業を担うものとして、何らかの争議の当事者代表双方に加えて専門家と調停者からなる協議会のようなものを提案する。この協議会においては、専門家の意見を活用する調停者の役割が大きい。「そこでも党派的な声はきかれるはずである。しかし、このような党派的人間も、個人的な見方を離れ、十分な事実を駆使しつつ真の認識をステレオタイプ、パターン、小細工から選り分けるような対話術にすぐれた人たちと、対決せねばならなくなるだろう。それはソクラテス流の対話である。そこにはさまざまな単語をつきぬけて意味に到達するための、あのソクラテスの全エネルギーが注ぎこまれる。また、それ以上のものでもある。なぜなら、現代生活における対話は人間精神だけではなくその環境をも探索した人たちによってなされるはずだからである」(同書、二六三〜二六四頁)。

たとえば、「鉄鋼産業における賃金争議解決のために協議会を設けるべきである」との世論の声が上がったとする。労使「いずれの側も高邁な理想に満ちた声明を出している。この段階では、両者による協議会を開くべきだと主張する意見が、ただ一つ尊重に値する世論である。自分の側の申し立てはまったく正しいのだから協議会など開いて汚されるべきではない、と主張する側を配慮する必要はほとんどない。神ならぬ人間たちのどこをたたいてもそれほどの申し立てなどあるわけはないからである。おそらく、開催に反対する人たちはまともにそうは申し立てないだろう。おそらく、相手の側があまりに不正が過ぎるから裏切り者などと握手することはできない、と言うであろう。そのような場合、世論にできることといえば、公職者による聴聞会を開き、そうした不正の証拠を聴くことしかない」（同書、二六四頁）。

そうした協議会が開催されると、具体的な展開は次のようになることが予想される、とリップマンは言う。企業側代表は誠実に、賃金の高さと過重労働の回避を説明し、あわせて「ピョートル大帝の時代からツァーの殺害に至るまでのロシア史を概説する」。これに対して労働者側代表も、前者にひけを取らないような誠実さで、労働者が搾取されていると主張し、あわせて「ナザレのイエスからエイブラハム・リンカーンに至るまでの人間解放の歴史のあらましを語る」。この段階で、調停者役の議長は、賃金の高低、搾取の有無を、実際の賃金表に沿って検証し、さらに政府発表の生活費と物価の統計を調べた上で、問題となっている労働者三グループのうちの一グループの賃金は生活費の平均に達しているが、それ以外の二つは達していない、とデータの分析に基づいた裁定を下すとする。するとその裁定に対して、労使代表の双方が逆の観点から、政府統計の妥当性について異議を申し立てる。この異議申し立てについては、議長は「それについての検討はこの協議会の権限範囲ではなく、異議申し立て者は情報検証にしかるべき権限を持つ別の委員会に持っていくように」と裁定する。

これに対して、企業側代表が「賃金アップは破産につながる」と主張する。議長が、その根拠となる帳簿を提出せよと言う。しかし、企業側代表は帳簿の私的性格を楯に、その提出を拒む。そこで議長は最後に、たとえば「私的なものは当会議の関心を引くものではない」という言い回しで提出拒否の問題性を指摘し、一グループを除く労働者の具体的賃金額を公表した上で、その額が公式発表の最低生活費をはるかに下回っていることを確認し、それにもかかわらず企業者側代表は賃上げを受け入れないが、その受け入れ拒否の理由の公表を拒んでいることを、公衆に向かってしっかりと説明する。

こうした調停は、「意見を提起して党派の人たちを抑圧することではなく、偏った党派心を分解させることに意義がある」（同書、二六六頁）。リップマンは、福沢と同様、議論の混乱の最大の原因の一つとして、「世論」に引きずられ、相手を論駁することばかりに気をとられ論理の道筋を踏み外して、極端な言葉で相手の主張を誹謗中傷することを指摘したが、そうした誹謗中傷の原因を福沢とは少し異なる心理学的な観点から分析する。

リップマンは、そうした非論理的な論駁の一例として、次のような或る「社説」の文章を挙げている。「クリスマスの季節には古い記憶が心を和ませる。思いを子どものころに馳せれば、神の教えが新たに心に甦る。いまでは神のみもとにある愛する人たちの半ば幸せな、半ば悲しい思い出のかすみを通してみるとき、この世もそれほど悪いものには思われない。神秘的な力によって心動かされぬものはいない。……国は赤の宣伝によってはちの巣のように穴だらけになっている。しかし、脱出用のロープも筋肉も街灯柱もあるのだ。……この世界が動いているかぎり、自由の精神は人の胸中に燃えつづけるであろう」（同書、二六八頁）。この執筆者の心の中では、「子どものころのクリスマスの思い出」「共産主義に対する保守派としての怒り」「自由の精神・革命的伝統の相続人としての武者震い」が、論理的脈絡なしに一緒くたになり、もつれ合っている。そのため、保守派の怒りや、自由主義者としての武者震いが、クリスマスの思い出によって極端に増幅されることになってしまっている。複雑に絡み合ったステレオタイプやスローガンに反応しながら、記憶・感情の糸がもつれ、精神がもつれている。この精神のもつれを解きほぐさなければならない。

このようにリップマンは、心理学的な原因分析を行なうものの、その解きほぐす方策として「適確な表現」を挙げる点では、福沢とまったく同様である。そして、リップマンの場合も「適確な表現」は、議論・意見の質を高めることになる。表現は適確に現実を記述するものになっていなければならない。表現が適確ならば、「認識はその自己同一性を回復し、それらの認識が呼び起こす感情も特定される。なぜなら、そうした感情は、もはやクリスマスからモスクワに及ぶあらゆる事象との幅広い偶然の結びつきによって増幅されることがないからである。それ自身の適確な表現を与えられてすっきりした観念、綿密に検査された感情は、問題に関する新しいデータによっていままでよりはるかに訂正を受けやすい。それまで、観念は全人格の中にしっかりとはめ込まれており、自我全体とある種の密接な関係があった。それをつけばその人間全体からはねかえりがあった。これが充分に批判されたのちは、観念はもはや『私』ではなく『あれ』である。それは客体化され、少し離れた存在になっている。その運命は『私』の運命に結びつけられているのではなく、『私』の行動の基盤となっている外界の運命に結びついている」（同書、二六九頁）。

章の最後でリップマンは、このような適確で客観的な表現の仕方を教育すべきことを提案する。そうした表現の仕方を「再教育すれば、われわれの世論を外界と取り組む方向へ導く助けとなる。この方法によって、検閲、ステレオタイプ化、ドラマ化を行なう巨大機関を廃止に追い込むこともできる。関連する環境がどのようなものであるかをなんのさしさわりもなく知ることができれば、批評家であれ、教師であれ、医者であれ、誰もが精神のもつれを解きほぐすことができる。環境が分析家にもその弟子にも漠たる存在であるならば、いかなる分析技術をもっていても充分ではない。だからこそ情報活動が要請されている。政治や産業の問題の中で、批評家はそれなりに多少のことはできるであろうが、専門家としての報告者から正しい外界の映像を受けとるあてがないならば、その論法もたいした成果を上げられないだろう」（同書、二七〇頁)。

教師は「生徒・学生に、自分の情報源を検討する習慣を教えることができる。たとえば、自分の読んでいる新聞の中で、特電の発信場所、通信員の名、通信社名、その記事の根拠、記事が入手された状況を読みとらせる。その記者が自分の目で見たことを書いているのか考えさせ、そしてその記者が過去に他の事件をどのように記事にしているかを思い出させる。検閲というものの性格、プライヴァシーという概念を教え、過去の宣伝に関する知識を与えてやる。歴史を適宜用いてステレオタイプの存在に気づかせ、印刷された言葉によって呼びさまされる心像について内省する習慣をつけさせる。比較史や比較人類学の課程では、規範が想像力にいかに特殊な型づけをするかを生涯忘れないよう導く。自分が寓話を作っていること、諸関係をドラマ化していること、抽象的なものを人格化していることを自覚させる。そして、そうした寓話にどのように同化するか、どのようにして関心を抱くか、もっている意見の性格により、どのようにして英雄的な態度、ロマンチックな態度、省力的な態度を選ぶかを示してやる」(同書、二七一~二七二頁)。

リップマンが提案するこの教育は、「世論」における議論現場の混乱の真っ只中で、徹底した懐疑と批判によって客観的真理を確保しようという姿勢に貫かれている点で、ソクラテスを思い起こさせる。実際、リップマン自身も叙述の中で、たびたびソクラテスの名を挙げている。この教育のソクラテス的性格は、章末の最終段落において、次のように表現される。

「誤謬の研究は最良の誤謬予防法であるばかりでなく、真理の研究へ導く刺激としても役立つ。われわれの心が自らの主観主義をさらに深く自覚するようになるにつれて、われわれはその自覚がなければ見出しえないような客観的方法に強い関心を抱くようになる。ふつうなら目に入るはずもないのだが、われわれは自分の偏見がもたらす途方もない害や、気まぐれな残酷さをはっきりと見る。偏見を打ち砕くことはわれわれの自尊心に関わってくるために、はじめは苦痛であるが、その破壊に成功したときは大きな安堵と快い誇りが与えられる。注意の及ぶ範囲がいちじるしく広がる。現在の範疇が解体すると、頑固で単純な世界観は砕ける。舞台は転じていきいきと豊かになる。ついで科学的方法を心底尊重するような感情的刺激が生じる。それは他の状況ではなかなか呼び起こしにくいものであり、ずっと維持していくこともできない。偏見を生じさせる方がはるかに楽だし興味も大きい。なぜなら、科学の諸原理をあたかもこれまでつねに受容されてきたかのように教えるならば、一つの学問としての一大特長、つまり客観性というものによってこうした原理は退屈なものにされてしまうからだ。だが、まず最初にこれらの原理を頭の中にある迷信に対する勝利として教えてやるがいい。そうすれば生徒・学生は追跡と征服の快感に導かれて自分自身の狭い経験から踏み出し、自分の好奇心が成熟し自分の理性が情熱を獲得する状態への転移を、あの難しい転移を果たすかもしれない」(同書、二七二〜二七三頁)。

6　議会

私たちは上で、我が国全体として見ると議論の場が「議会」「思想界」「世論」の三つから構成されていると押さえ、第3節「議論の方法」ではもっぱら「思想界」を中心にした福沢諭吉の論考に従い、また前節「世論」ではまさに「世論」をテーマにしたウォルター・リップマンの著作を追いながら、ありうべき議論の仕方を考えてきた。これで、上記の三つの議論の場のうち「思想界」と「世論」については基本的論点を提示できたので、残るは「議会」という議論の場である。本節では、この「議会」について、カール・シュミット『現代議会主義の精神史的状況』（樋口陽一訳、岩波文庫、二〇一五年。訳書には同原著者の論文「議会主義と現代の大衆民主主義との対立」〔一九二六年〕の訳も含まれる。原著初出は一九二三年）に沿って、検討していきたい。

「序言」でシュミットは、この著作の目的を次のように述べる。「以下の研究の学問的関心は、（中略）近代議会制度の究極の核心にふれようとすることにむけられる。そうすることによっておのずと、今日支配的な政治や社会の思考の流れにとってはもはや、近代議会制度を成立させた体系的基礎がどれほど、把握できないものになっているか、この制度がその基礎を道徳的および精神的にどれだけ喪失してしまい、空虚な装置として、単に機構的な惰性により、自分の重みで mole sua まだ維持されているに過ぎないのか、ということが明らかとなるであろう。政治や社会の思考の流れがそのような状況を精神的に自覚しているときにのみ、改革の提案はひとつの地平を獲得することができる。民主主義、自由主義、個人主義、合理主義などの概念は、すべて近代議会主義と関連づけられているのだが、それらを、もっと適切に区別することが必要であり、そうすることによって、これらの概念は、たまさかの性格規定や標語であることをやめるのであり、また、戦術的・技術的な問題から精神的な原理へと最終的に到達しようとする希望の門出が空しく終わることは、二度となくなるのである」（同書、一三～一四頁）。

シュミットは第一章を、一九世紀における民主主義の圧倒的な発展を確認することから始める。「一九世紀については、政治上および国家理論上の思想の歴史が、ひとつの単純な標語でもって概観されうる。すなわち、民主主義の凱旋行列ということである」（同書、一五頁）。その上で彼は、この事態についてのフランスを中心とした西欧の思想家たちの受けとめ方を次のように概説する。

「一九世紀の三〇年代以来、精神的な時局性の感覚をもっているすべてのすぐれたフランス人のもとで、ヨーロッパはのがれがたい運命のもとにあるかのように民主主義的にならざるをえない、という確信がしだいにひろまっていた。アレクシス・ドゥ・トクヴィルがそのことをたしかに最も深く感じ、そして語っていた。ギゾーは、民主主義的混沌へのおそれを知っていたにもかかわらず、そのような確信によって支配されていた。神の摂理は民主主義の側にあるように見えていた。それについては、しばしば繰り返されるひとつの比喩があった——一七八九年以来いかなる堤防もせきとめることができなかった、民主主義の奔流という比喩である。テーヌが彼のイギリス文学史において、民主主義の発展について行なった印象的な叙述も、ギゾーの影響のもとにある。このような発展はいろいろに評価された。トクヴィルは、ブルジョワ化した人類、『勤勉で臆病な動物の群』への貴族的なおそれをもってそれを評価した。ギゾーはおそるべき潮流を規制できるようにのぞんだし、ミシュレは、『民衆』の自然的善性への熱狂的な信念をもち、ルナンは、学者的な嫌悪と歴史家的懐疑をもっていた。社会主義者は、〔自分が〕民主主義の真の相続人だと確信していた。一九世紀の新しい思想としてあらわれてきた社会主義もまた民主主義との提携にふみきった、ということは、民主主義の思想の注目すべき明証性のひとつの証拠である。多くの人びとは、社会主義を、既存の王制と連合させようとした。自由主義的ブルジョワ層は、保守的王制にとってもプロレタリア大衆にとっても、共通の敵だったからである。この戦術的な提携は、なるほどいろいろな結びつきかたであらわれ、イギリスでもディスレリのもとで成功をおさめたが、最後の結果においては、またもや民主主義のみに有利になるのであった。ドイツでは、この点については、かなわぬ願望、『ロマン的社会主義』にとどまった。ドイツでは労働者大衆の社会主義的組織は、まさに進歩的・民主主義的思考をつよくひきついだので、その思想の急進的な第一線戦士としてたちあらわれ、ブルジョワ的民主主義をはるかに凌駕したのであり、また、その社会主義的要求だけでなく、民主主義的要求をも同時に実現させる二重の課題をもったのであった。これら二つの要求は同じものとみなされた。両方とも進歩および未来としてみなされたからである」（同書、一六～一七頁）。

たしかに「民主主義は、抗しがたく到来しひろがっていく力を備えた明証性を伴っていた。それが既存の君主主義の否定という本質的に論争的な概念であったかぎりにおいて、民主主義の確信は、他のいろいろな政治的志向と結合し協力しあえた。しかし、民主主義が現実となるにつれて、それが多くの主人につかえるものであり、内容的に一義的な目標を決してもたないことが、明らかになった。そこで、それは、その最も重要な敵対者である君主主義的原理が消滅したとき、内容の明確さを自ずと失い、あらゆる論争的概念と同じ運命をわかつことになった」（同書、一八頁）。つまり「民主主義は、軍国主義的でも平和主義的でもありうるし、進歩的でも反動的でも、絶対主義的でも自由主義的でも、集権的でも分権的でもありうる」（同書、二〇頁）。

すると、民主主義はどう定義されることになるのか。シュミットはこう説明する。「下された全ての決定は、決定する者たち自身にとってのみ妥当する、ということが民主主義の本質に属する」と。そして彼は、ルソー『社会契約論』を引きながら、「市民は、その〔個人としての〕意思に反する〔一般意思としての〕法律にも同意する」というのが民主主義の基本的考え方であるとし、次のように指摘する。「それゆえ市民は、本来、具体的内容に同意を与えるのではなくて、抽象的に、結果に対し、すなわち投票から生ずる一般意思に対して同意を与えるのである。市民は、そのような一般意思を知る手がかりである投票の集計を可能にするためにのみ、その投票を行なう。その結果がある個人の投票の内容からずれるときは、敗れた者は、自分が一般意思の内容について誤認したのだと知るのである。『それは、私が誤っており、私が一般意思だと考えていたことがそうではなかった、ということを示すものにほかならない』。そして、ルソーがはっきりと続けて言っているように、一般意思は真の自由と合致するものであるから、敗れた者は自由でなかったことになる。このジャコバン的論理でもって、周知のように、多数者に対する少数者の支配をも正当化することができる。しかも、民主主義の名のもとにである」(同書、二一〜二二頁)。

「数百万人によって投ぜられた投票紙の賛否により決定が下されようと、一人の人間がそれと同じ国民の意思を示そうと、国民意思は、当然つねに、国民意思である。その国民意思がどのようにして形成されるのか、ということが重要なのである。少数者は国民の真の意思をもちうるし、国民は誤ることがありうるという、国民意思の理論のきわめて古くからの逆説は、いまなお解決されていない。実際、ずいぶん前から、宣伝と世論操作の技術が知られている」(同書、二四頁)。それゆえ、「意思形成の問題において自らを否定する結果になるのが、民主主義の運命であるように思える」(同書、二五頁)。要するに「国民意思を形成する手段――軍事的および政治的権力、宣伝、新聞、政党組織、集会、国民教育、学校などによる世論の支配力――をだれが手中にしているかという問題」(同書、二七頁)であって、それを手中にしているのが少数者でも一人でも民主主義となりうる。独裁を求める国民意思による独裁的民主主義もありうるのである。民主主義の広がりの理由はこの点にある。

以上の民主主義についての注意を行なった後で、シュミットは第二章において、「議会主義の諸原理」について論じる。議会なるものの存在理由 ratio は、たんに国民全体が一箇所に集まり議論することの不可能からくる便宜ということにではなく、ドイツの公法学者ルドルフ・スメント Rudolf Smend(一八八二〜一九七五年)の言う「正しい国家意思を結果として生み出すような対立と意見の討論過程」にある(同書、三五頁)。それゆえ「議会にとって本質的なものは、論拠と反論との公開の商議、公開の討議、公開の討論、交渉であり、その際には、さしあたって民主主義が想起されることを必要としない。その絶対的に典型的な思考過程は、議会主義の絶対的に典型的な代表者であるギゾーにおいて、見いだされる。かれは（力の対立物としての）法から出発し、法の支配を確保する制度の本質的指標として、つぎのことを数えあげる──(一)『諸権力』[die „pouvoirs"] が議論し、そのことを通じて共通に真理を求めるよう、つねにしむけられていること、(二)すべての国家生活の公開性が、『諸権力』を市民の統制のもとにおいていること、(三)出版の自由が、市民をして、自ら真理を求め、それを『権力』に向かって発言するようにうながしていること。議会は、したがって、人びとの間に散在し不均等に分けられている理性の小片が集まり、公的な支配にまでもたらされるような場所である」（同書、三六頁。傍点は引用者）。

シュミットは、このギゾーの主張に、「自由競争」と「予定調和」に基づいた自由主義の考え方を見て取る。「意見の自由な闘争から真理が、競争からおのずとあらわれる調和として生ずる」（同書、三七頁）あるいは「真理は、意見の永遠の競争の単なる関数となる」（同前）ということである。「言論の自由、出版の自由、集会の自由、討論の自由は、それゆえに、有用かつ合目的なものであるだけでなく、自由主義にとって本質的な死活の問題である」（同書、三八頁）。それらの自由は真理発生の条件だからである。上述のとおり「ギゾーは、議会主義の三つの標識を述べる際に、議論および公開性とならべて、第三のものとして、出版の自由を特にあげた。出版の自由が議論と公開性のための手段にすぎず、それゆえ、本来は独立の要因ではない、ということは容易にわかる。しかし出版の自由は、ほかの二つの特徴的な標識にとって、特徴的な手段なのであり、ギゾーがそれを特にとりあげていることは、そのような意味で正当だといえる」（同前）。

ここでシュミットは、自由主義における「議論」の重要性を指摘した上で、自由主義に特徴的な「政治生活の公開性の要請」と「権力分立理論」という二つの政治的要求が、そもそもは、まさに自由な「議論」の実現のために要請されていることを明らかにする。

「公開性の要請」とは、一六・一七世紀に支配的だった国家秘密 arcana rei publicae の理論に対抗する特に「意見」の公開性 Öffentlichkeit der Meinung の要請のことであり、「権力分立理論」とは、本質的には多様な「意見」の均衡のことである（同書、三八～四六頁）。

「公開性は、さしあたっては絶対主義の官僚主義的・専門家的・技術主義的な秘密政治に対抗する実用的手段でしかなかったにもかかわらず、絶対的な価値を獲得することになる。公開性は、絶対的な抑制手段となり、秘密政治と秘密外交の排除は、およそ政治上の病理や腐敗に対する万能薬となる。いずれにせよ、公開性に初めてかような絶対的な性格を与えたのは一八世紀の啓蒙主義である。公開性の光は啓蒙の光であり、迷信や狂信や権謀術策からの解放である。啓蒙専制主義の体制においてはすべて、公開の意見が絶対的な矯正手段の役割を演ずる」（同書、四一頁）として、シュミットはル・メルシエ・ドゥ・ラ・リヴィエール、コンドルセ、カント、ベンサム、ジョン・スチュアート・ミルの名前を挙げている。

ジョン・スチュアート・ミルについては、シュミットはこう述べる。「ジョン・スチュアート・ミルは、民主主義と自由との対立可能性、少数者の否定を、絶望的な憂慮をもって見ていた。ただひとりの人間であれ自分の意見を表明する可能性をうばわれるかもしれないと考えただけでも、この実証主義者は、説明しがたい不安のなかにおかれるのであった。なぜなら彼は、ひょっとするとそのひとりの人間が真理にいちばん近づいているかもしれないと心に思うからである」（同書、四三頁）。民主主義は、一般意思をめざしている以上、議論のプロセスにおいては自由主義と同様に、参加者全員の意見表明を求める。したがってこの局面では、一般意思をめざす民主主義と、多様な意見の均衡的真理をめざす自由主義との区別はつけにくい。しかし議論の最終局面における方針決定においては、民主主義は多数決により少数意見を否定し一般意思を形成してしまう点で、あくまでも均衡的真理をめざす自由主義とは真っ向から対立する。重要なことは、自由主義者による「少数意見の尊重」の主張が、審議開始条件についてではなくむしろ審議中ないし最終決定の場面について、行なわれていることである。それは、たんに「少数者にも発言機会を与えよ」ということではなく、「少数意見にこそ真理があるかもしれないので、審議そのものと最終決定にそれを活かせ」ということである。「発言」機会については、意見発表の自由の尊重として、すでに自由主義者と民主主義者の間には合意が成立しているのだから。

　上で見たような議会主義的な考え方は、近代の法治国家理論ないし立憲的思考の核心をなしている。「まさしく国民代表の参与のもとでできあがる規定が法律とよばれるとき、そのことが意味をもつのは、国民代表すなわち議会はその決定を討議の方法により、主張と反論とを考量することによって見いだし、それゆえにその決定は権威にのみ基礎をおく命令とは論理的にちがった性格をもつからである」（同書、五〇頁。傍点は引用者）。絶対主義者ホッブズにおける法律は「助言［Counsell］ではなく命令［Command］」であったが、合理主義的な法治国家理論における法律は、「真理［Wahrheit］であり正義［Richtigkeit］」である。しかも、その真理は、議論という理性的な方法を用いて均衡に達したことで保障されているのである。この意味で法律は「主知主義的なもの［Intellektualistisches］」（同書、五二頁。訳語変更、傍点は引用者）となる。

　しかし、こうした議論の方法は、均衡理論の相対的合理主義によって、柔軟かつ妥当に理解され、基本的に立法権に限定され執行権にまで拡大されるものではないとされた。執行権においては、たとえば「戦争や暴動にさいしては、ことは精力的な行動にかかるのであり、それには、決断の一元性が必要である」（同書、五四頁）からである。

シュミットは、ヘーゲルの議会主義も紹介している。ヘーゲルにおいて、等族議会Ständeversammlung(=身分制議会)の人民代表は、なるほどたんに諮問的な参与に限定されるものの、それでも「『多くの者の観点や思考の経験的な一般性としての公的な意識が存在するに至る場』と規定されている。等族議会は政府と人民との間の媒介的な機関であり、立法に参与するだけである。その審議の公開性によって、『一般的知識の契機が拡大され』、『知識の機会のかような開放によって、世論[öffentliche Meinung]ははじめて真の思想に、また、国家の状態や概念およびその事業への洞察に達し、そうなることによってはじめて、それらについてよりいっそう理性的に判断を下す能力に達する』。かように、この種の議会主義は、『ひとつの教育手段、しかも最大の教育手段のひとつ』である。公開性および世論の価値について、ヘーゲルは、きわめて特徴的な叙述をしている――『等族議会の公開性は、市民をりっぱに教育する大きな劇であり、人民は自分の利害の真正のものをそこで最も多く学ぶのであり』、公開性は『国家の利害一般についての最大の教育手段である』。そのことによって、はじめて、国家への関心の活発さが生じ、ヘーゲルによれば『人民が欲し思念するところのことがあらわれてくる』『非組織的様式』である世論が生ずる」(同書、五六~五七頁。訳語は一部変更)。

章末の段落で、シュミットは、議会の現状についてのきわめて悲観的な見方を提示する。「議会生活と政党政治の生活の現実、および一般の確信は、今日、かような信念からはるかにはなれてしまっている」(同書、六〇頁)。「かような信念」とは、「社会の進歩が公開の理性的な議論によって実現される」という議会主義の信念、すでに見た「社会進歩は多事争論によってもたらされる」という福沢諭吉の信念であり、それは先で見る「知性の進歩は活発な言論表現に基づく」という古代アテナイの信念にも通じるものである。

議院内閣制は、権力分立を廃棄することによって、議会主義の理念から遠ざかった。議会での本会議が形式的になって、委員会の重さが増し、その少数のメンバーが秘密裏に実質的な決定を行なっている。「この事実を前にして、議論の公開性への信念は、幻想からの恐るべき覚醒を経験しなければならなかった。（中略）新聞論説や集会の演説や議会の議論から真の正しい立法と政治が生まれてくるという信念は、いまや微々たるものにすぎない。しかし、そうした議会主義的なものこそが議会それ自体への信念の核心をなしている。だから、議会の活動の事実上の実態において公開性と議論が空虚で実質のない形式になってしまったとき、これまで一九世紀に発展してきた制度としての議会それ自体が、その従来の精神史的な基盤と意味とを失うことになったのである」（同書、六一〜六二頁）。

国会をはじめとする議会の機能低下は、私たちが日々実感しているところであるが、その最大の原因は、当然のことながら、そこで行なわれる「議論」の空転にある。新聞やテレビを通じて知らされる国会での議論の内容は、ヘーゲルの言う「市民をりっぱに教育する大きな劇」とは程遠い、ただの「茶番」にすぎない。

本来なら議会は、公開の議論を通じて、問題を分析し、各参加者から提案される多様な解決方法を取り集め、それらの解決方法についてさまざまな意見を聴取して慎重に検討を加え、最後に適切な解決策を決定する、という議論の全プロセスを市民に公開することで、当該問題それ自体について、その解決策について、そして解決策の発見・解決プロセス全体について、たんに市民に情報を与えるだけ、報告するだけでなく、市民を教育する。つまり、市民の委任を受けた代表からなる議会は、公開性の原則に従い、市民に対し情報提供義務、報告義務を負うが、そればかりではなく、議会主義の「精神史的な基盤」の要請からすると、教育義務も負っている。

この教育とは、たんなる特殊個別的な問題解決プロセスの伝達には限定されない、問題解決のための議論の方法の教育のことである。議会は市民に対し、公開性の原則によって、個別の問題解決のための審議について情報提供・報告を義務づけられるにとどまらず、問題一般の解決のための議論の方法について、自らの議論を通じてモデルを提供することを義務づけられているのである。情報提供・報告だけなら、個々の代表が自らの選挙民に対し行なえば済むであろうが、議論方法の教育モデルの提示ということになると、議会はヘーゲルの言う「大きな劇」となって、自ら義務として担わなければならない。

その点で、たとえばテレビの国会中継は、教育上きわめて重要である。議論のモデルから学ぶための最良の方法は、議論の現場に臨むことである。議論にとっては、発言の「間のとり方」から「ヤジ」に至るまで、すべてが大きな意味を持ちうるが、現場に臨まないかぎりそうした細かいことを含めた全体の総合的把握は難しいからである。

いま市民が国会をはじめとした議会に幻滅しているのは、たんに個々の審議結果についてばかりでなく、議論方法のモデル性についてである。議会は、ありうべき議論の仕方のモデルになるどころか、あってはならない議論の仕方のモデル、「反面教師」でしかない。たとえ「大きな劇」であるはずの議会の現場に臨んでも、実際にいつまでも繰り広げられているのは「茶番」でしかなく、そこから市民にとって議論の方法について学ぶべきことはいっさいないのである。

さてシュミットは、現在の議会についての悲観的見方で第二章を締めくくった後で、あくまでも現代における議会主義をめぐるその厳しい精神史的状況を把握し、議会主義思想の力を認識するために、第三章でマルクス主義を、第四章ではジョルジュ・ソレルを中心とした直接行動理論を取り上げる。

「ヨーロッパ大陸において、立憲的な議会主義は、ルイ・フィリップのブルジョワ王制をその古典的時代とし、ギゾーをその古典的代表者としている。ギゾーにとって、古い王制と貴族制はすでに克服されたが、近づきつつある民主主義が、堤防をもって防ぐべき混沌とした激流［とみえたの］であった。両者［王制と民主主義］のあいだで、立憲的・議会主義的ブルジョワ王制は正しい中庸として漂っていた。すべての社会的問題は、理性的な公開の議論において議会によって解決されるべきものであった。（中略）議会主義を廃棄する独裁概念が再び現実性をもったものになるのは、このような議会主義的立憲主義に対抗してであって、民主主義に対抗してではない。分岐点をなした一八四八年は、民主主義の年であると同時に独裁の年であった。両者とも、議会主義的思考のブルジョワ的自由主義に対立したのである」（同書、六三～六四頁）。

「独裁」とは、問題解決の方法としては、議会主義的な議論・均衡・調停を経ないまま一挙に「断定」・決断することであるが、その「断定」にも論理的根拠に基づく合理主義的断定と、非合理的なものに基づく断定があり、ヘーゲルの弁証法的歴史哲学を合理主義的基盤とするマルクス主義のプロレタリア独裁は前者の伝統に属しており、プロレタリアが自らの生の中から作り出す神話、たとえばゼネスト神話を基礎とするソレルは、その無政府主義の主張からして「独裁」を拒否するものの、議会主義を告発し「断定」・決断をめざすかぎりにおいて、後者のプルードン、バクーニン、ベルクソンの伝統に連なっている。

ヘーゲルの弁証法的発展の考え方も、上述のように議会主義的な面を持っており、議論をとおした対立の調停・均衡へ向かうものと言えるが、それは果てしなく続く「永遠の対話」とならず、一種の最終的均衡状態へ辿り着く。ヘーゲル弁証法をベースとするマルクス主義においては、それがプロレタリア独裁であるが、その主張の正しさは、過去の議論の対立を克服した正しい歴史認識、新たな時代を担うプロレタリアートによってとらえられる歴史認識によって保証される。「正しい意識は、新しい発展段階がはじまることの試金石である。それが起こらないかぎり、また、新しい時代が現実にさし迫ってこないかぎり、これまでの時代、すなわちブルジョワジーは、正しく認識されることができない。逆にいえば、それが正しく認識されるということは、その時代が終末にきていることの証拠である。ヘーゲル主義の、またマルクス主義の〔主張としての〕確かさの自己保証は、かような循環論の中で成立している。それゆえ、発展の行程の正しい洞察がはじめて、プロレタリアートの歴史的時期が到来したことの科学的確実性を与えるのである。ブルジョワジーはプロレタリアートを理解することができないが、プロレタリアートのほうはブルジョワジーを理解することができる」(同書、八三〜八四頁)。対話を終え独裁を行なうことを正当化するのは、プロレタリアの主張の歴史的正しさである。

さて、第四章で扱われる直接行動理論においては、「対立はふたたび精神的な次元を獲得し、しばしば、まさしく終末論的緊張に達した。ヘーゲル主義的マルクス主義の弁証法的に構成された緊張とはちがって、ここでは、神話的像のあいだの直接的かつ直観的な対立なのである。(中略)闘争と戦闘に結びつく戦士的かつ英雄的な観念は、ソレルによってふたたび、緊張した生の真の衝動として真剣にとりあげられる。(中略)プロレタリアは、階級闘争を、生の本能から、科学的な構成なしに、暴力的な神話の創造者としてとらえるのであり、その神話のなかに、決戦への勇気を見いだすのである。それゆえに、社会主義とその階級闘争思想にとっては、職業政治、および議会主義的活動への参与よりも大きい危険というものはない。それらは、偉大な熱狂をおしゃべりと陰謀のなかで弱めてしまい、精神的な決断の源泉である真の本能と直観とを殺してしまう。人間の生がもっている価値的なるものは、理屈からはでてこない。それは、偉大な神話像によって魂をふきこまれて闘争に参加する人間が闘争の状態に立ったときに生まれる。(中略)戦士的、革命的な熱狂、およびおそるべき破局への期待は、生の緊張の本質に属し、歴史を動かす。

しかし、熱狂は大衆自身からこなければならない。イデオローグや知識人はそれをつくり出すことができない」（同書、九五〜九七頁）。

神話とは、闘争を通じて大衆の生の衝動から生まれ大衆を突き動かす、圧倒的な力を持った非合理的な信念、大衆の間に広まり革命を鼓舞する信念のことである。たしかに、そうした神話を直接作り出すのは大衆であり、知識人ではないとしても、マルクスも含め知識人が作り上げた「ブルジョワ像」が大衆による神話構築のために基礎として役立ったのではないか、としてシュミットはこう述べている。

「［知識人マルクスによって］ヘーゲル弁証法の手段をもってくわだてられたブルジョワ［像］の構成もまた、敵対者のひとつの［神話のための］像をつくるのに役だち、その像のうえに、［大衆の］ありとあらゆる憎悪と軽侮の熱情が累積することができたのであった。私は確信するが、このブルジョワ像の歴史は、ブルジョワそのものの歴史と同じく重要である。最初は貴族によってつくられた嘲弄の人物像が、一九世紀に、ロマン派の芸術家や詩人によって引き継がれる。スタンダールの影響が広がって以来、すべての文士たちは、ミュルジェの『ボエーム』のように、ブルジョワのおかげで生活し、あるいはブルジョワの読者のお気に入りの読みものになったときでもなお、ブルジョワを軽侮した。かような戯画化よりも重要なのは、ボードレールのような社会的に零落した天才の憎悪であり、それは、ブルジョワ像につねに新しい生命をあたえる。フランスでフランスの著作家たちによってフランスのブルジョワについてつくられたかような人物像を、マルクスとエンゲルスは、世界史的な構成の次元におくのである。かれらはその人物像に、階級に分裂した人類の前史の最後の代表者、人類一般の最後の敵、最後の人類的憎悪（odium generis humani）の意味をあたえる。そのようにして、その像は無限に拡大され、世界史的なだけではなく形而上学的でもある大規模な背景を伴って、東方へとはこばれていった。そこでは、その像は、西ヨーロッパ文明の錯綜性、人為性および主知主義に対するロシア的憎悪に新しい生命をあたえ、また、自らもそれから新しい生命を受け取った。ロシアの土壌のうえで、この像がつくり出してきたすべてのエネルギーが結合した。ロシア人もプロレタリアも両方とも、いまや、ブルジョワのなかに、死命を制する機構のように自分たちの生活様式を圧迫しようとするすべてのものの権化を、見てとったのである」(同書、一〇二〜一〇三頁)。

存在するのは階級の神話ばかりではない。民族の神話もあり、ロシア革命においては、それが階級の神話を支えた。しかしムッソリーニのイタリアでは、両者が対立し、民族の神話が階級の神話に勝利を収めている。

さてこうした神話から、大衆の創造的暴力が生まれるが、それは独裁からははっきり区別される。むしろソレルが第一に告発するのが、マルクス主義の「プロレタリア独裁」も含めた独裁である。「独裁は、合理主義的精神から生まれた軍事的・官僚制的・警察的な機構にほかならず、それに反し大衆の革命的暴力行使は、直接的な生の表現であり、しばしば粗暴かつ野蛮であるが、決して組織的に冷酷かつ非人間的なものではない。(中略) プロレタリア独裁の観念の帰結としては、ジャコバンがそうしたと同様に、新しい官僚制的および軍事的な装置でもって古い装置にかえる、ということになる。それは、知識人とイデオローグによる新たな支配であって、プロレタリア的自由ではあるまい」(同書、九八〜九九頁)。

＊

シュミットは、上記の著作が出版された三年後に、その著作に対して議会主義擁護の立場のリヒャルト・トーマ Richard Thoma から寄せられた批判 (*Archiv für Sozialwissenschaften*, 1925, Bd. 53, S.212ff. に掲載)

に答えるかたちで、同じテーマを扱った「議会主義と現代の大衆民主主義の対立」という論文を発表している（シュミット、前掲書に所収。なお、この論文は同書第二版に「序言 Vorbemerkung」として挿入された）。シュミットによれば「議会主義の危機」は、本質的には、現代の大衆民主主義との対立の中で、「公開の議論」という議会主義ないし議会制度の原理に対する信念が崩壊の危機に瀕していることに由来する（同書、一二五頁）。

この信念も、大衆のものというよりむしろ知識人のものであるにせよ、信念であるかぎりにおいて一つの神話である。その「公開の議論」の神話が、大衆民主主義の神話との対立において、劣勢に立たされている。そもそも議会主義とは、神話対立を意見対立に転移させるものである。そして、その転移の成否は、意見対立の具体的かたちである「議論」の質如何にかかっている。その質が低ければ、転移は果たされず、直接的な生の豊穣さを楯に取るソレルに対抗することは困難である。

したがって、危機にある議会主義を擁護する主張もまた、それ自体議会主義の原理を正しく把握した質の高い議論を展開しなければならない。議会主義はボルシェヴィズムや独裁よりはましで、それなりに有効であるから、万が一議会主義を廃止したら大きな損害が予想される、といったトーマの主張レベルでは、議会主義の根本的な擁護とはならず、その神話の崩壊に拍車をかけるにすぎないであろう。本格的に擁護しようとするなら、議会主義の原理、精神的基礎、道徳的真理のレベルまで遡らなければならない。「議会は、直接民主主義の帰結に対してもボルシェヴィズムとファシズムに対しても精神的な優位を保持しうる、独自の基礎をもった制度としての特質をもつ」（同書、一二七頁）。

その「独自の基礎」「原理」こそ、「議論」である。シュミットは、「議論」を次のように端的に定義し説明する。「議論［Diskussion］とは、合理的な主張でもって相手に真理と正しさを説得し、さもなければ真理と正しさを自分が説得されるという目的によって支配されるような、意見の交換を意味する。（中略）議論には、前提としての共通の確信、よろこんで自ら説得される覚悟、党派の拘束からの独立、利己的な利害にとらわれないこと、が必要である。（中略）したがって、合理的正しさを見いだすのではなく、利益と営利のチャンスを考量し追求し、また、自分の利益を可能なかぎり主張しようとする商議［Verhandlung］は、当然のことながら、多くの発言や論議を伴いはするが、すぐれた意味では議論ではない」（同書、一三二〜一三三頁）。議会ないし議会主義の危機の原因を端的に指摘すれば、まさにこの本来の意味での「議論」の消滅である。

シュミット自身は、そうした言葉で明言してはいないものの、議会主義は神話・信念のレベルで危機にあるのであって、その議会主義を擁護するためには、表面的な社会技術的レベルで議会の実用的・技術的な有効性をいくら訴えても何の役にも立たず、あくまでも神話・信念のレベルまで降りていって、そこで原理としての「議論」の必要性を論じるしかないのである。それとあわせて、シュミットが繰り返し行なうのは、「議会主義への信念、議論による統治（gouverment by discussion）への信念」（同書、一三九頁）を支える自由主義と、民主主義の明確な区別である。

「民主主義にとっては、必然的に、まずもって同質性［Homogenität］が必要であり、ついで――その必要があれば――異質なるものの排除あるいは殲滅が必要である」（同前）。この観点からすれば、民主主義とは、実質的な同質性を持った者どうしは平等に扱い、それを持たない異質な者を不平等に扱う考え方である。この「同質性」とは、平等な取り扱いを必然的なものにする実質的な根拠であって、一九世紀以来、具体的には「国民の同一性」のことであり、「異質なるものの排除」とは、イギリス民主主義の場合なら、植民地・保護領・委任統治・干渉条約、および類似の従属の諸形態によって「異質な住民を国家市民にすることなしに彼らを支配し、かれらを民主主義的国家に従属させ、しかも同時にその国家から遠ざけておくこと」（同書、一四一～一四二頁）、つまり「植民地は国法上は外国であり、国際法上は国内である」（同書、一四二頁）として取り扱うことである。

問題は、民主主義の同質と排除のこの体質にあるのではない。むしろ、それにともなう「人類民主主義［Menschheitsdemokratie］」（同書、一四三頁）とも言うべき幻想にこそある。「人類民主主義」とは、平等的取り扱いの実質的根拠としての同質性が存在しないところで、「成年に達した人間はだれでも、単に人間として、そのこと自体によって当然に、他のあらゆる人間と同権であるべきだ」（同前）というぐあいに、国民の間の平等にとどまらず、領土内の全住民の平等、さらには絶対的な人間の平等を主張するものであって、結果として「平等から、その価値と実質をうばう」もの、実質的な同質性という根拠なしの平等的取り扱いを求めるものである。なぜなら、平等というものは、必ず政治的平等、経済的平等など、要するに特定領域での具体的で実質的な平等としてのみ意味を持つからである。「個々の人間それぞれの人間的尊厳」は、そうした特定領域における個々の特殊な役割と切り離すことはできない。しかも「あらゆる領域は、それに特殊な平等と不平等を持っている」。だから、たとえば「政治的なるものの領域では、人間は、抽象的に人間としてではなく、政治的に利害をもち政治的に規定づけられた人間として、すなわち、国民、治者あるいは被治者、政治的な味方あるいは敵対者として、それゆえいずれにしても政治的範疇において、対立しあう。（中略）それは、経済的なるものの領域では人間がたんにそれとしてではなく、生産者・消費者などとして、すなわち、特殊経済的な範疇においてのみとらえられるのと同様である」（同書、一四四頁）。

この「人類民主主義」の考え方は、本来的な民主主義にではなく自由主義に由来しており、それが民主主義と混同されている。上記の「自由主義と民主主義との混同」の最大の問題の一つが、まさにこの「人類民主主義」である。この考え方の起源は、ルソーに見出される。「[『社会契約論』において]自由な契約による国家の合法性の基礎づけ、という門構えは自由主義的である。しかし、叙述が進んでゆき、『一般意思』という本質的な概念が展開されるところでは、ルソーによれば真の国家は、国民が同質であって本質的には全員一致が支配しているところでのみ存在する、ということが示されている。(中略)ルソーによれば、一致は、法律が議論なしに成立するほどになっていなければならない」(同書、一四七〜一四八頁)。

契約は対立を前提する。したがって国家成立の大前提を、自由主義は国民意見の根本的対立性として、民主主義は国民意見の根本的同質性・同一性として考える。「万人の万人との自由な契約という思想は、対立する利害、差異および利己主義を前提とするまったくことなった思想界、すなわち自由主義から生ずる。それに反し、ルソーが構成したような『一般意思』は、同質性のうえにもとづいている。それのみが、首尾一貫した民主主義である。国家は、『社会契約論』に従えば、その標題と最初の部分の契約的構成にもかかわらず、契約ではなく、本質的には同質性にもとづいている。この同質性から、治者と被治者の民主主義的な同一性が生ずるのである」(同書、一四九頁)。

しかしシュミットに従って、政治理論的に、公開の議論を原理とし、それゆえ、意見対立を大前提とする議会主義を自由主義ととらえ、国民の同一性・同質性を原理とし、それゆえ、意見統一を大前提とする民主主義からきっぱり区別することを認め、また、精神史的事実として一九世紀以来の「民主主義の凱旋行列」の結果である現代の大衆民主主義の席巻による議会主義の危機を確認したとして、では、「一九世紀に議会主義と民主主義とが同義として受け取られるほど、両者は互いに結びつきあっていた」(同書、三二頁)ことについては、つまり議会主義と民主主義の結合については、どう受けとめられるべきであろうか。

シュミットの主張を簡単に言えば、互いに原理を異にする議会主義と民主主義を同一視していると、民主主義の発展を議会主義の発展と見誤り、その影での議会主義の後退を見逃しかねない、ということになろう。シュミットの貢献は、議会制民主主義なるものが単一の民主主義的原理に基づいたものではなく、自由主義と民主主義という異なる原理に基づいた混合物であることを分析し明らかにした点にある。議会制民主主義は、自由＝民主主義であって、そのうちには二つの原理の根本的対立を孕んでいる。シュミットはそこに、いうなら自由主義的対立性と民主主義的同一性の根本的対立を見る。そして、その根本的対立を議会主義の危機の根本原因ととらえているように思える。

だが一般的に言えば、議会制民主主義は、自由主義と民主主義の対立ではなく、両者の統一である。その議会主義の原理となっている「議論」は、実際には対立する意見相互の「永遠の対話」ではなく、調停・均衡による決着に辿りつく。議会制民主主義においては、議会主義の「永遠の対話」は、民主主義の同一性の原理によってその終着点を画され、出てきた結論は自らの意見に沿おうが沿うまいが全員が同意すべきものとなる。実際上は、審議時間が限定され、その限られた時間の中で有効な議論を行なうことが求められることになる。議会主義の議論は問題解決プロセスを知的なものとする原理、民主主義の同一性は問題解決策の決定を確固としたものにする原理であって、両者を議会制民主主義は、システムとしては見事に統一している。

この議会制民主主義という混合物の中では、議会主義が民主主義の性格を決定的に規定している。議会制民主主義は、問題解決プロセスについて議会主義的自由主義に全面的に支えられた民主主義である。しかるにシュミットは、危機を原理の危機、民主主義の場合は原理それ自体の危機、議会主義の場合は民主主義との原理の齟齬の危機ととらえる。つまり、現代の民主主義の危機は、大衆民主主義における人類民主主義の台頭による国民の同質性それ自体の危機であり、現代の議会主義の危機は、民主主義の同一性原理に対する自由主義的な議論原理の齟齬にあるとみなすのであって、両者の危機を両者の統一の崩壊にあるとは考えない。

「現代の大衆民主主義は、まずもって、民主主義そのものの危機に導く。それは民主主義に必要な実質的平等と〔国民の〕同質性の問題が〔自由主義的な人類民主主義が主張する〕普遍的な人間の平等によっては解決されえないからである。さらに、現代の大衆民主主義は、民主主義の危機とは区別されてしかるべき議会主義の危機にみちびく。これら二つの危機は今日では同時にあらわれ、相互に強めあっているが、概念上も事実上も違うものである。現代の大衆民主主義は、民主主義として、治者と被治者の同一性を実現しようとし、その途上で、もはや明証性を失い過去のものとなった制度としての議会に遭遇する。民主主義的な同一性ということをまじめに考えるならば、危急の場合には、どんな仕方であれ表明された抗し難い国民意思の唯一決定性の前には、他のいかなる憲法上の制度も、維持されえない。とりわけ、独立の議員たちの議論にもとづく制度というものは、そのような国民意思に対抗しては、独立の存在理由をもたず、議論への信念が民主主義的ではなく自由主義的な起源をもつものであるからして、なおのことそうである」（同書、一五一頁）。

最後にシュミットは、いずれも危機にある議会主義と民主主義を前にして、両者の対立の克服の不可能性を確認する次のような言葉で、この論文を締めくくる。「〔今日の議会主義の〕危機は、（中略）究極においては、精神的パトスによって担われた自由主義的な個人主義と、本質的に政治的な理想によって支配された民主主義的な国民感情との対立から、生まれている。（中略）それは、自由主義的な個人主義と民主主義的な同質性との、その深奥においては克服できない対立なのである」（同書、一五四頁）。このように彼は、議会主義の危機の原因である究極的対立を克服することの不可能性を確認することによって、民主主義を選び議会主義を捨てる決断を読者に促し、自らそのような決断を行なう一歩手前のところまで、すでに来ているように思える。それは、議会主義を捨てることによって、結局は両者の統一たる議会主義的民主主義を捨て、自らの同一性原理により忠実な別のかたちの民主主義、独裁的民主主義へと向かうことを意味する。「ボルシェヴィズムとファシズムは、あらゆる独裁と同じく、なるほど反自由主義的ではあるが、必ずしも反民主主義的ではない。民主主義の歴史においては、国民意思を形成し、同質性を創造するものとして、多くの独裁、カエサル主義、および、前世紀の自由主義の伝統にとっては異常な、耳目を引く他の方法がある。（中略）国民意思は、歓呼、喝采によって、自明の反論しがたい存在によって、ここ半世紀のあいだあれほど綿密な入念さをもってつくりあげられてきたところの［秘密投票制度の］統計的装置によってと同じく、いや、それよりいっそう民主主義的に、表明されうるのである」（同書、一五二〜一五三頁）。

さてしかし、私たちはシュミットとともに、議会制民主主義が自由主義と民主主義の混合物であり、しかもそれが危機にあることを認めた上で、この混合物における自由主義と民主主義の対立の調停の不可能性を受け入れるのではなく、むしろシュミットとは逆に、両者の統一とその統一における議会主義の決定的重要性を確認して、あらためて議会主義的民主主義か独裁的民主主義かという二者択一を設定し、前者を選ぶべく考察を進めたい。

7　民主主義

古代ギリシア史家モーゼス・フィンリーはその著『民主主義——古代と現代』（柴田平三郎訳、講談社学術文庫、二〇〇七年。原著初版一九七三年、二版一九八五年）の二版序文を次のような言葉で始めた。

「今日の西欧社会においては、誰もが民主主義者である。これは一五〇年前の状況に比べると、目を見張るばかりの変化である。この状況はもともとギリシアの『民主主義』という概念に含まれていた民衆参加の要素が大幅に削減されたことによって可能となり、そのような削減を正当化する理論の普及によってイデオロギー的に助長された。『エリート理論』と普通呼ばれるこの理論は、民主主義が機能し存続できるのは、職業政治家と官僚の事実上の寡頭政治の下でのみであると主張する。民衆参加は時折の選挙にかぎられなければならない。つまり、民衆が政治的に無関心であるのはよいことであり、社会の健全さの印であるというのである」（同書、一七頁）。

同書は、著者の古代ギリシア史の知見をもとにしたこのエリート理論に対する批判である。まず、フィンリーは次のように指摘する。「単に民主政治だけでなく、さらに政治、つまり公の議論によって意思決定に到達し、しかる後に開かれた社会的経験の必要条件としてこれらの決定に従うという技術をも発見したのは結局、ギリシア人たちであった。（中略）歴史を読むということが近代民主主義理論の出現と発展に役割を果したとするならば、一八、一九世紀に読まれたのはアテナイの経験に基づいて書かれたギリシアの書物であった。我々が古代の民主政治を論じるとき、考察の対象にするのはそれゆえアテナイである」（同書、三四～三五頁）。

そしてフィンリーは、早速、古代アテナイの政治社会の現実を具体的に描き出す。以下では著者の記述に沿って、第一に民主制のベースとなる公的コミュニケーションの在り方、第二に市民の統治参加全般の在り方、第三に議会である民会の在り方、という順序で見て行こう。まず、公的コミュニケーションの在り方である。「ギリシア世界は、まずもって書き言葉の世界ではなく、話し言葉の世界であった。公事についての情報はもっぱら伝令や掲示板、雑談や噂話、統治機構を構成しているさまざまな会合や集会での口頭の報告や議論を通じて広められた。それはマス・メディアがないだけでなく、我々の感覚でいえば、メディアそのものが全くない世界であった。政治指導者たちは秘密にしておくことのできる記録も（時々の例外は別にして）、コントロールすることのできるメディアも欠いていたので、当然選挙民と直接的で無媒介の関係に入らざるをえなかったし、したがってまた［現代よりも］もっと直接的で無媒介の［選挙民の］支配下に置かれざるをえなかった」（同書、三九頁）。

次に、市民の統治参加の在り方である。かなり長くなるが、そのまま引用しよう。

「アテナイの民主政治は二重の意味で直接民主制であり、代表制をとるものではなかった。最高意思決定機関である民会への出席はすべての市民に開かれていたし、官僚機構もしくは公務サービスは少数の書記を除いては存在しなかった。その書記というのは国家自体が所有している奴隷であって、彼らは条約や法律の文書、税金滞納者のリスト、その他のどうしても残さざるをえない記録の保管に携わっていた。したがって統治機構［の全体（民会＋行政）］はまさに文字通り『人民による』ものであった。戦争や平和、条約、財政、立法、公共事業、つまり統治活動の全領域に最終的な決定権をもつ民会は、一八歳以上の年齢で、その日に出席した何千何万もの市民からなる野外の大衆集会であった。それは一年を通して頻繁に開かれ、少ないときでも〔年〕四〇回開かれた。それは提出された問題についての決定を通常は一日の討議で行ない、原則として出席者全員が発言権をもっていた。この民会での発言権、すなわち『イセゴリア isegoria』は、ギリシアの著作家たちによって、しばしば『民主制』の同義語として用いられた。そしてその決定は出席者の単純過半数によってなされた。

統治機構の行政的部分は、抽選によってすべて選ばれて、一回か二回を限度とした年任期の、数多くの役職と五〇〇人評議会、そしてその他に、一〇人の将軍職と外国への使節のような少人数の『臨時の ad hoc』使節団とに分かれていた。紀元前五世紀の中頃までには、役人、評議会議員および陪審員には少額の『日当 per diem』が支払われていたが、これは熟練の石工や大工の通常の報酬よりは少なかった。紀元前四世紀の初めには、民会への出席にも同じ基礎の上にたって日当が支払われていた。もっともこの場合には、支払いが規則的なものであったか、あるいは完全なものであったかについて疑問があるが。抽選による選出と役職への日当支払いは当時の制度の崩壊を防ぎ止めるための重要な方策であった。アリストテレスは、選挙は貴族制的なもので、民主制的なものではないと述べている（『政治学』1300b4-5）。すなわち、選挙は周到な選択の要素を、全人民による統治に代わって、『最良の人々 aristoi』の選出の要素を持ち込んでいるというのである。

アテナイの男子市民のかなりの割合が我々の知る以上に、そして我々の想像をはるかに超えて、何らかの直接〔統治に参与する〕体験をもっていた。すべてのアテナイの男子が生まれた時点で、民会の議長になれる可能性は一か八かの賭けより確率が高かったことは、まさにその通りであった。そして、その議長職は輪番制で一日限りのものであって、常に抽選によって決められていた。彼は一年間、市場監督官になることもできたし、一年ないし二年（重任は許されないが）、評議会議員を務めることができた。また陪審員に繰り返しなれたし、しばしば好きなだけ民会で投票権を行使することができた。こうした直接的体験、それにはまたアテナイを細分化していた一〇〇余りの行政区、つまり『デモス』の行政経験が付け加わるのだが、その経験のもととなっていたのは、公的問題に対する一般の人々の慣れであり、それゆえ無関心な人々でさえ、そのような小さな対面社会のなかでは行政に携わることを逃れえなかった。

こうして、民主政治についてのいままでの論議のなかで大きく問われていた点、つまり平均的市民の教育水準と知識がどのようなものであったかの問題は、アテナイにおいては現代と異なった次元の問題であった。形式的にいえば、大部分のアテナイ人たちは『なまなかな教育を受けた人々』とさして変わりはなかった。そしてその点を鋭く突いた古代の批評家はプラトン一人ではなかった。紀元前四一五年の冬、シチリアへの大遠征隊の派遣に対して民会が満場一致の賛成票を投じたとき、ツキディデスは軽蔑を隠すことなく、『彼らは島の大きさや、そこに住するギリシア人や異民族の人口について何も知らなかった』（『戦史』6・1・1）と語っている。たとえそれが本当だとしても、すでに指摘しておいたことだが、ツキディデスは技術的知識と政治的理解を混同するという間違いを犯していた。アテナイには、民会に対してシチリアの大きさと人口、および必要とされる艦隊の規模について助言できる専門家が十分いたのである。ツキディデス自身が『戦史』のもっと後の章（6・31）で認めているように、遠征隊は結局は入念に準備され、十分に装備されたものになっていた。それもまた付け加えれば、専門家のなせる業であり、民会の役割は専門家の助言を受け入れ、必要な資金と軍隊の動員について投票することに限られていた」（同書、四〇～四三頁）。

要するに、あらためて認識すべきは、古代アテナイにおける立法・行政・司法という統治への市民参加はかなりのものであり、そのため市民の統治経験と政治意識は豊かであったこと、ただしだからといって市民の教育水準が必ずしも高かったわけではなく、それを補う専門家による助言体制が整えられていたことである。

最後に、民会の在り方についてである。

「煽動的な演説者たちや排外的な愛国心などによって煽られた野外での大衆集会で、群衆が示す非合理性についてくどくどと〔批判的に〕説教するのは簡単であろう。しかし、シチリア侵攻を決定する民会での投票に先立って、店先や居酒屋や街角、あるいは食卓で、激しい議論が、最終的にはプニュックス〔アクロポリス近くにある丘の集会場〕にともに集まって公式の議論と投票を行なったその同じ人々によってなされていたという事実を見過ごすことは誤りであろう。その日、民会の出席者で、同じ出席者たちの多くを、それも多分〔そこでの公式の〕議論に参加した発言者たちの何人かを含めて、個人的に親しく知らなかったような人は一人としていなかったろう。これほど今日とはかけ離れた状況はないであろう。今日では個々の市民は、何千人かの隣人どころか、何百何千万もの人々とともに、投票用紙に記入したり、投票機のレバーを操作するといった無味乾燥な行為に時々従事するだけだからである。さらに、ツキディデスが明快に語ったように、その日、多くの人々が投票しようとしていたのは、自分たち自身が遠征隊に従軍するか否かにかかわる問題だったのである。こういう観点からその政治的議論に耳を傾けたとすれば、その議論の参加者たちの頭のなかでは、問題の焦点がはっきりと浮かび上がっていたことであろう。それは議論に、近代の議論がかつてはもっていたが、いまでは明らかに失っている現実性と自発性とを与えたことであろう」（同書、四四〜四五頁）。

古代アテナイの民主主義は、なるほど直接民主制であった点で近代の代議制とは異なるものの、議会制を核心に含む議会制民主主義という点では、近代の民主主義と共通しており、カール・シュミットがその原理とした「議論」の現実性・自発性という質の高さにおいて、現代の民主主義にとってモデルとなるものである。フィンリーによれば、その「議論の質の高さ」を維持していたのはたしかに民会内の少数者、一種の「政治エリート」であったが、シュムペーターの言う、決定権限を手中に収めた現代の「政治エリート」とはまったく異なる。

古代ギリシアにおいて「『人間としての失敗者、社会的に孤立している者、経済的に不安定な者、教育のない者』を含んだ市民の国事への広範な参加は、『過激主義運動』へとはつながらなかった。現に、民会はばかな発言は容認しないので、実際は民会で発言権を行使する人は、ごく少数の人々に限られていた。民会の行動をみれば、それが技術的な専門知識と同時に政治的な専門知識の存在を認めていたことがわかる。民会はいつの時期でも、選択すべきいくつかの代替案の提示を少数の人々に頼っていたのである。とはいえ、こうした在り方は次のようなシュムペーターによるエリート主義的立場の定義とは根本的に異なっていた。『民主主義的方法とは、政治決定に到達するために、個々人が人民の投票を獲得するための競争的闘争を行なうことにより決定力を得るような制度的装置である』。シュムペーターはこの決定力を、文字どおり『政党の指導者たちが決めるのであって、民衆ではない』とみなしていた。

しかし、アテナイではそうではなかった。（中略）決定権は民会にあったのであり、ペリクレスにあったのでもなく、他の指導者にあったのでもない。指導者の必要性は認められていたが、だからといって、決定権の譲渡までなされたわけではない。（中略）人々は被選挙権および選挙権のみならず、公共政策のあらゆる問題について決定権をもっていたし、公私を問わず、民事、刑事の重要な事件すべてにおいて法廷で審判人として座る権利、すなわち裁判権を有していた。民会への権力の集中、行政職の細分化と輪番制、抽選による選出、俸給をともなう官僚制の不在、民衆法廷、これらすべてが党派組織の誕生、ひいては制度化された政治エリートの誕生を阻止するのに役立った。指導は直接的で人格的なものであった。そこには背後で糸を引く『真』の指導者によって操られる、たいして権力のない傀儡の占める余地などなかった。ペリクレスのような人々が政治エリートを形成したことは確かであるが、しかしそうしたエリートはその地位を無限に継続することはできなかった。

政治的エリートになるためには、まず民会で広くアピールをしなければならなかったし、そこで道は開かれたとしても、ひきつづきエリートであり続けるためには、なお継続的なアピールを必要とした」（同書、四六〜四八頁）。

民会における議論の質を高めるためには、いかに直接民主制のもとにあるとしても、少数の一種の政治エリートたちによる導きが不可避であったが、最大の問題は彼らの特権をいかに否定するかである。フィンリーによれば、そのために古代アテナイ人は制度上の二つの工夫を行なった。ひとつは陶片追放（オストラシズム）であり、もうひとつは違法提案告発 graphe paranomon であった。前者は、民会において危険なほどに過度な影響力を持つとみなされた人物の最高一〇年間の追放、財産および市民権の剝奪なしの追放である。後者は、民会において通過した提案の違法性の再審議である（同書、四八〜五〇頁）。

フィンリーによると、奇妙なことに実際に民主政治として古代アテナイで行なわれていることが、同時代の哲学者・理論家によってほとんど積極的に表現されることがなく、『プロタゴラス』の中で著者プラトンが批判的に描いたプロタゴラスが、「すべての人間は政治判断の技術 politike techne をもっており、それなしでは文明社会は存在しえない。すべての人間、少なくともすべての自由人は、政治判断の技術の熟練度において必ずしも平等ではないが、それを等しくもっているという点において同等である。そしてアテナイの人々がすべての市民に発言権を広げたということは正しかった」という民主的な理論を展開しているのが、唯一の例外である。アメリカ独立宣言を思わせるプロタゴラスのこの言葉は、実際の古代アテナイの民主政の在り方を表現するものとして貴重である（同書、五一～五二頁）。

ただし、政治判断の技術だけでは、民主政治の成功はもたらされなかっただろう。「思うに、その共同体意識こそがアテナイ民主政治の実際上の成功をもたらした不可欠の要素であって、その意識は国家宗教と伝統によって強化されていた。もし市民の間の［共同体意識に基づく］自己規制がなかったならば、無制限の参加の権利をもった主権的な民会も、民衆法廷も、抽選による役人の選出も、陶片追放も、無秩序状態を、また反対に僭主政を阻止することはできなかったであろう」とフィンリーは言う。その共同体意識は、何らかの仕方で教育されなければならない。「『パイデイア paideia』という言葉で古代ギリシア人たちが意味したのは、薫陶、または『養成』（ドイツ語の Bildung）であり、つまり道徳的特性や、市民的責任感、共同体ならびにその伝統と価値との成熟した一体感の涵養であった」（同書、五四頁）。

問題は、その共同体意識の教育方法である。上述したようにカール・シュミットは民主主義の原理として同一性を挙げ、議会主義の原理としての議論に対立させた。シュミットの考える共同体意識教育は、議論を拒否して同一性をめざし独裁へ向かうはずである。これに対して、古代アテナイのそれは、まさに議論に向かって行なわれた。「小さな、同質的で、相対的に閉ざされた対面社会においては、共同体の基礎的制度、すなわち家族とか共同食卓、競技場とか民会などを、教育の場と呼んでも全く正しかった。若者は民会に出席することによって教育された。彼が学んだものは、シチリア島の大きさ（こういう問題は純粋に技術的な問題である。この点はプロタゴラスもソクラテスもともに同意したであろう）では必ずしもなくて、アテナイの直面する政治的な諸問題やその選択、諸議論であった。彼はまた政策立案者、指導者として登場する人々を評価することを学んだ」（同書、五四〜五五頁）。

国民の同質性が、その国民が同一地域に生活し同じ言語・文化・歴史・制度ないし運命、要するに同じ伝統を共有することに基づくとしても、その伝統は、必ずしもカール・シュミットが考えるような国民相互の画一性へ向かうものではなく、古代アテナイに見られる議会主義的伝統、つまり国民相互の意見の多様性を活かす伝統もある。したがってこの古代アテナイの場合、国民の同質性には、他の国民にも見られる一般的な地域的・言語的・宗教的・歴史的な画一性、シュミットが分析したような外国人排除につながるような画一性をベースとしつつも、議論的姿勢という多様性を志向する異質な要素が含まれている。しかも、特にフィンリーの指摘で重要なのは、古代アテナイにおいても、国民の同質性確保のための国民教育、つまり国民としての「一体感の涵養」のための共同体意識教育は重視されたが、その国民教育体制がこの議論的姿勢という異質な要素を中心に構築された点である。シュミットの言う、議論を原理とする議会主義と同一性・同質性を原理とする民主主義の対立は、少なくとも古代アテナイの例を見るかぎりは、致命的ではなく、しかも議会主義を核とするかたちで両者を統一する可能性が確かに垣間見れるのである。

では、近現代のより複雑な社会についてはどうかと問うて、フィンリーはジョン・スチュアート・ミルの言葉を挙げている。

「たいていの人々の日常生活には、彼らの考え方や感情に広がりを与えるものがどんなに少ししかないかということは、十分に考慮されていはいない。（中略）多くの場合に、個人は自分よりもはるかにすぐれた教養をもつ人に近づきをもってはいないのである。市民に公共のために果たす何かの仕事を与えれば、このようなすべての欠陥をある程度まで補うことができる。もしも市民に付与される公共的義務がかなりの量にのぼることが環境上許されるならば、そのことは市民を教育のある人にするであろう。古代の社会制度と道徳的理念には欠陥があったにもかかわらず、市民裁判や市民集会の習慣は、アテナイ市民の知的水準を、古代にも近代にも、他の社会には比類がないほど引き上げた。(中略)市民はそのような仕事をしながら、自分自身の利益ではない利益を考量し、要求が相対立する場合に、自分の私的な偏見以外の規範によって導かれること、また、あらゆる場合にその存在理由として共同善をめざしているような原理や準則を適用することを要求される。そして市民は、自分よりもこのような理念や仕事に通じている人々といっしょに仕事をしていることに気づくが、そのことは一般的利益に対する彼の理解に理由を与え、彼の一般的利益に対する感情に刺激を与えるであろう」(同書、五六~五七頁)。

ミルが古代アテナイに見ているのは、市民の統治参加という民主的政治制度による市民教育の大きな効果の一例であるが、彼はトクヴィル経由で同時代のアメリカ合衆国にも同様の例を発見していた。

このような説明を与えた上で、フィンリーは、あらためて古代アテナイの民主政治の重要な特徴を四点にまとめる。(一)直接民主主義、(二)空間的狭さ、(三)民会への全権限集中、(四)民会での参加者の行動、である。

民会構成員は、市民権を持つ一八歳以上の成人男子(全人口のうち女性、市民権を持たない自由人、奴隷を除いた分)でペリクレス時代は約四万人、うち出席者は都市部住民・高年齢層・富裕層が多数を占めたと予想される。出席者の構成は毎回変わり、一定しなかった。「政策立案者は民会に臨んだ時、前回になされた決定を覆すような[民会出席者の]構成の変化が、偶然にせよ、特定層のある程度組織的な動員にせよ、起きていないかどうか、はっきりつかむことはできなかった。それに時代は平和でも正常でもないことがしばしばであった。(中略)アテナイの指導者たちが民会の構成の変わり得ることを十分心得ていて、それを計算に入れていたことは確かであろう」(同書、八六~八七頁)。

また、民会は一回の会期ごとに、完結していた。「入念な準備が『評議会boule』によってなされたり、非公式の投票依頼がなされたり、不真面目で無責任な動議をチェックするための工夫もあったりはしたが、それでも通常の手続きでは、一回の会期内で、議案が提出され、論議され、そして通過するか否決されるかした（修正の如何を問わず）。したがって［民会会場の］場所の狭さの上に、時間の制限があり、しかもプレッシャーが特に指導者（および将来の指導者）たちに課せられたことも考慮に入れなければならない」（同書、八七～八八頁）。

さて、民会における議論である。「何千にものぼる野外の聴衆の票を獲得することをねらった議論は、つきつめていえば雄弁術にほかならない。したがって政治指導者を『雄弁家』と呼ぶのは全く正しい。それは我々が普通考えるような、単に政治家というものが持っている特殊な技術を示すだけではなく、まさに政治指導者の同義語なのである。しかしアテナイの状況のもとでは、議論というものはそれ以上の意味をもっていた。私が描こうとしてきた民会の様子には、単に雄弁術ばかりでなく、議論や決定の『自発性』も窺われる。それは少なくとも今日の議会制民主主義には欠けているものである。発言者も聴衆もみな、夜が訪れる前に問題が解決されていなければならないこと、各出席者は『自由に』（鞭打ちの恐怖や集団による統制なしに）かつ目的的に投票すること、それゆえ、演説や意見表明は聴衆をその場で説得するものでなければならないこと、そして全体としても個々においてもすべて真剣な行為であること、をよく知っていた」（同書、八九～九〇頁）。

上記引用文で「各出席者は『自由に』……投票する」と「自由に」にカッコを付けたのは、啓蒙主義的政治理論に引きずられ「人間的条件から自由になり理性に従って」と誤解されることを避けるためであるとして、フィンリーはこう説明する。「民会の構成員が議会の構成員を拘束する統制から自由であったということは、彼らが役職を持たず、選出されたわけでもないので、次回の選挙の際にそれまでの投票記録に照らして罰を受けたり、報いを受けたりすることはなかったということである。しかし、彼らは〔もちろん〕人間的条件からは自由でなかった。すなわち、慣習や伝統、家族や友人、階級や身分の影響から、さらには個人的な体験、怨恨、偏見、価値、願い、恐れ、といった、多くは無意識のうちにあるものから自由ではなかった。〔民会の開催される〕プニュックスの丘にのぼっていた時、彼らはそうしたものを背負っていたのであり、そうしたものを背負いながら彼らは議論に耳を傾け、決定を下した。それは現代の投票行動とは大変に異なった条件においてであった。〔現代のように〕たまに一人の人間ないし一つの党派に投票する場合と、〔古代アテナイのように〕数日ごとに直接、問題そのものについて投票する場合との間には大きな違いがある」（同書、九〇～九一頁）。

また、アテナイ世界の狭さから、民会構成員は互いにかなり多数の相手を知っており、民会の審議の現場で投票が行なわれる点でも、現代とは大きく異なっている。そうした状況の中で、民会の構成員たちは、たえずとは言わないまでも頻繁に、自分の生活に直接関わる重大な問題の審議に参加していた。課税、食糧供給、陪審員報酬、選挙権拡大、市民権取扱、などの問題である。

さらに、民会は、すでに述べたとおり、年四〇回ほどのペースでかなり頻繁に開催された。「民会は長期の休日や休会もなく、始終開かれていた。たとえば、週ごとの戦争行為は民会に週ごとに諮られなければならなかった。それはちょうど第二次世界大戦中のウィンストン・チャーチルが、戦争行為の一つひとつを国民投票にかけて決めざるを得ないようなものである。しかもその行為を行なった後、議会や法廷が次の措置をいかにすべきかばかりではなく、さらにチャーチルを罷免すべきか否か、その計画を放棄すべきか否か、あるいは場合によっては、チャーチルの刑事責任を問い、罰金刑や追放刑に処すべきか否か、提案自体ないしはその実行方法のかどで死刑に処すべきか否かということさえ、票決するようなものであった。アテナイの政治家は民会で絶えず挑戦にさらされるだけでなく、政治的な理由による訴訟の脅威にも同じように絶え間なくさらされたのである」(同書、九三頁)。

ここから、フィンリーはアテナイの政治指導者の特徴的な心構え・在り方を、「緊張」という言葉で表し、次のような慎重かつ適切な但し書きを付している。「もしここで私が[民会出席者の]心理的な側面を強調するとしても、それは民会で投票した多くの人々の広範な政治的経験——評議会、法廷、区および民会自体での経験——を無視するのではなく、前に私が[啓蒙主義的政治理論の]『肉体と切り離された理性主義という観念』と称したものに単に対抗させるためでもない。私が強調したいのは、もっと積極的な何か、つまりアテナイの民会に出席することに伴う関与の度合いの深さなのである。そして、この深さは[政治指導者としての]発言者たちの間でも同様(あるいはそれ以上)であった。というのも、[民会は]一票一票が問われていた問題を解決すると同時に、発言者自身をも裁いたからである」(同書、九三〜九四頁)。

さらにフィンリーは、アテナイにおける党派対立を取り上げる。彼によれば、アテナイにおいても党派対立は存在し、その対立は激しいものであったが、他と比べそこでは法が尊重され、敗北した相手に対して寛大な措置がとられた点で、アテナイは稀有な例であった。むしろ、アテナイは、党派対立を最も良いかたちで活用した例と言ったほうがいいかもしれない。アテナイにおける党派間の「この全面戦争が参加者たちにとって疑いもなく厳しいもので、ときには不公正で誤っていたりしたことさえあったが、だからといってそれが[古代アテナイの]社会全体にとって全くの悪であったということにはならない。甚だしい不公平、重大な利害の対立、意見の当然の相違が深刻に存在した。そうした条件下では、対立は単に不可避であるばかりでなく、民主政治にとってはよいことであった。なぜなら民主制が寡頭制へと堕落するのを防ぐためには、単に同意だけがあればよいというものではなく、同意とともに対立があることが必要だからである。前五世紀の大半を占めていた国制に関する論争では、勝利を収めたのは民主派の人々であった。そして彼らが勝利を収め得たのは、まさに彼らがそのために闘ったからであり、しかも激しく闘ったからであった」(同書、一〇八～一〇九頁)。

国民の統一と国家体制固めのためには、国外の敵に照準を合わせる前に、国内の敵にいかに対応するかが問題になる。古代アテナイの議会制民主主義においては、敵の弾圧・排除という方法をできるかぎり避けて、あくまでも民会での議論をとおした議会主義的方法によってそれを乗り越えたのである。

続けてフィンリーは、議論の中身に踏み込む。まず取り上げられるのは、アテナイ帝国主義ないし対外戦争の問題と、過激運動の問題である。ペロポネソス戦争の根本的原因がアテナイの帝国主義にあることは定説になっているが、その「アテナイ帝国の創設と維持は、一体、誰の利益に適っていたのだろうか。いいかえれば、帝国の利益はどのように分配されていたのだろうか」(同書、一二三頁)。

ギリシア陸軍の主力は、富裕層からなる重装歩兵の市民軍で俸給なし、海軍のそれは貧民層からなる職業的漕ぎ手集団で俸給が支払われた。「要するに、ギリシアでは(アテナイだけではなく)公共儀式にまつわるかなりの費用も含め、統治にかかる費用を賄うのも、戦争で主に戦うのも、富裕層の役割であった」(同書、一二四頁)。帝国の創設と維持、そしてそのための戦争は、貧民層の利益になっていた。漕ぎ手報酬をはじめ、相手国から没収した土地の供与、制海権掌握による主食穀物の適正価格供給の保障などは、大きな利益であった。これと直接関連して、民主制が敷かれ帝国が維持されている間、「慢性的ギリシア病」と言われる、負債の帳消しと土地の再配分を求める内乱は、ほぼ発生しなかった。帝国の資源が、公職手当て支払いに当てられた点も重要である。他のギリシア都市国家ではそのような手当て支払いは行なわれなかった。

「紀元前五世紀後半の完璧な民主制は、もしアテナイ帝国が存在しなかったならば、導入されることはなかったであろう。（中略）富裕層が財政的、軍事的な負担を負っていたことを考えるならば、彼らが何らかの寡頭制によって自分たちの権利を主張したとしても驚くに値しない。それにもかかわらず、紀元前六世紀半ば以降、民主制はギリシア社会のなかに次々と現れ始めた。その民主制は意思決定にあたって富裕層により大きな比重を与える一方で、貧民層に一定の参加、特に役人を選ぶ権利を与えるといった妥協的な制度であった。この比重はアテナイではしだいに変わっていったが、その際に作用したアテナイに独特の変数は、アテナイが帝国であったことである。その帝国には海軍が不可欠であったが、海軍とは要するに海軍のために人員を提供していた下級階層のことを意味していた。帝国がアテナイ型の民主制の必要条件であったというのは、こうした理由からである。その後、紀元前五世紀の終わりに帝国が力ずくで崩壊させられたとき、この制度は非常に深く根づいていたので、紀元前四世紀になって必要な財政的基盤を提供することが困難になったにもかかわらず、だれもそれを取り替えようとはしなかった」（同書、一二七〜一二八頁）。

要するに、古代アテナイにおける民主制存立の要因は、アテナイの社会構造がかなりはっきりと富裕層と貧民層に分かれるシンプルなものであり（同書、一三五頁）、民主制の意思決定においては当然富裕層が優遇される結果になってはいたが、帝国があったおかげで、その収益がもっぱら貧民層の利益となるようなシステムが構築されることによって、両階層のバランスがとられていたことにある。

こうして、帝国の存在によってもっぱら実際に潤っているのが広範な貧民層であったことから、もし逆に富裕層がそこから利益を上げていたら必要になるような、帝国についてのイデオロギー的正当化や国家理性 raison d'état, Staatsraison による説明（政治＝道徳的権威としての「お国のため」という高邁な価値規範設定による国民への忍従要請）は、民会の議論でいっさい行なわれなかった（同書、一二九〜一三二頁）。つまり国民は、政治的安定を強く求め公民意識に支えられて過度の自己利益の追求を控える富裕層・指導者も、直接的な利益を得られる貧民層・追随者も一致して、イデオロギー的操作によって誘導されることなしに、また国家主義的・神秘的な国家理性によって強制されることもなしに、安定と利益というまったく単純な理由、物質的理由で、帝国の存在を支持したのであった。

また、「アテナイはペロポネソス戦争のほぼ最後まで、属国の多くから軍事的支援を含め、支持をとりつけていた」（同書、一三四頁）。フィンリーによると「国内の寡頭制を打倒できるほど必ずしも強力ではないこれら［属国の］小国内の下層階級が、自分たちの国が政治的独立を得て、その結果国内に民主制を確立できないでいることよりも、属国としてアテナイ帝国の構成員となり、その結果アテナイの支持によって民主制を得るほうを好んだ」可能性が高い。アテナイへの従属の代価は、富裕層にとってはそれなりに重いものであったが、下層階級にとっては微々たるものであったと考えられるからである（同書、一三三〜一三四頁）。

さて次に、過激主義運動についてである。過激主義とは、議会制民主主義の議論・投票といった方法・プロセスを認めず、暗殺やクーデタといった暴力的方法によって政策に変更を加えようという考え方である。著者フィンリーが同書で批判の対象にしている「エリート理論」は、大衆の政治的無関心を積極的に評価するが、それは、社会の底辺を構成する者たちの潜在的過激主義が顕在化することを、彼らの無関心が押さえ込むと考えるからでもある。エリート理論を主張する者たちは、過激主義をもっぱら下層階級のものとみなしている。しかし、「アテナイでは少なくともそれは教育があり経済的に安定した上層階級に集中して」（同書、一五一頁）いた。たしかに「どんな利益団体でも〔どんな社会階層でも〕、自分たちの目標を民主主義的に達成することができないと考えるがゆえに、民主主義的な手続きを放棄する可能性があることを認めておかなければならない。それは私が今述べたアテナイの寡頭制主義者〔の過激主義運動〕の場合にもあてはまる。そして、彼らがそう考えたのには十分な理由があった。つまり、アテナイの統治手続きを考えると、テロルや暗殺や詐術なくしては彼らは民会において勝利を収めることはできなかっただろうからである。現代の〔統治〕手続きはこ〔のアテナイのそ〕れとは当然異なっている。しかしその相異がきわめて大きくなり、エリート理論がそれを積極的によいものとみなすようになると、説得の不可能性の信念はどのように検証されるのであろうか。この状況が提示する問題は非常に複雑で難しい。過去および最近の歴史研究が示唆するように、無関心をよいものとして、それに退行することで問題を解決しようという〔エリート理論の〕試みは、何らこの現象を救うことにはならないのである」（同書、一五二〜一五三頁）。

上記引用文中の「説得の不可能性の信念」とは、議論を原理とする議会制民主主義の方法・プロセスでは、自分の意見を相手に納得させることは不可能であるという確信、ふつうは諦念となり政治的無関心を発生させるが、ときに過激主義として爆発する確信のことである。古代アテナイの過激主義運動を担った上層階級の場合は、たしかに政治的関心はきわめて強く、当時の議会主義的環境において敵を説得することが不可能であるとの自覚も具体的になっていたと思われる。したがって、なるほど彼らの過激主義の直接的引き金になったのはその強い政治的関心であって、もし現代のように無関心の環境が広がれば、その無関心をより強化することによって過激主義の発生はより容易に食い止めることができるかもしれない。しかし、それでは病の発症を無理やり押さえ込んで潜伏させ、「検証」を放棄して根本的治癒を先送りするにすぎず、患者を病から「救うことにはならない」。

おそらく、古代アテナイの議会制民主主義の議会主義の基本には、発言重視の発言主義、特に少数意見尊重として現れる発言主義があり、さらにその根底には潜伏していた問題の顕在化を重視する表現主義が存在していた。過激主義は、たしかに議会主義を逸脱する点で否定されるべきものではあるが、問題を顕在化させたという点では何がしかの有効性を認められるべきものではなかったか。逆に、政治的無関心は、問題を潜伏させ隠蔽するものであって、より有害なものではなかったか。

過激主義の問題は、国家の存亡の問題につながる。そこでフィンリーは、第四章において、国家存立と発言の自由の問題を扱う。「何らかの形で表現の自由を認める国家は、まさにその自由があるがために、国内的な自己防衛の難しさを知ることになる」(同書、一六〇頁)。まず、古代アテナイにおいて「自由とは、不可譲の権利の所有をではなく、法の支配と意思決定過程への参与を意味した」(同書、一六五頁)。とりわけ民会での発言の自由である。「アテナイ国家は、時として言論の自由を禁止する法律を作った」(同前)。つまり「国家介入の範囲を超えた権利や個人の活動領域」(同前)を全面的に認めていたわけではなかった。

行き過ぎた表現によって国家の存立を危うくしたことが疑われた者は、民衆法廷による裁判にかけられた。裁判は、専門の裁判官によって行なわれるものではなく、手続きの規則は存在したものの、「裁判長は抽選で選ばれた一年任期の国家の役人の一人であった。そして当事者は常に口頭で陳述することになっていた。証拠となる資料でさえ、読み上げられることになっていた」(同書、一六五～一六六頁)。当事者たちは訴訟準備にあたって弁護士の助けは得られたが、判決は、討議なしに無記名投票による多数決で即日決定された。陪審員は、終身の六〇〇〇人の希望者の中から抽選で大人数(ソクラテス裁判の場合は五〇一人)が選ばれたが、アテナイ人は、その大人数が市民全体を十分に代表しているとみなし、それぞれの陪審員たちには市民としての責任と公正な正直さを期待していたようである。

たとえばペロポネソス戦争中に発表された喜劇作家アリストファネスの作品は、きわめて反戦色の強いものであって、作者は実際それを理由に訴えられたが、民衆法廷は無罪とした。陪審員である民衆にとっては「アリストファネスが問題や人物を自由自在に風刺したとしても、それは戦争努力にとって有害であるとは感じられなかったのであろう」（同書、一七〇頁）。また、同じ頃、民会が「天文学を教えたり、超自然的存在を否定したりすることを重罪とする法案を可決した」（同書、一七二頁。ディオペイテス法）ことがあり、数学者・哲学者のアナクサゴラスが「太陽は神ではなく、月や星と同じように灼熱の石にすぎない」ということを教えたかどで、アリストファネスとは逆に有罪となった。

フィンリーは、最後に紀元前三九九年に起こった有名なソクラテス裁判のケースを取り上げ、あらかじめこの裁判の背景をかなり詳細に記述する。アナクサゴラスを有罪とした上記の法律は、紀元前四三二年から前四三〇年または前四二九年の頃、つまりソクラテス裁判の約三〇年前に成立したが、その成立の基本的原因としては、フィンリーによると「超自然的なものに対する古代人の恐れ」が現代人の考えるより遥かに大きかったこと、また、その頃ペスト禍で「四年間にわたって市民団の三分の一もが死んだ後」だったことから大衆の恐怖に発する暴力的反応の雰囲気が広がっていたこと、などが考えられる。しかし、法律制定からソクラテス裁判に至るこのほぼ三〇年間の言論弾圧が、そうした原因では説明しきれない特殊なものであることは明らかである。「不敬瀆神の行為は古くから罪であった。しかし今や、一世代約三〇年間にわたって――前三九九年のソクラテスの裁判が最後の事件となった――人々はあからさまな不敬行為ではなくとも、考え方や発言ゆえに起訴され、罰せられた。秩序ある宗教行為に干渉するような活動をいっさい伴わない発言や考え方であってさえもである。（中略）この［ソクラテス裁判］事件全体が、一部の知識人への攻撃の様相を呈しているようにみえる。当時、彼らは伝統に深く根ざした宗教的、倫理的、政治的な信念に疑問を呈し、しばしばそれに挑んでいたのである。おまけに当時は［ペロポネソス］戦争中であった。アリストファネスは『雲』という戯曲のなかで、彼ら［一部の知識人］への攻撃に加わっている。一面では言論の自由を極限まで拡張したこの戯曲家は、このようにして他の領域では同じ言論の自由を損なうことに加担したのである」（同書、一七三〜一七四頁）。

当時、アテナイではかなり大きな政治的混乱があった。発端は、紀元前四一五年のある朝起こった事件、市内随所に設置されていた無数のヘルメス石柱像がことごとく破壊された事件である。これは、目前に迫ったシチリア遠征を阻止・妨害しようとする一部の教養ある富裕な市民による過激主義的行動であったと思われる。シチリア遠征軍を率いる三人の将軍のうちの一人アルキビアデスは、この事件について嫌疑をかけられシチリアに着くや、不敬行為のかどで裁判にかけられるために召還された。しかし、彼はアテナイに戻らずスパルタに逃げたので、彼が欠席のまま裁判は行なわれ、有罪判決が下された。彼のほうは、さらにスパルタからペルシアの支配地域へと逃亡するが、前四一一年に、なんと再びアテナイに呼び戻され、再びアテナイの軍事計画を担うようになる。シチリアに遠征した陸海軍が全面敗北を喫し、戦争においてアテナイが劣勢に立ったことから、アテナイでは民主制を打倒し寡頭制に移行しようとする勢力が台頭し、彼らは戦況巻返しの唯一の手段としてペルシアからの巨額財政援助を主張したが、アルキビアデスはこれに呼応し亡命先のペルシアと結び、ペルシアに、その財政援助の見返りとして寡頭制採用とアルキビアデス自身の最高司令官復帰をアテナイに向かって要求させたのである。しかるに、そのとき多数の市民が出軍しており民会を欠席したこともあって、前四一一年、民会はいったんは民主制の廃止を票決し、寡頭制体制への移行準備に入ったが、まもなく「謀議の指導者たちが［敵国］スパルタに門戸を開き、戦争を終結させ、スパルタの傀儡として自分たちがアテナイで権力を保持しようとしていた」事実が明るみに出たことで揺り戻しが起こり、民主制は維持され、戦争は継続されることとなった（同書、一七四～一七七頁）。

このときアテナイの民会は、民主制打倒を死罪と定めた法律があるにもかかわらず、謀議の指導者たちに対して驚くほど寛大であり、反逆罪で罰せられた者はごく僅かな数にとどまった。だが、最終的に前四〇四年にアテナイは戦争に敗れ、スパルタから「三〇人僭主」体制として残虐さで知られる軍事政権を押し付けられることになるが、この政権内には、上記クーデタの責任者で民会の寛大さの恩恵をこうむり生きながらえた者も含まれていた。そして、この三〇人僭主体制もまもなく打倒され、民主制が復活するが、このときも民会は、僭主体制を担った人々にきわめて寛大であり、ごく少数の者を除いて彼らには大赦が与えられた（同書、一七七～一七八頁）。

以上が、フィンリーによって描かれたソクラテス裁判の背景の概要である。これを踏まえて、フィンリーの叙述に従い、ソクラテス裁判について考えてみよう。開廷にあたって五〇一人の陪審員に対して読み上げられた訴状は、次のようなものだった。「ソクラテスは国家の認める神々を信奉せず、かつまた新しい神格を輸入して罪科を犯している。また青年を腐敗せしめて罪科を犯している。したがって死刑を求刑する」（同書、一七九頁）。訴因は本質的には不敬罪で、その約三〇年前に導入されたディオペイテス法に基づく告発である。告発者三人のうちの一人アニュトスは、「大赦を厳格に実行することで名望があった」ことからすると、彼の参加がある以上、この裁判を「政治的復讐」と見るのは難しく、実際、当時はそのような見方はされていなかった、とフィンリーは言う（同上）。

ソクラテスは政治犯ではなく、ヘルメス石柱像の破壊者のような不敬犯・瀆神者でもない。おそらく鍵は「青年を腐敗させる科」にある、とフィンリーは指摘する。クセノフォンの『弁明』で、ソクラテスは告発者の一人メレトスに言う。「私が敬虔から不敬へと腐敗せしめた人間の一人でもよいから挙げてみよ」。メレトスは答える。「あなたが親の権威によりもむしろあなたの権威に従うように説得した者たちの名前を挙げることができる」。ソクラテスは言う。「なるほど、だが、教育に関しては、頼るべきは専門家であって、親類ではない。医者や将軍が必要なとき、一体誰に頼るべきであろうか。親兄弟か、それとも知識において最も資格のある者にか」（同書、一八〇～一八一頁）。

アテナイの教育状況を、著者は次のように説明する。その「半世紀ほど前、ギリシアの学校教育はまだ読み書きと算数という全く基礎的なものに限られていた。それ以上の正式な教育は、音楽、体育、馬術、軍事教練だけだった。ペリクレスやソフォクレスの時代の男たちは、これ以外のすべてを、共同体生活を活発に営むなかで学んだのである。たとえば、食卓を囲んで、宗教的祭儀の行なわれる劇場で、街角で、民会で――つまり、親や年上の者から、まさにクセノフォンがメレトスにそうすべきと言わせている形で学んだのである。その後、紀元前五世紀のほぼ中頃に、ギリシアの教育における革命がアテナイを中心として起こった。ソフィストと呼ばれる職業的な教師が現れ、修辞学、哲学、政治学を、学ぶ暇を持ち、かなりの授業料を支払う術をもった若者たちに教えた。その若者たちは富裕な市民層の息子たちであり、その何人かはその後、前四一一年の寡頭制派によるクーデタ、ならびに前四〇四年の三〇人僭主制に参加した。ソフィストたちがすべて反民主制派であったわけでも、共通の政治的見解をもっていたわけでもない――すでに見てきたようにプロタゴラスは民主制の理論を産みだしている――が、彼らは共通の探究方法をもち、それによって弟子たちのうちには驚くべき新しい態度をもつ者も出るに至った。彼らはすべての信念と制度は合理的に分析されねばならず、必要ならばそれを修正したり拒否したりしなければならないと主張した。単に尊いというだけでは不十分である。道徳、伝統、信念、神話は、もはや自動的かつ不変のまま世代から世代へ伝えるべきものではない。それらは理性による厳しい試練のなかで自らを証明しなければならないとされた」（同書、一八一～一八二頁）。

ソクラテスに対する有罪判決にとって重要なのは、アテナイの伝統的な民主的社会教育システムを破壊するかに思えたソフィストたちによる教育革命であり、その教育を受けた者たちの寡頭制派クーデタや三〇人僭主制への参加を目の当たりにした市民の強い猜疑・嫌悪である。さらにそこには、人びとにソクラテスをそうしたソフィストの一員とみなさせる力も働いた。アリストファネスは、『雲』の中で、若者を腐敗させる点で、「ある者が天文学で、別の者が倫理学で腐敗させたとしても、そこに何の違いがあろうか。またソクラテスが授業料の受け取りを拒否し、ソフィストたちが高い授業料を取ったとしても、そこに何の違いがあろうか」といった論理を展開することによって、その力に加担したとも言える（同書、一八二～一八四頁）。

ここでフィンリーは、古代アテナイにおける「表現の自由」について、こうまとめる。古代アテナイにおいて「狭義の政治の分野では、ただし戦争政策をも含むが、そこには表現の自由が非常に広範囲に認められており、それは単にペロポネソス戦争の初期のみならず、戦争が悪化していた最後の一〇年もそうであった。アテナイの市民たちは政治的な批判を恐れなかった。それは彼らが自分たち自身に、自分たちの政治的経験に、判断に、自己規律に、そしてすでにみてきた一定の牽制措置によって保証される自分たちの政治指導者に、自信をもっていたからである。彼らはなかんずく宗教と道徳の分野では、この自己規制を失った。しかし、そこでも重要な特徴をみてとることができる。大衆の反応は少なくともある程度は、表現がどのような機会にどのような形でなされるかにかかっていた。アリストファネスや他の喜劇作家は、神々についての不敬なジョークを自由に飛ばしたが、それは哲学者やソフィストたちが口にすれば不敬のかどで告発されかねないものだった。それは思うに、アリストファネスのジョークが、共同体によってその神々が祝われる場である宗教祭事の決まりごとの枠内であった一方、哲学者たちのジョークや機能は、共同体の枠を超えていたからである」(同書、一八六〜一八七頁)。

こうした哲学者を含む知識人への攻撃は、アテナイに限って行なわれていたようである。よくあるように、非理性的な民衆がデマゴーグに踊らされて知識人攻撃を行なったと説明しても、何の解明にもつながらない。「非寛容の背後には常に恐怖が存在する。紀元前五世紀の最後の三分の一の期間、アテナイ人たちは一体何を恐れていたのだろうか、有罪判決や懲罰を下したほどに」(同書、一八九頁)と問うて、フィンリーは「半世紀にわたって築き上げてきた生活様式を失うこと」(同前)を彼らは恐れていたのではないか、と答える。それは「帝国と民主制を基盤にしていた生活様式、物質的に豊かで(古代ギリシア的意味で)、同時に心理的、文化的にも満足のゆくもので、いわば自己満足的な生活様式、長期にわたる困難な戦争で試され、脅威を受けていた生活様式、神々の好意または少なくとも中立性が必要であった生活様式」(同前)である。

いや、さらに明確に限定して言えば、そのときのアテナイ人の非寛容は、対外的にはペロポネソス戦争敗北による帝国喪失と国内的にはクーデタや三〇人僭主制による民主制崩壊というかたちで、まさに「帝国と民主制」という基盤が大きく揺らぐ状況下において、その基盤をこれから支えるべき指導者層の青年たちが「腐敗」させられ反民主制・反帝国へと向かっていることを目の当たりにしたときの、とりわけ民主主義的な社会教育によって育まれる生活様式が失われる恐怖に由来する、と考えられるのではないだろうか。「アテナイに限っての知識人攻撃」とは、アテナイ人が民主制教育をきわめて重視していることを裏側から証明するような現象であって、アテナイに固有の民主制の危機に臨んでの反民主制的と見える教育への限界的・例外的な攻撃であるように思える。したがって、「民主制の危機」がなくなれば、攻撃もなくなる。実際、「アテナイは戦争に負け、帝国は失ったが、その民主制は回復され、数年のうちに［市民のうちの恐怖はなくなり］自信を取り戻した。恐怖は霧散し」非寛容の雰囲気は消え、知識人攻撃はなくなり、「政治論争は活発で、民主制は制度として存続した。その一方で、哲学者たちは自由にそれを非難し、それにとってかわるべき政治的、倫理的思想を教えた。アテナイの民主制がついに崩壊したとき、それを打ち崩したのは優勢な外部の勢力、つまりマケドニアのフィリッポスとその子アレクサンドロスであ［り、内部の反民主制的な知識人たちではなか］った」（同書、一九一頁）。

第四章の末尾近くで、フィンリーは政治社会における「議論」についてこう言っている。「純粋な政治社会は、そのなかで議論や論争が不可欠の技術であるが、それはリスクに満ちた世界である。議論が時に戦術の問題から根本的な問題へと移ること、統治権をもつ人々の当面の政策に対してだけでなく、その基礎にある原理に対しても挑戦がなされること、根源的な挑戦がなされること、それは不可避なことである。それは不可避であるばかりでなく、望ましいことでもある。そして現状維持を好む利益団体がそのような挑戦に対して、伝統的で深く根を張った信念や神話や価値に訴えることによって抵抗することも不可避なことである」（同書、一九一〜一九二頁）。たしかに古代アテナイにおいても、哲学者たちによって議論による根源的な挑戦が行なわれ、また、それに対する伝統の側からの抵抗が、限定的ではあるものの、起こったが、そうした挑戦を「望ましい」とする受けとめ方は、著者フィンリーのものであるとともに、おそらくアテナイ人たちのものであった。

最終第五章では、「表現の自由」と、いわばそれの裏側である「検閲」の問題が、古典古代について扱われる。「検閲」というのは、何らかの社会組織が自らを正当なものと考え、対内的・対外的に自己防衛する権利を当然のこととみなし、その自己防衛のために自らに反対する者に対し弱体化・排除を行なうとき、特にその表現行為を抑圧し表現結果を廃棄することであるが、現代の私たちは、表現のうち特に書物に対する監視・抑圧を考える。しかし、古典古代のギリシア・ローマ社会は、口頭・記憶によるコミュニケーションを基本とする口伝社会であって、書物検閲は問題にならない。

「古典古代では（そして印刷の発明以前はどこでも）、出回る書物の数とその読者の数が職業的な哲学者や知識人の狭い世界以外ではごくわずかで、とるに足らないものであったということを知っておくのは非常に重要である。そして知識人たちでさえ、他の人たちと同様に口頭でのコミュニケーションや記憶に大きく頼っていた。書物やパンフレットは世論に影響を及ぼしたり、世論を形成したりするのには実際役に立たなかった。それはエリートの世界においてさえも同じだった。もちろん、ローマの皇帝たちは晩餐会で不快な発言をした人を罰したように、いわば自分の面前で気にくわぬ詩や『リベリ』（中傷文）を発表した作者を罰した。しかし、彼らはわざわざ私蔵の本を探し出すようなことはしなかった。それはそうするための方策がなかったばかりでなく、そんなことはどうでもよかったからである。勝利を得た教会が、異教の著作が継続的に出回ることに対して無関心であったことほど、この点をよく示すものはない」（同書、二〇九頁）。

したがって、そもそも成文法の導入や、その掲示板上の公表は、なるほど平民の勝利とは言えるとしても、平民の識字率の高さや実際にそれを平民が読んだ証拠にはならない。平民にとっては、公的文書が公表されたということそれ自体が、「秘密主義や陰謀に対する開かれた政治の勝利」（同書、二一二頁）が示されたものとして重要なことであって、わざわざその文章を読みに出掛ける必要も、読める必要もなかった。

こうした社会における「検閲」の方法とは、「これ以上発言させないための」発言者それ自身の排除であり、具体的には「追放」ないし「死刑」であった。「少なくとも、［古代ローマに比べ古代アテナイのように死刑が少なく］政治的に開かれていた共同体、つまり政策の問題で議論ができた社会では、物理的に排除され［追放され］た人間は武装蜂起をし［て戻ってこ］ない限り、自分の政治的見解を、それを伝える意義のある唯一の場である自分の共同体のなかで、表明し流布させることはできなかった。さらに（中略）、古代においては哲学者や預言者の追放は、彼らが公の秩序や公の安全を脅かすという理由で正当化されるのが常であった。そこには［心の中の］良心の自由への関心はなかった。表明されない言葉や観念は関心外のことであったのである。しかしまた、煽動的な言葉が単なる言葉だけであって行為につながらない限り許されている、もしくは許すべきだとするような現代の詭弁に対する真剣な支持もなかった」（同書、二一四～二一五頁。傍点は引用者）。

このような意味での古代検閲体制は、ギリシアとローマで対照的であった。前者では緩く、後者では厳しかったのである。思想の検閲では、その思想を聞く側も問題になる。「ソクラテスの時代のアテナイでは、それは前四一一年と前四〇四年の二度、寡頭制派によるクーデターを引き起こした、半ば秘密主義的な反民主制的結社に関わっていた疑いのある富裕な青年層であった。それとは際立って対照的に、共和制ローマでは、それは今からみると、統治機構や権力中枢に対する脅威が何らないようにみえる時代の寡頭制的支配階級の息子たちだった。その恐れはアテナイよりはるかに弱く、漠然としたものだったが、検閲は、自己検閲をも含めて、もっと厳しく、効力のあるものだった。キケロはプロタゴラスの処罰が後代の哲学者たちにとって効果的な抑止力となると指摘しているが、そのことは、彼がギリシア的教養をもっていたにもかかわらず、いかに骨の髄までローマ人であるかを露呈している」（同書、二一八頁）。

次にフィンリーは、青年の腐敗の問題から、宗教の問題に移る。対象者は、特定の富裕層から社会全体に広がる。たとえば前二世紀初頭、イタリア半島全域で上流階級から奴隷まで全社会階級に、ギリシアのバッコス酒神礼拝の秘儀が急速に広まったが、それに脅威を覚えたローマの支配階級は、全イタリアからこの礼拝行為を一掃するため大掛かりな取り締まりを行ない、何千何万の人々を処刑したと言われる（同書、二二二頁）。

この弾圧の規模と過酷さは、ローマ人たちの外来宗教嫌い、ローマの神々への不敬行為などでは説明できない。「その〔礼拝〕程度のことまでは、もし個人が強く望むのであれば、法務官に願い出て、元老院の公式の許可を得た上で、五人以上が一緒に儀式に参加しないという条件で、礼拝を行なうことができるという規定によって認められていたからである。この条件が鍵を握っている」（同書、二二一〜二二二頁）。この条件とは、「儀式参加者が五人以上」となったら、それを「陰謀」の謀議の実行とみなし取り締りの対象にするということであった。ローマ当局は、騒乱を恐れていた。哲学者たちは、イタリアから追放されたとしても属州での活動は認められていた。バッコス礼拝者に対する迫害とは、質を大きくことにする。

いずれにしても、繰り返しになるが、古典古代においては、基本的に書物に対する検閲は行なわれなかった。したがって、ローマにおいて中期ストア派が、「本来のストア派的なエートスを貪欲で拡張主義的なローマの寡頭制にうまく合うように変えたのは、何も外からの権威に強制された結果ではなかった。また、彼らの後継者たちも強制されてストア派の哲学をさらに専制的君主制に合うようにしたのではなかった」（同書、二二八頁）。ブラント〔P.A.Brunt〕が指摘するように、その頃までに、「修辞学と信心が、探究と議論に大きくとってかわってしまっていた」（同前）のである。

最終章の末尾近くで、フィンリーはこう述べる。古代ローマと比べ古代ギリシア、とりわけ前五世紀の民主制のアテナイにおいて、自由な言論表現は、民会ではエリートに限定されていたものの特に喜劇として花開いたが、前四世紀になると、公的検閲が行なわれたわけでも新たな法律が制定されたわけでもないのに、大きく変化し「実際上の人物を登場させることをやめ、公的生活への関心を一切テーマとしなくなった」（同書、二二九頁）。言論表現の退行＝政治的無関心の進行である。なぜか、と問うて、彼はドッズDoddsの次のような言葉を引いて答える。ギリシア文明は「知性がしだいに退行していく時代になったのだ」（同書、二二九〜二三〇頁）と。

つまりフィンリーは、知性の退行が言論表現の退行＝政治的無関心の進行の原因であるとしている。しかし、むしろ因果は逆転させ、政治的無関心の進行＝言論表現の退行が起こったからこそ、知性の退行が生じたと考えるべきであろう。そして政治的無関心の進行＝言論表現の退行の直接の原因は、まさにアテナイ民主制の衰退ではなかったか。さらにその究極原因を求めれば、言論弾圧でも法規制でもなく、ブラントの言う自発的な「議論」の衰退ではなかったか。

本節の冒頭で確認したように、同書におけるフィンリーの目的は、古代ギリシア研究に基づいて現代の「エリート理論」を批判することであった。そして、その「エリート理論」の核心は、大衆の政治的無関心の進行を積極的に評価する点である。これに対して、フィンリーがこの書の全体で古代アテナイを取り上げ見事に明らかにしたのは、政治的無関心の進行こそが、まさに議論の貧困に裏打ちされて民主主義を衰退させ、結局は知性を退行させるということであった。

第二章

万機公論

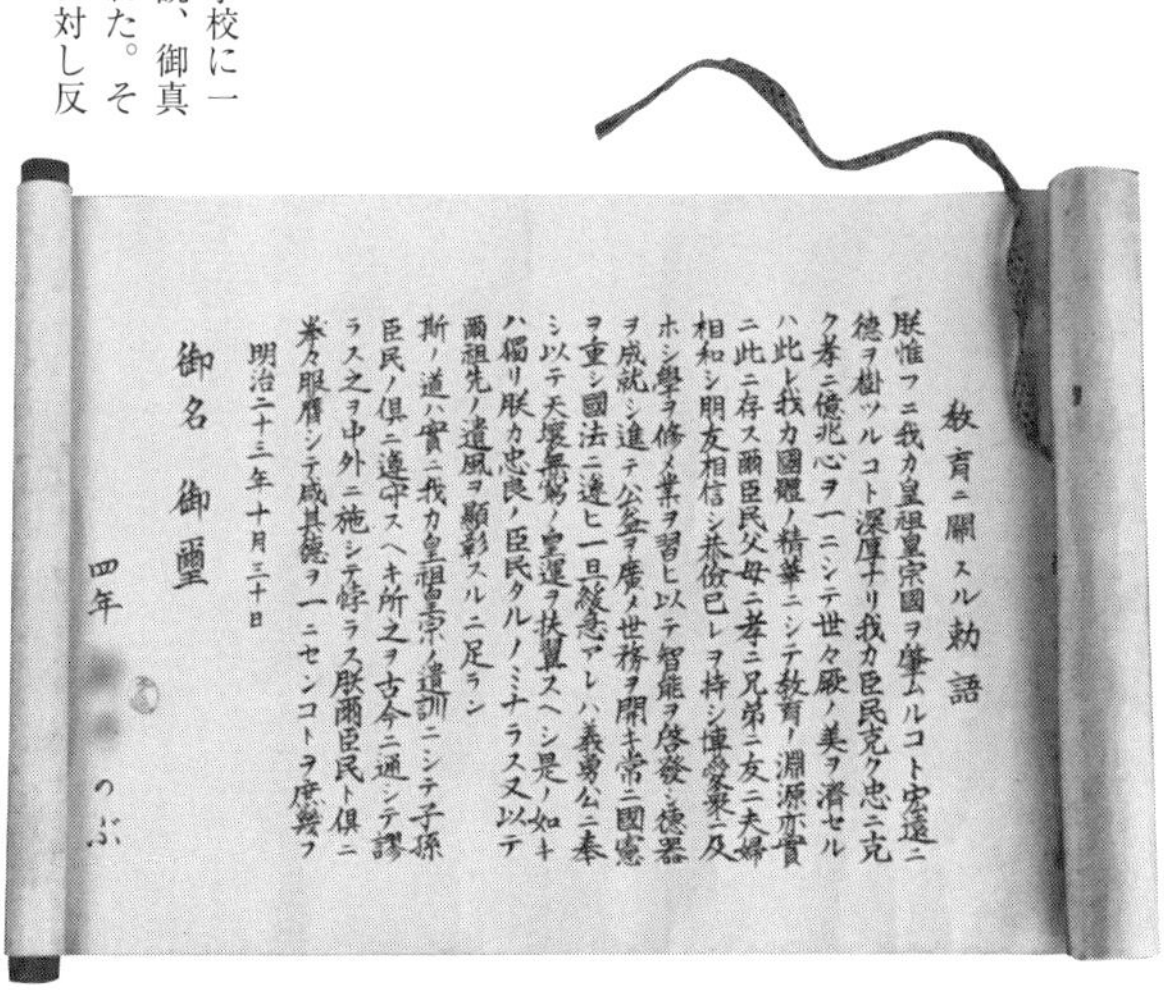

戦前の小学生が筆写した教育勅語。教育勅語は、発布と同時に謄本が全国の学校に一律に下付され、それを中心に全国一律で挙行される学校儀式（教育勅語の奉読、御真影への拝礼、君が代斉唱、教育勅語の趣旨に関する校長訓話など）が構築された。それは、「万機公論」として現れた議論環境構築のベクトルに逆行し、為政者に対し反対意見を表明しない従順で沈黙する国民の育成をめざしたものであった。

革命期アメリカの諸植民地の小集会 petites assemblées で行なわれた最初の討論 débats 以来、全ヨーロッパはそれらの討論によって、感動させられている。それは特殊で偶然的な状況に基づいているばかりではなく、なお一般的な恒久不変の持続的な原因にも起因している。わたくしは民主的議会 assemblée 内で重大な諸問題を討論する discuter 偉大な雄弁家ほどに感嘆すべきもの、強力なものを知らない。そこには、（中略）階級というものは存在しないので、話されることは常に全国民あてのことであり、そして全国民の名においてである。そのために、思想は偉大なものになり、言葉は高雅なものになる。

——アレクシス・ドゥ・トクヴィル『アメリカの民主政治』（下、井伊玄太郎訳、講談社学術文庫、二〇〇二年、一七七頁）

1　議論環境の構築

周知のとおり、明治と改元することが正式決定される半年ほど前の慶応四（一八六八）年三月一四日、新政府は五条誓文を発布した。歴史的には、我が国の議会主義ないし議論主義は、誓文上にある「万機公論」の条に、その基礎を置いている。五条の内容は以下のとおりであった。

一、広ク会議ヲ興シ万機公論ニ決スベシ
一、上下心ヲ一ニシ盛ニ経綸ヲ行ウベシ

一、官武一途庶民ニ至ル迄各其志ヲ遂ゲ人心ヲシテ倦マザラシメンコトヲ要ス
一、旧来ノ陋習ヲ破リ天地ノ公道ニ基クベシ
一、知識ヲ世界ニ求メ大ニ皇基ヲ振起スベシ

「万機公論」原則は、このように冒頭第一条に据えられた。この誓文の成立経緯については、よく知られているところであるが、その原型は、越前藩出身の参与由利《ゆり》公正《きみまさ》（三岡八郎）が、諸侯が会同して盟約を交わすことを提案した際、その盟約の内容として起草した文書、横井《よこい》小南《しょうなん》や坂本龍馬の影響が感じられる「議事の体大意」である。この文書は、上記誓文に類似の五条から成っていたが、「万機公論」の条は最終第五条とされ、「万機公論に決し私に論ずるなかれ」と表現されていた。井上清によると、これは「『私に論ずるなかれ』を強調したもので、個人独裁を排したものである」（井上清『明治維新』日本の歴史20、中央公論社、一九六六年、八六頁）。

由利はこれを土佐藩出身の参与福岡《ふくおか》孝弟《たかちか》（藤次）に示し、福岡はその字句を大きく変え、順序も改める。「万機公論」の条については、福岡の主君山内《やまのうち》容堂《ようどう》らの「公儀政体論」に沿って「列侯会議を興し万機公論に決すべし」と修正し、かつそれを冒頭第一条に据えた。さらにこの福岡案をもとにして、長州出身の木戸《きど》孝允《たかよし》（桂《かつら》小五郎《こごろう》）が修正したのが、上記誓文である。「万機公論」の条は、土佐派の公儀政体論が退けられたことで「列侯会議を興し」が消え、代わりに「広ク会議ヲ興シ」が置かれた。

井上清はこの五条誓文について「五条のどの一つをとっても、そこには清新の気があふれていた。これを読む人々は、それぞれの境遇と政治的希望に応じて解釈した。じっさいまた、これはさまざまの解釈をゆるすものであった」（同書、八四～八五頁）と述べているが、広く国民にとって五条誓文は、多様な境遇

に応じそれぞれの政治的希望に向かって解釈でき、そのことによっていずれの者もが清新さを感じられるという点で、新時代の出発宣言に相応しいものであった。

誓文第一条の「万機公論」に表現された議会主義は、当時の国民の広い合意ではあったが、誓文ではまだ最大公約数的な漠然としたものであった。しかし、その後、戊辰戦争を経て、誓文発布の六年後の明治七（一八七四）年一月一七日に提出された「民撰議院設立建白書」において、国会開設要求として具体化される。そして、これを機に、その国会開設を求める議会主義運動である自由民権運動が始まる。松沢裕作は次のように述べている。「幕末以来、国政にかかわる何らかの会議体が必要であることには広い合意があった。幕末の政争が幕府の独断による条約の調印への批判からはじまったからである。五箇条の誓文の『広く会議を興し、万機公論に決すべし』はその最大公約数的な合意である。しかし、〔民撰議院設立〕建白書は、この漠然とした合意に明確なかたちをあたえた。それは、個人に参政権を持たせることで、一人ひとりの政治的能動性を引き出し、それによって身分制社会にかわる安定した政治体制を形成する、という構想である。実際に欧米諸国がそれを採用しているということもあって、民撰議院構想は、一度提出されると反論することは難しかった。こうして、政府に対して議会の開設を要求する、あるいはみずから議会を立ち上げようとする運動が誕生した。国会開設を目標とする自由民権運動の誕生である」（松沢裕作『自由民権運動――〈デモクラシー〉の夢と挫折』岩波新書、二〇一六年、四七～四八頁）。

松沢によれば、このとき誕生した自由民権運動は、明治一四（一八八一）年一〇月一二日に政府がいわゆる「国会開設の勅諭」により明治二三（一八九〇）年に国会を開設することを天皇の名において発表したこと、あわせて、その国会開設・憲法制定構想の政府内対立が原因となって勅諭発表同日に起こった「明治一四年の政変」により、大隈重信をはじめとする有力官僚が政府を追放されたことで大転換を余儀なくされ、政変後に結成された自由党の迷走や武装蜂起に向かう「激化事件」を経て、誕生からほぼ一〇年後の明治一七（一八八四）年秋に終結した。

「自由民権運動は、『ポスト身分制社会』を自分たちの手でつくり出すことをめざした運動であった。そして移行期が終わり、近代社会の形が定まったとき、自由民権運動は終わる。一八八四（明治一七）年秋、展望を失った自由党が解党し、秩父の農民の解放幻想が軍隊の投入によって打ち砕かれたとき、自由民権運動は終わった」（同書、二〇四頁）。

自由民権運動の背景には、社会の流動化、特に戊辰戦争による社会の流動化があった。「戊辰戦争による社会の流動化は、一方で政治参加への熱意と野心を、一方で依るべき集団を失った人びとの不安を同時に引きおこした。自由民権運動はそうした熱意と野心と不安のなかから生まれた」（同書、二〇五頁）。きわめて流動的な環境から生まれたものである以上、自由民権運動は、内部に多種多様な要素を孕み、それ自体が流動的で無定形な性格を持っていたが、その流動性はたんに時代のそれを反映したものであるばかりではなく、この運動の議会主義的・議論主義的な性格に由来するものであったように思える。国会開設という統一目標として、全国で二〇〇〇を超える結社が原則自発的に結成され、すでに明治八（一八七五）年二月二二日には各地結社の連合組織「愛国社」の創立大会が開催、やがて国会期成同盟が国会開設願望書を起草、私立国会・私擬憲法が検討され、あわせて演説会や新聞といった手段で外部へ自らの意見表明が行なわれる、といったこの運動の一連の流れは、たんなる混乱でも純然たる流動性でもなく、まさに明確に議会主義的・議論主義的な方向性を備えた動きであった。国会開設の目標はもとより、基本組織としての結社結成、その連合としての統一組織構築、その大会開催、願望書の起草、新聞・演説会をとおしての意見表明などのすべては、「議論」という原理によって貫かれている。たとえば、上記の愛国社創立大会で決定された「愛国社合議書」には、きわめて端的に「各県各社より社員二、三名を東京に出し、毎月会合を開いて政治のあり方を協議・討論すること」が規定されていた（同書、六三頁）。

そもそも議論主義的な環境というものは、各自の意見提示の積極性、その意見の多様性、方針の流動性などによって特徴づけられるものであって、沈黙性・統一性・安定性が後退しているものであることを考えれば、幕末維新から明治初期の変革の時代は、その環境の発生にとってうってつけの時代であった。むしろその「社会の流動性」が強力な専制的政治勢力によって強引・性急に統一されなかったことで、議論主義的な環境が広がることが可能になったと言える。

要するに、議論主義的な環境とは、その中で国民の一人ひとりが問題解決にあたって、自らの意見を提示し議論するという方法をとることを当たり前と感じるような環境のことである。こうした環境作りを行なった思想家として、前章では福沢諭吉を見た。福沢の『文明論之概略』の初版が出版されたのは明治八（一八七五）年、上記の自由民権運動開始の直後である。津田左右吉は岩波文庫版『文明論之概略』に付された「解題」を、次のような指摘で始めている。「『文明論之概略』は明治八（一八七五）年に出版せられたようであるが、その著述は、前の年からのしごとであった。明治の日本の進むべき方向はほぼその目あてがついて来たが、なほ動揺と混乱とを免れず、民選議院設立の建白が行はれたと共に、旧体制の復活を夢みるものもあり、思想界に於いてもいわゆる西洋心酔の風があると共に、旧俗保持を主張するものもあって、ともすれば人心をしてその帰趨に迷はせてゐた時のことである。この書はかかる時に書かれかかる時に世に現れたものであることが、まず注意せられる」（福沢、前掲『文明論之概略』二六七頁）。

自由民権運動の最大の意義は、憲法制定・国会開設という政治的課題の実現や、政治体制作りのための確固とした思想の練り上げである前に、何よりも国民的規模での議論環境の構築であったように思える。

本当に有効な問題解決に結びつくような質の高い議論が展開されるには、その基盤として、誰もが自らの意見を表明し議論に参加することが当たり前と感じられるような、民衆的・大衆的広がりを持った議論環境が不可欠である。この環境がなければ、山深い五日市で地域の農民が集まり、「明治十三年四月深沢権八を中心とする学芸講談会が結成され、たまたま五日市勧能学校教師として来町していた仙台藩士千葉卓三郎を中心に百年後の現世を予言するかの如き全文実に二〇四か条に及ぶ民衆憲法草案」（栗原昇作「建碑と発刊を記念して」『「五日市憲法草案の碑」建碑誌』所収、あきる野市教育委員会、二〇一四年、九頁）、いわゆる「五日市憲法草案」が作成されることはなかったであろう。

あくまでも議論のための環境作り・基盤作りという観点からすれば、国会開設を訴える演説会を開催するに際して、大衆が喜ぶ剣術の試合を見世物にした「撃剣会」という興行を打ち、来場者に、入会すれば武士のような「永生禄が支給され、帯刀が許される」などと勧誘を行なったとされる愛知の結社「愛国交親社」の活動（松沢、前掲書、九二〜九七頁）や、明治一一（一八七八）年頃から全国の津々浦々にたちまちのうちに広がった「民権歌」「民権数え歌」（たとえば「栄え行く世のその本は、民の自由にあるぞいな、この知らないか」）の流行（色川大吉『近代国家の出発』日本の歴史21、中央公論社、一九七四年、五八〜六〇頁）も、単純に逸脱として片づけることはできない。

フィンリーが主張するように（本書第一章第7節）、大衆の無関心からは、民主主義・議会主義にとって何も生まれない。関心が抱かれて初めて、思索が行なわれ、それに基づき意見が表明されて、議論が起こる。自由民権運動は、議論環境作りとして、このプロセスを一挙に実現しようとしたものであって、その第一段階である大衆の関心喚起に特化した活動も含み、それが撃剣会や民権歌であった。もちろん「民権運動が本格的に全国民的な政治運動へと発展する転換点をなした」（同書、六七頁）のは、運動の中心となる結社連合としての愛国社第三回大会（明治一二〔一八七九〕年一一月開催）において、国会開設を愛国社のみではなく「広く衆人とともに」願望するとの方針が決定されたことであった（同書、六八頁）かもしれないが、そのベースとしての雰囲気醸成の点で上記のような底辺ないし周縁での大衆の関心喚起の動きも看過できないだろう。

　そもそも議論環境というものは、国民からの多種多様な意見の活発な提示によって成り立つものであるから、活気を持てば持つほど全体として茫漠とした印象を与えるものであるが、その議論環境作りを担う自由民権運動がやはり鮮明な像を結ばないのも、当然かもしれない。実際、その議論環境作りの作業のために明確な理論構築を行なうことは思想家、とりわけ自由主義的思想家たちの役割であったはずだが、その理論化の仕事は難航したように思える。福沢諭吉は、明六社《めいろくしゃ》という結社結成に参加し、『明六雑誌』を出し（本書二七五頁）、我が国に初めて演説会を導入したことからすれば、議論環境作りの先駆者だが、「議論」を原理と見極め、その環境作りに照準を合わせ、「議論の本位を定《さだむ》る事」を論じた点で、数少ない議会主義の先駆的理論家である。

　すでに前章第1節でその一端に触れたが、ここではあらためて自由民権運動のリーダーの一人である中江兆民の議会主義・議論主義の枠組みについて見てみよう。

　兆民の「民権」とは、まず国民の「自由権」のことであるが、兆民は、国力増大の最も基本的な条件として国民活動の自由を置く。人々の「進取する是《こ》れ乃《すなわ》ち邦国の益々《ますます》強勢に赴く所以《ゆえん》なり、而《しこう》して人々の進取する所以《ゆえん》の者は他無し其《その》自由の権有るを以《もっ》てなり」（中江篤介、前掲『兆民選集』一四頁）。国力増大は活発な国民活動なしにありえないが、その活発な国民活動は国民各人の自由が認められなければ実現しない。そのいわば自由の生産性を、兆民はたとえば次のように説明する。ヨーロッパにおいて、ワットの蒸気機関、ニュートンの物理学、ラファエロ、ミケランジェロの絵画、キリストの宗教などは、いずれをとっても「自ら意を創し思を運し以て発見」されたものであるが、中国でも我が国でも同様のことが数多く行なわれてきた。「向《さ》きに聖賢学士芸能の士をして皆唯《ただ》前人の軌轍《きてつ》を踏みて自ら杼軸《じょじく》を出すこと無からしめば、後世何を以《もっ》て其《その》大業偉績を観ることを得ん、何を以て其銘篇鉅什《めいへんきょじゅう》を観ることを得ん、何を以て其妙詣《みょうけい》巧造を観ることを得ん」(同書、二一頁)。日常においても同じことが言える。「耒耜《らいし》［スキ］を乗《と》り南《なん》畝《ぽ》に耕す者、牙籌《がちゅう》［ソロバン］を執《と》り列肆《れっし》［店先］に座する者、鋸鑿《きょせん》［ノコギリやノミ］を操《あやつ》る者、鏝《こて》を操る者、車を曳《ひ》く者、舟を刺《さ》す者、代言に従事する者、以《もっ》て落語家俳優家の属に至るまで、皆自ら意を創し思を運し以て一利を釣り一便を弋《よく》することを求めざる莫《な》し。夫《そ》れ人々自ら意を創し思を運し以て発見する有らんと欲し、以て利益する有らんと欲する、此《こ》れも亦以《またもっ》て人心自由の性有るの明証と為すべきなり。(中略) 夫《そ》れ人皆自由の心有り於《ここ》に以て宗教を立て道学を開き芸を講じ伎を開き農を力《つと》め商を勧むるときは、是《こ》れ人々各々其《その》自由の心を運用して之《これ》を宗教に道学に芸に伎に農に商に及ぼす者なり、政に至り奚《なん》ぞ独《ひと》り然《しか》らざらん」(同書、二一～二二頁)。

このように国力の増大と国民の自由を結びつけ大枠を作った上で、兆民は、国政に議論を収斂させ、そこでの「表現の自由」(「言論の自由」「思想の自由」)の重要性を強調する。

「人の思想は宜《よろ》しく発洩《はっえい》すべからざるか、浮操浅露《ふそうせんろ》を戒《いまし》めて而《しこう》して深沈淵穆《しんちんえんぼく》を尊ぶ、人の思想は宜しく隠匿《いんとく》すべからざるか、公明磊落《こうめいらいらく》を尊びて而して陰険詭秘《いんけんきひ》を戒む、隠匿せざらんと欲するときは浮操浅露の嫌《きらい》あり発洩せざらんと欲するときは陰険詭秘の謗《そしり》あり、公明を求めん乎《や》浮浅に流れん、沈穆《ちんぼく》に就《つ》かん乎《や》陰険に陥らん、右へ向けば左に背《そむ》き、甲を得れば乙を失ふ、二者其《そ》れいずれに従う可《べ》きか、曰《いわ》く語黙《ごもく》各々宜《よろし》き有り固《もと》より偏廃《へんぱい》す可《べ》からず、苟《いやし》くも其《その》宜きを得るときは語る浮浅と為らずして公明と為り、黙する陰険とならずして沈穆《ちんぼく》と為る、其宜きを失えば之《これ》に反す一語一黙時宜《じぎ》如何《いかん》と顧《かえりみ》るのみ、然《しか》らば即《すなわ》ち二者果たして適従《てきじゅう》す可き無きか、曰く何為《なんす》れぞ其れ然《しか》らん然《しから》ば即ち何如《いか》ん、曰《いわ》く思想は発洩《はっえい》せずんばある可《べ》からざるなり。心の物たるや形なきなり、思想は心に在り故に形の見る可《べ》きなし、必ずや言に発し書に写し行に顕《あらわ》して而《しこう》して後得《のちえ》て知るべきなり」（同書、三一～三二頁。傍点は兆民）。

国力増大のためには優れた国政が必要であり、優れた国政のためには国民の優れた意見が不可欠であるから、国民の表現の自由が必ず確保されなければならない。しかるに、国民各人の思想・意見は「千差万別」、多種多様であり、きわめて豊かであって、国力増大のためには、それをあまねく提示させ、しっかりと聴取し、丁寧な議論を行なって、できるかぎり活用する必要がある（同書、三二～三三頁）。まさにこうした国力増大のための国民の意見・思想の提示・聴取・議論の場として国会の開設が求められ、その基盤作りとして憲法制定が要請されるわけである。

こうした表現主義とも言うべき兆民の見解において、特に注目すべきは「議論の質」ないし緻密さの重視である。国民からの多様な意見の提出があったとしても、質の高い意見が集まり質の高い緻密な議論が展開されなければ、国家独立の危機の乗り越えという大きな課題にとっては何の意味もない。国民規模の意見提出は、あくまでも質の高い議論実現のためのものである。もちろんこの兆民の問題意識は、福沢の『文明論之概略』のそれと一致している。

「凡《およ》そ古今人民の能《よ》く大業を創建せし所以《ゆえん》の者は詭激《きげき》の言を騰《あげ》たるに在《あ》らずして精密の論を立てしに在《あ》り、矯妄《きょうもう》の行《ぎょう》を抗《あげ》たるに在らずして堅確《けんかく》の志を體《てい》せしに在り、夫《そ》れ議論精密ならざるときは理を見ること明《めい》ならずして事に臨むに及びて乖謬《かいびゅう》を致す「誤りたがう」を免れず、志操堅確ならざるときは幸《さいわい》にして事理に逢着《ほうちゃく》するを以《もっ》て事業に施《ほどこ》す可《べか》らず、苟《いやしく》も事業に施さざるときは未だ事理を得ざると異なること無きなり、蓋《けだ》し言の詭激なる者とは以て快を一時に取る可くして以て遠大の益を図る可らず、吾輩衆《わがはいしゅう》君子《くんし》と豈《あに》苟《いやしく》も快を一時に取り以《もっ》て自ら娯《たのし》む而已《のみ》ならん哉《や》、将《ま》さに以て身に益《えき》し家に益し国に益し人類に益する有らんと欲せんとするなり。果して此《こ》の如くなるときは議論は緻密を厭《いと》はず宜《よろし》く縷々纚々毫《るるししごう》を析《せき》し絲《いと》を分かち必ず正を得て後已《や》む可《べ》く、志節は堅確を厭《いとわ》ず宜《よろし》く剛々毅々神《ごうごうききしん》を養い気を励《はげま》し必ず事に施して後已《や》むべきなり。

今夫《そ》れ閭里《りょり》［村里］暴抗の士臂《しひ》［肘］を稠人《ちょうじん》広衆［多くの人］の中に攘《かか》け、唇を鼓《こ》し舌を掉《ふる》ひ口角沫《あわ》を噴《ふ》き議論激烈にして聴く者節《せつ》を撃ちて［拍子をとって］快と称せざる莫《な》し、退《しりぞ》ゐて其顚末《そのてんまつ》を考へ其次序《じじょ》［次第］を推すに及びては或は龍頭にして蛇尾、或は牛首にして犀身《さいしん》、魚を樹上に踊らし鳥を水底に飛ばさんと欲す、凡《およ》そ此《こ》の如き者は其旨趣《そのししゅ》の在る所を求めんと欲するも猶《な》ほ且《か》つ得可《うべか》らず、況《いわん》や其《その》論の正に得ると否とを問うことを得んや。之《これ》を事業に試むに至りては其弊更《そのへいさら》に甚《はなはだし》き者有り、或は方柄《ほうぜい》を以て円鑿《えんさく》に内《い》れんと欲し或は舷《ふなばた》に刻して劒《つるぎ》を索《もと》めんと欲す、其身に菑《し》し［身を荒し］人に禍《わざわい》し家を敗り国を誤らざる者蓋《けだ》し尠《すくな》し。李斯商鞅《りししょうけつ》の秦に於ける王安石の宋に於けるロベスピエールの法蘭西《フランス》に於ける皆身に凶《わざわい》し国に禍《わざわい》して世の僇笑《りくしょう》［もの笑い］と為るに終れり、是《こ》れ他無し理を見ること明ならずして強《しい》て事業に施せしを以ての故なり、吾輩衆君子と深く是《これ》に戒《いまし》めざる容《べ》けん哉《や》」（同書、一五～一六頁）。

歴史を振り返れば、人民による大きな業績は、度を越して激しい発言からではなく精密な議論から、ではなく無責任な行為からではなく確固とした志から生れる。議論が精密でなければ、事に臨んでも合理的判断ができないから判断ミスが起きやすく、確固とした志がなければ、たまたま事業の実現の必要を理解できても、それを実践することができない。長期的な展望と広大な視野をもって、自分・家族・国家・人類の利益を考えようとするなら、緻密な議論をいとわず、正しい解決が見つかるまで、複雑にからみあった問題を徹底して分析し、確固とした志を失わないよう、強い精神を持つよう心がけ、自分の気持ちを励ますべきである。むやみに激しく大げさな龍頭蛇尾の議論は、いっときは聴衆受けしたとしても、聴衆にはその主旨が伝わらず、その正誤の判断ができないから、もしそんな提案が周囲の理解のないまま実施されたら、とんでもない損害を及ぼすことになる。

そして兆民は、国民から質の高い意見が提出されるためには、国民の学識経験が豊かにならねばならず、あくまでもこの議論環境構築の文脈において、教育が考えられる必要がある、とする。明治一四（一八八一）年三月二七日付の『東洋自由新聞』に発表された「干渉教育」と題された論説において、「自由」を社是とする新聞でそれに反する「干渉」を主張するのは矛盾しているように思えるかもしれないが、自由を全うするために干渉が必要になる場合もあるとして、彼はこう述べる。

「人々天賦の自由あり、自由誠に天賦なり、然《しか》れども之《これ》を培養せざれば決して自由彼《か》れ自ら能《よ》く暢達《ちょうたつ》［成長］する者《もの》には非《あら》ざるなり、世をして草昧《そうまい》ならしめんか国をして野蛮ならしめんか、道なく教なきも亦可《またか》ならん、鳥のごとく栖《す》み獣のごとく走るも亦可ならん。然れども世既に草昧《そうまい》に非ず、国已《すで》に野蛮に非ず、即ち身を修め世に処するの道講ぜざる可《べ》からず、百工芸術の事究《きわ》めざる可《べ》からず、飽食暖衣逸居《いっきょ》し［気楽になまけて暮らし］て教なきは禽獣《きんじゅう》なり、況《いわん》や今日の世《よ》苟《いやし》くも此《この》講究にして此《これ》を怠るときは衣食も亦《ま》た得易《や》すからざるに於《おい》てをや、故に父兄たる者は能《よ》く其《その》子弟に干渉し之《これ》を幼稚の時に講究せしむ可《べ》し、若《も》し父兄にして此《この》教育を怠るときは政府宜《よろし》く其《その》父兄に干渉し以《もっ》て其講究を成さしむべし。自由は天の賦する所なり、而《しか》るに父母其教育を懈《おこた》りて其《その》子に自由を得せしめざれば是《こ》れ父母其《その》子の権利を剝奪するなり、父母尊《とうと》しと雖《いえど》も豈《あ》に此《この》剝奪の権利あらんや」（同書、二一四頁）。

上記引用文の後半にあるように、兆民が主張しているのは、国家による国民教育ではなく、父母兄姉による家庭教育、子の自由の実現という家族の義務としての家庭教育である。政府はあくまでもその家庭教育を見守り、必要なときは適切に関与するとされる。実際、兆民はこの論説の最後で次のように注意している。

「凡《およ》そ吾儕《ごせい》［われわれ］の干渉と云《い》ふ者は唯《た》だ全国の父兄をして必ず子弟を教育せしめ政府をして能《よ》く全国の教育を督励《とくれい》せしめんとするの謂《いい》にして、復《ま》た地方の教則を掣肘箝束《せいちゅうかんそく》するの謂には非《あら》ざるなり。夫《そ》の都鄙《とひ》を論ぜず貧富を問わず必ず一定の課を設け必ず同一の書を授けるが若《ごと》きは所謂《いわゆる》膠柱守株《こうちゅうしゅしゅ》［応用性・柔軟性の無いこと］の制のみ。必ず扞格《かんかく》不勝の患ありて春風時雨《しゅんぷうじう》の化［仁君の教化］なからん、其《そ》の自由を妨害する鮮少《せんしょう》に匪《あ》らずと為す、是《こ》れ吾儕《ごせい》の最も厭忌《えんき》する所なり、世の教育家若《も》し干渉を誤用して此《これ》を以《もっ》て彼に代へば即ち足を縛《ばく》して其歩《そのほ》を促すなり口を掩《おお》ふて其弁を責《せめ》るなり、此《こ》れ大なる惑《まどい》のみ」（同書、二五〜二六頁）。

議論環境の構築にあたっては、広がりのある議論主義的教育が不可欠であり、逆に独裁主義的・専制主義的教育を退ける必要がある。前章第5節で見たように、リップマンは、「世論」が豊かなものになるには、それを構成する一人ひとりが公的問題と関わりを持ち、その問題について自らの意見を提示できなければならないが、そうした議論環境を実現する具体的方策として、市民教育・社会教育としての統治機構への市民参加、専門家を交えた協議会などと並べて、情報チェックを習慣づける批判的な学校教育を提案していた。また、前章第7節でフィンリーに従って見たとおり、古代アテナイにおいては、すでに議会制民主主義の伝統が形成され議論環境が構築されており、民会をはじめとする統治機関への市民参加を通じた市民教育・社会教育が行なわれ、家庭教育も実施されていたと考えられる。

ソクラテスの有罪判決は、たしかに例外的なものであったが、ソクラテスによる教育が議論主義的・民主主義的な家庭教育を妨害し、寡頭制につながる反民主主義的で危険なもの、と市民からなる陪審員たちの過半数の目に映ったことに、主たる原因があるように思えた。議論環境の再構築に際して、リップマンは特に家庭教育を挙げていない。なるほど古代アテナイとは規模も民主主義形態もまったく異なり、フィンリーが危惧する無関心の広がる現代の政治社会において、家庭という場における教育主体としての父母兄姉に、そのまま実効性のある議論主義的教育を期待するのは難しい。しかし、重要なのはネットワークである。社会教育の成果は父母から子へ、学校教育のそれは兄姉から弟妹へというかたちで伝えられれば、家庭教育も議論主義的教育の重要な場となりうる。

兆民は、上記のように家庭教育を重視した。もちろんその裏側には、明治政府による国家教育、独裁主義的教育、カール・シュミットの言う「教育独裁」に対する危惧があった。その国家教育が「教育勅語」という具体的なかたちをとって現れるのは、上記の兆民の論説が発表された明治一四(一八八一)年三月の約一〇年後、明治二三(一八九〇)年一〇月のこと、国会(第一帝国議会)開設・憲法施行の一ヶ月前であった。

2 国会開設と教育勅語

とはいえ、憲法発布(明治二二(一八八九)年)・国会開設には、かなり長期にわたる準備期間があった。伊藤博文は「国会開設の詔書」発布の約半年後の明治一五(一八八二)年三月に憲法調査のため渡欧し、翌一六（一八八三）年八月に帰国。色川大吉によれば「伊藤が十七年三月、宮中に制度取調局をおいて、その長官となってから、憲法発布までの五ヶ年間は、近代天皇制の支配機構が構築されてゆく非常に重要な期間であった。（中略）たとえば、伊藤は十八年十二月までは制度取調局の長官、憲法係の専任参議。十八年十二月から二十一年四月までの最重要準備期に内閣総理大臣兼宮内大臣、二十一年四月からは憲法審議の最高責任者としての枢密院議長という経歴である。その伊藤をかたいチームワークで助けたのが井上毅《こわし》・金子堅太郎・伊藤巳代治であった」（色川、前掲『近代国家の出発』四二八～四二九頁）。

続けて色川は、「この最重要な憲法制定の作業として併行して進められていた天皇制支配体制の機構づくり（構築過程）の全局面を、その分担者とともに箇条書きに整理」しているが、それは「一、皇室および天皇大権確保に関するもの」「二、内閣および官僚機構に関するもの」「三、教育およびイデオロギー機能に関するもの」という三つの大項目に分類される全一三の小項目から成っている（同書、四二九～四三〇頁）。この中で「教育勅語」は、「三」に分類された通し番号（11）「国民統合の精神的基軸を創り出す――教育勅語の制定促進（分担―芳川顕正・井上毅・元田永孚《もとだながざね》）」に見出される。

分担者には入っていないが、「教育勅語」制定に関して森有礼《もりありのり》が果たした役割の大きさを、色川は次のように示唆している。伊藤が渡欧中に「パリで駐英公使の森有礼とあい、国家の将来を論じて共鳴しあったとき、すでに森の教育構想を自分の大事業の一環に配置しなくてはならぬと考えたらしい。三年後「の明治一八年一二月に」、最初の内閣を組織したとき、伊藤は文部大臣に森を起用している。森は外交官として世界情勢のきびしさを体験するにつれ、弱肉強食の競争場裡に生きのびるためには、まず国民がそれに打ち勝ってゆけるだけの能力と国家意識をもった存在として鍛冶《たんや》されなくてはならないということを痛感していた。だから森は、文相に就任するや、国家主義教育のなかに西洋の科学技術と合理主義をとりいれることを、すこしも躊躇しなかったのである」（同書、四三四頁）。

問題は「弱肉強食の競争場裡に生きのびるために、国民が打ち勝ってゆけるだけの能力と国家意識をもった存在として鍛冶する」教育とは何かである。選択肢は二つ。自由をベースとした多様な国民能力の活性化のほうを重視する兆民的な議論主義的・自由主義的教育か、国民の同質性・同一性をめざし確固とした国家意識の共有のほうを重視する森有礼的な国家主義的・独裁主義的教育か、である。

さて、久野《くの》収《おさむ》と鶴見俊輔は共著『現代日本の思想――その五つの渦』（岩波新書、一九五六年）において、丸山真男の「超国家主義の論理と心理」（『世界』岩波書店、一九四六年、第五号）を参照しつつ、明治国家を「伊藤［博文］が明治憲法と教育勅語を二つの柱として、明治全期を通じ、苦心に苦心を重ねて作りあげた」（久野・鶴見、前掲書、一二七頁）一種の芸術作品、歴史家ブルックハルトの言う「芸術作品としての国家」のモデルととらえ（同書、一二六頁）、その特徴的な在り方を次のように分析した。「天皇は、政治的権力と精神的権威の両方をかねあわせることによって、ドイツ皇帝とローマ教皇の両資格を一身にそなえ、国民は政治的に天皇の臣民であるだけではなく、精神的に天皇の信者であるとされた。こうして天皇は、一方で法律を制定すると同時に、他方で教育に関する勅語、精神作興に関する詔書などを発布する。国民のほうは、外面的行動において法律を守ることを命ぜられるだけではなく、内面的意識において勅語や詔書にしたがうことを求められる」（同前）。

明治国家の統治体制のポイントは、権力と権威の天皇における融合である。政治的権力は精神的権威に支えられて実効性の点で強力になる。政治的権力は統治にあたって、基本的には憲法を根拠として、具体的な法律の制定・施行や政策の決定・実施を行なうが、そのとき最大の問題となるのが国民の理解・納得、同意・合意である。すでに万機公論が発せられ自由民権運動が展開されて議論環境が広く構築されつつあった当時の我が国において、もはや「賢君による民意の洞察」などという設定に国民の理解が得られるはずもなく、国民からの意見聴取を基本とする国会開設と、そこでの決定を根拠づけ正当化する憲法制定は不可避であった。しかし、そうした憲法制定・国会開設という立憲主義・議会主義の施策だけでは、統治のための国民的合意を確保するには十分ではない、と伊藤たちには思えたのだろう。国民的合意の確保を容易にするためには、形成されつつある議論環境の中で育ち自らの意見を積極的に主張する議会主義的な国民、「意見表明する国民」に真っ向から対立する「意見表明しない国民」、精神的権威に従順な国民、独裁の受け皿になるような国民を教育しなければならない。この課題に答えるために提示されたのが「教育勅語」である。したがって「教育勅語」は、国会開設・憲法制定という明治国家の一本目の柱の設置が不可避となった自由民権運動の圧倒的な議会主義的趨勢の中で、統治の安定に必須な国民的合意の着実な確保をめざし、一本目の柱に対抗しつつそれを補助するために、独裁主義的観点から設置された二本目の柱であった。

カール・シュミットなら、「憲法と教育勅語を二本柱とし」た明治国家の根本的な構造的矛盾として、この議会主義と独裁主義の対立的バランスを端的に見てとったように思える。これに対し、著者の久野・鶴見は、この対立の直接の結果である「意見表明する国民」と「意見表明しない国民」、発言する国民と沈黙する国民、社会教育された国民と国家教育された国民の対立ではなく、国民と支配者層との対立、「国民大衆とインテリとのさけめ」（同書、一三二頁）、いやむしろ支配者層が天皇解釈を二重化することによって国民との間に創り出す「さけめ」に着目する。支配者層は、国民向けには教育勅語をとおして彼らを「意見表明しない国民」に教育するため「たてまえ」として絶対君主という天皇像を提示し、自分たちの内では「申しあわせ」として立憲君主＝制限君主という天皇像を把持していた、というのである。

「注目すべきは、天皇の権威と権力が、『顕教』と『密教』、通俗的と高等的の二様に解釈され、この二様の解釈の微妙な運営的調和の上に、伊藤の作った明治日本の国家がなりたっていたことである。顕教とは、天皇を無限の権威と権力を持つ絶対君主とみる解釈のシステム、密教とは、天皇の権威と権力を憲法その他によって限界づけられた制限君主とみる解釈のシステムである。はっきりいえば、国民全体には、天皇を絶対君主として信奉させ、この国民のエネルギーを国政に動員した上で、国政を運用する秘訣としては、立憲君主説、すなわち天皇国家最高機関説を採用するという仕方である」(同前)。ここで言われる「顕教」(天皇＝絶対君主という解釈システム)が国民に対する「たてまえ」、「密教」(天皇＝立憲君主という解釈システム)が支配者層間の「申しあわせ」である(同前)。

さらに続けて著者たちはこう述べる。「小・中学および軍隊では、『たてまえ』としての天皇が徹底的に教えこまれ、大学および高等文官試験にいたって、『申しあわせ』としての天皇がはじめて明らかにされ、『たてまえ』で教育された国民大衆が、『申しあわせ』に熟達した帝国大学卒業生たる官僚に指導されるシステムがあみ出された。日本の学制が、外国の学制にくらべて、初等教育と高等教育とのさけめ、国民大衆とインテリとのさけめのはげしさを特色としたのは、この事情から出ているのではないか。外国では、初等教育で基本的内容が教えられ、高等教育で個別的・専門的内容が研究される。日本では初等教育で結論が断定的に教えられ、高等教育になると、この結論に達する手つづきや異なった解釈が教えられたから、そうなったのであった」(同前)。

こうした著者たちの分析は、たしかに明治国家の統治体制の一面について解明しているものの、そこからは「意見表明する国民」が、それゆえ議会主義・議論主義的観点が完全に抜け落ちてしまっている。「意見表明する国民」と「意見表明しない国民」の対立、議会主義・議論主義と独裁主義の対立こそ根本的である。当時の政治指導者たちは、憲法制定・国会開設を求める自由民権運動の高まりとともに「意見表明する国民」の広がりを目の当たりにして、それへの対応として従順で翼賛的な「意見表明しない国民」を育成するため教育勅語を提示したのである。

したがって著者たちの分析の根底には、沈黙する国民のイメージがこびりついている。そこから、「この二様の解釈の微妙な運営的調和」によって、「国民全体には、天皇を絶対君主として信奉させ、この国民のエネルギーを国政に動員し」て「国政を運用する秘訣」を心得ながら統治において国民大衆を「指導」する支配者層エリートのイメージが引き出されることになる。著者たちにとって、国民と支配者層の「さけめ」が「はげしさ」(同前)を感じさせるのは、著者たち自身があらかじめ議会主義的・議論主義的観点を退け、「発言する国民」を排除して、「沈黙する国民」をベースに国民イメージを描いたことに由来する。さらにその「沈黙する国民」イメージを辿れば、一方では同書出版の時期が第二次世界大戦終結の一〇年後であり、その時点で著者たちが生きていたはずの戦後デモクラシーにおける議論環境から振り返ると、あまりにも落差のある著者たちの戦時中の言論弾圧体験、独裁環境の強烈な印象に辿り着くのかもしれない。また他方では、著者たちが「国民の主体的活動」を、意見表明活動にではなく、もっぱら統治における「翼賛・輔弼《ほひつ》」、社会における「立身・出世」に見ていたことにも直結する。

「国民の活動は、公的形式面からみれば、すべて翼賛であり、輔弼であり、私的内容面からみれば、すべて立身であり、栄達であった。こうして国民という絶対的客体は、天皇への反逆者とならないかぎり、主体的活動を回復する道が講ぜられた」(同書、一二九〜一三〇頁)。これは、たしかに著者たちの言うとおり、反政府・反天皇へと向かうおそれのある国民の主体的エネルギーの方向を逸らす統治技術・統治装置であり、実際に一定程度の効果を収めたと思われるが、その装置が懐柔しようとして何よりも狙っていたのは、

「意見表明する国民」であり、その主体的エネルギーの核である言論であった。立身・出世したエリートが翼賛・輔弼の責任から反政府・反天皇の発言を自ら控えるとき、彼らが受けた「教育勅語」教育はその真価を発揮し、彼らは、たとえ自分は天皇を信奉する国民大衆とは距離をとっているつもりでも、言論放棄・主体性放棄というその一点で、まごうかたなき「意見表明しない国民」となる。したがって、上で見たような、支配者層エリートは国民には「たてまえ」として天皇＝絶対君主を提示して信奉させ、自分たちはたんなる天皇＝制限君主を「申しあわせ」ており、その結果として、国民大衆と支配者層エリートの間には天皇観の「さけめ」が生じ、そのさけめは高等教育において修正されたという考え方は、基本的に誤りである。社会的に言論の責任を担う支配者層エリートこそ、懐柔され言論を控えることによって、国民大衆以上に絶対君主を信奉していることになるのであり、それゆえ基本的には、国民大衆と支配者層エリートの間に、天皇像についての「さけめ」などはない。

著者たちは、あたかも天皇＝絶対君主と洗脳された国民大衆を、天皇＝制限君主と自覚した支配者層エリートが、立憲君主的解釈としての天皇機関説をベースに指導し、「微妙な運営的調和の上に」バランスをとることによって、少なくとも当初はこの統治システムを機能させてきたかのように描いている。しかし、重要なのは、官僚をはじめとする支配者層エリートでも、学説としての天皇機関説でも、それらによる微妙なバランスでもなく、統治システムの根本に存在する議会主義と独裁主義の対立、国民の発言・主張と政府による懐柔・弾圧の対立である。著者たちはここまでもっぱら独裁主義の側から叙述してきたが、私たちは、あらためて議会主義・議論主義の側から思想界の発言、世論の動きとあわせ、国会における議論について考えなければならない。

沈黙する国民ばかり描いてきた著者たちも、発言する国民の場である国会を忘れることはなかった。「伊藤は、国会、特に衆議院を大政翼賛システムの機関に仕たて、輔弼の機関たる内閣と、車の両輪の役割をはたさせようとして、異常な努力をかたむけた。しかし衆議院を翼賛システムの中にすっぽりはめこむことは、どうしてもできなかった。衆議院の持つ、下の国民からの代表機能だけは、これを上からの支配機構に完全にかえてしまうことは、ありとあらゆる手段の使用にもかかわらず、成功をみなかった」（同書、一三四頁）。

さらに続けて、こう指摘する。「かえって大正期に入るとともに、政党内閣の成立と普選の実行を通じて、逆に衆議院は、翼賛のシステムをはみ出し、国政の中心を占めるにいたる。ここには納税する国民（タックス・ペイヤー）こそ、国政の主体であり、中心であるという思想、『代表を許さざる課税は、暴政なり』Taxation without Representation is Tyrannyという民主主義の鉄則が、たとえミニマムであっても、顔を出していたからである。天皇の輔弼機関たる政府は、国民の税金によって予算を編成しなければならない。衆議院は、この予算案を審議し、場合によっては否決する権利を持ち、この権利を通じて、天皇の政府に下から註文をつける機能がどうしても死ぬことなく生きつづけたからである」（同前）。

独裁に対抗する議論環境の中心は国会であり、国家統治の基礎となることから兵役と並んで国民にとっての最重要の義務である納税に直接関わるゆえに、予算審議は国会における最重要案件である。上記の引用文の中で著者たちは、大正期の衆議院における予算審議に言及しているが、明治二三（一八九〇）年に開催された第一議会の衆議院において、すでに予算審議は大いに紛糾していた。そこには、中江兆民が衆議院議員として出席している。そのときの状況は、おおむね以下のようなものであった。

「この年、兆民は、第一回衆議院総選挙に大阪の第四区から立候補し、見事に当選して議政壇上の人となった。（中略）第一議会の衆議院では、いわゆる民党［帝国議会創設期の反藩閥政府政党。藩閥政府支持政党を吏党《りとう》という」が多数を占めた。そして民党の大部分は、それまでの自由民権運動の闘士であったから、事前にも予想された通り、かれらは新しい議会を舞台に、激しく政府にたいして戦いを挑んだ。まず政府提出の予算案にたいしては、経費節減、民力休養のスローガンを掲げて反対し、予算の一割天引き案を出し、地租の軽減を実行させ、地価修正によって地主の負担を軽くしようというのであった。こうして予算案の一割におよぶ九百八十八万円（軍艦新造、鉄道敷設、電話新設等）を削減して、まさに民党が押切るかと見えたとき、閣僚後藤象次郎（逓相）、陸奥宗光（農相）の魔手がはたらいて、立憲自由党の中の二十八名の土佐派議員が政府に買収されて寝返り、そのため六百万円の削減ということで、民党と政府の妥協が成立し、予算案は無事通過して、政府側は辛勝した。この裏切った二十八名の中には、林有造、片岡健吉、大江卓《おおえたく》、竹内綱《たけうちつな》、植木枝盛《うえきえもり》の名があげられ、彼らのかついでいた党首板垣退助はこの問題のために党に辞表を出し、立憲自由党は危機にひんした。兆民はこの有様に憤激おくところを知らず、二月二十一日の『立憲自由新聞』紙上に『無血虫の陳列場』という一文を掲げて、信を天下後世に失った自由党の裏切者をさんざんに罵倒した上、『アルコール中毒の為め、評決の数に加はり兼ね候に付き、辞職仕候』という辞表を衆議院議長中島信行のもとに提出して、あっさりと代議士を廃業してしまった」（糸屋寿雄「解説」、幸徳秋水『兆民先生・兆民先生行状記』所収、岩波文庫、一九六〇年、一〇四～一〇五頁）。

　これは上記のとおり、秋水の著書の「解説」にある糸屋寿雄の言葉であるが、その本文で秋水は予算審議の様子について次のように伝えている。「而《しこう》して予算八百万円［ママ］削減の問題に関し政府在野党の衝突するや、以為《おもえ》らく藩閥を殪《たお》すこの一挙に在りと。熱心各派の間を往来し、周旋大《しゅうせんおおい》に力《つと》む。当時民党、吏党なる熟語は、［兆民］先生が立憲自由新聞紙上に於て創作せし所也。回顧すれば、民吏両党の轡《くつわ》を駢《なら》べ、旗鼓《きこ》堂々として相当《あいあた》るや、恰《あたか》も東西両軍の関ヶ原に戦ふが如く、真に一代の壮観を呈したりき。而して民党の猪突驀進《ばくしん》して直《ただ》ちに藩閥の塁に肉薄するの時に方《あた》つて忽然《こつぜん》として金吾秀秋《きんごひであき》［賄賂］は現出せり。自由党の所謂《いわゆる》土佐派なるもの欵《かん》を敵に通じ［内通し］て、六百万円削減の交譲成り、九仞《きゅうじん》の功一簣《こういっき》に欠き［事の成就を目前にしながら手を抜き失敗し］て、民党為《た》めに潰走《かいそう》し、藩閥政府万歳を謳《うた》はんとは」（同書、二〇～二一頁）。

議会主義者・兆民にとって、憲法とは、何よりも議会の権限を根拠づけ、議論環境を支えるべきものであった。そして、憲法によって整えられた議会という議論の場で、第一に行なわれるべきことは、徹底した藩閥政府批判であった。ところが、最初の議会で起こったことは、政府批判どころか、賄賂受取と自覚裏切りによる政府追随である。上の糸屋の解説にある兆民の「無血虫の陳列場」という文章は以下のとおりである。

「衆議院彼は腰を抜かして、尻餅を搗《つ》きたり。総理大臣の演説に震懾《しんしょう》し［恐れ］、解散の風評に畏怖し、両度迄《まで》否決したる即ち幽霊とも謂《い》ふ可《べ》き動議を、大多数にて可決したり。衆議院の予算決議案を以《もっ》て、予《あらかじ》め政府の同意を求めて、乃《すなわ》ち政府の同意を哀求して、其《その》鼻息を伺《うかご》ふて、然後《しかるのち》に唯々諾々《いいだくだく》其《その》命是《こ》れ聴くことと為《な》れり。議一期の議会にして、同一事を三度迄《まで》議決して乃ち龍頭蛇尾の文章を書き、前後矛盾の論理を述べ、信を天下後世に失することと為れり、無血虫の陳列場……已《や》みなん、已みなん」（中江篤介、前掲『兆民選集』二〇五頁）。

きわめて短い文章ではあるが、兆民が、審議結果に激怒しつつもことさら賄賂の授受とか裏切りには触れず、議事手続・文章・論理について問題を指摘し、結局「議会が政府の命令を従順に聴き入れることになってしまった」と述べていることに注意すべきである。議会主義的観点から重要なのは、議事手続・文章・論理であり、何よりも政府に対する批判的意見表明の姿勢なのである。「政府の命令を従順に聴き入れる議会」とは「円い四角」と同様の形容矛盾以外の何物でもなく、教育勅語によって育成されることになる「意見表明しない」従順な国民の群がる翼賛集会にすぎない。

しかし兆民は、そもそも新たに制定された憲法による議会権限の根拠づけをきわめて不十分なものと見ていた。秋水は、その点についての第一議会直前の兆民の見解を次のように伝えている。「見よ、吾人は憲法に於て何の与へらるゝ所ぞ、議会は何の権能か有る。内閣は議会に対して何の責任なきに非《あら》ずや、上院は下院と同一の権能を有するに非ずや、内閣は常に政党以外に超然たるに非ずや、条約の締結は議会の与《あずか》り知らざる所に非ずや、宣戦講和は民人の与り知らざる所に非ずや、予算協賛の権は上院の為《ため》に其《その》半ばを奪はるゝに非ずや、若《も》し如此《かくのごと》くんば我《わが》議会は独《ひと》り民権伸張の具となすに足らざるのみならず、他日徒《いたず》らに政府の奴隷たるに了《おわ》らんのみ、内閣の爪牙《そうが》［手先］たるに了らんのみ、堕落腐敗に了らんのみ。吾人は直《ただ》ちに憲法の改正を請《こ》わざる可《べか》らず。然《しか》り、吾人民人の代表者は、如此《かくのごと》きの憲法の下に在りては、何事をも議し能《あた》はざるに非ずや、国家の利益と民人の幸福を増進すること能はざるに非ずや。衆議院議員は宜《よろ》しく開会劈頭《へきとう》に於《おい》て、此意《このい》を具して、奏請《そうせい》する所ある可きのみ」（幸徳秋水、前掲書、一九〜二〇頁）。

内閣の議会に対する責任規定の欠如、下院の上院に対する優越規定の欠如、内閣の政党からの超然性、議会の条約締結・宣戦講和についての審議権限の欠如、下院の予算審議権限の不足などの点からして、この憲法のもとでは議会は「政府の奴隷」となり「堕落腐敗」することになる。注意すべきは、議会が「政府の奴隷」となるという表現が、相手を貶めるために必要以上に大げさな言葉を並べる福沢諭吉の言う「極端主義」ではないということである。このように憲法によって審議権限が徹底して制限されると、議会は、政府に対する厳しい意見表明・議論の場ではなくなり、教育勅語によって育成された従順な国民が群がる翼賛の場にならざるをえないが、それこそまさに「政府の奴隷」になるということである。

議会の「堕落腐敗」も、兆民の予想が的中したことになる。最初の議会開催早々、上述の買収劇が、それを実証したからである。そもそも議会において政府によって反政府勢力が買収されるなどということが起こるのは、当事者たちにおける意見なるものの軽視があり、その基礎には「意見表明しない国民」の育成をめざす教育勅語が求める気風の浸透がある。一方で国会開設を実現した議論環境の広がりによって意見の重さがますます増していくのに、他方でそれに逆行し、教育勅語の発布によって翼賛的雰囲気が醸成される中、批判的意見が沈黙させられ、翼賛的意見のみの表明が強いられて、表明者は自らの発言に責任を持たなくなり、無意識のうちにその責任を政府に預けるようになって、意見はどんどん軽くなっていく。この相対立するベクトルが激突したところに発生したのが、第一議会における贈収賄事件であった。意見が最も重くなるべき場で、意見を最も軽くする事件が起こったのである。とりわけ議会においては、批判的意見が提示されなければならないから、発言者にその批判的意見を翼賛的意見へと逆転させるのはそう簡単なことではない。しかし、贈賄側にとって収賄側の翼賛的姿勢が期待できれば、贈収賄は容易に発生する。憲法が議会の権限を制限し、そこを議論の場ではなく翼賛の場にしているからこそ、この贈収賄が発生し、議会は「堕落腐敗」したのである。

以上見たとおり、兆民の憲法改正提案、即座の議員辞職は、一貫して議会主義に沿ったものであった。

3　文明開化

さて、上で見たように、五条誓文第一条の「万機公論」が自由民権運動とともに展開されたとすれば、その第五条にある「知識を世界に求め」は「文明開化」として展開されたように思える。この第五条の「世界」とは特に西洋のことであるから、「知識を世界に求め」とは「西洋知識導入」のことである。

自由民権運動も全貌がなかなかつかみがたいものであったが、文明開化は、よりいっそう茫漠としたところがある。井上清はこうまとめている。「政治・経済・社会の諸方面で、空前の大改革と新建設が、嵐のように発展した明治四（一八七一）年の廃藩置県から、五、六年の間には、それらと見合う文化上の大改革が行なわれ、新しい思想と学問がおこり、風俗と生活様式の変化も、東京や開港場にはじまり、じょじょに地方に波及した。この文化改革は西洋文明を手本とし、それをとり入れ、日本文明を急速に西洋なみに開花させようとするもので、その当時から『文明開化』とよばれた。（中略）廃藩のころから、社会の大勢は猫もしゃくしも文明開化を口にし、あらゆることの価値基準をここに置くようになった。このばあい、西洋文明の理解のしかたとていどは、うすっぺらな西洋かぶれから、真剣に日本文明の進歩をめざして西洋を学ぼうとするものまで、さまざまである。そして西洋文明を『とりいれる』といっても、科学技術や支配の技術など西洋文明の所産のあるものをとりいれようとするもの、西洋文明の根源まで探求し、その精神を日本に移そうとするもの、いろいろである。こうしたちがいがあるにもかかわらず、文明開化をめざすものは、たんなる西洋かぶれは問題外として、政府にしても民間にしても、日本を西洋と対等の地位におき、民族の完全独立をかちとろうとする点では共通していた」（井上、前掲『明治維新』二五二〜二五三頁）。「文明開化」が茫漠としているのは、それが、国民全体が積極的に関わる文化改革、文明化推進運動だったからである。

この説明の最後に井上は、私たちが前章でその「第一章」を扱った福沢諭吉の『文明論之概略』の結論部「第十章 自国の独立を論ず」にある「国の独立は目的なり、今の我文明はこの目的に達するの術なり」で始まる文章（福沢、前掲『文明論之概略』二六一頁。傍点は井上）を引いた上で、次のように述べる。「いまの日本の文明は国の独立に達する手段であると、このように明快に説いたものはほかには見当たらないが、これはすべての文明開化派の考え方を代表するものであった」（井上、前掲書、二五四頁）。

そして、私たちがすでに前章で見たように、福沢のこの文明論の核を成すものが、その議論主義であった。

仮に「文明開化」を「西洋知識導入」に限定してとらえれば、「万機公論」も「文明開化」も、開かれた問題解決法、国民全体が積極的に関わる問題解決法という点で類似している。しかしその問題解決のために「万機公論」のほうが国民から多種多様な意見を提示させ相互に議論を行なって解決策を発見することであるのに対し、「文明開化」のほうは外国から多種多様な知識・情報を導入し国民がそれを咀嚼して、文明化の基盤である日常活動全般に応用し、とりわけ「万機公論」の求めに応じ自らの意見を提示する際に活かすことである点で、両者は異なる。ひと言で言えば、「文明開化」は、「万機公論」原則の求める議論の豊饒化のための知識導入を勧める点で、その補助原則であり、「万機公論」原則は、「文明開化」が目的とする「国の独立」を実現するために議会主義・議論主義を指示する点で、「文明開化」の基礎であり方法である。

実際、福沢は、井上が引用した文章のすぐ後、『文明論之概略』の最終段落で、「いまの日本の文明は国の独立に達する手段である」としても、我が国の文明は制度・学問・商売・工業など実にさまざまなものから成っているから、具体的な手段は際限なく存在することになるので、「其《その》利害得失を談ずるには、一々事の局処を見て容易に之《これ》を決す可《べか》らず」（同書、二六三頁）と注意している。あらゆる文明要素はいずれも、長所短所の両方を持ち合わせているものだから、用法如何で得失が決まる。それゆえ「局処」的な見方・判断に基づく一面的な議論は避け、個々の文明項目について、目的に適った手段であるか、もしそうならどのように実現するか、別の手段があればどちらが優先されるべきか、等を工夫・検討する必要がある、と福沢は説く（同書、二六三〜二六五頁）。これは福沢の議論主義が求める柔軟な判断、丁寧な検討であって、こうした議論主義的姿勢こそが文明開化実現にあたっても、その基礎となり方法となるのである。

さてしかし、福沢の『文明論之概略』第十章「自国の独立を論ず」の論理展開については、注意が必要である。そこで福沢は、基本的にことさら「西洋文明から学ぶ」ことについては語っていない。あくまでも我が国の独立維持を目的として、我が国の文明を発展させるべきことを説いている。

文明とは人民全体の力、人民全体に広がった風俗習慣の力である。我が国では幕末まで「君臣の儀」「先祖の由緒」「上下の名分」「本末の差別」などと呼ばれる風俗習慣、上下を重んじ先祖を敬う忠孝道徳を軸とした風俗習慣が人民を支配し、それが文明を形成してきた。まず福沢は、「外形に見《あら》はれた技術工芸」はもとより「人心の内部」に至るまで、そうした旧来の風俗習慣に基づいた日本文明が西洋文明に遅れていることを再確認した上で、明治維新において「識者」（指導者・知識人）がこの遅れを取り戻すためにその旧来の風俗習慣を一新しようとさまざまな改革を行ない、ようやく文明化の緒にはついたものの、文明の遅れがそう簡単に取り戻せるわけもなく我が国の独立の危機はむしろ深刻さを増しており、にもかかわらず「人民は恰《あたか》も先祖伝来の重荷を卸し、未《いま》だ代りの荷物を荷《にな》はずして休息する者の如く」なっていることを指摘する。我が国の文明の担い手である肝心の人民に、茫漠とした危機感は確かにあるものの、旧来の風俗習慣の束縛からの解放感が行き渡ったせいで、自国独立についてのしっかりした問題意識が広がっていないのである。

この人民の「休息状態」を国体論者は「浮薄」ととらえ、「亡古」に原因ありと考えて、「古代に復す」ことこそ人心を維持することになると主張する。教育勅語のベースとなる考え方である。これについて福沢は次のように言う。「立君の国に於《おい》て君主を奉尊《ほうそん》し、行政の権を此《この》君に附するは、固《もと》より事理の当然にして、政治上に於《おい》ても最も緊要なることなれば、尊王の説決して駁《はく》す可《べか》らずと雖《いえ》ども、彼《か》の皇学者流は尚《なお》一歩を進めて、君主を奉尊《ほうそん》するに、其《その》奉尊する由縁《ゆえん》を政治上の得失に求めずして之《これ》を人民懐古の至情に帰し、其《その》誤るの甚《はなはだ》しきに至《いたり》ては、君主をして虚位を擁《よう》せしむるも之《これ》を厭《いと》はず、実を忘れて虚を悦《よろこ》ぶの弊《へい》なきを得《え》ず」（同書、二三三～二三四頁）。しかし、天皇に対して人民が抱く「懐古の情」を人心維持の基礎にするといっても、「我国の人民は数百年の間、天子あるを知らず、ただこれを口碑《こうひ》に伝う［言い伝え］るのみ。維新の一挙以《もっ》て政治の体裁は数百年の古《いにしえ》に復したりと称すと雖《いえ》ども、王室と人民との間に至密の交情あるに非《あら》ず」（同書、二三四頁）。もし人民のそうした交情があるとすれば、それは鎌倉以来人民が慣れ親しんだ「封建の君」に対するものであろう。ここから福沢は次のように述べる。

「今の勢にては人民も旧を忘れて封建の君を思ふの情は次第に消散するに似たりと雖《いえ》ども、新《あらた》に王室を慕《した》ふの至情を造り、之《これ》をして真に赤子の如くならしめんとするは、今世の人心と文明の有様とに於《おい》て頗《すこぶ》る難きことにて、殆《ほとん》ど能《よく》す可《べか》らざるに帰す可《べ》し」（同前）。いや、王制一新は人民の懐古の情に基づいたもので、人民が幕府を嫌い懐古の情に従って天皇を慕った結果であると主張する者もいるが、そもそも人情というものは次々と古きを忘れ新しきを好むものであって、古ければ古いほど忘却するものであるから、幕政よりも古い王政をよりいっそう忘れていると考えるのが自然である。

そうではない、人心が王室へ向かうのは新旧の問題、懐古の情の問題ではなく、大義名分の問題であると言う者もいる。しかし、人民が七〇〇年もの長きにわたって王室のことを忘れていたということはその大義名分を人民が忘れていたことになるが、人民による文明がそれなりに発展してきたことからすると、それも誤った考え方と言わざるをえない。こうした国体論への批判を、福沢は次のような言葉で締めくくる。「王制一新の源因は人民の覇府《はふ》〔幕府〕を厭《いと》ふて王室を慕《した》ふに由《よ》るに非ず、新を忘れて旧を思ふに非ず、百千年の間、忘却したる大義名分を俄《にわか》に思出《おもいだ》したるが為《ため》に非ず、唯《ただ》当時幕府の政を改めんとするの人心に由《よっ》て成りたるものなり。一新の業既に成《なり》て、天下の政権、王室に帰すれば、日本国民として之《これ》を奉尊するは固《もと》より当務の職分なれども、人民と王室との間にあるものは唯《ただ》政治上の関係のみ。其《その》交情に至《いたっ》ては決して遽《にわか》に造る可きものに非ず。強《し》ひて之《これ》を造らんとすれば其《その》目的をば達せずして、却《かえっ》て世間に偽君子の類を生じて益《ますます》人情を軽薄に導くことある可《べ》し。故に云《いわ》く、皇学者流の国体論は、今の人心を維持して其品行を高尚の域に導くの具と為《な》すに足らざるなり」（同書、二三五～二三六頁）。国体論は、王室と人民の交情、王室を慕う人民の心を基礎として、人心の「浮薄」を改め自国独立の課題に臨もうとする考え方であるが、その基礎固めは困難かつ危険であるから採用すべきではない。これは、この著公刊の一五年後に国体論をベースに現れる教育勅語に対する、あらかじめの批判と見ることができる。

次に福沢が人心の「浮薄」の改善策として扱うのは、キリスト教導入論である。現在の人心の「浮薄」のもとを探れば、維新における精神的基軸の崩壊によって、人民の倫理・信仰が多種多様になるばかりか脆弱になり、人民は心のよりどころを失い、相互に孤立しつつ根無し草になって、一時的な享楽を追い求める傾向にある。キリスト教導入論は、キリスト教という宗教の力によって人民に精神的安定を与え、それを政治に広げて国民の統一を確保し、それを自国独立の基礎にしようという考え方である。問題は、現在よりも未来、現世よりも来世を重視し、「一視同仁四海兄弟」、人類皆兄弟を説くキリスト教の教えにある。この「四海兄弟」の教えからすれば、国家間の戦争はもとより経済上の利益収奪競争も憎むべきものとなり、さらには一国内でその政府がもっぱら自国民ばかりを手厚く保護し、その国民が他国民に優越して利益を得ようと勤勉に働くこともまた、否定されるべきことになってしまう。つまるところ、一国の存在それ自体が悪しきものとされる以上、自国独立のための人心維持の手段としては、この教えを導入するわけにはいかない。

　ここで重要なことは、ひと言で国際関係とは言っても、国籍を異にする私人間の関係と国家間関係とは、本質的に異なるという点である。「今日の文明にて世界各国互《たが》ひの関係を問へば、其《その》人民、私の交《まじわり》には、或は万里外の人を友として一見旧相識《そうしき》の如きものある可《べ》しと雖《いえ》ども、国と国との交際に至《いたり》ては唯《ただ》二箇条あるのみ。云《いわ》く、平時は物を売買して互いに利を争い、事あれば武器を以て相殺すなり。言葉を替へて云へば、今の世界は商売と戦争の世の中と名《なづ》くるも可《か》なり」（同書、二三八頁）。宗教は、私人間の関係にのみ関係し、国家間関係については無力であるから、自国独立の支えとはならない（同書、二三九頁）。少し先のところで福沢は、この国際的な私人間関係と国家間関係の区別についての考えをさらに詳論している。

　外国との関係において我が国が損害を蒙ることがあったら、相手を追及する前にまずはこちらに非があったのではないかと考える誠実な姿勢が重要であり、それこそ国家間交流の「天地の公道」ではないか、と言う者がいる。しかし、「一人と一人の私交に於《おい》ては真に斯《かく》の如くなる可《べ》しと雖《いえ》ども、各国の交際と人々の私交とは全く趣を異にするものなり」（同書、二五四〜二五五頁）。ここで福沢は、かつての藩と藩の関係を例として挙げる。異なる二つの藩の人民が相互に何らかの関係を持つとき、それが藩と藩との関係ならば、それぞれの人民は必ず相手の藩よりも自分の藩を優先することになる。この場合の自藩優先は、相手藩に対しては「私すること」つまり私的利益追求となるが、自藩においては「公」つまり公的利益追求である。これと同じで、自国優先は相手国に対しては私的利益追求、自国においては公的利益追求となる。この「相手国に対する自国優先の私的利益性」は、「天地の公道」を唱えて除くことはできない。自国にとっては、自国優先は自国の存立に関わる公的性格を持っているからである。この最重要ポイントを見逃しているからであろう、福沢は珍しく「天地公道」論者を「迂闊《うかつ》も亦《また》甚《はなはだ》し。俗に所謂《いわゆる》結構人の議論と云《い》ふべきのみ」（同書、二五五頁）と罵倒している。

最後に福沢は、人民の「浮薄」を改善する主張として、漢学者・儒学者のそれを提示するが、これについてはすでに第七章および第九章で十分論じたとして簡略に済ませている。儒学は、国体論のように人民の懐古の情のみに訴えるわけではないが、それがもとになる旧来の風俗習慣から分かるとおり、人民から視野・行動力を奪い人民を卑屈にして、人民の文明力を弱めるものであるので、自国独立維持をめざし人心を維持することに逆行するゆえ、採用することはできない。

さて、ここにおいて福沢は、あらためて問題の所在を確認する、いうなら議論の本位を定める。いま我が国にとって最大の問題は、人民が政令に従わないことでも、納税しないことでも、低い知的レベルにとどまっていることでも、官僚・役人が無能で不正を働くことでもなく、「外国交際」のそれ、我が国と外国との関係の問題である。外国との関係はまず貿易であるが、西洋先進国が「人力を用いる」加工品輸出を基本にしているのに対し我が国は原料輸出に依存している点で不利になっている。「経済の道に於《おい》て、一国の貧富は天然に生ずる物産の多寡に関係すること思《おもい》の外《ほか》に少なくして、其実《その》は専《もっぱ》ら人力を用《もちい》るの多少と巧拙とに由《よ》るものなり。土地肥饒《ひじょう》なるインドの貧にして、物産なきオランダの富むが如し」（同書、二四二頁）。経済的観点からすれば、文明とは、この人力、つまり「人民の手足と智恵」のことであり、そのベースとなる人口のことである。文明国は人口増となるが、それに対処しつつその人力を活用するため衣食を含む原料を輸入し加工品を輸出するという貿易を行ない、海外の地に植民し、資本貸付で利益を上げる（同書、二四一〜二四四頁）。

福沢が、この外国との関係の問題に関する議論の出発点とするのは、我が国を訪れる外国人の日本人に対する横暴な振る舞いである。福沢は、『民間雑誌』第八編に載った「社友小幡〔篤次郎〕君」の文章を引く。そもそもペリーは「日本人とアメリカ人は、同じ天をいただき同じ地を踏みしめている以上、『四海』の兄弟です。兄弟を拒絶し受け入れないのは天の罪人ですから、兄弟同士の通商・貿易を開くためには、その罪を犯した兄弟と戦うこともやむをえません」という趣旨のことを述べたが、「何ぞ其《その》言の美にして其事の醜なるや。言行齟齬するの甚《はなは》だしきものと云《い》ふ可《べ》し。此《この》際の形容を除《のぞき》て其《その》事実のみを直言すれば、我と商売せざる者は之《これ》を殺すと云《い》ふに過ぎず」（同書、二四五頁）。

続けて筆者・小幡は、来日外国人の目に余る行状を描き出す。「今試《いまためし》に都下の景況を見よ。馬に騎し車に乗て意気揚々、人を避けしむる者は、多くは是《こ》れ洋外の人なり。偶《たま》ま邏卒《らそつ》〔巡査〕なり行人《こうじん》〔通行人〕なり、或は御者車夫の徒なり、之《これ》と口論を生ずることあれば、洋人は傍《かたわ》らに人なきが如く、手以《もっ》て打ち足以て蹴るも、怯弱《きょうじゃく》卑屈の人民これに応ずるの気力なく、外人如何ともす可《べか》らずとて、怒を呑《のみ》て訴訟の庭に往《い》かざる者も亦《また》少なからず。或は商売取引等の事に付き之《これ》を訴《うったう》ることあるも、〔開港された〕五港の地《いき》に行て結局彼《かの》国人の裁判に決するの勢なれば、果《はた》して其冤《そのえん》〔無実〕を伸《のぶ》る能《あた》はず、是《これ》を以《もっ》て人々相語《あいかたり》て云《いわ》く、寧《むし》ろ訴《うったえ》て冤《えん》を重ねんより、若《し》かず怒を呑むの易《やす》きにとて其《その》状恰《あたか》も弱小の新婦が老悍《ろうかん》の姑側《こそく》に在るが如し。外人は既に斯《かく》の如き勢力を蓄へ、又財貨饒《ゆたか》なる国より財貨貧しき国に来て其《その》費用する所多きがため、利に走るの徒は是《これ》に媚《こび》を献じ、以て其嚢中《そののうちゅう》［財布］を満たさんとす。故に外人の至る所は温泉場も宿駅も茶亭も酒店も一種軽薄の人情を醸成し、事理の曲直を顧みずして銭の多寡を問ひ、既に傍若無人なる外人をして益《ますます》其《その》妄慢を逞《たくまし》ふせしむるが如きは、一見以《もっ》て厭悪《えんお》するに堪《た》へたり」（同書、二四五〜二四六頁）。

福沢は、来日外国人問題としては、以上の外人の傍若無人さに関連して居留地・内地旅行・外人雇い入れ・出入港税などの問題もあることを補足した上で、次のように注意する。いま外国人と日本人の同等同権は表向きの体裁であり、実際には日本人は外国人から差別され不平等に扱われている。この事実を、いま日本人はあらためて直視しなければならない、と。

しかし、黒船来航からすでに二〇年も経った明治八（一八七五）年段階で、日本人たちは、世界情勢ないし外国の実情についてはいまだ詳しく知らなくとも、そうした来日外国人の傍若無人ぶりについては承知していたのではないか。たしかに当時の日本人は、そのようなことが事実として起こっているのはある程度知っていたかもしれないが、それが差別を受けているという自覚には必ずしもつながらず、ましてやその自覚をベースにして外国人との同等同権を求める強い主張を発生させるには至っていなかった。なるほど「人民同権説」なる主張は広く行き渡っている。しかしそれが説くのは、あくまでも国内の人民間の同権であって、外国人と日本人との同権ではない。この同権論が外国人との関係に及ばず人民に広がらないのは、おおむね知識人である論者が外国人から差別された実体験を持たず、差別された実体験のある人民からその体験を直に聞き取る機会に恵まれていないからであり、また開国以来二〇年経ったとはいえ人民は外国関係の実際も外国の情勢もいまだ十分に理解していないので、外国人による差別の損害の大きさを見極めていないからである。自らの体験ないし追体験に基づかないそうした同権論は、「主人自ら論ずるの論」(同書、二四九頁)すなわち主体的主張ではなく、「人のために推量憶測したる客論」(同前)すなわち人民の体験ないし人民としての体験から切り離された根無し草の主張、観客ないし野次馬の主張にすぎない。福沢は、知識人が外国人も含めた主体的な同権論を展開しようとするなら、外国人から差別された実体験が自分にない場合は、自分が同じ日本人から差別された実体験を活用すればいいとして、自らの中津藩時代の実体験を例として挙げている(同書、二四八頁)。

このように、我が国の人民が、事実として外国人から差別を受けているのに、その事実を差別として明確に把握することなく、したがってまたそれを改善するための同権要求が生まれない事態を、福沢は「卑屈」と呼び、我が国の独立にとって重大な「病」ととらえる。そして、それを治療するのは、人民自身であると述べる。「外国交際は我が国の一大難病にして、之《これ》を療するに当《あたっ》て、自国の人民に非ざれば頼む可《べ》きものなし」(同書、二五五頁)。

外国人による差別は、その被害者に痛みとか恥辱というかたちで直接的な損害を与えるが、そのとき感じる怒りを押し殺す経験を通じて、日本の人民を「卑屈」にする点でより大きな損害を与える。「外国に対して既に同権の旨《むね》を失ひ、之《これ》に注意する者あらざれば、我国民の品行は日に卑屈に赴かざるを得ざるなり」(同書、二四六頁)。先に見た社友の著述からの引用文にあったように、「卑屈」とは、外国人と口論し相手から殴打されても自分の怒りを呑み込んで訴訟を控える「事なかれ主義」の姿勢、自分を差別する相手に向かって正当で批判的な「意見表明をしない」姿勢、結局は、上で見たように、やがて教育勅語によって醸成される姿勢、独裁主義の受け皿になるような反議会主義的姿勢である。福沢は、来日外国人による差別の中に、我が国の人民を「卑屈」にする反議会主義的圧力を読み取っていたように思える。いまやらなければならないのは「今の人心を維持して其《その》品行を高尚の域に導く」（同書、二三六頁）ことであるが、そのためには維新改革後の休息に入っているように見える我が国の人民に、まずは外国人による差別の問題を直視させ、人民の品行を「卑屈」状態から引き離し「報国心」へと導かなければならない。

報国心とは「自国の権義を伸ばし、自国の民を富まし、自国の名誉を燿《かがや》かさんとして勉強する」（同書、二三九頁）姿勢であり、「其《その》眼目は他国に対して自他の差別を作り、仮令《たと》ひ他を害するの意なきも、自ら厚くして他を薄くし、自国は自国にて自ら独立せんとすることなり。故に報国心は一人の身に私するには非ざれども、一国に私するの心なり。即ち此《この》地球を幾個に区分して其《その》区内に党与《とうよ》を結び、其党与の便利を謀《はかり》て自から私する偏頗《へんぱ》［不公平］の心なり」（同前）。

重要なことは、この報国心が、卑屈・従順・沈黙といった人民の品行からは生まれず、まったく逆に、外国人による差別にあったら自国の独立を見据え同等同権へ向けた積極的な意見表明を行なうような議会主義的・表現主義的な品行からこそ生まれることである。そして積極的な意見表明の最初のひと打ちが行なわれると、表現・議論の輪の連鎖が次々と波及していく。たとえば、もし外国人から差別された人民が憤怒を呑み込むことなく自らの言葉で世間に向かって語り出せば、それを聞き取った知識人は、自らの「客論」にすぎなかった同権論を「主人自から論ずるの論」に練り上げることができるようになり、というぐあいに波及していき、議論環境が整っていくであろう。そのとき人民の間に波及していくのは、情報であり関心であり議論である。

教育勅語発布の翌年の明治二四（一八九一）年に井上哲次郎はその後「官定解釈」となる『勅語衍義』を発表し、そこで教育勅語が臣民において培養しようとするものを「共同愛国ノ義心」と説明したが、仮にそれを「愛国心」と呼べば、上で福沢の言う「報国心」は、この勅語の「愛国心」とどう違うのか。あらためて勅語全文を示せば、以下のとおりである。

教育ニ關スル勅語

朕《ちん》惟《おも》フニ我カ皇祖皇宗國ヲ肇《はじ》ムルコト宏遠ニ徳ヲ樹《た》ツルコト深厚ナリ我カ臣民克《よ》ク忠ニ克ク孝ニ億兆心《こころ》ヲ一《いつ》ニシテ世世《よよ》厥《そ》ノ美ヲ濟《な》セルハ此《こ》レ我カ國體ノ精華ニシテ教育ノ淵源亦《また》實ニ此《ここ》ニ存ス爾《なんじ》臣民父母ニ孝ニ兄弟《けいてい》ニ友《ゆう》ニ夫婦相和《あいわ》シ朋友相信《あいしん》シ恭儉己《きょうけんおの》レヲ持《じ》シ博愛衆《しゅう》ニ及ホシ學ヲ修メ業ヲ習ヒ以《もっ》テ智能ヲ啓發シ徳器《とくき》ヲ成就シ進《すすん》テ公益ヲ廣《ひろ》メ世務《せいむ》ヲ開キ常《つね》ニ國憲ヲ重《おもん》シ國法ニ遵《したが》ヒ一旦緩急アレハ義勇公《こう》ニ奉シ以《もっ》テ天壤《てんじょう》無窮《むきゅう》ノ皇運ヲ扶翼《ふよく》スヘシ是《かく》ノ如キハ獨《ひと》リ朕カ忠良ノ臣民タルノミナラス又以テ爾《なんじ》祖先ノ遺風ヲ顯彰スルニ足ラン

斯《こ》ノ道ハ實ニ我カ皇祖皇宗ノ遺訓ニシテ子孫臣民ノ倶《とも》ニ遵守スヘキ所之《これ》ヲ古今《ここん》ニ通《つう》シテ謬《あやま》ラス之ヲ中外《ちゅうがい》ニ施シテ悖《もと》ラス朕爾《なんじ》臣民ト倶《とも》ニ拳拳服膺《けんけんふくよう》シテ咸其《みなその》徳ヲ一《いつ》ニセンコトヲ庶幾《こいねが》フ

明治二十三年十月三十日
御名御璽《ぎょめいぎょじ》

あわせて次に、文科省による上記勅語本文の現代語訳である「全文通釈」（文部省図書局『聖訓ノ述義ニ関スル協議会報告書』昭和一五〔一九四〇〕年の「教育に関する勅語の全文通釈」）も提示しておく。

朕が思うに、我が御祖先の方々が国をお肇めになったことは極めて広遠であり、徳をお立てになったことは極めて深く厚くあらせられ、又、我が臣民はよく忠にはげみよく孝をつくし、国中のすべての者が皆心を一にして代々美風をつくりあげて来た。これは我が国柄の精髄であって、教育の基づくところもまた実にここにある。汝臣民は、父母に孝行をつくし、兄弟姉妹仲よくし、夫婦互に睦び合い、朋友互に信義を以って交わり、へりくだって気随気儘の振舞いをせず、人々に対して慈愛を及すようにし、学問を修め業務を習って知識才能を養い、善良有為の人物となり、進んで公共の利益を広め世のためになる仕事をおこし、常に皇室典範並びに憲法を始め諸々の法令を尊重遵守し、万一危急の大事が起ったならば、大義に基づいて勇気をふるい一身を捧げて皇室国家の為につくせ。かくして神勅のまにまに天地と共に窮りなき宝祚（あまつひつぎ）の御栄をたすけ奉れ。かようにすることは、ただに朕に対して忠良な臣民であるばかりでなく、それがとりもなおさず、汝らの祖先ののこした美風をはっきりあらわすことになる。

ここに示した道は、実に我が御祖先のおのこしになった御訓であって、皇祖皇宗の子孫たる者及び臣民たる者が共々にしたがい守るべきところである。この道は古今を貫ぬいて永久に間違いがなく、又我が国はもとより外国でとり用いても正しい道である。朕は汝臣民と一緒にこの道を大切に守って、皆この道を体得実践することを切に望む。

ご覧のとおり、ここには国と臣民との関係、臣民が国のためにどうすべきかが書かれているが、外国との関係、臣民が外国に対してどうすべきかは、末尾近くの「この道は……我が国はもとより外国でとり用いても正しい道である」を除いて書かれていない。この点が、勅語の「愛国心」と福沢の「報国心」の決定的な違いであるように思える。上で引いたとおり、福沢は報国心の定義に「自国」という言葉を繰り返し用い、「他国に対して自他の差別を作り、自国は自国にて自から独立せんとすること」こそ「報国心」の最大の眼目であることを注意していた（福沢、前掲『文明論之概略』二九九頁）。したがって、福沢の「報国心」は、他国よりも自国を優先する「一国に私する心」であるから、キリスト教の「一視同仁四海兄弟の大義」や全人類の平等を主張する人類民主主義（本書九九頁）とは、まったく異なる。これに対し勅語では、外国に対する関係なしに、それゆえ臣民の自国独立への姿勢なしに「愛国心」が語られるのである。上で指摘した「この道は外国でとり用いても正しい」（原文は「中外ニ施シテ悖ラス」）はかなりあいまいである。この勅語が、（一）世界のどこの国でも、その国の規範になりうると言っているのか、（二）世界のどこの国でも、日本の規範として認められると言っているのか、（三）世界のどこの国との関係においても、我が国の規範として有効であると言っているのか。（一）の勅語が外国の規範となる可能性を云々するのは無意味であり、（二）の勅語を認める認めないという外国の関与は無用であり、（三）の対外規範としての内容は皆無であるから、結局この一文は、末尾近くにあることからしても、「世界汎用性」（世界に通用する○○）による勅語の形式的・抽象的な正当化にすぎないと思われる。

要するに、勅語の「愛国心」は国内に閉じており、「他国に対して自他の差別を作り、自国は自国にて自から独立せん」という自国独立維持の心を含んでいない。もちろん独立問題は、福沢の『概略』が公刊された明治八年に深刻であったが、勅語発布の明治二三年には解消されつつあったということではない。我が国にとって自国独立維持問題が、ペリー来航以前から太平洋戦争終結を越えて今日に至るまで、深刻さに変化があるにせよ、たえず重大なものであり続けていることは言うまでもない。では、勅語において臣民に求められる「愛国心」に「自国独立維持の心」が含まれていないのはなぜか。臣民には自発的な「自国独立の心」は求められず、「万一危急の大事が起ったならば、大義に基づいて勇気をふるい一身を捧げて皇室国家の為につくすこと」、要するにたとえば我が国の独立を脅かす外国との間に戦争が起こった場合「一身を捧げること」のみが求められたからである。つまりここには、自国独立維持を考えるのは統治者層の仕事であって、臣民はふだんはそれに関与する必要はないが、その自国独立維持の施策が外国との開戦という「万一危急の大事」に至ってしまったら、まさにそのときに初めて統治者の要請に従い自ら進んで戦地に赴くべしという考え方が隠れている。臣民は、事前に自国独立維持の問題に主体的に関与しないまま、開戦決定の時点で突然、一身を捧げることを求められるわけである。

　福沢は、まったく逆に、人民を自国独立維持の問題に主体的に関与させようとしたのであって、その主体的関与をベースとした人民の心構えを「報国心」と呼んだのである。そもそも福沢が『概略』第十章「自国の独立を論ず」の冒頭から、一貫して我が国の人民の文明意識に定位して文明を論じていることを確認しておこう。「昔鎖国の時に在ては、我人民は固《もと》より西洋諸国なるものを知らざりしことなれども、今に至《いたり》ては既に其《その》国あるを知り、又其文明の有様を知り、其有様を我に比較して前後の別あるを知り、我文明の以《もっ》て彼に及ばざるを知り、文明の後《おく》るゝ者は先立つ者に制せらるゝの理をも知るときは、其人民の心に先《ま》ず感ずる所のものは、自国の独立如何の一事に在らざるを得ず。抑《そもそ》も文明の物たるや極《きわめ》て広大にして、凡《およ》そ人類の精神の達する所は悉《ことごとく》皆其《その》区域にあらざるはなし。外国に対して自国の独立を謀《はか》るが如きは、固《もと》より文明論の中に於《おい》て瑣々《ささ》たる［ほんの小さな］一箇条に過ぎざれども、本書第二章に云へる如く、文明の進歩には段々の度あるものなれば、其《その》進歩の度に従《したがい》て相当の処置なかる可《べか》らず。今我人民の心に自国の独立如何を感じて之《これ》を憂ふるは、即ち我国の文明の度は今まさに自国の独立に就《つい》て心配するの地位に居り、其精神の達する所、恰《あたか》も此《この》一極に限りて、未だ他を顧るに遑《いとま》あらざるの証拠なり。故に余輩が此文明論の末章に於て自国独立の一箇条を掲《かかげ》るも、蓋《けだ》し人民一般の方向に従《したが》ひ、其《その》精神の正《まさ》に達する所に就《つい》て議論を立たるものなり。尽《ことごと》く文明の蘊奥《うんおう》を発して其詳《つまびらか》なるを究《きわめ》るが如きは、之《これ》を他日後進の学者に任ずるのみ」（同書、二二九～二三〇頁。傍点は引用者）。このとおり、ここでの議論は、同時代の我が国の人民の文明意識に基づいて、その文明意識の現段階に基づいて立てられているのである。我が国の人民はすでに、西洋諸国を知り、その西洋文明の有様を知り、その文明と我が国のそれを比較して我が国の文明の遅れを知り、後進文明は先進文明に制圧されることも知って、そこから先進文明の西洋諸国によって我が国の独立が脅かされていると心配している。福沢の言う「人心」とは、端的に言えば、我が国人民における彼我の文明格差認識に発する自国独立についての懸念のことである。

なぜ福沢は、人心に基づいて文明論の議論を立てるのか。我が国の文明を創り維持し発展させるのは、まさに人民だからである。しかもその人民は、いまや西洋文明を知り、日本文明を振り返り、彼我の差を目の当たりにして、先進国によって日本の独立が脅かされていると感じている。自国独立とは、たんに政治家・軍人によってのみ対応されるべき政治的・軍事的問題ではなく、まさに人民全体で取り組むべき文明的問題である。日本文明は、自国独立が脅かされる段階、ただしそれを人民が自覚している段階、先進的ではないがまったくの後進的でもない段階、自国独立が脅かされている段階にある。上で見た「国の独立は目的なり、今の我文明は此《この》目的に達する術なり」（同書、二六一頁）のすぐ後にある福沢の「文明に非ざれば独立は保つ可《べか》らず」（同書、二六二頁）という言葉は、「人民の全体が創り上げる文明がなければ、たとえきわ立ったものであれ政治力・外交力・軍事力のみでは、優れた政治家・外交官・軍人の貢献だけでは、独立は保てない」と理解すべきであろう。

さて筆者は本節冒頭で、「〔誓文〕第五条にある『知識を世界に求め』は『文明開化』として展開されたように思える」と書いた。以上見てきたように、少なくとも福沢諭吉にとっては、「文明開化」とはたんに「西洋知識導入」にとどまるものではなく、我が国の人民が日本の独立維持をめざして、封建的な風俗習慣に由来する卑屈さという姿勢から脱却し、まずは外国人による我が国人民に対する差別の現実を直視し、そこから視野を広げて西洋先進国がその植民地で行なっている行為を知り、自らの手でこの問題を解決することによって我が国の文明化を推し進めることである。

端的に言えば、「文明開化」とは、我が国の人民による自国独立をめざした議論主義的・議会主義的・表現主義的な姿勢による文明化運動であった。そしてこうした国家的問題への人民の積極的関与、議論主義的関与を表現したのが「万機公論」である。したがって「文明開化」が「万機公論」に文明論的枠組みを与え、「万機公論」が「文明開化」に方法を与えて、相互に支え合っている。また、この文明論的枠組みの中に位置づけられて初めて「西洋知識導入」は意味を持つ。「西洋知識導入」は、それだけ孤立してとらえられるかぎり、どれだけ学術的体裁が施されていようが、上で井上清が言う「うすっぺらな西洋かぶれ」となりかねない。福沢自身は、「西洋知識導入」の必要を強く訴えるどころか、上で見たように章冒頭で「すでに日本の人民は西洋文明のありさまを知っている」という前提で論を立てている。欠けているのは、卑屈を脱した人心、自国独立維持という文明的課題に自ら取り組む人民の積極的姿勢である。また、福沢は次のようにも注意している。

「思想浅き人は輓近《ばんきん》［最近］世の有様の旧に異なるを見て之《これ》を文明と名《なづ》け、我《わが》文明は外国交際の賜なれば、その交際愈《いよいよ》盛《さかん》なれば世の文明も共に進歩す可《べ》しとて、之《これ》を喜ぶ者なきに非ざれども、其《その》文明と名《なづく》るものは唯《ただ》外形の体裁のみ。固《もと》より余輩の願ふ所に非ず。仮令《たと》ひ或は其《その》文明をして頗《すこぶ》る高尚のものならしむるも、全国人民の間に一片の独立心あらざれば文明も我国の用を為《な》さず、之《これ》を日本の文明と名《なづ》く可《べか》らざるなり。地理学に於《おい》ては土地山川を以《もっ》て国と名《なづく》れども、余輩の論ずる所にては土地と人民とを併《あわ》せて之《これ》を国と名《なづ》け、其《その》国の独立と云《い》ひ其《その》国の文明と云《い》ふは、其《その》人民相集《あいつどい》て自《みず》から其《その》国を保護し自からその権義と面目とを全ふするものを指して名を下すことなり。若《も》し然《しか》らずして国の独立文明は唯《ただ》土地に附して人に関せざるものとせば、今のアメリカの文明を見て『インヂャン』のために祝す可《べ》きの理なり。或は又我《わが》日本にても、政治学術等の諸件を挙《あげ》て之《これ》を文明なる欧人に附与し、我日本人は奴隷と為《なり》て使役せらるゝも、日本の土地に差響《さしひびき》［影響］あることなくして、然《しか》も今の日本の有様よりも数百等を擢《ぬきん》でたる独立の文明国と為《な》らん。不都合至極なるものと云《い》ふ可《べ》し」（同書、二五三～二五四頁）。

　井上清は、文明開化の社会風俗をこのように描いている。「明治四、五年ごろから、『ざんぎり頭をたたいてみたら文明開化の音がする』とはやされた。洋服は文明の服とされ、諸官庁では明治四年九月から、勤務員が靴をはいたまま入室し、高机と椅子で執務することになる。『家屋は堅固に作るべきこと』などという、だれでもできたらそうしたいと願っていることが、わざわざ教導職などにより説教されたが、それは西洋風の煉瓦造り・石造りの家屋をほめたたえることと結びついていた。食事でも牛乳の飲用、牛豚の肉を食うのが文明的とされ、東京・大阪・横浜・神戸などからはじめて、各地の都市に牛肉料理店ができていった。そこで牛なべをつつき、できればビール（もう少しぜいたくならブランデー）を飲み、英語のかたことをまじえながら、世間の旧弊をあざけり、たとえば鉄道の早さ・便利さを語りあう、これが文明開化人の風俗の一こまであった」（井上、前掲『明治維新』二七四～二七五頁）。

　当時の人びとが生活様式の全般的・圧倒的な大変化を目の当たりし、その西洋に発する文物に魅了され、「これが文明なんだ」と感じ、「この文明は西洋諸国との交流が始まったからこそ獲得できたもので、まさにその交流の賜物であり、その交流を盛んにすれば我が国の文明はどんどん進歩するはずだ」と考えたことは、容易に想像できる。しかし西洋文明は、後進他国を植民地化しその他国の国土においてその他国文明・人民を支配し、その支配によってよりいっそう発展してきた。その危険性を直視せず、人民としてのしっかりした独立心を持たず、自分たちの文明を主体的に発展させる姿勢なしに、我が国の「国土」に移入された「唯《ただ》外形の体裁のみ」の西洋文明に目を奪われ、文明の核心である人民の独立心・主体性を見忘れて、外国との交流は日本文明にとって必ずプラスに働くと結論するのは、いかにも軽率、「思想浅き人」「うすっぺらな西洋かぶれ」の発想と言わざるをえない。移入された西洋文明のおかげで、日本の国土の上にこれまで見たこともないほど見事な文明が栄えたとしても、西洋人がそれを支配し日本国民が独立心を完全に忘却した奴隷になっていたら、「不都合至極なるものと云ふ可し」。

福沢は、自国優先をその私的利益追求の性格を理由に排除し「四海兄弟」を主張するキリスト教的な同権論を批判し、ほんとうの同権論とは、対外的には私的利益追求となる自国優先を自国独立のための公的利益追求と踏まえ、外国人による差別に対抗して唱えるべきものと主張した。福沢が批判したキリスト教的同権論は、前章で見たカール・シュミットの批判する「人類民主主義」と類似している（シュミット、前掲『現代議会主義の精神史的状況』一四二〜一四七頁）。ここでは、福沢とシュミットの批判を比較しておこう。まず、両者が共通して見据えているのは、国際社会における植民地主義・帝国主義の現実である。

シュミットが特に照準を合わせるのは、西洋列強が植民地支配する場合の「植民地、保護領、委任統治、干渉条約、および類似の従属の諸形態」（同書、一四一頁）における、宗主国国民と植民地住民の平等・不平等である。「人類民主主義」は、もちろん基本的には人類すべての普遍的平等を主張するものであるが、実際上は植民地住民の権利回復を訴えるものであり、本来は差別されている主体としての植民地住民からその声が上がるべきものである。植民地住民は、この人類の普遍的平等を楯にとって自らの権利回復を要求する。自国の独立が脅かされている状況にある福沢の「議論の本位」は、基本的にこれに近いところに定められている。しかしシュミットの「議論の本位」は少し違うところに定められる。

彼が批判の対象として取り上げるのは、宗主国の側から、自らの植民地支配における差別的現実を隠蔽しイデオロギー的に正当化するために持ち出される人類民主主義である。たとえばイギリス世界帝国は民主主義的かつ平等主義的に統治されているというイギリス人による主張である。シュミットはこうした宗主国による自己正当化としての人類民主主義の平等主義の欺瞞性をきっぱりと指摘する。たしかにイギリス世界帝国は民主主義的であるが平等主義的ではない。そして、そこでの不平等は民主主義の原理、同質性確保＝異質性排除の原理からの必然的帰結である。「イギリスの世界帝国は、その住民すべての普通平等選挙権にもとづいているとでも言うのだろうか。それは、そのような基礎のうえには一週間たりとも存続できないであろうし、有色人種が圧倒的な多数決をもって白人を圧倒するであろう」(同書、一四二頁)。列強の民主主義国による植民地の帝国主義支配とは、異質な植民地住民を自らの国民にすることなく権利から遠ざけたまま、「植民地は国法上は外国であり、国際法上は国内である」という定式にしたがって、服従させ支配することにほかならない。要するにシュミットは、その原理主義に基づき、民主主義国列強による植民地支配が同質性確保＝異質性排除の民主主義の原理に従っていることを明らかにすることによって、人類民主主義思想の現実隠蔽性・欺瞞性・イデオロギー性を暴露する。つまりシュミットによれば、植民地住民に対する宗主国国民による差別は、その宗主国の民主主義からの原理的帰結である。シュミットは、列強民主主義国による植民地支配の民主主義的根拠を提示したことになる。民主主義国の原理的な外国人差別体質の指摘である。

これに対して、福沢によれば、植民地住民に対する宗主国国民による差別、あるいは、その前段階にある我が国の場合のような後進他国民に対する先進列強国民による差別は、彼我の文明力格差からの文明論的帰結であり、その差別の解消のためには我が国の文明を発展させなければならず、その文明発展のためには人民が「卑屈」から脱し、自らの権利を主張し積極的に意見表明を行ない議論を展開する表現主義的・議論主義的姿勢を持つことを通じて、自国文明を発展させ自国の独立を維持させなければならない。シュミットが言うように、列強西洋諸国が民主主義国であり原理的な外国人差別と外国支配の体質を備えているとすれば、国家間関係において「他を害するの意なきも、自から厚くして他を薄くし」（福沢、前掲『文明論之概略』二三九頁）という自国優先原理の設定は不可欠であり、それを排除する点で人類の普遍的平等主義の思想は有害でしかない。

＊

以上、私たちは、福沢『文明論之概略』最終章に沿って、「文明開化」の問題の基本的枠組みを設定し、「文明開化」と「万機公論」との関係についても検討したので、最後にあらためて五条誓文第五条の「西洋知識導入」について考察しておこう。

「西洋知識導入」は、大きく見れば情報化時代の問題解決方法であって、文明先進国から有効情報を大量に収集し、そこから問題解決を見出そうという開かれた根本姿勢である。外国、特に西洋諸国は、文明発展ないし国力増大のための貴重な情報源となった。しかし、この「文明開化」原則に従った外国からの知識ないし情報の収集と、「万機公論」原則に従った国民からの意見の聴取は、開かれた方法である点では共通しているが、異なっている。端的に言えば、「文明開化」原則に従って世界に求めるのは意見ではなく知識であり、意見は「万機公論」原則に従って国民にのみ求められ、外国人には求められない。こうした万機公論の意見聴取対象からの外国人排除は、上記の自国独立・自国文明発展の観点からして当然のことであるが、あくまでも議論主義に忠実な文明開化の観点からはそうした外国人の意見は必要不可欠である。そこで、その自国独立の観点からして外国人に自らの「意見」として表明させることはできないから、その外国人の意見を日本国民がいったんはあくまでも「知識」として取り入れ、それを国民が咀嚼し自らの意見として提示するという方式、「知識」という形態を媒介にする方式がとられたように思える。

ここでは、政策決定プロセスにおいて政府の自由にならない「意見」と政府の自由になる「情報」は、画然と区別されているのであって、外国・外国人からの「情報」は全面的に受け容れるが、外国・外国人からの「意見」は直接的には受け容れず国民の「意見」を経由してのみ受け容れるという姿勢が貫かれている。もちろんその前提として、政府にとって国民からの「情報収集」と「意見聴取」とは似て非なるもの、まったくの別ものである。

すでに戦時中の思想弾圧時代に羽仁《はに》五郎《ごろう》が『明治維新史研究』（岩波文庫、一九七八年、初版一九五六年。初出一九三二〜三五年）で明らかにしたように、江戸幕府はツンベルグ Thunberg（鎖国期日本に滞在したスウェーデンの植物学者）の指摘するとおり、まさに「スパイ政府 a government of espionage」であり、一方で民衆の「意見」は徹底して押しつぶすとともに、他方で民衆に根を張った密偵・密告による「情報」集めの緻密なシステムを構築していた。「いわゆる江戸時代封建弾圧制は、史乗《しじょう》に〔歴史の記録として〕人の心を痛ましめる。かつて陸羯南《くがかつなん》が近時憲法考に『「御政治向の事は下民彼是《あれこれ》言ふを得ず」とは是《これ》幕府時代の通則にして、之《これ》を要するに言論の自由及び獲職の自由は、当時に至るまで吾人社会に毫《すこし》もあらざりしを見る』といいしも肯《うなず》かるるのである。当時、かの五人組・村役人・代官・奉行・領主より将軍にいたる全封建制度の下に、『農は納』なり、『町人は百姓より下座《しもざ》』として、さらにその下にかの賤民制があり、上から下へのみまったく一方的に、あらゆる命令が降り及ぶ封建的体系の内に、いわゆる『東照宮上意』の『死なぬ様に、生きぬ様に』の生活を強いられたありさまで、（中略）いわゆる『愚蒙』を強いた当時の封建主義は民衆をまた道徳上、（中略）『五人組帳前書』や『切支丹禁制制札』に見られたような密告奨励政策のもとに相互猜疑においた。そして、最後に、この徳川幕府は、実にみずから人民に対して不信をもって臨むにいたっていたのであった」（同書、二九九〜三〇〇頁）。

羽仁はさらに江戸幕府の言論統制について、こう説明する。「いわゆる思・言・書の統制についても、幕府制支配が『勿《もち》議《ぎ》国政』〔国政については議論禁止〕（昌平坂学問所学規五則ノ二）を原則とし、寛政には異学の禁あり、また、『書物類古来より有来通《ありきたりどおり》にて事済《ことすみ》候間《そうろうあいだ》、自今《じこん》新規に作出申《つくりだしもうし》間敷《まじく》候《そうろう》』（寛政二年令）等、しかして、幕府は山県大弐・竹内式部以来、あるいは山鹿素行・熊沢蕃山以来、また山東京伝・式亭三馬・十返舎一九以来、当代一流の学者文学者を処刑し、かえって、松平定信は『君子は国を憂《うれ》ふる心あるべし、国を憂ふる語あるべからず』（『婆心録』）といった」（同書、三一五頁）。

政府による言論統制と情報収集は、明確に区別しなければならない。江戸幕府の場合は、国民の意見は徹底的に弾圧され、国民の監視のための情報収集は巧妙に行なわれた。外国についての情報収集は、日米修好通商条約締結（安政五〔一八五八〕年）以降急激に進んだが、これはたんなる危機意識のためばかりではなく、国内情報収集システムがすでに整備されていたことからの帰結かもしれない。明治維新になって、幕府時代の言論統制体制は、「万機公論」原則により原則解除される。むしろ、もはや統制しきれなくなった。もちろんその後、新政府による言論統制は続き、次第に過酷さを増していくとはいえ、また、議論の場たる国会開設はかなり遅れるものの、羽仁が描く幕府の徹底した言論統制、「国を憂ふる心あるべし、国を憂ふる語あるべからず」の体制が崩壊したことは、やはり画期的であった。

原則、言論は国民にとって開かれたものとなった。新政府は、この原則に沿って、おそらく旧幕府の統制体制を参考にしながら、新たに言論統制の体制を再構築することになる。また、原則、外国情報収集も国民にとって開かれたものになった。もちろん、この外国情報収集については、政府は、周知のように海外視察、外国人雇用、留学生派遣から学術書翻訳に至る実にさまざまな方法で、自らきわめて積極的に取り組むことになる。しかもその際、重要なことは、上記のとおり、外国人からはあくまでも「情報」のみを求め、厳密な意味での「意見」の聴取、統治に関与する権限を持つ「意見」の聴取は行なわなかったことである。福沢諭吉の言う「自国独立」のための、我が国の統治からの外国人排除が貫かれていたのである。

井上清は、外国人雇用について、この点に関し次のように記している。新政府は多数の外国人を教師・技師・顧問などとして雇い、日本人職員とはけた外れの高い給料を払い、至れり尽くせりの優待を行なったが、「雇外国人をこれほど優遇したとはいえ、政府はかれらをあくまでも知識・技術の提供者として使用したのであって、政治的に外人に指導されたのではない。明治政府は、文明開化は富国強兵と国の独立のためであるということを、片時も忘れていなかった。徳川幕府は慶応二年（一八六六）、フランスから軍事教官団をまねき、軍制の大改革、近代的常備軍の建設に着手したが、この教官団はたんなる技術・知識の教師ではなく、幕府の軍事指導者であり、駐日公使ロッシェの幕府にたいする政治指導と一体になり、幕府をフランスに従属させるものであった。また幕府の横須賀製鉄所は、フランスの経済『援助』によって建設され、技師長以下、幹部職工もフランス人であったが、これもフランスの技術・知識を幕府が買いとり使用したのではなくて、幕府の対仏従属の経済的基礎条件となった。明治政府の外人雇用はこれらとはまったくちがう。海軍兵学寮のイギリス人教師でも、日本の海軍政策についてなんら発言するものではなかった。大阪の造幣所が鋳造貨幣の出し入れまで雇イギリス人技師長の許可を要したことなどは、日本人としていかにも屈辱的なことではあるが、それでも、外人技師に日本の貨幣政策を支配されたのではない。政策は日本政府が主体的にたて、実行し、ただ鋳造という技術面においてのみ、徹底的に雇外国人技師の指揮・監督を受けただけである。軍事と産業の技術においてのみでなく、立法・司法・行政の面でも、政府は多数の外人顧問をやとったが、そのばあいでもかれらの支配を受けたのではない。政府がもっと外人顧問の意見をとりいれたら、日本の民主的前進に役立ったにちがいないこともあるが、政府はとにかく主体的に顧問の意見を取捨した」（井上、前掲『明治維新』二七三〜二七四頁）。

たしかに明治政府が、「万機公論」原則により国民「意見」を聴取する姿勢を示し、また「文明開化」原則によって外国「情報」の収集に門戸を開いたことは画期的であった。しかし、自国独立維持の大原則の下、「万機公論」原則が外国人「意見」を排除し、上記のとおり「文明開化」原則が外国・外国人からの「情報」に限定され、しかも明治五・六（一八七二・七三）年の「違式詿違《いしきかいい》条例」（軽犯罪法）制定・公布に始まって「人民の生活のすみずみまでも、日常不断に監視束縛する世界無比の警察制度」（同書、二一四頁）、江戸幕府以上の国民監視のための情報収集システムが構築されることからすると、「万機公論」と「文明開化」という新しいスローガンの裏に、「情報」と「意見」についての対国民・対外国人の古い体制・体質が新しい装いのもとに厳として残存していたことも見逃すわけにはいかない。外国情報を貪欲に集め駆使する有能かつ従順な官僚も、密偵も、贈収賄も、議論環境から遠ざかった人心を卑屈にする土壌で育まれるのである。

ここで注意すべきは、「外国人」カテゴリーの具体的内容である。維新以後、我が国が関わる外国は、まず西洋諸国であるが、それればかりではない。征韓論があり日清戦争があった。朝鮮・中国との関係である。西洋諸国が文明先進国であり、それゆえ日本の独立を脅かす存在であったのに対し、朝鮮・中国は文明後進国で、それゆえ日本がその独立を脅かす存在であった。上で見た福沢諭吉の『文明論之概略』は、もちろんもっぱら西洋諸国を頭に置き、それらに脅かされている我が国の独立を維持することをめざして書かれている。したがって、差別についても、外国人による日本人に対する差別だけが問題とされた。しかし、まもなく、日本人による外国人に対する差別が顕在化してくる。「文明間格差が後進文明国の独立を脅かし、先進文明国民による後進文明国民に対する差別を発生させる」という福沢のテーゼは、そのまま能動受動の立場を逆転して、当てはめることができるのである。しかも、西洋諸国に対する日本の劣勢はあいかわらず続いているから、「自国独立のための他国支配」という構図が浮かび上がる。

このような状況において、「外国人」カテゴリーには、まったく異なる二種類が含まれることになる。文明格差に由来して、日本人を差別する外国人、西洋諸国人と、日本人が差別する外国人、朝鮮人・中国人である。上記の「意見聴取からの外国人排除」は、西洋人に対してばかりではなく、朝鮮人・中国人にも適用された。後者の排除ついては、おそらく上述のカール・シュミットの民主主義の理論が根拠を提供するだろう。

こうして明治以降、我が国は「文明開化」のスローガンに従い、外国・外国人からの有効な情報・知識、特に西洋・西洋人からのそれは貪欲に集めるが、外国人の権利としての意見表明は認めない、という体制を整える。言い換えれば、外国情報それ自体は、知識・技術というかたちをとり、統治に関与する権限を持たないまま、いわば無色で入ってくる。逆に言えば、その外国情報を統治のための要素として、咀嚼し自らの意見に練り上げ、それをしかるべき議論の場において提示するのが、日本国民の権利であり義務であることになる。西洋思想も、そうした外国情報の一つであった。

ここに、外国人の意見聴取の排除（万機公論）、外国人からの情報収集の推進（文明開化）、その収集結果の日本人による咀嚼をとおした意見表明（国会・思想・世論）というシステムが成立したように思える。そして、外国人排除という万機公論にとっての国民国家的限界は、文明開化による外国情報収集と、その収集結果の日本人による咀嚼をとおした意見表明によって、システム的に補われなければならないことになる。

4　翻訳論

前節末で述べた、外国情報の咀嚼による意見提示は、我が国の知識人の役割である。とりわけ西洋思想の場合、それは、たんなる読者のための「翻訳」「紹介」では足りず、学術的な「研究」「理解」でもまだ不十分であり、その外国情報を日本の現実に照らして十分咀嚼し、現実的政策決定のための質の高い「議論」にとって有効な「意見」として練り上げ提示することが求められる仕事、自国独立をめざした自国文明発展のための核となる幅広い仕事である。

「西洋知識導入」のために知識人は、まずは翻訳を行なう。

＊

さて、ルソー思想が和訳されると、日本人の読者は、フランス語に通じているか否かにかかわらず、その和訳で読み、それについて、それをとおして、母国語としての日本語の文脈でさまざまなことを考えられるようになる。たとえフランス語を知らなくても、したがってまた、原典への直接的アプローチにはならないとしても、母国語としての日本語を通じてそれなりにルソー思想に触れることができる。

こうして外国思想は、翻訳を通じてこそ、日本語と日本文化・日本文明の文脈に挿入され、日本文化・日本文明の構成要素になる。このとき、外国哲学のフランス語訳をもフランス哲学とみなすヴァンサン・デコンブにならって（『知の最前線――現代フランスの哲学』高橋允昭訳、ＴＢＳブリタニカ、一九八四年、三頁）、翻訳され日本文化・日本文明の一部になったルソー思想を「日本思想」と呼ぶことに、それほど無理はない。

ここに、翻訳の知識人読者が原典に対してとるべき姿勢について、一見対立するかに見える二つの意見がある。一つは三木清が、原典を過度に尊重し翻訳を軽蔑する学者の原典至上主義を批判して書いたものである。翻訳の知識人読者は、上記の観点から、過剰な原典至上主義を控え、翻訳を原典と比べ価値の劣ったものと見るのをやめ、翻訳に日本文化の一部としての地位を認めて、評価し利用すべしとする。翻訳を、外国文化が咀嚼され日本文化になったものと見る見方である。もう一つは丸山真男が、漢学者・荻生徂徠が中国語に対して維持していた異言語感覚・異文化感覚について語ったもの。翻訳の知識人読者が原典・原語・原文化と翻訳・日本語・日本文化との違いを意識することの重要性を指摘するものである。三木は、原典に対する翻訳の地位回復を、翻訳を日本文化の一部とみなすことによって主張し、丸山は、原典至上主義とは別のところで、原典の背後の原文化と翻訳の背後の日本文化の異質性を把握することの必要を説く。知識人は翻訳を、必要以上に原語に引きずられずに日本文化として読むべきなのか、それとも原語の文化と日本文化の異質性をつねに意識して読むべきなのか。読者の意識が向かうべきは日本文化なのか異文化なのかという点で、二つの意見は対立するかに見える。

三木清は小篇の中で、こう述べている。「哲学者ライプニッツもその必要を大いに認めた翻訳といふものの意味は、外国語を知らない者にその思想を伝達することにつきるものではない。思想と言葉とが密接に結合しているものである限り、外国の思想は我が国語をもって表現されるとき、既にもはや単に外国の思想ではなくなっているのである。意味の転化がすでにそこに行なわれている。このときおのずから外国の思想は単に外国の思想であることをやめて、我々のものとして発展することの出来る一般的な基礎が与えられるのである。翻訳の重要な意味はここにある。このことを考えるならば、翻訳でものを読むということは学問する者にとって恥辱でないばかりか、必要でさえあることが分かる。支那や日本に於ける仏教の発達の場合を見よ。この独自な発達は原典ではなく、却って翻訳書の基礎の上に行われたのである。或いはボエチウスによるアリストテレスのラテン訳が中世のスコラ哲学の発展に与えた影響、或いは聖書のルッテル訳がドイツ文化の発展に及ぼした影響などを想い起こすがよい。何でも原書で読まねばならぬと思い込んでいることが如何に無意味であるか分かるであろう」（三木清「軽蔑された翻訳」三木清全集17所収、岩波書店、一九六八年、一九七頁。初出は一九三一年）。これは、翻訳の持つ文明史的意義を評価することによって、翻訳を原典への従属から解放しようとするいわば文明史的翻訳論である。

他方で丸山真男は、加藤周一とのやり取りの中で、荻生徂徠を例にとり次のように述べている。荻生徂徠が中国語に堪能であったにもかかわらず「本当は中国語も『侏離鴃舌《しゅりげきぜつ》』［モズのさえずりのように聞こえる異国語］なんだ、『学則』のなかでこう言っているのが大したことだと思う。［中国語の翻訳読者は］中国語を日本語と異質的なものだと自覚しなければ、翻訳を読んでいるという意識がないから、『和臭』をつけて、日本語の匂いをつけて読んでいるのに、中国の古典をじかに読んでいるつもりになっているのだ、と。そのままなら、中国語も『侏儒駃舌』になるだろうと言っている。徂徠は［まったく知らない］オランダ語と［熟知している］中国語を同じに見ている。方法論としてすごい。（中略）明治の初めについても同じくいえることは、つまり異文化の異質性を自覚し、それを完璧に認識しようという欲求が出てきたときに、比較的にオリジナルな思想が出るのね。ちょっと逆説的だけれど、そういう傾向がある。福沢しかり徂徠しかりです。『朋あり、遠方より来たる……』のまま読みつづけていたんじゃ、同文同種論みたいなもので、同じ文明という意識になってしまう。徂徠はそこを越えた。だから徂徠がなければ宣長は出てこなかった。本居宣長が基本的影響を受けたのは徂徠の読み方というか、とくに古文辞学です。（中略）異質性の認識は価値の問題に転化して日本文化優越論になりがちなんだけれど、宣長の場合、たんなる日本主義にならなかったのは、［宣長の］『古事記伝』は［徂徠の『論語』注釈書である］『論語徴』なしには出てこない方法論的な基礎があったからですよ。今言をもって古言を解してはいけない、いまの言葉のイメージで古典を解釈してはいけない、という主張は両方に共通している。歴史的なちがいや異質文化の理解というのが歴史意識になり、いにしえの時代を理解するには、その時代の言語体系、ディスクールを知らなければだめだ、いまのディスクールをその時代に投影したらわからなくなっちゃうぞ、という考え方では、宣長と徂徠は完全に共通しているでしょう」（丸山・加藤『翻訳と日本の近代』岩波新書、三〇〜三八頁）。これは、原典・翻訳それぞれが属する文化の異質性に着目する多文化主義的翻訳論である。

どちらを選ぶべきかは問題でない。翻訳をその知識人読者は、丸山が言うように原典・原語・原文化との異質性をつねに意識しつつ、三木が述べるとおり過度な原典主義を避けながら自文化として活用すべきである。実際、多くの翻訳の知識人読者はそれを実践している。

そして、このことを最も良く理解している、あるいは理解しているべきであるのは、翻訳の読者である前に翻訳者自身である。翻訳者は、いわば異文化と自文化の間で引き裂かれ、一方では自らの翻訳において原典の背後の異文化の異質性を読者に向かって表現しようとしつつ、読者の理解のために原典を咀嚼し日本文化のコンテキストに組み入れようと努める。翻訳者にとっての基本課題とは、この相対立するように思える二つの仕事、異文化表現と自文化咀嚼である。

さて、一般に翻訳者に第一に求められるのは、原典への忠実さである。翻訳は、原典の正確な模写となっていなければならない。しかし、「原典の正確な模写」には、ふつう異質性表現は含まれない。たとえば、「これはリンゴである。」は「This is an apple.」の正確な模写であるとふつう見られるが、それは完全な日本語文であって、自文化咀嚼は完了しているものの異文化表現は行なわれておらず、原語の異質性は表現されていない。三木の言う知識人の原典至上主義も、なるほど「翻訳は正確な模写になっているか信用できない」という理由に基づいているにしても、その場合の「正確な模写になっていない」とは単純な誤訳ばかりでなく、根本的には原語にあたらないと分からないこの異質性が表現されていないという理由による。

ヴァルター・ベンヤミンは、その翻訳論「翻訳者の課題」（『暴力批判論』所収、野村修編訳、岩波文庫、一九九四年。原著初出は一九二三年）において、あくまでも翻訳者の立場に定位しながら、翻訳を原典の模写とする一般的翻訳観を批判し、一種の文明論的観点から、翻訳を異文化における原典の新たな展開と押さえることによって、三木の課題であった原典に対する翻訳の地位回復を成し遂げるとともに、丸山の求める原典・原語・原文化の異質性に対する感覚の保持の問題も解決しているように思える。

それればかりかベンヤミンは、その「異文化における原典の新たな展開」としての翻訳概念の延長上にさらに一歩を進め、異言語に翻訳されることによってはじめて、原典は自言語・自文化の殻を破り、「真の言語 wahre Sprache」「真理の言語 Sprache der Wahrheit」「純粋言語 reine Sprache」へ向かう端緒を得る、という形而上学まで提示する。「真の言語」へ向かうプロセスとは、原典を自言語・自文化の殻から解放し、同時に翻訳をとおして翻訳の属する言語・文化も豊かにするプロセスであって、翻訳を機に原典が他文化内で花開き、翻訳された原典の異質性に触れることによって翻訳の属する言語・文化が豊かになっていく異文化交流のことである。原典側の言語と翻訳側の言語のこの並行的発展は、あたかも共通の理念的目標を持つかのよう進捗する。「真の言語」なるものは、あくまでもこの並行的発展を説明するためのものであって、そこへの実際の到達などは問題にならない。原典と翻訳、原語と翻訳語という二つの言語は、同じ方向に向かう。いやむしろ翻訳において翻訳語は、原語が潜在的に持っていたその志向を顕在化させ、諸言語の収斂という「バベルの塔崩壊」後の文明の合目的性を、萌芽のかたちで明らかにするのである。諸言語は「何ものか」に向かって収斂する。ベンヤミンはその「何ものか」をたまたま「真の言語」「純粋言語」などと名づけたにすぎない。

翻訳を原典の模写とする考え方は、まず、原典が完成後に公刊・伝播というかたちで自文化のなかへ広がっていく原典の「死後の生 Überleben」についての歴史的観点、文明史的観点を失い、原典の生を固定的にとらえ、原典をただの死体にしてしまっている。「原作はその死後の生のなかで変化していく。（中略）作者の時代にはその文学言語の傾向性だったかもしれないものが、後世には陳腐に、かつてありふれていたものが、後世には古風にひびくこともありうる。同様に意味もまた不断に変容するが、これをも含めてのそういった変容の本質的なものを、言語および言語作品の独自きわまる生のなかに探索せずに、後世の［翻訳を読む］ひとびとの主観性のなかに探索することは――そんなお粗末きわまる心理主義を認めておくとしても、それでも――事柄の原因ならびに本質を取り違えることになるだろうし、しかももっと厳密にいえば、じつに力強くもあれば豊穣でもある歴史過程のひとつを否認すること、そして［自らの］思考の力の欠如を露呈することになるだろう」（同書、七六頁）。

原典模写翻訳説は、歴史的観点の欠如によって、原典の「死後の生」を見逃すばかりでなく、同時に翻訳の運命をも見失っている。「仮に［原］作者［Autor］の最後の一筆を作品にとどめを刺すものと考え［原典を完成され不変のものとみなし］たとしても、あの死物の［原典模写］翻訳理論を救うことにはなるまい。というのも、偉大な文学作品の音調や意義が諸世紀の流れとともにすっかり変容してゆくのと同じように、翻訳者の母語もまた変化してゆくからである。それどころか、［原］作家［Dichter］の言葉がその母語のなかで持ちこたえていくのに反して、最上の翻訳といえども翻訳は、こちらの母語の生長のなかへ捲きこまれ、母語が更新されるにつれて没落していくことを定められている。翻訳は、［模写説がやるような］二つの死んだ言語の不毛な等式を作るようなところからは遥か遠くに位置しているのであって、だからこそ、あらゆる［表現］形式のうちでほかでもなく翻訳という形式には、異邦の言葉のあの死後の成熟と、自身の言葉の産みの陣痛との両者に注意を向けることが、独自きわまる課題として課されているわけなのだ」（同書、七六〜七七頁。傍点は引用者、訳語は一部変更）。

原典の言葉と翻訳の言葉は、たんに模写の関係にあるのではなく文明史的連関を持つ。ただし、両者の運命は異なる。前者にはたんなる自文化内での「死後の成熟」があるだけであるが、後者には異文化咀嚼にともなう自文化内における「産みの陣痛」がある。だからこそ、原典の「作者の言葉がその母語のなかで持ちこたえていく」のに対し、最上の翻訳といえども翻訳は、その「産み」の困難さゆえに、自文化内・自言語内では「没落していくことを定められている」のである。

対訳のかたちで原典と翻訳を並べてみれば一目瞭然となるが、原語と翻訳語は異質である。翻訳はこの異質性を同一性へ向かって乗り越える困難な作業であるが、ふつう翻訳者はこの作業の根本的可能性などあらためて問うことなしに、原典の正確な模写作りに励む。原語と翻訳語の異質性が絶対的ならば、翻訳は不可能である。二つの言語の異質性が表面的なものであって、根本的なところで二つの言語が互いに或る「親縁性 Verwandtschaft」を持っているからこそ、翻訳は可能になる。翻訳者は、翻訳の根本的可能性を問うことなしに翻訳作業に勤しむことによって、両言語のこの「親縁性」の存在を証明していることになる。

翻訳者自身は、あたかも絶対的であった両言語の異質性を自分が乗り越えて、自分の力で原典の模写としての翻訳をゼロから産み出すと考えがちである。しかし、もちろんその際、両言語の間の何らかの親縁性が前提されなければ、翻訳者は自らの翻訳作業を開始しないだろう。翻訳者は、両言語のこの親縁性に支えられて、原典が原語で表現しようと志向することを自国語で表現しようと志向する。翻訳による原典の模写とは実は、この異言語による再志向・再表現のことである。したがって翻訳は原典の模写ではなく再志向・再表現であり、この異言語表現によって、個別言語表現を超えた、純粋言語表現の可能性が初めて浮かび上がる。翻訳の異言語表現が、原典に原語表現の限界を超えさせ、個別言語表現の彼方に純粋言語表現の可能性を垣間見させるのである。翻訳は、原典の模写ではなく、原典がその自原語表現の限界を超え純粋言語表現へと向かうことを可能にするという点で、原典の「補完 Ergänzung」、原典にとって重要な発展局面を開いてくれる「補完」である。

「異なる諸言語のすべての個々の要素は、語であれ文であれ文脈であれ、互いに排除しあう［異質性を持つ］のだが、これに反してその［翻訳の］志向自体においては、諸言語は補完しあうのだ。言語哲学の基本法則の一つであるこの法則を正確に把握するためには、その志向において、意味されるものと、意味させるしかた、つまり言いかたとが、区別されなければならない。ドイツ語のBrotとフランス語のpainとでは、意味されるものは同一だけれども、言いかたは異なっている。言いかたからすれば、二つの語はドイツ人にとってとフランス人にとってとでそれぞれに別の意義をおびていて、互いに交換がきかないどころか、けっきょくは互いに排除し合おうとさえする［ほど異質である］。しかし意味されるものからすると、二つの語は、絶対的に同一のものを意味している。このように、この二つの語において、言いかたは互いに相手に逆らっている［と言えるほど異質な］のに、［翻訳に際しては］これらの語を生んだ二つの言語のなかでは、その言いかたが互いに補完しあう。しかも、意味されるものについて補完しあう。すなわち、［翻訳によって］補完されていない個別的な言語の場合、そこで意味されるもの、志向されるものは、個々の語や文の場合とは違って、相対的な自立性を見せることはけっしてなく、むしろ不断の変容のなかにあるのだが、それは究極的には、［翻訳をとおした］あのありとあらゆる言いかたの調和のなかから、純粋言語として現出しうるまでに至るわけである。それ［が翻訳される］までは、それは、［それぞれ個々の］諸言語のなかに秘められている。けれども諸言語がこのようにして、その歴史のメシア的な終末に至るまで［純粋言語へ向かって］生長してゆくものとすれば、その過程にあって翻訳は、諸作品の永遠な死後の生と諸言語の不断の更新とに触発されて点火されては、つねに新たに、諸言語のあの神聖な生長を検証していくのだ」（同書、七八〜七九頁）。

ベンヤミンは、異言語による同一なものの表現の可能性を開くという翻訳の意義を確認した上で、一般に蔑視される「翻訳調の表現」、つまり何かぎこちなくギクシャクした表現の中に積極的なものを読み取る。「この［内容と言語との］関係は、原作にあっては果実と表皮との関係のような、ある種の［緊密な］一体性だとすれば、翻訳にあっては言語は、王のゆったりした、ひだの多いマントのように、その内容を［ゆったりと」包んでいる。なぜなら翻訳は、それ自体よりも高次の言語を予示していることによって、それ自体の内容にぴたりと合うことがなく、暴力的で異質的なところを残すからである」(同書、八〇頁)。翻訳表現のぎこちなさは、なるほど自言語への咀嚼の不十分さの結果かもしれない。しかし、原理的な咀嚼不可能性、むしろ翻訳の原理的な上記の意義への忠実さに由来する部分を見忘れてはならない。ぎこちない翻訳は、丸山の指摘する原典・原語・原文化と翻訳・日本語・日本文化の異質性を表現するばかりか、異言語による同一なものの表現可能性、同一性すら提示しうるものなのである。ベンヤミンはこの表現可能性について「多くの言語をひとつの真の言語に積分するという壮大なモティーフが、翻訳者の仕事を満たしている」(同書、八二頁)と述べている。

ほぼ到達不可能ではあるが、翻訳者の仕事を方向づけるこの「真の言語」とはいかなるものであるか。上記引用文にすぐ続けて、ベンヤミンは翻訳と哲学の本質的類似性を指摘しながらこう説明する。「だがこの[真の]言語は、そのなかで個々の文や作品や判断が互いに了解し合う言語[、翻訳が不要になる言語]では、けっしてない。個々の文や作品や判断にとっては、依然として翻訳が頼みの綱になる。しかしこの言語は、そのなかで諸言語自体が互いに、その言いかたにおいて補完されて親和してゆき、一致してゆくような、そういう言語である。ところで、もしあらゆる思考が努力の的とする数々の究極的な秘密が、みずからは沈黙しつつ、うちとけてそのなかに保たれているような真理の言語があるとするならば、この[哲学がめざす]真理の言語こそ——[翻訳のめざす]真の言語にほかならない。そしてまさにこの[真理の]言語を予感し記述するところに、哲学者が自身のために希望しうる唯一の完全ないとなみがあるわけだが、この言語は、じつは翻訳という翻訳[すべて]のなかに、集約的に秘められている。哲学のミューズはいないし、翻訳のミューズもいない。けれども哲学も翻訳も、感傷的な芸術屋たちが考えたがるほどに月なみなものではない。じじつ、翻訳のなかに表出されるあの真の言語への憧憬を、自身のきわめて独特な特質とするような哲学的な天分というものがある。『諸言語はいくつも存在するという点で不完全であり、至上の言語はない。思考することは、小道具を用いず、ささやくこともせずに、沈黙のうちで不滅の言語を書くことだが、地上の諸言語の多様性は、さもなければ一挙に見いだされるはずの言葉、具体的に真理自体である言葉が、ひとの口をついて出ることを妨げている。』マラルメがこの言葉で思いうかべていることを、もし哲学者が厳密に推知できるとすれば、あの真の言語の萌芽を宿す翻訳は、文学作品と［哲学的］教説との中間に位置している。翻訳作品は、目立つという点ではこれら両者に劣るとはいえ、劣らず深い刻印を歴史のなかへ刻みこむのだ」（同書、八二〜八三頁。傍点は引用者）。

翻訳は、原典としての文学作品の模写という点では文学作品に近く、真理の言語、不滅の言語をめざす点では、哲学的教説に近い。ベンヤミンがこの引用文末尾で言う「歴史」、翻訳作品が深い刻印を刻み込む「歴史」とは、翻訳をとおした異文化・異言語接触による両文化・両言語の変容・生成が問題になっている以上、「文明史」のことである。翻訳は、あくまでもほんの萌芽的なかたちではあるが、「文明の統合」をかいまみさせる。翻訳の格別の意義、特権的とも言うべき意義は、まさにこの点にある。「これに似たものは、言語活動以外の領域にはほとんど見あたるまい。というのも、類似や記号に頼る非言語的な活動は、言語活動による集約的な現実化、すなわち先取りし示唆する現実化とは、別のしかたの暗示しか知らないからだ。——だが、さきに考えた、諸言語間のあのもっとも内的な関係は、独特な収束の関係である。それは、諸言語が相互に無縁ではなくて、あらゆる歴史的な関係を抜きにして先験的に、それらが語ろうとするものにおいて親縁性をもつところにある」（同書、七四〜七五頁）。

重要なことは、翻訳がかいまみさせる「文明の統合」が、「一文明による統一」ではなく、あくまでも「相互に異質な諸文明の統合」である点である。この「文明の統合」は、おそらくベンヤミンの言う「真の言語」による「異質な諸言語の統合」を基礎とする。そこにおいても諸言語の異質性は残るのであるから、翻訳は不要になるのではなく、逆にフル回転することになる。

ベンヤミンのこの翻訳主義的な文明史観は、上で見た福沢諭吉のそれとは異なる。福沢の場合は、諸文明間の力の格差から、そして、先進文明による後進文明の支配が生じている現実を直視することから、将来に浮かび上がるのは先進文明としての西洋文明による後進文明としての日本文明の支配の危険性であり、日本の独立の危機である。究極的には、最強国による世界支配としての「一文明による統一」がイメージされる。これに対してベンヤミンの場合は、諸文明間ないし諸言語間の力の格差についての視点はない。あるのは、諸文明間ないし諸言語間の異質性の視点である。

しかし福沢的観点から翻訳の問題を考えてみよう。仮に、先進文明によって後進文明が植民地化されて、先進文明の言語が押しつけられたとする。もし後進文明の言語が生き延びて先進文明の言語とのバイリンガル体制になったとすれば、たとえばマグレブ諸国のアラブ人たちのようにアラブ語とフランス語双方に通じることになり、少なくとも被支配者としての植民地住民にとっては両者の間の翻訳が不要になるが、支配者側の宗主国民は植民地語が理解できないから、統治のためには宗主国語を用いるにしても、植民地住民の植民地語表現を理解するには、それを宗主国語へ翻訳することが不可欠になるというかたちで、翻訳は生き延びるだろう。しかし後進文明の言語が完全に押しつぶされ先進文明の言語に統一されてしまったら、翻訳もまた消えてしまう。要するに「一文明による統一」は、後進言語の壊滅を通し、結果として翻訳の消滅へ向かう。

これに対し、上記のとおり翻訳は、「一文明による統一」ではなく「相互に異質な文明の統合」をめざすものである以上、福沢が自国独立を主張することによって「一文明による統一」に抵抗するかぎりにおいて、福沢の文明論に沿ったものになっている。言い換えれば、我が国が後進文明国として自国独立維持をめざし先進文明国の圧力に抵抗しあくまでも「相互に異質な文明の統合」へ向かうかぎりにおいて、その歩みは、ベンヤミンの翻訳主義的文明史観と相即することになるが、先進文明国として翻訳の意義を忘れ異文化に対する異質性感覚を失って自ら「一文明による統一」へ向かいはじめるとき、ベンヤミン的文明史観との齟齬は決定的となる。翻訳は、異文化との接触の最突端にあってその異文化を自文化に咀嚼しつつなおも両文化の異質性を直視しながら両者の「統合」をかいまみ、二つの異文化が相互に異文化であるまま理解し合える可能性を探っているのであって、そのかぎりにおいて先進文明による植民地支配・帝国主義的支配に、どれほど微力といえども、歯止めをかけるものである。丸山が指摘した異文化間の異質性感覚の重要性は、以上のような射程を持ったものであるように思える。

たしかに三木が言ったように、翻訳は自文化の一部である。しかし、翻訳が、上で見たような「相互に異質な文明の統合」をかいまみさせるばかりでなく、自文化・自言語を変化させることも忘れてはならない。日本語の翻訳は、伝統的・安定的・固定的で不動の「日本文化」なるものの一部になるわけではない。むしろ翻訳によって、日本語は変化していく。それが異文化接触の明確な結果の一つである。この翻訳による自言語の変化について、ベンヤミンはルードルフ・パンヴィッツ Rudolf Pannwitz の『ヨーロッパ文化の危機』（*Die Krisis der europäischen Kultur*, 1917）の中の言葉を、「『西東詩集』へのノートのなかのゲーテの文章と並んで、翻訳の理論に関してドイツで公表された最良のもの」（同書、八八頁）として紹介している。

「ドイツ語の諸翻訳は、最良のものすら、誤った原則から出発している。それらはインド語やギリシア語や英語をドイツ語化しようとして、ドイツ語をインド語化・ギリシア語化・英語化しようとはしていない。それらは、他言語の精神にたいしてよりも、自身の言語習慣にたいして、畏敬を払いすぎている。……翻訳者の基本的な誤謬は、自身の言語を他言語によって力づくで運動させることをせずに、自身の言語の偶然的な状態に執着しているところにある。翻訳者は、僻遠の言語から翻訳する場合はとくに、語とイメージと音調とがひとつになる究極の言語要素自体にまで溯って、これに肉薄しなければならない。かれは自身の言語を他言語によって拡大し、深化［さ］せねばならぬのだ。いかなる規模でそのことが可能なのか、どの程度まであらゆる言語が変化しうるものなのか、はたして言語と言語との差異は方言と方言との差異ほどになっていくものなのか、誰にも分からない。このこともしかし、諸言語をあまりにも軽く見ることなく、十分に重く見るときに限って、いえることである」（同書、八八〜八九頁）。

他言語による自言語の拡大・進化というこの翻訳の課題は、引用者のベンヤミンの、またおそらく筆者のパンヴィッツの頭にあるのも、特に文学作品についてのものである。だからこそ、「意味」の模写ばかりではなく、「語・イメージ・音調」の表現が問題になる。いやむしろ原典の「語・イメージ・音調」をできるかぎり表現しようとすれば、「意味」の模写を犠牲にしなければならない。「力づくで gewaltig」とはそのことであろう。実際、ベンヤミンがこの意味で優れた翻訳として挙げているのはヘルダーリンによるソフォクレス悲劇の翻訳であるが、「そこでは意味は、奈落から奈落へと墜落してゆき、ついには底知れぬ言語の深淵に姿を没してしまいかねない」（同書、九〇頁）。文学作品については、意味を危険にさらす冒険も必要なのかもしれない。しかし、ここではそうした冒険を論じることは荷が重い。あくまでも、思想翻訳に限って、意味の正確な表現を基本に考えていきたい。そして、たとえそのように限定しても、翻訳による日本語の拡大・進化は語りうる。

＊

翻訳による日本語の変化という点では、「翻訳語」と呼ばれる一群の言葉の問題が存在する。特に幕末維新以降の西洋文献の翻訳が活発に行なわれるようになってから、翻訳のために新語が造られたり（「社会」「個人」「近代」「美」「恋愛」「存在」など）、伝来の日本語に新たな意味が与えられた（「自然」「権利」「自由」「彼」など）。これら一群の「翻訳語」は、ある種の異質性を備えており、誕生から一〇〇年以上経っても、日常語とは区別されたグループをかたち作っている。

柳父章《やなぶあきら》はその著『翻訳語成立事情』（岩波新書、一九八二年）「まえがき」で、「翻訳語」を説明してこう述べている。「本書で取り上げている『社会』『個人』『近代』などの翻訳語は、学問・思想の基本用語であるが、中学・高校の教科書や、新聞紙面などにもよく出てくるようなことばである。それにもかかわらず、たとえば日本の家庭の茶の間での家族どうしとか、職場の仲間どうしのくだけた会話の中では、まず口にされることがないだろう。よほど教育ていどの高い人の家庭などでもそうであろう。もし、くだけた場で、これらのことばを口にすれば、まわりの人々はふと居住まいを正すか、座が白けるかも知れない。つまり、使われる場所が限られている。日本人の日常生活の場の用語ではなく、学校とか、書物など活字の世界とか、家庭の中で言えば勉強部屋の中での用語である。日常語とは切り離された、言わばもう一つの世界のことばである。私たちは、生活のそれぞれの場面で、こういうことばを使い分けている。たとえば、難しそうな本を読むようになった若者は、教室や友人との議論の場では、こういう固い語感のことばをよく口にしても、家庭で母親の前では、まず口にすることはないであろう」（同書、i頁）。要するに、翻訳語とは、翻訳の読者である知識人から発して一般に広がった言葉であり、その出自からして「気取り」

「堅苦しさ」「高級感」などを感じさせる言葉である。

柳父が上記の著で明らかにしたのは、幕末維新の激動期において文明開化というかたちで行なわれた西洋文明導入に際し、新たに作り出され新たな意味を与えられたこれらの翻訳語が日本語、日本文化、日本人の考え方・感じ方をどれほど大きく変化させたかである。なるほど「西洋知識導入」も一種の情報収集である。知識も一種の情報であるから、はじめに必要・要求があり、それに応じた収集があり、その後の活用がある。しかし翻訳は、たんなる情報提供ではない。ベンヤミンが「翻訳は原典のたんなる模写ではない、たんなる意味の伝達ではない」と言うのも、このことである。日本に存在せず、しかも鎖国のせいで日本人が西洋に存在することも知らなかった物質的・精神的なものを示す言葉は、当然、当時日本語にはなかった。そこでこの時期に、翻訳に際して新たに造られるか、新たな意味を与えられることとなった。柳父が本書でそうした言葉として取り上げるのは、「社会」「個人」「近代」「美」「恋愛」「存在」「自然」「権利」「自由」「彼、彼女」の一〇個である。逆に言うと、society, individual, modern, beauty, love, being, nature, right, freedom/liberty, he/she を当時は、はじめそれに当たる日本語がなかったので、すっと翻訳できなかった。便宜上ここでは英語で挙げたが、もちろんこれに当たるドイツ語・フランス語・オランダ語でも同様である。

柳父によれば、当時の翻訳者の努力は並大抵のものではなかった。「かつて society ということばは、たいへん翻訳の難しいことばであった。それは、第一に、society に相当することばが日本語になかったからなのである。相当することばがなかったということは、その背景に、society に対応するような現実が日本になかった、ということである」(同書、三頁)。言葉＝現実の欠如である。「社会」の場合は、「広い範囲の人間関係という現実そのものがなかった。したがって、それを語ることばがなかったのである。当時、『国』とか『藩』などということばはあった。が、society は、窮極的には、この〔OED, 1933〕(2)〔調和のとれた共存という目的や、互いの利益、防衛などのため、個人の集合体が用いている生活の組織、やり方〕でも述べられているように、個人 individual を単位とする人間関係である。〔範囲が〕狭い意味でも広い意味でもそうである。『国』や『藩』では、人々は身分として存在しているのであって、個人としてではない」(同書、六頁)。

しかし翻訳語は、いったん成立すると、現実との結びつきが弱いだけに、一人歩きする。とりわけそれが漢字で表現されると、その傾向が顕著になる。柳父によれば、たとえば individual を中村正直は「人民各箇」、西村茂樹は「一身ノ身持」と漢字で訳したが、福沢諭吉はそうした「四角張つた文字」を用いず「穏やかな日本語」で翻訳すべしと主張した。当時の翻訳者たちが「四角張つた文字」ばかり用いたのは「非常に根の深い問題なのである。だが、ここで簡単に言うならば、上代以来千数百年、中国などの先進文化を、漢字という書きことばを通じて受け入れてきたという歴史的な背景が、ここにはある、ということである。私たちの国は、一貫して翻訳受け入れ国であった。翻訳されるべき先進文明のことばには、必ず『穏やかなる日本語』で表現できない意味がある。重要なことばほどそうである。福沢がここで言っているような、完全に『中分なき訳字』は、『穏やかなる日本語』の中には、実はない。そこで、そのとらえ難い意味を、『四角張つた文字』じたいにまかせるのである。『人民各箇』も『一身ノ身持』も、結局そうである。ここで重要なことは、こういう『四角張つた文字』の意味が、原語の individual に等しくなるのではない、ということである。これらのことばをいくら眺めても、考えても、individual の意味は出てこない。だが、こういう新しい文字の、いわば向う側に、individual の意味があるのだ、という約束がおかれることになる。が、それは翻訳者が勝手においた約束であるから、多数の読者には、やはり分からない。分からないのだが、長い間の私たちの伝統で、難しそうな漢字には、よくは分からないが、何か重要な意味があるのだ、と読者側でもまた受け取ってくれるのである。日本語における漢字の持つこういう効果を、私は『カセット効果』と名づけている。カセット cassette とは小さな宝石箱のことで、中味が何かは分からなくても、人を魅惑し、惹きつけるものである。『社会』も『個人』も、かつてこの『カセット効果』をもつことばであったし、程度の差こそあれ、今日の私たちにとってもそうだ、と私は考えている。福沢諭吉は、日本の現実の中に生きている日本語を用いて、ことば使いの工夫によって、新しい、異質な思想を語ろうとした。そのことによって、私たちの日常に生きていることばの意味を変え、またそれを通して、私たちの現実そのものを変えようとしたのである。それは困難な方法であった。扱うことばが、一つ一つ現実の重みを引きずっているからである。そこには、ことばだけの操作によって、ことばの『カセット効果』に頼って翻訳しようとする方法のあずかり知らぬ困難さがあった」（同書、三六〜三七頁）。

我が国の翻訳においては、特に漢字使用から来るこうしたカセット効果がある以上、ベンヤミンの言う「意味を犠牲にしても」という指示にそのまま従うわけにはいかない。翻訳語の意味の明確化はむしろ日本語の翻訳にとって至上命令とも言える。しかし「穏やかな日本語」にも外来語の新しい意味を表現する力に限界がある。しかも、逆に、「穏やかな日本語」には外来語の新しい意味の異質性を表現する力がない。かえって「四角張つた文字」つまり漢字にはその力がある。意味の明示を犠牲にして「四角張つた文字」を使いカセット効果排除はあきらめ異質性を表現するか、それとも意味の明示は困難でもできるかぎり努力をしつつ「穏やかな日本語」にして日常語の文脈に組み込みカセット効果を避けるか。日本語の翻訳者の困難は、このあたりにある。ただし、漢字が異質性を表現するとはいっても、それはもちろん漢字が異質な意味それ自体を表現するわけではなく、せいぜい、異質性の存在の目印になって翻訳の読者に向かい

「この単語は異質ですから気をつけてください」という注意信号として機能するにすぎない。

おそらく、この問題の暫定的解決には、まずは柳父が報告するような翻訳者たちの試行錯誤をとおした定訳の確定が不可避であり、場合によっては、その翻訳者たちの合意に基づいた定訳について『翻訳語辞典』のような翻訳語の意味を原語に対照させて明示する辞書も必要であろう。ここで言う「翻訳者たちの試行錯誤」とは、いまだ定訳のない翻訳語について他の翻訳者たちの訳語を参照しながら自分の訳語を決定する作業のことであるが、これは翻訳者相互の間接的な一種の協議・議論と見ることができる。困難に臨んでは、つねに協力が必要であり、議論が行なわれなければならない。しかし、この場合は、その翻訳語は、意味確定のために原語との対照を必要とするかぎり、いまだ日本語になっていないと言うべきであろう。いまだに原語参照を苦にしない知識人だけのものにとどまり、日常語の文脈に降りてはいないからである。上記の解決法が暫定的であるゆえんである。やがてその翻訳語が日常語のレベルに降りていくようになると、たとえば『翻訳語辞典』のようなもっぱら知識人を対象とする意味確定のやり方ではもはや追いつかなくなる。そうすると、その翻訳語は、意味があいまいなまま日常語の間に広がっていくから、まさしくカセット効果が発揮される好条件が揃うことになる。この日常語の門口において重要になるのは、翻訳語の意味理解に関わる知識人の主張ないし知識人相互の論争、それも勝負結果を抜きにした論争それ自体である。

柳父はそうした主張・論争をいくつも紹介しているが、それらの主張・論争は、ひと目で翻訳語の意味に関するそれであると分かるものとは限らない。翻訳語は、少なくとも知識人の知的日本語にすでに組み込まれていたから、発言者は特に翻訳語として意識しその意味の理解に照準を合わせて表現しているわけではなく、あくまでも柳父が翻訳語使用の観点から適切に救い上げたものである。

第1章「社会」、第2章「個人」では、上で述べた定訳確定までの翻訳者たちの試行錯誤、翻訳現場でのいうなら潜在的な主張・論争が提示される。いわば翻訳語の運命の初期段階、第一段階である。これに対して第3章「近代」の場合は、だいぶ趣が異なり、「意味の欠如」したまま思想界に広がった翻訳語「近代」が、そのカセット効果により思想界に大混乱を引き起こすさまが描かれる。翻訳語の運命の第二段階である。実際、著者は、明治の終わり頃から半世紀ほどのかなり長期の期間をとって、それを報告している。著者によれば、「近代」という翻訳語が流行したのは、明治の終わり頃、太平洋戦争中、敗戦直後の三回であった。

カセット効果とは、すでに述べたとおり、翻訳語が現実との結びつきが希薄であるため意味があいまいとなり、その結果、軽薄な流行となったり感情的な論争へと人々を導いたりして、人々を引き回す危険性を持っていることを言う。「近代」という翻訳語は、その典型として提示されている。「あらゆる流行がそうであるように、この『近代』もまた、その流行の渦中にある人でなければ容易に理解しにくいような、ある特別な意味を持っている。それは、ふつう言う『意味』ではない。（中略）特別な語感、特別な、ある言語活動上の『効果』である。意味という点から言うならば、意味はむしろない、と言った方がよい。そして、意味はないからこそ、かえって人々を惹きつけ、乱用され、流行するのである」（同書、六一頁）。その後、「近代」という翻訳語は、第三段階、意味定着の段階を迎える。「一九五〇年代に入って、『近代』は、時代区分の正式用語として認知されるようになった。（中略）こうして『近代』は、一九五〇年代以後、次第に『近世』に代わって、正式の時代区分用語の地位を占め、ほぼ modern age に対応する時代を指す翻訳語の地位を独占するようになった」（同書、五八頁）。章末で著者はこう述べる。「この『近代』の流行の時代を経て、やがて歴史学者は否応なくこのことばを取り上げ、時代区分の用語としてのオモテの意味を与えるようになる。このオモテの意味は、いわばそのウラの意味があらかじめあったからこそ、与えられるようになったわけである。つまり、初めに、意味の乏しい『近代』ということばの形があって、それがやがてしかるべき意味を獲得していった、というわけであり、それは、私たちにおける翻訳語の意味形成過程を、典型的に物語っているのである」(同書、六四頁)。日本語の翻訳語は、第一段階から第三段階へすっと進むことはできない。必ず第二段階を経過することを運命づけられている。おそらく今後も、翻訳語のカセット効果は、思想界で空しい論争を引き起こすであろう。しかし私たちは、カセット効果に注意し、そうした論争に巻き込まれないようにしなければならない。むしろ、意味の明示に向かって議論を修正する必要があるのである。

第4章で扱われる翻訳語「美」の場合、「現実の欠如」は「考え方の欠如」である。「『美しい「花」がある、「花」の美しさといふ様なものはない』(『当麻』一九四二年)とは、小林秀雄の有名な命題であるが、たしかに、かつて私たちの国では、花の美しさというように、抽象観念によって美しいものをとらえようとする言い方も乏しく、したがってそのような考え方もほとんどなかった。花の美しさ、というようなことばや考え方を私たちに教えてくれたのは、やはり西欧舶来のことばであり、その翻訳語だったのである」(同書、六七頁)。

ここで著者が行なうのは、「美しい花」という考え方と「花の美しさ」というそれとの対比、伝統的な発想と西洋的なそれとの対比であり、紹介される論争もその観点から取り扱われる。著者は繰り返し次のように注意する。「たとえば、日本の伝統的美意識とか、世阿弥の美学、というような言い方がよく聞かれるが、このような問題のたて方は、自ずと翻訳的思考法をすべり込ませている、ということに注意したいと思う」(同書、六九頁)。これは「異質性」感覚の持ち方についてのきわめて具体的で鋭い注意である。

翻訳的思考法、西洋的思考法をすべり込ませると、日本的思考法の異質性が分からなくなる。逆に、日本的思考法にこだわっていても、翻訳的＝西洋的思考法を理解できない。異質性感覚とは、相手の考え方を、こちらの考え方をすべり込ませることなく、あるがままにとらえようとする姿勢のことであり、議論の質を高めるために不可欠の要素である。「もっとも、『美』とある程度似たことばは、したがってその考えは、日本の伝統の中に全くなかったわけではない。たとえば、世阿弥は、『花』とか『幽玄』ということばに、抽象観念らしき、ある大事な意味を託して語っている。利休の『わび』、芭蕉の『風雅』『さび』、本居宣長の『もののあはれ』なども、一応同じような例として考えられるのである。これらのことばには、西欧美学の『美』と共通するところもかなりある。（中略）しかし、私がすでに述べたような、違っている、という面もやはり重要である。そしてこの違いは、日本的『美』意識の特殊性とか、西欧の『美』と日本の『美』との違い、というように、『美』を前提としてとらえてはならない、と私は考える。少なくとも基本的な態度として、一つの普遍的な観念としての『美』を先に立て、その特殊な場合として日本的『美』があるという思考法は間違いである、と私は考えるのである」（同書、六九〜七二頁）。翻訳者、翻訳の読者は異質性感覚を持たねばならない、ということは、翻訳的＝西洋的思考法をもって日本的思考法を強引に解釈することではなく、自分の翻訳的＝西洋的思考法と相手の日本的思考法の違いを理解することであり、その違いの理解によって自己認識がさらに進むのである。

著者によれば、明治二二（一八八九）年に歌舞伎役者の市川団十郎が忠臣蔵のおかるの役を賤しい女郎の役は身を汚すことだからと拒否したことに対し、雑誌『国民之友』に読者から「演劇の『美』を消失せしむる勿《なか》れ」という団十郎批判が投書されたことを受け、巌本善治と森鷗外の「文学と自然」論争において、後者が翻訳的＝西洋的考え方に立って投書を支持したのに対し、前者は翻訳的思考法をすべり込ます仕方で団十郎の日本的考え方を擁護してしまう。また、明治二三（一八九〇）年に始まる「没理想」論争においても、坪内逍遥と森鷗外が同様の論争を行なうが、鷗外の翻訳的立場は一貫しているのに、逍遥は翻訳的思考法と日本的思考法を混同し敗北を認める結果になっている（同書、七二～七九頁）。

特に著者は指摘していないが、いずれの論争においても、一貫しているのは翻訳的＝西洋的考え方に立脚している鷗外のほうであり、その結果、勝利を収めるのは鷗外である。一般に、この当時、すでに翻訳的＝西洋的立場はすでに優位に立っていたとも言えるが、むしろそもそも論争という舞台においては、翻訳的＝西洋的立場が優位になるように思える。日本的考え方は、論争において武装しようとすれば、どうしても西洋的考え方を自らの主張にすべり込ませざるをえないからである。また、だからこそ、特に西洋的考え方の立場は、日本的考え方の異質性について理解するよう努めなければならない。「日本的な『美』とは何か」という西洋的な問題設定から始めたら、最初から回答を諦めることになる。「美」という抽象名詞で考えないところに、日本的美意識はあるから。そして、その異質性を知って初めて自分の西洋的な考え方それ自体も見えてくるようになる。

次第に整備されていく議論環境は、日本語にも大きな変化を求めることとなった。新語創出や意味変更である。たとえば「美」という言葉がなければ、そもそも「美」について議論することはできない。そして、その日本語を変化させる作業の現場となったのが、まさに翻訳であり、変化の道具が翻訳語であった。西洋文明の核心は議論である。西洋文明を導入・受容するとは、我が国に議論環境を創出するということである。そして、その環境において議論を実際に機能させるためには、議論のための言葉、議論語がなければならない。

この議論語＝翻訳語は日常語の中には完全に溶け込むことはなく、上で引いた柳父の言葉にあるように、両者は日本語の中で二層になっている。実際、議論語＝翻訳語は、どこか「よそいき」で「堅苦しく」日常語から浮かび上がったところがある。著者は、第9章「自由」で、freedom や liberty の翻訳語として、「自主」「自在」「不羈」「寛弘」などの他の候補を押しのけて「自由」という言葉が選ばれたことに触れて、次のように述べている。「一般に、どんな翻訳語が選ばれ、残っていくのか、という問いに答えることはやさしくない。しかし、およそ、文字の意味から考えて、もっとも適切なことばが残るわけではない、ということは言えるであろう。一つ言えることは、いかにも翻訳語らしいことばが定着する、ということである。翻訳語とは、母国語の文脈の中へ立ち入ってきた異質な素性の、異質な意味の言葉である。異質なことばには、必ずどこか分からないところがある。語感が、どこかずれている。そういうことばは、逆に、分からないまま、ずれたままであった方が、むしろよい。母国語にとけこんでしまっては、かえって都合が悪いこともある。日本語のなかで、音読みされる漢字のことばは、元来、異国の素性のことばであった。日本語は、この異国語を、異質な素性を残しつつ、やまとことばと混在させてきたのである。近代以後の翻訳語に、漢字二字の字音語が多いのも、この伝統の原則に自ずから従ったのである。そして、二字の字音語のうちでも、母国語にしっくりなじむことばよりは、どこか違和感のあることばの方がよい。人々が意識的にそう選ぶのではなく、いわば、日本語という一つの言語構造が、自ずからそう働いているのである。翻訳語とは、伝来の母国語からみれば、区別されたことばである。人々が直観的に感得できるような、区別のしるしをどこかに持っていることばなのである」（同書、一八六〜一八七頁）。翻訳語が議論語であるという観点からすれば、翻訳語に染みついているこの「どこかずれた感じ」「馴染みきってない感じ」「違和感」とは、だからこそ注意しなければならない、意味を明示しなければならない、そのために議論をしなければならないという行動を指示するものである。日本語は、翻訳語をとおして、この意味で議論を指示する「言語構造」を獲得し、議論環境をその基盤として支えうるものになった。

最終第10章「彼、彼女」で著者は、翻訳語の議論語としての性格、議論環境の基盤としての性格の核心に迫る。議論語は、「行為の主体を常に明言し、責任者を、個体としてとらえて明らかにしておく」（同書、二〇四頁）ものでなければならない。「『彼』や『彼女』ということばは、しだいに日本文の中に進入し、行為の主体を明言する文章が書かれるようになっていった。西欧小説、翻訳小説の影響を受けた日本の小説の文章である」（同書、二〇五〜二〇六頁）。ただし、日本の小説が一気に行為主体の明確化へ進んだわけではない。著者は、「彼」「彼女」という言葉の「行為主体明示」のための使用、he/she と同じ人称代名詞としての用法と並んで、それを少しずらしカセット効果を利用した小説家の用法を、特に田山花袋《たやまかたい》を中心に報告している。花袋は、「彼」を、自分の存在を仮託した自分の作品の主人公を指す言葉として、また、「彼女」を、自分の恋人の存在を仮託した自分の作品のヒロインを指す言葉として、いずれの場合も格別の重さを持った言葉として使用した。いうなら代固有名詞としての用法、ニックネームに近い用法、現代の若者が恋人・ガールフレンドの符丁で使う「彼」「彼女」に通じる用法である。この花袋的用法は現代でも残っているので、「彼」「彼女」は純然たる人称代名詞機能を持つに至ったわけではないが、外国語に多少親しんだ知識人の多くが「彼＝he」「彼女＝she」という等式を頭に刻み込み、日々の生活で行為主体の明示へ向かっていることも確かである。

5　翻訳法

前節後半では、柳父章の労作『翻訳語成立事情』に従って、特に重要ないくつかの翻訳語に注目しながら、明治以降の翻訳について検討してきたが、ここでは少し違った角度から、特に明治初期の翻訳に絞って考察を続けたい。導きとするのは、加藤周一の論文「明治初期の翻訳──何故・何を・如何に訳したか」（加藤・丸山校注［編］『翻訳の思想』日本近代思想体系15所収、岩波書店、一九九一年）である。加藤は、論文の副題にあるような三つの問いに沿って論述をすすめるが、まずは最後の「如何に訳したか」、つまり翻訳法から見ていきたい。

加藤は、概念（用語）の翻訳と文章の翻訳を区別した上で、明治社会が採用した翻訳法を「徹底した翻訳主義」と呼ぶ。明治社会は、平安時代から江戸時代まで続く中国語文献の「読み下し」方式とも、太平洋戦争後の西洋語「カタカナ音写」方式とも異なる漢字組合せ方式によって西洋語の単語を翻訳した。加藤によれば、その方式は、次の四つのやり方から成っている。(一)蘭学者の訳語の借用（その大部分は自然科学の技術的用語）、(二)中国語からの訳語の借用（すでに漢訳語が存在している場合。たとえば「権利」「義務」など）、(三)古典中国語の語彙の転用（意味をずらせたもの。たとえば「自由」「文学」「理性」「意識」「観察」「分類」「演繹」など）、(四)新造語（たとえば西周《にしあまね》によるものは「主観」「抽象」「定義」「帰納」など）。加藤は、これらの訳語の圧倒的な分量と知的重要性を踏まえて「明治初期の訳語を吸収することで、日本語は変わった。その主として訳語から成る語彙を前提としないで、近代日本の社会と文化を考えることはできない」とまで言い切るとともに、特に西周を例として取り上げつつ、「いずれにしても訳者は、訳語を撰ぶのに、西洋語の語原的意味、現在の用法に従う定義、問題の訳語の他の訳語との混同の可能性を考慮していた。そのすべての考慮は、西洋語をいきなりカタカナ表記する怠惰な人々には必要でない」と述べて、当時の訳者たちの知的努力に注意を促している（同書、三六五〜三六六頁）。

はじめは、訳語はいくつか共存していた。それが統一に向かうのであるが、その際の要因として、加藤は次の三つを挙げる。(一)公衆の好み（たとえば「自由」）、(二)学会その他の組織・団体の意識的統一の努力（たとえば『中外医事新報』による医学訳語統一に関する読者からの意見聴取）、(三)政府の影響（たとえば法律制定による法律用語統一、東京帝国大学「理学部」設置による訳語「理学」の安定）。

おおむね以上のことを述べた上で、加藤は、訳語と原語のずれについて説明する。ある種の術語や技術的な用語の場合には、直接の指示的意味 denotation に還元され、訳語と原語は一対一に対応するのでずれは生じないが、「自由」「権利」「国民」「国家」等の訳語については、それらには必ず間接の連想的な含意 connotations が伴うので、ずれは原理的に不可避である。柳父も指摘したように、訳語「権利」には原語 right にはない権力や利益の連想が伴うので、両者はずれる。さらに加藤は、原語 right には複数形があるが、訳語「権利」には複数形がないこと、その結果「『権利』は当事者のおかれた立場、有利な条件の全体を指し、その主張は自己の利益の拡大を意味する」（同書、三六九頁）ことを指摘し、「rights のように複数形で使うことの多い概念の含意が、単数・複数の区別のあいまいな訳語によって消去されるという現象には注意する必要があろう」（同前）としている。また、加藤は、やはり柳父と同様、訳語「自由」には原語にはない否定的な含意があることも確認し、さらには内田義彦に従って、日本語において漢字で表現される学術用語と日常語の関係が、西洋語における両者の関係よりも大きく分離することも指摘する。

続いて加藤は、文章の翻訳、訳文に移る。加藤によれば、明治維新前後の翻訳者たちは、漢文体（漢文読み下しの影響の強い一種の文体）を採用する。その特徴は(一)古典中国語の性質をひきついで簡潔、(二)語調に独特の緩急があり文章に「流れ」がある（多くの定型的表現〔況んや……をや、など〕、対句の多用、中国古典を踏まえる故事・成句・比喩、など）、(三)明治初期の読者層にとっては慣れた文体で解り易いが、日常の口語からは遠く離れている、という点である（同書、三七二頁）。論理より修辞法が、解り易い正確さより語調の爽快さが優先されたのである。漢文体全盛の中で、福沢諭吉だけは異なっていた、と加藤は言う。「『西洋事情』を大衆に伝え、『文明論之概略』を儒者ではない知的読者に明示することを、緊急の必要と考えた福沢諭吉は、〔翻訳の場合も含めて〕このような漢文体の限界を実に鋭く見抜いていた。修辞法よりは論理が、語調の爽快さよりは解り易い正確さが、はるかに重要であるという明瞭な目的意識をもって、文章をできるかぎり日常の日本語に近づけようとした最初の著述家は、福沢である」（同上）。

それでは、漢文体を採用した翻訳者たちが、論理より修辞法を、明快・正確より流暢・爽快を優先したとは、具体的にどのようなことか。加藤は、いく人かの当時の翻訳者の訳文を実際に取り上げ、詳細に検討した上で、その問題点を指摘している。

はじめは永峰秀樹訳の『欧羅巴《ヨーロッパ》文明史』（一八七四〔明治七〕年）である。これはフランソワ・ギゾー（一七八七〜一八七四年）の著書『ヨーロッパ文明史』（François Guizot, *Histoire de la civilisation en Europe depuis la chute de l'Empire romain jusqu'à la Révolution française*, 1828-1830）のC・S・ヘンリーHenryによる英訳（*General History of Civilization in Europe, From the Fall of Roman Empire to the French Revolution*, 1 vol., New York,

1873）を永峰が日本語に重訳したものである。前掲『翻訳の思想』「文献解題」の校注担当者・矢島翠の解説「欧羅巴文明史」によると、フランス語原著は明治五（一八七二）年に太政官翻訳局で訳出（室田充美訳）、明治八（一八七五）年に印刷局から発行。当時、英訳本は、上記ヘンリーによるものと、ハズリット（W.Hazlitt, 1846）のものがあり、我が国では西洋語本としては、フランス語原書より英訳本、特にヘンリー本がよく読まれた。ヘンリー本からの重訳は、この永峰本のほかに荒木卓爾・白井政夫共訳本（出版は上巻のみか）もあったが、室田本も含めて、三種の邦訳のうち最も広く読まれたのは永峰本であったらしい。

加藤による永峰訳の検討を取り上げる前に、「文献解題」の矢島の説明を見ておこう。矢島は、上記のギゾーの著書の翻訳出版状況を概説した上で、次のように述べる。「いずれにせよほぼ同時期に、官民をふくめて三種の邦訳が集中的に刊行された事実は、ギゾーの文明史がどれほど注目されていたかを物語る。それは、開化期知識層の必読の書だったばかりでなく、そのフランス語原著や英訳書は、東京師範学校や中江兆民の仏学塾をはじめ、公私の中等教育課程で教材としても使われたのであった」（加藤・丸山校注［編］、前掲『翻訳の思想』四一七頁）。

当時、永峰訳は「簡明」という定評を得ていた。矢島の分析によると、その理由は以下のとおり。（一）相当な省略あるいは文意の圧縮、したがって文章の順序や段落の切り方に組み替えが著しい。（二）日本人にとってなじみの薄い西洋の概念に一貫した訳語を当てず、文脈に応じて異なる訳語を使い分け、読者の抵抗感を少なくする。（三）省略・圧縮を行なう一方で、要所に永峰自身による補足や文飾を加え、漢文調のリズムに乗った読みやすさをはかる。要するに省略・圧縮、語の一対一対応原則の解除、補足・文飾、という永峰による工夫である。「これらの工夫の効果が『簡明』という印象を生み、三種の邦訳のなかで最も人気を集めることにもなったのだろう」（同書、四一八頁）と矢島は言う。

こうした簡明化の代償として、原意からの重大なずれが生じたと、矢島は指摘する。ギゾー原著は講義という性格もあって、広い読者のための敷衍・強意の表現が多く、その結果として繰り返しと見える箇所が目立つが、永峰訳ではこうした箇所が省略・圧縮の対象となって、原著者の読者への配慮が失われたおそれがある。また、as it were（いわば）、in a manner（ある意味では）、あるいはmost（ほとんどの）など、言説に留保・限定をつける表現が落とされ、原著・英訳の慎重・緻密を伝えていない。「これは大島貞益訳の『英国開化史』（［加藤・丸山校注〔編〕、前掲書所収〕史料Ⅰ－5）にも共通する特徴である。西洋式の論文の慎重で緻密な表現を漢文脈になじませるのは難しいように見える。あるいは、文明開化期の日本の知識人たちは、翻訳者と読者をふくめて、西洋からのメッセージをできるだけ消化しやすい、〈簡明〉な断定表現として受け取ることを好んだ、といえるだろうか」（同書、四一九頁）。

語の一対一対応原則の解除の例としては、矢島はsocietyの訳語の多様性を挙げている。永峰は、societyを「交際」からはじめ「社会」を含めさまざまに訳し分け最終的には「国家」とする。「societyの概念が最終的には『国家』の概念に置き換えられてギゾーの考えが語り直される結果となったのは、海軍士官だった永峰に『国家』意識が強かったからか。あるいは、主権国家の確立が焦眉の急とされていた時代の要請だろうか。こうして、原文における『社会全般における力と幸福の明らかな増大』という表現は、当時の国策のスローガンである『富国強兵』に変貌する。またギゾーが人間精神の発展と社会の進歩を文明の二要素として挙げ、その不可分な関係について述べているくだりは『人智ノ解発ハ尽《ことごと》ク国家ニ祉《さいわ》ヒシ国勢ノ進歩ハ皆《み》ナ人道ニ益アリ』となる。ギゾーの文明観は、明治国家の発展のための文明開化という考えの枠組みのなかにぴったりと収められたのだった」（同前）。

矢島は、同一原語を文脈によってさまざまな日本語に訳し分けることの問題を指摘しながら、そこから若い軍人訳者の国家イデオロギー介入による牽強付会が発生したかのように報告している。ここでは筆者・矢島に、整然とした叙述からのいささかの逸脱があるとの印象が否めない。たしかに一対一対応原則が遵守されていれば、societyが国家と訳されることはなく、ギゾーとは直接関係のない「富国強兵」という訳語が登場することもなかったかもしれない。しかし、その「富国強兵」という訳語の登場を、一対一対応原則の解除、さらにはその元にある簡明さの追求に直接結びつけることには無理がある。また、それを若き軍人訳者の国家イデオロギーで補足説明するだけでは不十分である。当時は、柳父章の言うように、まずは我が国に「個人」から成る「社会」の現実が欠如しており、したがって「社会」を指す言葉が存在していなかったことからsocietyの定訳はいまだに形成途上で、その状況において訳者は「国家」ないし「国」と「社会」を明確に区別しないまま、「富国」とは「社会全般における力と幸福の明らかな増大」であると理解していた可能性がある。「日本国ないし日本国家を富ますとは、日本社会を富ますことである」という理解、「富国」とは「富社会」であるという理解である。

上記引用文に続けて、矢島は同一原語の訳し分けの問題をこうまとめる。「同一概念が文脈によってさまざまに訳し分けられている翻訳では、訳者による注がない限り、読者はその概念が言説のなかの基本的構成要素として一貫していることに気付かないで過すだろう。抵抗感なしに読める『簡明』な翻訳は、一方では、読者が異なる文化における概念や論理と向かい合い、自分たちの考え方との違いを痛感しながらも、近づき、把握しようと努力する機会を失わせてしまうことにもなるのである」(同前)。

手元の『英和辞典』を開いてみれば再確認できるように、外国語の一単語に対応するのはふつう複数の日本語単語である。つまり、ふつう外国語の一単語は、日本語では多義となる。外国語単語の意味を一義的に決定するのは文脈である。したがって、同一原語・「同一概念が文脈によってさまざまに訳し分けられている」ことは、翻訳において基本でありふつうである。しかし、原文の「言説の中で基本的構成要素」となっている重要な単語・概念については、とりわけ読者がその同一性を確認できるように、同一原語には同一訳語を当てるべきである、と矢島は主張している。これは、翻訳を通じて「異なる文化に向き合う」際の単語主義的方法である。このような翻訳の読者は、重要単語を言説の中に一貫して追うことができるものの、今度は文脈の中で違和感を覚え文脈理解が困難になる。それに対して、永峰が採用しているのは文脈主義的方法で、たしかに重要単語の一貫した把握はできないが、文脈を追いやすくなる。どちらの方法が、「読者が異文化に向き合い、違和感を覚えつつ近づき把握するよう努力する機会」の確保を容易にするか、一概に決定することは難しい。また、現在では、永峰の文脈主義的方法の弱点を補うためには、矢島の言う「訳者による注」を付すほかにも、「凡例」「まえがき」「あとがき」「解説」「解題」などでの説明、さらには本文中での重要単語へのルビふり、重要単語直後への原語挿入など、さまざまなやり方が考えられる。もっとも、永峰自身において「簡明」主義が文脈主義より優先すべきものならば、永峰は、「簡明」の観点から、そうした見た目に煩雑な付加物を拒否するかもしれない。永峰訳のほんとうの問題はそのとき発生するように思える。その簡明主義が、本物の読者主義になるためには、自ら選んだ文脈主義の致命的な欠陥を放置せず、たとえ簡明さについて多少譲歩を余儀なくされても、その欠陥を修正する努力が必要になる。いずれにせよ、「簡明」とはいっても、文脈主義の「簡明」と、いま述べた注その他の付加物排除の「簡明」とは区別しなければならない。前者は本質的で、後者は非本質的である。非本質的と自覚されれば、その「簡明」についての譲歩は訳者にとって容易であろう。

さて、三つ目の永峰による工夫、つまり補足・文飾である。矢島は、次のように記している。「開化における国際競争を馬術競技にたとえて『挑声一響把馬一拍』とした箇所や、『然《しか》リ而《しこう》シテ』『是《これ》ニ由《よっ》テ之《これ》ヲ見レバ』といったつなぎのことばが、声高な演説調の印象をさらに強めている。若い軍人翻訳家の意気軒昂とした文体のリズムは、当時の知識人（およびその予備軍）が文明開化について、また日本国の将来について大いに論じ合うときの気分に合致していたに違いない。永峰訳の人気の秘密はそこにもあったと思われる」（同書、四二〇頁）。

要するに、ここで言う「補足・文飾」とは、ギゾーの原文・英訳文には直接関わらない和訳の受止・提示の雰囲気作りのためのものである。矢島が言うように、訳文の「声高な演説調の印象」「意気軒昂とした文体のリズム」は、訳者が「当時の知識人が文明開化について、また日本の将来について大いに論じ合うときの気分に合致」させようとして表現したものであろう。こうした工夫は感覚的レベルで、読者の読書意欲をかき立て読者を方向づけるとともに、読者に向かって訳者の基本的姿勢を表明することを可能にするはずである。つまり訳者は、この工夫によって、その訳書をとおして読者を「文明開化」「日本の将来」についての議論へと導こうとしている。翻訳の読者は、その文体・文飾をひと目見れば、この翻訳がどこへ向かおうと誘っているか、直ちに分かったのかもしれない。

しかし、ここにおける「簡明」「分かりやすさ」は、「印象」「リズム」「気分」などの感覚的・直感的レベルのそれである。知性的理解の容易さという意味での「簡明」、意味の明快さとしての「簡明」の、いわば前提・前段階である。このようなレベルの「簡明」な翻訳が、その後に来る知的努力の段階、つまり「読者が異なる文化における概念や論理と向かい合い、自分たちの考えかたとの違いを痛感しながらも、近づき、把握しようと努力する機会」を、ほんとうに準備するか否かは分からない。

この文飾的翻訳は、意味の伝達から離れている点で、上述のベンヤミン的翻訳と共通性を持つ。しかし、「翻訳者は、自身の言語の腐朽した枠という枠を打破する」（ベンヤミン、前掲「翻訳者の課題」『暴力批判論』

八八頁）か否か、「翻訳者は、僻遠の言語から翻訳する場合にはとくに、語とイメージと音調とがひとつになる究極の言語要素自体にまで溯って、その他言語に肉迫」（同書、八九頁）しているか否か、そのことによって「翻訳者は、自身の言語を他言語によって拡大し、深化」（同前）させているか否か、要するに感覚的要素・知的要素を含めた原典に肉迫し、自言語の伝統的枠組みを破壊してそれを深化させているか否か、という点からすれば、この文飾的翻訳は、ベンヤミン的翻訳には逆行しているように思える。なぜなら、この翻訳の文飾は、当時の日本語の枠としての漢文体を打破するどころか、あくまでも当時の漢文体の枠内で行なわれたもので、原語の非意味的要素としての文飾を表現するものではないからである。

まとめると、矢島が挙げる永峰による「簡明」のための三つの工夫のうち、翻訳読者にとって最大の問題は、やはり省略・圧縮である。これは、読者の知的理解を不可能にする一種の暴力である。原語と訳語の一対一対応原則の解除については、当時の翻訳語の定訳の形成途上という状況から、また翻訳の単語主義・文脈主義の対立という原理的問題から、情状酌量ないし改善の余地がある。最後に、補足・文飾については、読者の知的理解には直接関わらず感覚的誘導を行なうものであって、この場合は知的理解が重要な原典にとって有害か否かは一概に言えないが、ベンヤミン的な翻訳の理念からすれば、格別見るべき価値はない。

＊

それでは以上を踏まえて、加藤周一の永峰訳についての見解を見てみよう。加藤は、矢島と同様、永峰訳における漢文体の流暢さへの配慮の大きさを確認した上で、矢島が指摘する三つの永峰の工夫の分類で言うと、最初の省略・圧縮に議論を集中させ、その省略・圧縮の背後に「文章を断定的にする」という志向を浮かび上がらせ、その結果として訳文が原文の論理的内容を歪めていることを報告している。「漢文体を流暢にするために、永峰のとった手段は、英語原文の一部を省いて要約し、原文にはない成句を挿入し、原文の慎重な留保を除いて、文章を断定的にすることであった」（加藤・丸山校注［編］、前掲『翻訳の思想』三七三頁）。

まず、加藤と矢島の観点の違いを確認しておく。矢島は永峰訳の特徴を「簡明」に、加藤は「流暢」に見た。「簡明」と「流暢」は重なるが、少し異なる。上で見たように、「簡明」は知的・意味的部分（文脈主義）と感覚的・非意味的部分（リズム・印象）から成るが、「流暢」は、もっぱら後者からなる。矢島は「簡明」という言葉で、永峰訳の修辞と論理の全体を特徴づけている。文脈主義は、論理の簡明さである。これに対して加藤は「流暢」という言葉で永峰訳のもっぱら修辞を特徴づけ、その修辞が論理にいかなる影響を与えるかというかたちで問題を設定している。上で見たように、加藤は福沢諭吉に沿って、「修辞法よりは論理を、語調の爽快さよりは解り易い正確さが、はるかに重要である」と考えているからである。

加藤は、二ヶ所について訳文と原文を対比して取り上げ、若干詳しく検討している。ここでは、加藤が取り上げた文章を含む節全体を、英訳・和訳双方から取り出してみる。最後の１‐Ｃは、筆者による試訳である。

１‐Ａ　That very portion, indeed, which we are accustomed to hear called the philosophy of history — which consists in showing the relation of events with each other — the chain which connects them — the *causes* and *effects* of events — this is history just as much as the description of battles, and all the other exterior events which it recounts. Facts of this kind are undoubtedly more difficult to unravel ; the historian is more liable to deceive himself respecting them ; it requires more skill to place them distinctly before the reader ; but this difficulty does not alter their nature ; they still continue not a whit the less, for all this to form an essential part of history.（同書、九五～九六頁。下線は引用者）

1-B　興廃存亡ノ脈理〈スジミチ〉ヲ条達〈ワケル〉シテ明カニ之《これ》ヲ説クモノ、是《これ》ヲ世ニ史理〈ヒロソヒー、オフ、ヒストリー〉ト称ス。史理ノ記スル、之ヲ戦闘政法ヲ記スルモノニ比スレバ　甚《はなはだ》難ク、史家其真ヲ得ルモノ蓋《けだ》シ鮮〈スクナ〉シ。史理ヲ記スルモノハ、之ヲ尋常〈ヨノツネ〉歴史ヲ記スルモノニ比スレバ、其文理更《さら》ニ条暢《じょうちょう》［のびやか］ニシテ解シ易カラシムベキヲ要ス。然《しか》リ而《しこう》シテ史理ノ事タル、其難キガ為メニ其重要ヲ失ハズ、歴史ノ最モ大切ナル者トシテ世人ノ心ヲ潜メテ学問スル所ナリ。（同前。傍点は引用者）

1-C　実際、私たちが歴史哲学という名で慣れ親しんでいるあの学問領域、つまり出来事相互の関連、出来事相互を結びつける連鎖、出来事の因果といったものを明らかにすることを任務とするあの学問領域も、それが語る戦闘その他の外的な出来事の記述とまったく同様に、歴史学です。この種の［関連・連鎖・因果といった歴史哲学が扱う］事実は、解明するのが［外的な出来事と比べ］より困難で、歴史家たちはこの種の事実に関して思い違いをよりしがちであり、この種の事実を読者の前に明瞭なかたちで提示するには、より一層の技量が必要になります。しかし、こうした困難があるからといって、この種の事実に本来備わる重要性がなくなるわけではなく、それどころかこの種の事実は、あいかわ

らず歴史学の本質的な分野を形成し続けているのです。(傍点は筆者＝訳者)

加藤は、上記1-Aの下線部と1-Bの傍点部を並べて提示した上で、次のように述べる。「この訳は原文の前半をしか表現していない。しかるに原文の要点は、出来事相互の関係一般だけではなく、それが原因結果関係であることの指摘であり、さればこそ原因と結果の二語が『イタリック』で強調されている(イタリックは英訳者)。『歴史哲学』において——その内容をどう解釈するにしても——、原因結果の連鎖が決定的に重要な概念であることは、いうまでもないであろう」(同書、三七三頁)。加藤は、1-A下線部について、「この訳は原文の前半をしか表現していない」と述べることによって、「後半が省略されている」と指摘している。

「後半」とはthe chain以下ということになるが、加藤が重大視しているのは、特にthe causes以下である。「原文の要点は、出来事相互の関係一般だけではなく、それが原因結果関係であることの指摘である」から、その「原因結果関係」の省略は重大な問題であると言うのである。

たしかに、そうかもしれない。しかし、英訳原文をよく読んでみれば、永峰がそれを省略した理由を「流暢」以外に見出すことができる。1-A下線部のthe relationとthe chainとthe *causes* and *effects* は並列関係に置かれ、三者はいずれもshowingの目的語と見るのが自然である。1-C傍点部を参照願いたい。永峰は、「関連」「連鎖」「因果」を並置されたものとしてとらえた上で、拙訳の「関連」に当たる「脈理」でそれを代表させたのである。「因果」の格別の重要性は、英訳者のイタリックを除いては、少なくとも構文上は見出せない。

しかるに加藤は、原文について上記とは異なる解釈をしている。the philosophyとthe relationとthe chain... + the *causes* and *effects* が並列されていると読むのである。実際、加藤は１‐Ａ最初の一文をこう訳す。「出来事相互の関係、出来事をむすびつける原因結果の連鎖、世に歴史哲学とよばれるものも、まさに戦闘の叙述と同じように歴史の一部分である」（同前。傍点は引用者）。ここでは、which consists in showing の読み落とし、ないし省略があり、the chain which connects them と the *causes* and *effects* of events は何故か合体されている。おそらく、上の引用文にあるような「一般的関連→因果連鎖→歴史哲学」という思考図式が頭にあったから、合体・省略が行なわれたのだろう。加藤訳における並列項の組み換えもそれで説明できる。加藤の考える重要性の小から大へと並べ直されているのである。その図式は、原文でダッシュが多用されることで、起動しはじめたのかもしれない。いずれにしても、加藤によるこの永峰訳批判は、適切なものとは思えない。

　次に加藤が、「流暢」のために永峰訳が儒学用語を安易に多用することの問題の延長上に、その「流儀を極端に進め」（同前）た例として取り上げるのは、「富国強兵」という訳語を含む訳文である。当該の節全体の原文と訳文、拙訳を示せば以下のとおり。

2‐A　Now what is this progress ? What is this development ? In this is the great difficulty. The etymology of the word seems sufficiently obvious — it points at once to the improvement of civil life. The first notion which strikes us in pronouncing it is the progress of the society ; the melioration of the social state ; the carrying to higher perfection the relations between man and man. It awakens within us at once the notion of an increase of national prosperity, of a greater activity and better organization of the social relations. On one hand there is a manifest increase in the power and well-being of society at large ; and on the other a more equitable distribution of this power and this well-being among the individuals of which society is composed.（同書、一〇四〜一〇五頁。下線は引用者）

2-B 何ヲカ世事ノ改良、人智ノ解発ト云《い》フベキヤ。之《これ》ヲ明解スル最《もっとも》難シ。但《ただ》シ之ヲ字面上ニ尋ヌレバ、其《その》交際上ノ改良ニアルヲ見ルベシ。之《これ》ヲ区別スレバ、交際ノ改良ト云《い》ヒ世風ノ改良ト云フ。此《この》二者何《いず》レモ人間ノ交誼《こうぎ》ノ次第ニ良善ニ還ルヲ云ヒ、推《おし》テ之ヲ考フレバ、国家ノ繁栄、交際ノ律令〈オキテ〉モ従ッテ次第ニ良善トナリ、之ヲ大ニシテハ富国強兵、之ヲ小ニシテハ人民ノ権利ニ甚《はなはだしき》逕《けい》庭《てい》［隔たり］ナキヲ致スベキノ形状ナルヲ会得スベシ。（同前。傍点は引用者）

2-C さて［「文明 civilization」という語に含意される］この進歩とは何か。この発展とは何か。この点が大変難しいところです。文明 civilization という言葉の語源的意味は、とてもはっきりしているように思えます。それはまず、市民生活 civil life の改善を意味します。この語を聞いて、私たちの頭に思い浮かぶのは、社会の進歩とか、社会状態の改善とか、人と人との関係をより完全な状態へ高めるということです。私たちはこの言葉ですぐに、国民の繁栄の増大や、活動の拡大や、社会関係の組織の改善といったイメージを持ちます。一方では、社会全般の力と福利におけるはっきりした増進が見られるということ、他方では、社会を構成する諸個人の間で、この力とこの福利のより一層の公正な分配が行なわれるということです。（傍点は筆者＝訳者）

加藤が特に問題にするのは、上記文章中の下線および傍点部である。「訳文が対比するのは国家と人民であり、原文が対比するのは、社会と個人である。ここでいう《power》は能力一般で、兵力ではない。《well-being》は、必ずしも富ではない。『富国強兵』は原文のどこにもない訳者の牽強附会であり、誤訳というよりも、歪曲である。このように訳を原文の歪曲から始めれば、それに続く原文をそのまま訳すこともできない。それに続くのは《a more equitable distribution》、『より公正な分配』の意で、訳者のいわゆる『甚《はなはだしき》逕庭《けいてい》ナキ』である。『甚逕庭ナキ』の『甚』が『逕庭』にかかるのか、『逕庭ナキ』にかかるのかも、訳文だけからはあきらかでないが、そのことは今しばらく措く。『兵力』をそれぞれの個人に公正に分配するというのでは、意味をなさず、『国富』を個人に公正に分配するのはあまりにも過激な社会主義を意味するだろう。そこで訳者は、分配の対象を『人民ノ権利』にもって行かざるをえなくなった。『人民』や『権利』は原文のどこにもない。何故こういうことが生じたか。それは漢文体に拠る既存の概念的枠組の利用が、儒家の用語から明治社会の標語にまで及んだからである。その背景には、明治天皇制国家の臣民の立場から、西洋の個人主義的社会——米国の独立宣言とフランス革命の人権宣言以後のそれ——の思想を理解することの限界がある」(同書、三七四頁)。

　この箇所の訳文について、加藤は「原文の歪曲」と断定している。しかし、その論拠は十分であろうか。また、その原因分析は妥当であろうか。さらに、その対応は適切であろうか。すでに上で述べたとおり、翻訳語のレベルでいえば、ここで問題になる「社会」「個人」の定訳は形成途上であった。それはその語が表現する「社会」「個人」の現実的存在が形成途上であったということである。「日本社会」は「日本国」や「日本文明」と重なり合い、渾然一体となり蠢いていた。たとえば福沢諭吉は、「日本国」の独立を目標として立て「日本文明」の発展をその手段と説いた。たしかに明治政府と国民の間の対立は顕著になりつつあった。しかし、「自国独立」という目標については、広範な国民的合意が成立していたように思える。

つまり、いま問題なっている文明の進歩・発展は、少なくとも当時の我が国においては、国家としての独立をもたらすものとして、国家の存立と密接に結びついていたことはまちがいない。

英訳原文を見れば明らかなように、原著者ギゾーは「文明の進歩・発展とは何か」を説明する段になって、その難しさを確認した上で、聴衆の誰もが「すぐに at once」ピンとくるような説明を提示しようとした。a manifest increase in the power and well-being of society at large（拙訳では「社会全般の力と福利におけるはっきりした増進」）を見たとき、永峰がこのような観点から、日本人の読者がピンと来る訳語として「富国強兵」を選んだことはありうる。要するに、福沢の読者に限らず、当時の日本人にとって、「文明の進歩・発展」といえば、すぐ思いつくのが「自国独立」であり、それを実現するための政策としての「富国強兵」であったのかもしれない。そして、永峰自身が「富国強兵」とは「社会全般の力と福利におけるはっきりした増進」のことであると考えていた可能性もある。つまり、永峰が翻訳作業の上で、無理やり power を「兵力」と読み、well-being を「富」と読んで、力づくで「原文のどこにもない」明治政府のスローガン「富国強兵」にこじつけた、とは言い切れない。行間にはさまざまなものが潜んでいる。永峰がそこに「富国強兵」を読み取った十分な理由を追究することなしに、「歪曲」とか「原文のどこにもない」などと断定することはできないように思える。

しかし、加藤による批判の背後にある「原文への忠実さ」の要求は、とりわけこの場面では重要である。もちろん加藤は、単純な原典至上主義、たんなる原典模写主義を主張しているわけではない。ここでは、原典からのずれの隙間に国家イデオロギーが侵入して、翻訳が国策宣伝の場として利用される危険が浮上しているのである。

訳者には原典への忠実義務が課されると同時に、表現・解釈の自由が認められる。しかし訳者は、この自由をイデオロギー介入の機会として濫用してはならない。原典忠実主義の意義は、こうした訳者による自由の濫用を抑える点にこそある。原文に忠実に訳すということは、訳者が自らの環境の中に、原著者がその環境の中で表現したことの対応物を見つけて、それを手掛かりに、原文の表現したことをその環境・文脈ごと表現し直すことである。仮にギゾーが原著でpommeというフランス語を使ったとして、英訳者がそれを英語のappleと訳し、和訳者がリンゴと訳すとき、問題はない。一九世紀前半フランスのリンゴは、少し後のアメリカのリンゴと、また一九世紀後半の日本のリンゴとほぼ同一であり、対応物である。その間に僅かな違いがありうることについては、読者も十分心得ている。だが、「富国強兵」はギゾー原著の該当箇所が表現すること（「社会全般の力と福利におけるはっきりした増進」）の対応物ではない。「富国強兵」は明治日本の現実によって全面的に規定されており、ギゾーの表現は一九世紀前半フランスの現実に規定されているから、両者はまったく異なる。まったく異なるものを対応物として使えば、原文の趣旨が表現できないことは当然である。

　このように訳者が、たとえ上記のような理由を持っていたとしても、原典の環境と翻訳の環境の間で異なるものを対応物とみなし、同じものとして読者に提示するとき、原典の表現を忠実に伝えるという翻訳者の義務を放棄し、読者を裏切ることになる。重要なのは、訳者の「対応」の考え方、「咀嚼」の考え方である。「ギゾーの言う〜は、日本の『富国強兵』に当たる。このように我が国の側で対応物を発見し、日本文化を西洋文化に対応させることこそ、日本文化による西洋文化の咀嚼であり、それこそ日本語による西洋語原典の翻訳のほんとうの意義である」と永峰は考えたかもしれない。翻訳における異同の判断は、全面的に翻訳者に委ねられている。翻訳者は、異の感覚を鋭くしなければならない。同とみなしたくなる自らの傾向に慎重でなければならない。異質性感覚・異文化感覚が求められるのはここであり、「原典に忠実に」という原則が意義を持つのもここである。翻訳にとって、正しい異質性感覚とは異同を適確に見分ける感覚であり、原典忠実主義のほんとうの意義とは、過度な同一視主義・咀嚼主義の抑制にある。

こうした過度な同一視主義・咀嚼主義が翻訳者の姿勢のベースにあると、翻訳者の側のさまざまな事情――読者への配慮、訳者自身の考え方・意見・政治信条から、日本の現状まで――が、翻訳文へ不必要に溢れ出してくることになる。そのうちの重大なものの一つが国家イデオロギー、国策宣伝であった。翻訳の日本人読者は、ギゾーの読者である西洋人が「文明の進歩・発展」という言葉で何を考えるのか、著者ギゾーがそれをどのように説明するのかを知ろうとしている。上記のように我が国で「社会」「個人」の訳語が形成途上であればなおさら、その訳語と深く関わる「文明の進歩・発展」についてのギゾーの説明を、訳者は日本人読者に正確に伝えなければならなかった。「富国強兵」を日本におけるその対応物とみなし、日本の読者に向かってギゾーの説明はいっさい伝えないまま、「ギゾーがここで言う『文明の進歩・発展』とは、日本人であるあなた方がよく知っているあの『富国強兵』のことである」と伝えることは、訳者として許されるべきことではない。これは、何よりも翻訳法の観点からして、加藤が言うとおり明らかに「誤訳というよりも、歪曲である」。いうならば、訳者は「文明の進歩・発展」をリンゴ扱いしたのである。

上記引用文の最後で加藤は、この歪曲の原因としては、「漢文体に拠る既存の概念的枠組の利用」があり、「その背景には、明治天皇制国家の臣民の立場から、西洋の個人主義的社会の思想を理解することの限界がある」と説明している。「漢文体に拠る既存の概念的枠組」の特徴として加藤が強調するのは「流暢」重視であるが、「富国強兵」の場合は「流暢」より、日本人読者ならすぐピンとくる「簡明」、矢島が指摘する「簡明」であろう。なるほど「簡明」な文体を要請する枠組みに引きずられたこともあるかもしれない。しかし、やはり本質的な問題は、上記のとおり訳者の異同感覚にこそあった。

次に、加藤の背景説明である。根本的には「明治天皇制国民国家の臣民の立場から、西洋の個人主義的社会の思想を理解することの限界」があったということが背景にあって、「漢文体に拠る既存の枠組の利用」が行なわれ、歪曲へと至ったというのである。要するに訳者の立場からの西洋思想理解の困難を背景とし、儒学的概念と漢文体的スタイルからなる既存枠組みの利用から、歪曲が起こったというわけだ。ここでも慎重に考察を進めたい。まず、永峰の「西洋思想理解」である。この場合、永峰は「文明の進歩・発展」を日本においては「富国強兵」のことと理解し、訳文でそれを表現したが、ギゾーの表現する西洋におけるそれについては自らの訳において正確に表現しなかった。翻訳法の観点が教えてくれることからすれば、「西洋思想理解」とは、日本における対応物の理解ではなく、あくまでも西洋における思想それ自体についての理解である。永峰が訳文で提示したのは前者で、後者ではない。訳者に求められるのはあくまでも後者である以上、訳者・永峰はその点で咎められる。

しかし、永峰が後者を理解できなかったから前者を提示した、などと断定することはできない。両者を十分理解した上で、自覚的・意識的に後者を捨て、前者を提示したという可能性は排除すべきではない。「誤訳というよりも、歪曲」である所以である。一般的に言って、「時代的制約による理解困難」というステレオタイプの説明は問題の豊かな解明に結びつきにくい。実際、永峰が後者を理解していたか否かは分からない。しかし豊かな解明のための前提として想定すべきは、永峰の時代ゆえの無知・無理解ではなく、熟慮であり十分な理解でありしたたかな戦略である。まさに永峰のこの自覚的・意識的戦略、根本的には「異か同か」の判断を前提にしてこそ、「歪曲」が主張できるのである。無知・無理解からは「誤訳」評価しか出てこない。

また、たしかに儒学の語彙・概念と漢文体スタイルという伝統的枠組みが異文化表現の障害になったということはありうる。この場合で言えば、ギゾーの「社会全般の力と福利におけるはっきりした増進」に当たる原文を当時の伝統的スタイルの日本語に訳そうとすると、儒学の語彙・概念が足りず、漢文体スタイルが要請する「流暢」に欠けるものとならざるをえなかった、ということである。しかし、だから訳者はその原文が表現しきれず「富国強兵」という歪曲を行わざるをえなかった、というのであろうか。訳者は伝統的枠組みに従順で、新造語も新スタイルの工夫も行なわなかったから、原文を歪曲するはめに陥ったというのであろうか。一般に「伝統的枠組みへの服従」というステレオタイプも、たとえばこの場合ならせいぜい「伝統的枠組みへの服従からは歪曲が生じるおそれがある」というような教訓が引き出されるだけで、豊かな分析に結びつくことは少ない。実際この場合も、その服従の結果生じる、表現のための語彙の不足やスタイルの締め付けは、そのままでは歪曲を説明する本質的な要因とはとても言えない。本質的な要因は、やはり訳者の異同感覚である。その観点からすれば、漢文体の伝統的枠組みは訳文に「流暢」よりも特に「比喩」を求める点で、訳者の異同感覚に大きな影響を与えたように思える。「富国強兵」は根本的には、加藤が引いている永峰による国際競争の比喩「挑声一響把馬一拍」(掛け声をかけて馬を疾駆させる)(同書、九三頁)と同様の比喩である。

「AとはBのようなものである」という比喩表現は、聞き手にBがAではないことを十分承知させた上で、聞き手をAとBとの同一視へと向かわせるが、この比喩表現を支えにした翻訳者は、日本におけるBが西洋におけるAではないことを十分承知させた上で、読者をAとBとの同一視へ向かわせるのではなく、「AとはBのことである」とAとBとを読者に一気かつ全面的に同一視させることになってしまう。日本語読者は、西洋語のAのことを知らないからであり、比喩的翻訳が行なわれていることを知らされないからである。翻訳者は比喩のつもりでも、読者は同一視することになる。比喩を好む漢文体の伝統的枠組みの翻訳における問題性も、根本的にはこの異同問題にある。

「ほんとうにギゾーが『富国強兵』を奨励したのだろうか」（同書、三七四頁）と加藤は問いかけている。この問いかけは、「奨励したわけがない」と検討なしに断定する修辞疑問として受け取るべきではなく、永峰翻訳の一般読者を代弁した本質的な問いとして、そのまま受け取るべきである。永峰の読者は、ギゾーが「富国強兵」と述べたと思っているのだから。この加藤の問いかけに対して永峰は、「ギゾー自身が自らの言葉で奨励したわけではないが、ギゾーが表現したことの日本・日本語での対応物を提示した。翻訳では、ギゾー自身の言葉の日本語での再表現が困難で、そのまま訳したのでは読者が理解しにくい場合は、原典忠実主義をいったん解除して、日本語の対応物を一種の比喩として提示することが必要である」と回答するかもしれない。仮に永峰が原典忠実主義の解除と訳語の比喩性を素直に認めるとすれば、「歪曲」ははっきりするだろう。比喩的翻訳は、それ自体ですでに、一種の歪曲なのである。

しかし永峰はあくまでも、自分の「富国強兵」という訳語は英訳原文に忠実であったと主張するかもしれない。その場合、最終的問題は、永峰による英訳原文の和訳「富国強兵」への対応づけがどれほど妥当であったかである。それを見るには、実際に「富国強兵」政策が、どれほど「社会全般の力と福利におけるはっきりした増進」となっていたか、少なくともそれをめざしていると国民に受けとめられていたかを考えなければならない。

井上清は次のように書いている。「まるで無から有を産み出すように、政府はぼう大な公債証書と不換紙幣で社会資本を創出し、また『富国強兵』のための鉄道・海運・通信・工業・鉱業の諸産業を、政府みずから経営し、あるいは特定の大商人に特別の保護を与えて経営させ、またいろいろの産業奨励策を講じた」（井上、前掲『明治維新』二四七頁）。永峰訳を検証する上で注意すべきは、この「富国強兵」と「文明開化」の関係である。「どのように国の独立を達するか。政府はもっぱら富国強兵により独立を達成しようとした。この富国とは、まず第一に国庫を富ますことであり、国民を富ますことは二の次である。富国強兵は、いいかえれば政府の財力・武力・権力を強化することである。したがって政府の文明開化政策は、もっぱら政府を強くし、富国強兵をはかるための統治の技術と軍事・産業などの技術を、西洋から学び取ろうとするものであった。この立場では、西洋文明の基礎の一つであるキリスト教や、また西洋文明の精華である民主主義を日本にとりいれることは、問題にならない。（中略）これに反して、国の独立は人民の自由と平等を確立し、民主主義によって人民の力を結集することで、はじめて達成されると考えるものもあった。明治七年からおこった民撰議院（国会）設立論と、そのいっそう発展した自由民権運動はこの立場であった」（同書、二五四〜二五五頁。傍点は引用者）。議会主義の観点からすれば、「富国強兵」は維新藩閥政府が策定した政府のスローガンであり、もちろん国会が審議の上決定したものではない。当時はまだ国会は設置されていなかった。それゆえ、その「富国」は「富政府」の色合いが濃いものであった。ただし、「富国強兵」が我が国の独立のための文明の進歩・発展という枠組みの中に位置づけられていたことも確かである。

また、その「富政府」「国庫を富ますこと」の必要の背後に、深刻な危機が存在していたことも、見落とすことはできない。井上は、明治六（一八七三）年一〇月時点での時の政府の危機意識を伝えるものとして、参議・西郷隆盛の征韓論に反対する大久保利通の意見書の言葉を紹介している（同書、三五二〜三五四頁）。そこには、政府の基礎がいまだ未確立であること、財政が極端な赤字であること、「海陸・文部・司法・工部・開拓等」の政府創業の事業がいまだに軌道に乗っていないこと、貿易が甚だしい輸入超過になっていること、ロシアの脅威が高まっていること、外債を依存しているイギリスによる内政干渉を招きかねないこと、欧米各国との不平等条約が存在し我が国は属国扱いされていること、の七ヶ条が記されている。「富国強兵」とは、これらの深刻な危機を乗り越えるために政府が提示した政策であった。大久保は言う。「早く国内の産業を興し、輸出を増加し、富強の道を勧め、もって負債を償還せんことを計るべし、これ実に今日の急務」。「富国強兵」の背後にあるこの危機の現実の大きさ・深刻さからすれば、「富国」とは「富政府」のことであって要するに「国庫を富ますこと」だから、「社会全般の力と福利におけるはっきりした増進」とは無関係である、などとは言えない。「富国強兵」は、当時の日本の深刻な危機状況全般を乗り越え自国独立を維持するためのものであったからこそ、「国民を富ますことは二の次」という面、それと連動する政府の「文明開化」政策を「統治の技術と軍事・産業などの技術」の導入優先というかたちで限定する面を持っていたのである。

ここで、議論主義的観点からして見逃すべきではないのは、自らの統治・政策について国民を説得しようとする維新政府の姿勢である。井上は、鉄道・蒸気船・電信・煉瓦造りの役所・洋服を着て靴をはいた役人の月給などから、徴兵・学校という前代未聞の大負担まで、文明開化の費用がすべて主として農民にかかってくるために、農民の不満が高まったことを説明した上で、こう述べている。「政府はいっしょうけんめい農民はじめ国民を説得しようとした。明治初年の十年間の政府のように、国民をなんとか説得しようとの姿勢をとった政府は、それ以前にも以後にもない。政府のその姿勢をうけとめて、文明開化を民衆（主として農民）に説得しようとする本やパンフレットが、明治五年から十二、三年にかけて何十種類も出版された。そのなかには、『文明』『開化』を代表する人物が、旧弊や愚鈍や頑固を代表する人物と問答し、旧弊頑固者を逐一論破し、説得するという問答体のものが少なくない。それらの問答書は、ひどい西洋かぶれの本から、神道主義を基調とする教導職の講釈の種本まで、立場はいろいろであるが、そのすべてに共通しているのは、なににつけても『道理』を説く、浅薄ながらもある程度の合理主義である。（中略）散髪や肉食などを説く『道理』は衛生や生理の道理ですむが、徴兵令や学校制度や地租改正を人民に説得する『道理』は、どうしても国家論や政治論・経済論に入っていかざるをえない」（同書、二七七頁）。

それを体系的に説いたものとして、井上が提示するのが小川為治の『開化問答』（一八七四・七五（明治七・八）年）である。「その内容は廃藩置県、四民平等、国民徴兵、租税、外国交際、学校制度、衣食住の生活様式、鉄道、伝信機（以上、初篇）、政府成立の基、人民の政府にたいする職務、ポリス、太陽暦、地券発行、証券印紙発行、貨幣紙幣（以上、二篇）について、すなわち明治維新の諸改革の全部について、旧平（旧弊）と開次郎が問答し、開次郎が旧平の執拗に食い下がる疑問を、ことごとく氷解させるというしくみである」（井上、前掲『明治維新』二七八頁）。

たとえば、民衆側から旧平が新政府の重税を非難すると、政府側に立った開次郎が、ほんとうに人民のためを思った政治を行なうにはどうしてもある程度の税金が必要である、と答えるといった具合である。ここに、上で述べた我が国社会における議論環境の整備に向かう動きを見てとることは容易である。開次郎と旧平の問答は、明治政府と自由民権運動の議論のいわば前哨戦である。井上はこう言う。「開次郎の詭弁にふくまれる文明開化の外見上の進歩性、いわゆる啓蒙的専制主義が、なんら真に啓蒙的でなく専制のみであり、保守反動・頑固無知と見える旧平にこそ、専制政治にたいする深刻な文明的・近代的批判があった。開次郎に代表される上からの文明開化にたいする下からの真の文明開化は、旧平のもつ体験的・直感的批判を理論化したときにのみ可能であろう。その芽は自由民権論にすでにあらわれる」（同書、二八一頁）。議論環境の整備という観点からして重要なのは、上述の「道理」を説くやり方に加え、対立する意見を並べて第三者に提示するこの「問答」という形式である。そして同じ観点から、明治政府が、そうした議論環境を通じた国民の説得という戦略を採用したという点も見逃せない。おそらく明治政府は、議論環境の存在を認めざるをえなかったのであろう。新聞・雑誌・論文・著書・演説会・講演会・学習会などの議論の場が日本社会に広がっていくことを、押しとどめられるはずもなかった。そこで明治政府は、自ら議論の場を設定するかたちで国民の説得に乗り出したが、まもなくこうした議論主義的方針を転回し、議論の管理・弾圧へと向かっていくことになる。

さて、政府側に立った開次郎の説得の言葉に目立つのは、同一性の主張である。たとえば「君民同治とは、一定の規則をもって君主の権威を制限し、万機の政務はすべて君主と人民と相談のうえ執り行なうをいう。これは文明開化と人のうらやむイギリスなどの政体にて、正真の道理にかないたるは勿論、じつに善美を尽くしたる政治でござる」。いまの日本は「上向は君主独裁のごとくなれど、実際上について見れば、いわゆる君民同治の政事にて、政府は人民の政府、政府の仕事は人民の仕事という議論が着実に行なわれ」ていると主張される（同書、二七九〜二八〇頁）。ここで「君民同治」とは、統治における君の権威の制限による君と民との「相談」のことである。「政府は人民の政府、政府の仕事は人民の仕事という議論が着実に行なわれている」とは、その相談において「政府が人民のための政府となり、人民のための仕事をするにはどうしたらいいかが、着実に議論されている」ということではないか。そうだとすれば、「君民同治」の同とは、君が民のための統治を行なうに必要な君と民との「相談」ないし「議論」のことである。同一性とは言っても、議論である以上そこにはなお対立性が潜在している。「万機の政務はすべて君主と人民と相談の上執り行なう」の背後に、「万機公論」を見てとることは容易である。重要なことは、「人民のため」という統治の大目的は明確に前提として設定され、その実現に携わるのが政府であることもすでに合意されている一方、その実現方法については君と民とが協議・相談・議論の上決定するとされている点である。「君民同治」の同とは、「協同」の同であり、その協同の内容は「相談」ないし「議論」である。したがって、この政府側の説明には、明らかに議論主義的姿勢が表明されている。もちろんその場合、実際に民の代表として君の相談相手になるのは、藩閥政府首脳ということになるだろうが。

この説明に対し、民衆側から旧平は、政府・役人は「人民のため」に働くのだから人民の奉公人のはずだが、実際は、人民は役人に平身低頭し役人は人民を犬猫同然に扱っているのはどうしてか、と問う。これに答えて開次郎は、人民は身の安全などふだん気づかないところで政府から多大な恩恵を蒙っていることを理解しなければいけない。たしかに、政府から恩恵を蒙るのは、人民の権利である。しかし、そうした権利があれば、当然、それに報いる義務もある、と説明する。さらに開次郎は次のように付け加える。「元来政府は人民より成り立つものにして、一般の人民がおのおのにその所持の権を一分ずつだしあいできあがりたる者なれば、政府はすなわち人民の政府、政府の権はすなわち人民の権、政府の行なう政事はすなわち人民の行なう政事、この政事を取り扱う役人はすなわち人民の代理人にて、この役人の身体はなおめいめいの身体と同様なるものでござる」（同書、二八〇頁）。ここでは、政府と人民の同一性が主張されている。この同一性の主張は、あたかも両者の対立性・異質性に怯えそれを消し去ろうとするかのように、繰り返し行なわれている。日本政府は日本人民に起源を持つ、と言うだけでは足りない。日本政府は、その権限からその実際の政務・政策を経てその役人に至るまで、すみからすみまで人民から成っている。したがって日本政府は日本人民である、と言うべきである。この同一性の主張は、こう言いたいのではないか。

そうすると、政府に関わるものは根本的に何から何まで人民のものであることになるから、その政策も人民の政策であることになる。それゆえ「富国強兵」も人民の政策である。日本政府の言う「富国強兵」とは、日本人民の求める「社会全般の力と福利におけるはっきりした増進」のことである。ここで、「富国強兵」と「社会全般……増進」の両項は、それぞれの内容が精査・確認された上で結びつけられたわけではない。政府による政府＝人民の同一性原則が自動的・一方的に適用されたにすぎないのである。

開次郎の言葉に現れた政府の思考図式の根本、その異同の考え方においては、政府と人民が徹底した「同」とされ、そこからはじき出された対立が「議論」という潜在的なかたちで君と民との間に設定されている。「異」は、君と民との異質性を表現する。実際の政治は、政府＝人民の同一性原則に則り、維新藩閥政府が人民を代表して天皇と「相談」「議論」することをとおして決定される。現実に、藩閥政府首脳と天皇の間に「相談」はあったであろうし、ときに激しい「議論」が闘わされたかもしれない。その限りで、開次郎の言葉が、それをある程度正確に伝えている可能性はある。しかし、そうした君と民との「議論」は、議論主義の求める議論ではない。議論とは本来、人民相互の間で、そして人民と政府の間で行なわれるべきものである。したがって、「異」は人民の中に、人民と政府の関係に内在させて設定されなければならない。設定されれば当然、政府と人民の同一性は揺らぐ。だが、そうなれば、議論は不可避となる。議論とは、異の中に同を協力し合いながら見出す方法である。政府は、「問答」というかたちで議論の場を設定することによって、この異同の構図を提示しつつ、開次郎の口を借りて自らの「同」の立場を端的に主張しているのである。

以上の検討を踏まえて、永峰訳における「富国強兵」という訳語の問題に戻ってみよう。いまや私たちの目の前には、二つの異同の考え方、二つの同一視がある。一つは永峰が行なったギゾー原文（「社会全般の力と福利におけるはっきりした増進」）と「富国強兵」の同一視、もう一つは開次郎の言葉に現れた明治政府による政府と人民の同一視である。前者の同一視は、原文忠実主義原則を解除し、原文をそのまま訳文に写す代わりに原文が表現するものの日本における対応物を提示することで、日本人読者の理解を容易にしようとするところから生まれたと考えられる。問題は、日本人読者が「富国強兵」という訳語で、ギゾー原文（「社会全般の力と福利におけるはっきりした増進」）をどこまで理解できたかである。永峰の頭の中には、もう一つの同一視、政府と人民の同一視が潜んでいたように思える。明治政府なら、政府と人民の同一性の前提に基づき、「富国強兵」は人民のための政策であり、「社会全般の力と福利におけるはっきりした増進」のことであると認めるであろう。重要なことは、永峰の頭の中に、明治政府支持の政治的信条とか、明治政府の見解の厳密な理解とかがある必要はまったくなく、政府と人民の同一性の前提のみがありさえすればいい、という点である。翻訳法の観点からすれば、この政府と人民の同一性原則は、その無際限な抽象性のために、あらゆるものの相互の等置を可能にするゆえ、この上なく危険である。この原則に従うかぎり、ギゾー原文の内容が他のいかなるものになっていようが、「富国強兵」とイコールにすることができるのだから。永峰は、ギゾー原文を日本政府の政策に置き換え、しかもそれを読者に、読者自身が求めるものとして提示した。ギゾー原文と訳語「富国強兵」を橋渡ししたのは、この置き換えとこの押し付けであり、その二つを可能にしたのが上記の二つの同一視であった。歪曲は、二重ないし二段階になっているのである。

さて、加藤周一は上記『翻訳の思想』の解説「明治期初期の翻訳」の中で、永峰秀樹以外の翻訳者の翻訳法についても見解を述べている。最後に、それを見ておこう。まず加藤が指摘するのは、「原文が断定を保留するとき、訳文が断定する傾向」（加藤・丸山編、前掲『翻訳の思想』三七四頁）である。加藤は、重《しげ》野《の》安繹《やすつぐ》訳のヘンリー・ウィートン Henry Wheaton（恵頓）著『万国公法』（重野訳、鹿児島藩刊、一八七〇〔明治三〕年）でmayが「必ず」と訳された例と、not necessarilyという部分否定が全体否定として訳された例を挙げている。加藤によれば、この傾向は、明治初期の日本語訳の至るところに見られるばかりでなく、漢訳においても目立つ。しかし、『万国公法』の校注担当者ジャニン・ジャン（張嘉寧）によれば、漢訳（底本は*Elements of International Law*, 6th edition, Little, Brown & Company, Boston, 1855〔初版は一八三六年〕、ウィリアム・マーティン（丁韙良）等訳、重野訳の底本は、開成所版翻刻、一八六七〔慶応三〕年〔初版は一八六四年〕）からの重訳である「和訳は、原典を参照しなかったと思われるため、漢訳に追随したにすぎない」（ジャニン・ジャン「『万国公法』成立事情と翻訳問題」、加藤・丸山校注〔編〕、前掲『翻訳の思想』「解説」所収、三九〇頁。傍点は引用者）以上、少なくともこの重野訳について、加藤のように英語原典に関するこの断定傾向を論じるのは適切ではない。あくまでも一般的な傾向として、考えていきたい。

加藤は、この原因として「伝統的な修辞法の定型」（同書、三七五頁）の要請に加えて、「情報の、あるいは判断の、確かさの程度についての意識が、欧米においてほど鋭くなかったことの現われ」（同前）であるという。すでに見たように、この原文の「保留」を正しく伝えない日本人訳者の扱いに関し矢島翠は、先ほどの永峰訳について、加藤のように「断定」とみなすよりも「簡明」のためと押さえ、次のように報告する。「短い語句の省略で目立つのはas it were（いわば）、in a manner（ある意味では）、あるいはmost（ほとんどの）など、言説に留保や限定をつける表現が落とされていること。（中略）西洋式の論文の慎重で緻密な表現を漢文脈になじませるのは難しいように見える。あるいは、文明開化期の日本の知識人たちは、翻訳者と読者をふくめて、西洋からのメッセージをできるだけ消化しやすい、〈簡明〉な断定表現として受け取ることを好んだ、といえるだろうか」（同書、四一八～四一九頁）。このように矢島はその原因を、西洋の緻密な論理表現を漢文体に移すことの困難と、当時の知識人の簡明さの嗜好に求めている。

しかし、この日本語訳の断定傾向も、原典忠実主義原則から考えはじめるべきであろう。この原則に従うかぎり、たとえ漢文体という伝統的な修辞法からの締め付けがあろうが、ふだん確かさの程度についてあまり意識していなかろうが、読者から簡明な表現を求められようが、訳者としては、何とかそれを乗り越えようとするはずである。原文から離れ断定してしまうのは、訳者が忠実さか修辞法か、忠実さか確かさ無視か、忠実さか簡明さかという二者択一を迫られ、前者を捨て後者を選んで、結果として忠実原則を解除してしまったからである。ここで重要なのは、加藤が指摘するとおり、訳者における「情報の、あるいは判断の、確かさの程度についての意識」である。たとえどれほど修辞法からの「流暢」の強制があろうが、読者からの「簡明」の要請があろうが、訳者に「確かさの程度は重要である」という意識があれば、訳者が忠実原則を解除することはない。

加藤の言う「確かさの程度」とは、基本的には西洋語で言う「様相 mode」のことであろう。様相とは、西洋語文法では「法」と呼ばれるものであって、動作が現実的か、可能的か、疑わしいか、命令・勧告・要請されたものか、条件に支配されたものか、を表現し分ける仕方のことである（朝倉季雄『新フランス文法事典』白水社、二〇〇二年、「mode」の項）。話者が動作をそれらのうちどのようなものとして把握しているかを表現するものであるから、西洋語ではふつう動詞の語尾変化で表示されるが、英語の may のような助動詞で表されたり、矢島が挙げる各種の挿入句で示されることもある。

一般に、西洋語文法で言うこの「法」を日本語に正確に訳すのは難しいと言われるが、日本語が原理的にその表現能力を欠いているとは言えないだろう。加藤が挙げる may にしても「かもしれない」という誰もが知っている対応語がある。むしろ、それほど簡単なことにもかかわらず訳さなかったということは、うっかりミスではなく、様相表現に対する修辞法の優先があったのではないか、様相表現の軽視があったのではないか、というわけである。

『翻訳の思想』所収の『万国公法』担当の校注者ジャニン・ジャンは、その中国語訳者ウィリアム・マーティンの中国語訳文の中に、原文の婉曲表現を訳文が断定する例を発見している。問題となるのは以下の箇所。英語原文（3‐A）、中国語訳（3‐B）、重野訳（3‐C。〔 〕内は重野の解説的加筆）、英語原文からの拙訳（3‐D）の順に挙げる。

3‐A　Wherever, indeed, the absolute or unlimited monarchial form of government prevails in any State, the person of the prince is necessarily identified with the State itself : *l'Etat, c'est moi*. Hence the public jurists frequently use the terms sovereign and state as synonymous. So also the term sovereign is sometimes used in a metaphorical sense merely to denote a state, whatever may be the form of its government, whether monarchical, or republican, or mixed.（下線は引用者）

3‐B　若君権無限、則君身与国体無別、法国路易十四所謂国者、我也、此公法之所以君国通用也、然此二字之通用、不拘於法度、蓋無論其国係君主之、係民主之、無論其君権之有限無限者、皆借君以代国也、（傍点は引用者）

3‐C　若《も》シ君ノ権ニ限リナクバ、君身ト国体ト別ツコトナシ。法（フランス）国路易（ルイ）十四世ガ、国ハ我也《われなり》ト謂《い》ヒシ、コレ公法ニテ、君国通用シ差別ヲ立《たて》ザル所以《ゆえん》ナリ。サリナガラ、君国ノ二字ノ通用スルハ、本《も》ト法度《はっと》ニ拘《かかわ》ラズ、蓋《けだ》シ其《その》国、君上ノ主宰ニ係ルカ、人民ノ主宰ニ係ルカヲ論ゼズ、マタ其君権ノ際限アルト、際限ナキトヲ論ゼズ、スベテソノ君ヲ借リテ、ソノ国ニ代ヘ〔、君トイヘバ、国ノコトニ通ズルコト、コレ公法ノサダマリ也《なり》〕。（傍点は引用者）

3-D　実際、いかなる国家においても絶対的で無際限の君主政体をとった政府が支配しているところではどこでも、君主その人が国家それ自体と必ず同一視される。『朕は国家なり』がそれである。そのため、公法学者はしばしば主権者と国家という語を同一義で使う。そこでまた、主権者という語は、その国家の政府がいかなる形態でも、つまり君主政、共和政、両者の混合政体のいずれの場合でも、ときに、たんに国家を示すために比喩として使われることもある。（傍点は筆者＝訳者）

この箇所についてジャニン・ジャンは、英語原文で下線を施した frequently（しばしば）と sometimes（ときに）が、中国語訳とそれを底本とした重野訳では、前者が省略され、後者が「皆」ないし「スベテ」と訳され、さらに重野訳においては中国語訳にもない〔　〕内の言葉が加筆されていることを指摘した上で、次のように述べている。「この誤訳は、無論、原文の frequently と sometimes といった限定を示す用語を不問に付する漢訳者の怠慢に求められるが、民主主義を過去において実践した例のない中国では、そうした解釈が、訳者自らの馴れた政治風土に合致していたことと、まったく無関係ではないだろう。重野訳は、漢訳にしたがってなされてから、更に『君トイヘバ、国ノコトニ通ズルコト、コレ公法ノサダマリ也』と自ら解説を加え、『君』と『国』との概念上の混淆を一層固定させてしまう結果を導く」（同書、三九四～三九五頁）。

ここでまた私たちが重野訳に見出すのは、同一性へ向かう強い志向、同一視である。ただし今回は、重野訳はマーティンによる中国語訳からの重訳であるから、多少その責任は軽減されるが、原文がfrequently ないし sometimes で婉曲・留保・限定を表現している箇所を中国語訳が「無条件に肯定的な文に書き換え」（同書、三九四頁）断定していることを受けるかたちで、ジャニン・ジャンが指摘するように、さらにその断定を増幅するような加筆を行なっているのである。上で見たのは「政府」と「人民」の同一視であった。もちろんここで言う同一視とは、主権者 sovereign と国家 state のそれ、重野訳で言えば「君」と「国」のそれである。

重要なのは、上記引用文中の冒頭の「絶対・無際限の君主政は、必ず君身（君主その人）と国との同一視をもたらす」という一文である（英語原文では Wherever ...*moi*）。この箇所については、中国語訳も重野訳もおおむね原文に忠実である。しかし重野は、〔　〕内の加筆文においては、その冒頭の一文の論理を巧妙に逆転させているように思える。つまり、「君（身）と国が同一視されていれば、その君主政は必ず絶対・無際限である」と。このように論理を逆転させれば、君（身）と国の同一視は、君主政の絶対・無際限の結果ではなく、その目印さらには原因であることになる。この論理があったからこそ、重野は、君と国との同一視に執拗にこだわり、中国語訳にない「君トイエバ、国ノコトニ通ズルコト、コレ公法ノサダマリ也」を加筆したのではないか。重野がこだわった君と国との同一性の向こう側には、絶対・無際限の君主政としての明治天皇制国家の繁栄イメージが浮かび上がっていたのではないか。

その他、加藤は、明治初期の翻訳法一般について、可算名詞の単複を表現分けしない傾向、or の省略傾向、あるいは or と and を明確に区別しない傾向などを具体的に挙げ、そこから訳者の分類意識ないし論理意識の弱さを指摘している。いずれも重要な問題であるが、これについては稿を改めたい。

前掲『翻訳の思想』に収められた福沢諭吉訳『アメリカ独立宣言』の「文献解題」において、丸山真男は次のように述べている。「福沢が、ここ（『文明論之概略』）でギゾーやバックル、あるいはJ・S・ミルなどに即して、ヨコをタテにした仕方をみますと、維新当時は、異質の文明をいかに必死になって理解しようとしたか、という苦闘が私共にひしひしと伝わってきます。今は、むしろ外国語、とくに英語を何とか読め、また話せる人が珍しくなくなり、あるいは言葉はちがっても人間の思考や感情はどこでもそんなに変わらないのだ、という考えが一般的になってきました。それはそれで結構なことですけれど、他面において、そのために異質な文化の異質性の感覚がにぶくなり、それだけそうした他文化に対面する緊張感がなくなってきているように思われます。辞書も完備して、この語にはこの日本語が対応するということがすぐわかるようになっていますが、福沢が外国書を読んだころは、ロクな辞書もないからそうはいかない。幕末までの知的遺産を総動員して、必死になって新しい思想の意味を理解しようとし、また、その意味をあらわす言葉を模索していかなければならなかったわけです」（加藤・丸山校注［編］、前掲『翻訳の思想』、四〇六頁。傍点は引用者）。丸山がここで「それはそれで結構なこと」と言いながら危惧している最近広がってきた考え、つまり「言葉はちがっても人間の思考や感情はどこでもそんなに変わらないのだ、という考え」は、ギゾー『欧羅巴文明史』の翻訳者・永峰秀樹に原文を日本の「富国強兵」と同一視させたものである。この考えは、決して現代人だけのものではなく、明治の知識人たちのものでもあった。明治の知識人の「苦闘」「模索」は、この自己の内なる臆断との苦闘であり、その乗り越えの模索であった。そのとき支えとなったのが、彼らの「異質な文化の異質性の感覚」であったはずである。

第三章

翻訳

ペリー艦隊の威力への屈服（一八五三年）の結果、外交事務体制の強化、専任外交担当官と翻訳官の養成、軍備の充実が必要ということから洋学所が設立される（一八五五年）。翌一八五六年二月にその洋学所が改称されて東京の九段坂下に校舎を構え、七月に開所、一八五七年一月に開講したのがこの蕃書調所《ばんしょしらべしょ》。幕末における翻訳の行政上の拠点である。この蕃書調所は開所以来、盛況を極めた。一八六〇年以降は、調所の規模が拡大、洋書調所と改称、さらに一八六三年には開成所となる。明治維新後、開成所は接収されて開成学校と改称され、一八六九（明治二）年大学校の設置にともない、これに吸収され帝国大学の一部門となった。（写真は現在の東京・九段下、蕃書調所跡。右のビルは昭和館。戦中・戦後の国民生活上の労苦を後世代に伝えることを目的とした一九九九年設立の国立博物館である。）

そのころは全地が同じ言語、同じ言葉であった。東方から移動しているうちに、人々はシナルの地に平野を見つけて、そこに住みついた。（中略）彼らは言った。「さあ、町と、頂が天にとどく塔を立てて、大いに名を上げよう。さもないと、われわれは全地の表に散らばることになるぞ」。さて、ヤハウェが天から下って、人の子らの建て始めた町と塔を見た。そこで帰って言った。「見よ、彼らはみな一つの民、一つの言語。こんなことを始めたからには、今に彼らのもくろむことにはいっさい止め立てができなくなるぞ。さあ、われら下ってゆき、あそこで彼らの言語を乱し、仲間の言葉が通じないようにしようではないか」。こうしてヤハウェが彼らをそこから全地の表に散らしてしまったので、彼らは町を建てることをやめた。それゆえ、その町の名はバベル［「乱す（バラル）」との語呂合わせ］と呼ばれた。そこでヤハウェが全地の言語を乱し、そこから彼らを全地の表に散らしたからである。

――『創世記』一一（世界の名著12「聖書」所収、中沢洽樹訳、中央公論社、一九七一年）

1　思想の翻訳

翻訳者は、あくまでも原典に忠実に、原著者が意図したこと、表現しようとしたことを探求し、その背景・環境を調べ尽くして、正確な翻訳を行なわなければならない。しかし実際には翻訳者は、理解・表現の困難や複数の解釈可能性の問題に遭遇する。その場合には翻訳者は、しかるべき専門家の協力を仰ぎ、最終的な出版に際しては自らの限界を自覚した上で、自分の翻訳を一つの解釈として謙虚に提示し、「諸兄のご教示・ご批判を仰ぐ」ことになる。翻訳には、一般の著作・論文・発表とまったく同様の「出版後の生」、ベンヤミンの言葉を使えば完成後の「死後の生」がある。翻訳は出版されると、批評・評価・批判などを蒙りつつ、議論の対象となり、議論に巻き込まれる。なるほど翻訳の場合は、基本的に議論対象となるのは原文の内容であるが、誤訳・名訳の評価など翻訳の仕方それ自体のこともあり、二重になる。しかし、いずれにせよ翻訳は、翻訳作業の途中・以降の他の専門家による協力・批判も含めて、議論の場での議論対象となるという点で、孤立したものではなく知識人界内の協同作業である。

「協同作業」といっても、他の知識人たちが丁寧にアドバイスしてくれるなどいつも訳者に協力的であるわけではなく、敵対的な姿勢をとり罵声を浴びせてくることもある。ここでいう「協同作業」とは、他の知識人の多種多様な訳者への働きかけを含んだ関与のことを言う。一般的に言えば、翻訳を含め議論は、この意味で「協同作業」である。場合によっては、他の個々の知識人からの個別具体的な働きかけではなく、知識人界全体の習慣ないし慣習による圧力もある。前章で取り上げた翻訳に対する「簡明」の要求は、「漢文体」からの要請であれ、基本的にはそれに親しんだ当時の知識人界全体からのそうした圧力であった。翻訳者は、それに屈したとは言わないまでも、少なくとも応じようとした。

知識人界は、翻訳文を含めた文章に「論旨明快」を強く求める。それは、いわば知識人界で市民権を得るための最低必要条件である。つまり論旨明快でなければ、公的議論の対象にはなりえない、ということである。しかし前章で見たように、「論旨明快」といい「簡明」といっても、実はその内容は多種多様である。たしかに修辞法の「流暢」もあるが、それだけではない。「流暢」にしようとするあまり、省略・

圧縮・文飾を施した結果、原文から遠く離れてしまったら、「論旨明快」ではない。それでも、なお読者には「論旨明快」と映るとすれば、それはほとんど詐欺である。かといって、「流暢」などいっさい気にかけず、ひたすら原文に忠実にということで、単語主義の立場に立って一字一句日本語に移し、単語対応のみを厳密に行なって、全体を読み直すと自分でも分かりにくいと思いつつ、でもしかるべき読者、原語と訳語の対応の約束が飲み込めている読者、要するにその道の専門家が読めば「論旨明快」になるはずだと考えるのは、翻訳者としての姿勢のまったくの誤りである。翻訳者としては、まだ上記の詐欺のほうが罪は軽い。

「翻訳者は最初の読者である」と言われる。この場合、それは、翻訳者は訳文が「論旨明快」か否かの最初の判定者である、という意味である。自分で「論旨明快」に自信がないまま、原語・訳語対応を心得た専門読者を想定し、その読者に原文を思い描かせながら「論旨明快」なものとして訳文を理解してもらおうと期待するのは、「最初の読者」としての任務を放棄するばかりか、そもそも自分がやっている翻訳の意義を無にする所業と言わざるをえない。しかし実際は、いまでもこの種の「難解」な思想翻訳は、巷に溢れている。

翻訳者は、「論旨明快」を求める知識人界からの圧力を正面から受けとめる必要がある。そして翻訳作業の基本である「原典忠実」の原則に、この「論旨明快」の原則を並べ、ときに相互に矛盾・対立するこの二つの原則の狭間・境界線に身を落ち着けて、つねに論理か修辞法か、解り易い正確さか語調の爽快さか、といった二者択一に直面しながら作業を行なうべきである。この圧力への服従ではなく、この圧力の拒絶でもなく、この圧力の善用が問題なのである。

もちろん翻訳といってもさまざまで、比較的平明な構文と専門用語から成り専門家読者を対象とした理系の原典の翻訳の場合は、「原典忠実」がそのまま「論旨明快」になることもあろう。しかし、一般読者・専門外知識人読者・専門知識人読者にまたがった広い読者層を想定する思想・哲学的な原典の翻訳の場合、翻訳者は、ほとんど必当然的に上記の二つの原則の間で引き裂かれる、と言っていい。我が国における西洋思想翻訳は、当の西洋思想原典の日本におけるベンヤミン的「死後の生」の展開に責任がある。西洋思想原典が原語の枠を超え、外国語である日本語の世界において、その「死後の生」をまっとうできるかどうかは、翻訳にかかっているからである。一方で、知識人界の圧力としての「論旨明快」の要求の背後にも、とりわけ思想の翻訳の場合、原典のこの「死後の生」の日本における展開の促進という配慮を見てとることができる。この配慮は、異文化受容促進の基盤である。「論旨明快」の要求は、日本人読者の理解の促進、そうした読者の拡大、さらには原典をめぐる議論の展開をめざしている。他方で、翻訳者は読者に対する同じ配慮をしつつも、日本における原典の日本における「死後の生」の展開についての最終責任者として、原典を歪めることはできない。最終責任者は、偽物を原物として流通させることはできない。翻訳は、日本における原物でなければならない。翻訳者が二原則の間で引き裂かれる所以である。思想というものは、文明一般と同様、自国・自国語・自文化の壁を越えたところでの議論対象となることをめざすという志向を持つ。そして、その志向を実現する最も重要な手段が翻訳である。翻訳者の困難は、この志向実現のそれである。この意味で、我が国における西洋思想翻訳とは、原思想が、それにとって外国としての日本において議論対象となるための準備作業である。

もちろん翻訳者への要請は、知識人界からの要請、ましてや「論旨明快」という翻訳法に関わる要請にとどまるものではない。そもそも翻訳というものは、特定の原典の翻訳を必要とする社会からの要請に応じるかたちで行なわれるのが基本である。当たり前のことだが、社会の中で翻訳が必要とされ、その社会の中に翻訳できる能力を持った翻訳者が存在し、その翻訳者に翻訳業務が委託されないと、翻訳は行なわれない。前章で見たように加藤周一は、その「明治初期の翻訳」（加藤・丸山校注〔編〕、前掲『翻訳の思想』「解説」）の副題で、「如何に訳したか」に並べて「何故訳したか」「何を訳したか」という問いを立てた。幕末維新の日本社会が翻訳者に、「何故」「何を」訳すよう要請したか、ということである。このうち、「如何に」については、当時の翻訳者たちが原典への忠実さを守ろうとしながらも、社会の内の伝統的修辞法からの「流暢」の要請に引きずられ断定的表現へ向かいがちであったという加藤の報告を、すでに前章で詳細に検討したところである。以下では、再び加藤の叙述に従って、「何故」「何を」を主軸として設定しながら、官民総掛かりの翻訳体制、維新政府の議論主義的な翻訳姿勢、翻訳という西洋知識導入方法の選別、我が国の伝統の知的洗練など、以下のような加藤の言う「奇蹟的訳業」を可能にしたさまざまな要素を取り上げ、当時の翻訳状況を総合的に明らかにするべく試みてみよう。

明治初期に行なわれた西洋文献の翻訳について、上記「解説」の冒頭で加藤は次のように述べている。「一九世紀の後半、明治維新前後の三、四〇年の間に、日本社会は、政府も民間も合わせて、厖大な西洋の文献を日本語に訳した。それは量において厖大であったばかりではなく、また領域においても網羅的に広汎であった。法律の体系から科学技術の教科書まで、西洋の地理や歴史から国際関係の現状分析まで、米国の『独立宣言』からフランスの美学理論まで。これほど短期間に、これほど多くの重要な文献を、訳者の文化にとっては未知の概念をも含めて、およそ正確に訳し了せたことは、実におどろくべき、ほとんど奇蹟に近い偉業である。明治の社会と文化は、その奇蹟的訳業の上に成立した」（同書、三四二頁）。短期間のうちの、膨大な量の、広汎な領域の、およそ正確な翻訳の実現。「ほとんど奇蹟に近い偉業」「奇蹟的訳業」である。

また、翻訳への明治政府の積極的関わり方については、次のような丸山真男の発言がある。「それにしても、兵制とか富国強兵に関わるものならともかく、歴史書も含めて、直接役に立つわけではない本を、太政官・元老院・左院等の権力体がみずからのイニシアティブによって翻訳している、それ自身が驚くべきことです。太政官の翻訳局とか元老院、それに各省が続きますね。大蔵省・文部省・陸軍省・司法省……。それぞれの管掌に関する翻訳が多いのはもちろんだけれども、有名な中江兆民の『維氏美学』(一八八三・八四年)はおもしろいケースですね。だいたい中江兆民が美学というものに着目したのも偉いですが、ヴェロン(Eugene Veron 1825~1889)の『美学』*l'Esthétique* は、文部省が委嘱して兆民に訳させているのですね。科学技術とも関係がない、芸術論の根本である美学についてですからね。しかも明治一六年、一八八三年でしょう。明治一四年の政変で政府内の大隈派、進歩派官僚がいっせいに追われたあとなのです。自由民権運動の最高潮、自由民権運動と明治政府とが真っ向から対立しているときに、『維氏美学』の翻訳を、自由民権の旗頭の当の一人である兆民に訳させるとはね。(中略)文部省は、一方で[自由民権に対抗するという政治的意図をもって]そういう[ホッブズ]の[国家万能説]を訳させながら、他方で民間にある中江兆民に委嘱して『維氏美学』を訳させるという、そのふところの深さ。明治政府も大したもんだと思う」(丸山・加藤、前掲『翻訳と日本の近代』一七三~一七五頁)。

政府・民間を合わせた日本社会総掛りと言えそうな、加藤の言う「奇蹟的訳業」は、各組織が自らの仕事に関わる翻訳を自らに関わる翻訳者にやらせるという方式が一般的であったろうが、丸山の指摘するように、政府が政治・行政とは直接関係のない領域の翻訳を反政府勢力のリーダーの一人にやらせることもあった。丸山はこの事態を、当時の明治政府の「ふところの深さ」という言葉で表現しているが、そこには、明治政府の議論主義的姿勢を読み取ることができる。議論主義的姿勢とは、自らの意見を積極的に提示するとともに、対立する相手の意見にも耳を傾けようとする態度のことである。明治政府は、前章第5節で見た『開化問答』と同様に、対立する意見の双方を積極的に提示しようとしていたのではないか。自らの側からはホッブズ、反政府側からはヴェロンを、というぐあいに。たしかに実際には、ホッブズとヴェロンでは議論にならないであろうが、それは『開化問答』の「問答」が政府によって設定されたものである以上、そこにおける開次郎と旧平のやり取りが本格的な議論にならないのと本質的には同様である。重要なのは、自らの意見を提示するだけではなく、反対派の意見を公の場に導き、両者を公衆の面前に提示して公衆に判断させるという議論主義的な基本姿勢である。

すでに私たちは「情報」と「意見」を区別した。何らかの議論の場で提示される場合、「意見」は発言権をもって提出されるもの、それゆえ重いものであり、その場の正式な構成員（たとえば議会の議員、委員会の委員、一般的には国民）から提出される。それに対して、「情報」は発言権なしに提供されるもの、それゆえ軽いものであって、その場の外（たとえば社外の顧問・相談役・コンサルタント、一般的には外国人）から提供される。そこに含まれる内容からすれば、「意見」にも情報的要素が入っているから、両者の違いは提示者の発言権の有無、その場での審議対象とされる権限を持つか否かにある。したがって、提示を受けるものの側から言えば、「意見」は聴取が義務づけられるものであるのに対し、「情報」はその義務がなく参考にすれば足りるものである。

国民に広く配布されたと思われる『開化問答』は一種の対話篇であるが、それは、対立する意見のやり取りからなる議論そのものの提示である点で、読者である国民を議論環境に馴染ませ、我が国における議論環境を整備することに直接貢献する。文部省による肌合いの異なる二つの翻訳の出版の場合は、それほど意見の対置がはっきり提示されているわけではないが、丸山が指摘するように、二つの西洋思想の翻訳の異質性、委託側の文部省と受託側の翻訳者の異質性は、かなり際立っている。丸山が「明治政府のふところの深さ」を云々するところからも分かるとおり、ふつうの翻訳の場合とは異なり、思想の翻訳の場合は、こうした異質性が重要な意味を持つ傾向にある。造船技術の翻訳であれ医学の翻訳であれ、ふつうの知識翻訳は、我が国の造船技師ないし医者など専門家のためのものであり、その読者としての技師や医者が翻訳から受け取るのは基本的に「情報」である。これに対し思想の翻訳の場合は、上述のとおり、専門研究領域を踏み越え一般読者へ向かう思想の普遍性を基盤としているので、一般読者を巻き込んだ議論の場に「意見」として提出されることを前提している。要するに、思想の翻訳は、思想界での議論対象となることを初めから運命づけられているのであり、だからこそ「論旨明快」が要請されるのである。もちろん思想の翻訳がそのまま議論の場に「意見」として提出されるわけではなく、個々の読者が自分なりにそれを咀嚼し、自分の意見に盛り込んで自分の意見として提出する。なるほど個々の読者が自らの意見の構築のために参考にする点からすれば、思想の翻訳といえどもその読者にとって情報である。しかし、思想の翻訳というものは、個々の読者によるその翻訳の読解の段階から、読者が著者と議論を交わしながら読み進むという面を持つ点で特殊である。思想翻訳の読者は、その翻訳を情報としてではなく、むしろ無視できず耳を傾けるべき重要な一種の意見として受けとめている。もちろん思想の翻訳が、その読者に向かって発言権を主張するわけではない。読者のほうが、将来の議論の場でのやり取りと自らの意見提出を頭に置きながら、著者を議論相手として、翻訳を著者の意見として設定するのである。こうして思想界においては、二つの翻訳の異質性は、二つの意見の異質性として、さらには二人の意見主体の異質性としてとらえられうる。上の場合で言えば、二人の意見主体とは文部省と中江兆民であり、実際に両者の間には議論がある。二つの意見とは、ホッブズの翻訳とヴェロンのそれであって、実際に前者は文部省の政治的意見を代弁するという意味でそのまま意見になっており、後者は翻訳者の思想界における反政府的立場と原著の非政治的性格から自ずと前者の対極に位置づけられ、上述の思想翻訳の運命で「意見」と受けとめられるのである。

＊

さて、加藤は、幕末維新の時代の「奇蹟的訳業」が実現できたのは、当時の日本の翻訳能力もさることながら、切実な翻訳の必要があったからであるとして、その必要について、おおむね以下のように説明する。鎖国時代の日本は、中国・オランダと通商関係を維持し、朝鮮・琉球との関係を保っていた。これらの外国との軍事的緊張・外交交渉・外国人との直接的接触はきわめて稀であったが、そのわりに外国情報は比較的豊かだった。要するに外国の脅威は存在しなかった。しかし、一八世紀末から一九世紀前半にかけて、帝国主義的膨張の時代に入った西洋列強が日本に接近してくるようになり、嘉永六（一八五三）年のペリー浦賀来航に至る。その西洋列強との交渉の背景には武力があり、西洋諸国についての知識は限られていたから、その脅威は増幅された。

要するに、奇蹟的訳業が行なわれたのは、それがどうしても必要だったからであり、その切実な必要の背景には、鎖国時代には不在であった外国からの脅威が突然出現し、それにもかかわらずその脅威をもたらす外国である西洋列強についての情報が決定的に不足していたことがあった。そこで西洋についての大規模な情報収集が始まる。加藤によれば、同じように情報収集の必要を痛感していた中国に比べ、我が国では中華思想や官僚組織の頽廃がなかったせいで、その作業は遙かに順調に進む。

「明治維新以後には、このような交渉相手としての西洋についての情報の必要に、制度改革の模範としての西洋についての情報の必要が加わる。明治政府がその必要をいかに痛切に感じていたかは、権力を握ってわずか四年も経たぬ時期に、政権の指導者のおよそ半分を含む大視察団を、ほとんど二ヵ年にわたって欧米へ送りだしたことに、よくあらわれている（明治四年に出発した岩倉使節団）。岩倉使節団の直接の目的は不平等条約の改正交渉にあったが、より重要な任務は制度改革に必要な情報を得ることであった。使節団に期待された情報の内容は、第一に、政治法律に関し、外国事務局、議事院、裁判所、会計局などの理論と実際、第二に、経済活動に関し、租税法、国債、紙幣、官民為替、火災・海上・盗難受合（保険）、貿易・工作・汽車・電線・郵便の諸会社、金銀鋳造所、諸工作場など、第三に、教育に関し、国民教育の方法、官民の学校取建方、費用、集合の法、諸学科の順序、規則、及び等級を与える免状の式、官民学校、貿易学校、諸芸術学校、病院、育幼院の現状などである（「米欧使節派遣の事由書」明治四年（一八七一）、日本近代思想大系『対外観』史料Ⅰ‐6）。使節団の副使の一人、伊藤博文もいったように、『欧米各国ノ政治制度風俗教育営生《えいせい》［生活を営むこと］守産《しゅさん》［生産を維持すること］概《おおむ》ネ我《わが》東洋ニ超絶スル』から、『開明ノ風ヲ我国ニ移』すためには、明治の改革も『皆欧米各国ニ行《おこな》ハルヽ所ノ現時ノ制ニ倣《なら》』うほかなかった（「特命全権使節の使命につき意見書」、前掲書史料Ⅰ‐7）。そのためには『欧米各国ニ行ハルヽ所ノ現時ノ制』を十分に詳細に知らなければならない。『脱亜入欧』は福沢だけの意見ではなかった」（加藤・丸山校注［編］、前掲『翻訳の思想』三四五〜三四六頁）。

加藤は、この情報収集の方法を三つ挙げている。翻訳、実地見聞、英語国語化である。岩倉使節団のような実地見聞は、少数者による特殊な方法であり、収集情報は限定されざるをえず、またそれを国民全体に伝えるのは容易ではない。広汎な国民が自ら外国情報を収集できるようにする必要がある。国民が外国語能力を身につけ自ら直接情報収集を行なうというのが、森有礼の英語国語化論である。周知のように、結局、森のこの英語国語化論は採用されず、最後に残った翻訳が主要な情報収集法となって、膨大な「奇蹟的訳業」が行なわれたわけである。ただ、加藤は、森が英語国語化論を提案するに際して「国語として何語を採用すべきかを検討していたという事実」には注目すべきであると言う。

「森は、国語と日本語とを概念上区別し、国語は意識的に採用すべきものであり、日本語は歴史的に与えられた一つの言語であると考えていた。その考えは正しい。もちろん国語が一つの言語である国も多い（たとえばフランス）。また一つの言語が、他の言語を圧倒してゆく長い歴史的過程の末に、国語となった場合もある（たとえば英国）。しかし国語として同時に複数の言語を採用している国も少なくない（たとえばスイスやベルギー）。また国語としていかなる言語を採用すべきかについて意見が分れ、激しい議論の後、複数の特定言語を撰んだ国もある（たとえば独立後のインド）。国際的な視点から国際問題を論じるためには、国語の概念を特定の言語から区別して考えなければならない。しかるにその後の日本国においては、国語を日本語と同一視する傾向が圧倒的となった。たとえば『国語辞典』といい、『国文法』という表現は、そのような概念上の混乱を示してあまりがあるだろう。そもそも国語の語彙とか、国語の文法とかいうものは、存在しない。日本国の国語がたまたま日本語であって、その日本語に語彙があり、文法がある。今日広く通用している国語概念のあいまいさと国際的視野の欠如とを［↓に］比較すれば、森の考えは全く正しかった。彼は概念を明瞭に定義し、国際的なものの見方に立っていたから、国語としていかなる言語を採用すべきか、という問いをみずから発することができたのである」（同書、三四七頁。傍点は加藤）。

　これにすぐ続けて加藤は、「しかしその問いに対する森の回答は、正しくない」（同前）と述べ、森の回答である英語国語化論を詳細に批判する。森の英語採用理由は、国際的商業における英語の圧倒的支配性、西洋知識の理解における英語の重要性、日本語の貧しさである。これに対し加藤は、国際的商業に携わるのは国民のうちの小部分であり、西洋知識の理解のためには英語だけでは足りず、日本語の貧しさは偏見にすぎない、と反論する。その上で加藤は、イェール大学のウイリアム・ウィットニーや馬場《ばば》辰猪《たつい》による森批判を受けるかたちで、知識層と大衆との疎隔が発生する危険性の観点から、森の英語国語化論を批判する。「しかしその［英語国語化の］結果、何がおこり得るかを、ほとんど［森は］考えていなかった。確実におこり得たであろうことは、英語を話す少数の日本人と、英語を話さない大多数の国民との乖離、前者による知識と文化と権力の独占である。（中略）おそらく米国人ウィットニーにとっても、英米流の徹底した自由主義者馬場にとっても、国語政策を含めて一国の政治の主体は、当然その国の人民であるべきだった。しかるに明治政府の能吏にとって、人民はつまるところ権力による操作の対象にすぎなかったからではなかろうか。もしそうでなければ、日本の人民から日本語を奪って、英語を強制した方が、外交官と貿易会社に便利だなどという高慢で粗雑な御都合主義を思いつくはずがなかったろう。その意味でも、森の意見は全く正しくない」（同書、三四九頁）。

　こうして加藤は、一方で「国語と日本語との概念上の区別」を行なった点で森を評価し、他方でそれに基づき英語国語化論を提示したことで森を批判した。では、前者と後者、つまり「国語と日本語との概念上の区別」と英語国語化論とは、どのような関係にあり、前者はどのような「注目に値する」意義を持つのだろうか。議論主義的な観点からすれば、「国語と日本語との概念上の区別」の意義は、英語国語化論を公的な議論の俎上に上げることを可能にする点にある。国語と日本語の同一視が絶対的なものであったら、英語国語化論を議論対象として提示することはできない。まず国語と日本語が区別され、それに基づいて次に「このまま国語を日本語のままにしておいていいのか。どの言語にするのがよいか」という問いが立てられ議論が行なわれる中で、ようやく一つの意見として英語国語化論が提出されうる。しかしそれは論理的な順序であって、実際のプロセスの流れは逆であろう。まず森による英語国語化論の提示があり、そこから森とウィットニーや馬場との議論、さらには一〇〇年後の加藤との議論（こちらは森自身にはもはや届かないが森の主張の「死後の生」として議論の観客には提示される）が実際に展開されることによってこそ、「国語と日本語との概念上の区別」が実現され、国語と日本語の間に亀裂が入った。厳密に言えば、ほんとうに重要なことは、加藤が言うように、「国語と日本語との概念上の区別」が森の英語国語化論の中に前提として含まれていたことではない。それでは、当の区別は、まだ森の主張の中で主観的・潜在的に存在しているにすぎない。森が英語国語化論を自らの意見として他人に提示し、それらの者との議論が行なわれて初めて、当の区別は客観的・現実的なものとなる。同一性の破壊、同一視の排除、区別の実現は、自覚によってではなく議論によって行なわれる。議論こそ、あらゆる同一性の破壊者である。この場合なら、「国語としてどの言語を採用すべきか」ということをテーマに議論が行なわれるだけで、議論内容にはいっさい関係なく、国語と日本語の同一性・同一視は破壊されるのである。

加藤は、明治維新前後の翻訳者たちに有利に働いたこととして、漢語の活用の伝統、オランダ語の翻訳の経験と並べて、当時の日本文化の知的感覚的洗練を挙げている。「明治維新以前に生まれた日本の知識人たちは、本書に掲げた彼らの訳業を通してもあきらかなように、西洋語の原文を、すなわち著者の思想を、大すじにおいて実に正確に理解していた。なぜあれほど正確に理解することができたのだろうか。もちろん彼らのそれぞれに、それぞれ固有の環境と経験、意志と才能とがあった。しかし全体としてみれば、一九世紀の西洋と日本との間には、大きなちがいがあったばかりでなく、共通の特徴もあったからであろう。大きなちがいがなければ、そもそも西洋を模範としての日本社会の改革を誰も思いつくはずがない。

社会と文化とその歴史に全く共通点がなければ、西洋社会の現実とその象徴体系を理解することはほとんど不可能に近かったろう。（中略）日本の『近代化』の前提を論じた多くの著者も指摘してきたように、一九世紀の西洋と日本は、『封建制』の歴史、発達した官僚機構、自作農を含む農業の高い生産性、共同体内部での合議と協力の習慣、全国市場と全国的な通信交通網、高度の（人口の半分にちかい）識字率などを共有していた。たとえば英国の郵便制度を見た日本からの留学生は、国中どこへでも手紙がとどくことにではなく、どれほど早くとどくかということに驚いたにちがいない。問題は日本での効率の改善であり、それは技術的に解決できることである。またたとえば全国に普及した暦法と統一された長さ・重さ・時間の単位の体系は、西洋と日本に共通であり、唯一の相違は西洋の暦とヨーロッパ大陸の測定単位（一八七五年メートル条約締結）の方が日本で常用されていた体系よりも、より合理的で便利だったということにすぎない。さればこそ明治政府は、素早く太陽暦を採用することができたのであり（明治五年）、後になってメートル法を導入することもできたのである。すでに劇場はあり、浄瑠璃はあり、近松の院本の起承転結はシェイクスピアの台本から遠く離れていなかったから、坪内逍遥はシェイクスピアをただちに、おどろくべき正確さで理解することができた。一般化すれば、日本の社会と文化はその知的感覚的洗練（sophistication）の程度において西洋のそれに似ていて、その発展の方向において異なっていたといえるだろう。しかるに世界は西洋流の方向に沿って急速に発展しつつあった。したがって方向の転換――それを『近代化』と称ぶこともできる――が、日本にとって課題となる。かくして西洋の文献を理解する必要が生じ、その理解が大すじにおいて迅速かつ正確であり得たのは、日本文化の高度の sophistication の故であった。それは、日本側での翻訳を可能にした第三の条件である」（同書、三五三～三五四頁）。

　きわめて明快で説得的な二文化の異同に基づく両者の対応図式である。一方に西洋文化の洗練があり、他方に日本文化の洗練がある。両文化は洗練されているという点で類似しているが、その洗練のされ方は大きく異なっている。両文化は、相互に接触・交流なしに別個にそれぞれ異なるやり方で洗練化の道を辿ってきたが、あるとき出会い両者の比較が行なわれると、両者の洗練化のやり方の違いが初めて明らかになり、共通の「進歩」の物差しを当てて計ってみると、両者の格差がはっきりした。二文化の出会いといっても、相手に格差をつけている西洋文化の側からすれば、出会いの衝撃は小さい。これに対して日本文化の側は、鎖国による「太平の眠り」から目覚めたばかりで西洋列強の脅威に直面し愕然として、新たに手にした「進歩」の物差しで彼我の洗練化の度合いの差を計り、その格差を一日も早く縮めようと全力を傾けたが、その努力の一端が「奇蹟的訳業」であった。

加藤が言うように、洗練の度合いの格差が大きすぎると、格差それ自体の把握ができず、その格差を埋める必要も感じず、結局、そのための努力も行なえないだろう。幸い当時、日本文化は、かなり高度な洗練の段階に達していた。加藤の言うこの「知的感覚的洗練」とは、彼の挙げている具体例から分かるとおり、郵便制度・暦法・度量衡・劇場などのことである。これらは西洋文化の洗練を構成するものであるが、日本にもその対応物がすでに存在していた。加藤は、日本文化の高度の洗練は、漢語の活用やオランダ語文献の翻訳経験と並び、日本側での翻訳を可能にした第三の条件である、と述べる。正確に言えば、「日本文化の洗練」それ自体ではなく、両文化の洗練の「対応」こそが日本側の翻訳を可能にしたのである。簡単に言うと、翻訳者は、西洋原文の中に「郵便制度」に当たる言葉を見つけたとき、「日本にあるあのことか」とすぐ理解することができた。要するに、加藤の言う「日本文化の洗練によって翻訳が可能になった」とは、日本には西洋文化の対応物がすでに存在していたので翻訳が容易であった、ということである。日本には、劇場・浄瑠璃・近松の院本の起承転結があったからこそ、坪内逍遥はシェイクスピアを容易に理解し正確に翻訳できたわけである。

読者はすでにお気づきであろうが、ここには、前章第5節でギゾーの翻訳者・永峰秀樹の翻訳語「富国強兵」をめぐって詳しく検討した、原典文化と翻訳文化の間の同一性、訳者による同一視、訳者の異同感覚の問題が、すでに浮かび上がっている。加藤は、上の引用文にあるとおり、西洋文化と日本文化との間のこの異同の問題を、両文化の「共通性」と「ちがい」という概念で押さえている。両文化の「共通性」が翻訳者の作業を容易にし、「ちがい」がその格差を是正するための西洋知識導入に貢献しようという翻訳者の意欲をかき立てた、というわけである。

しかし、両文化に「共通性」があること、日本に西洋文化の対応物が存在していることは、たしかに一方で翻訳者の作業を容易にするが、他方で原物と対応物の安易な同一視という危険に翻訳者をさらす。翻訳者にとって支えは同時に危険でもある。加藤が言うように、なるほど翻訳者がこの洗練の共通性を支えにしなかったら、あの「奇蹟的訳業」は実現しなかったろう。だが「おどろくべき正確さで」それを実現するためには、当時の翻訳者は、その共通性という支えに備わる危険に対する防御策も講じていたに違いない。その基本が「日本にあるあのことか。でも、原物とはどこが違うのか」という異質性感覚である。まず訳者の中では同一視傾向が働くが、すぐさま訳者は異質性感覚をもってそれに抵抗しなければならない。この異同感覚、同一性と異質性のバランス感覚が翻訳者には求められるのである。

加藤は「洗練」という言葉の前に、「知的」と「感覚的」という形容詞を付している。上述の異同感覚の必要は、郵便制度・暦法・度量衡などの感覚的・直感的に確認できる洗練の対応に支えられる翻訳の場合よりも、シェイクスピアのような知的で抽象的・概念的な洗練の対応に支えられる翻訳のほうが大きい。後者の中でも、議論環境の産物である思想の翻訳の場合、その感覚の必要は特に大きくなるだろう。しかし、思想の翻訳の場合は、原典がその背景の議論環境と不可分であるのと同様、その翻訳自体も自らを待つ議論環境で議論の対象になることが運命づけられている。あらかじめ原典の議論環境が翻訳者の安易な同一視に抵抗し、翻訳を待ち受ける議論環境が事後的に翻訳者の異同感覚を検証することによって補足するというかたちで、二つの議論環境は翻訳者を支えるのである。

2　洋学と翻訳傾向

加藤周一が指摘するように、この時期に翻訳された外国文献はもっぱら西洋のものであり、その西洋文献の翻訳は「量において厖大であったばかりでなく、また領域においても網羅的に広汎であった」。それに目を奪われると、当時の訳者・読者の関心の広がりばかりが目につき、その関心が向かう先を正確に見極めることに失敗しかねない。まずそうした集中的な西洋書翻訳が行なわれる背景として、中国でもインドその他でもない「西洋」への関心の急激な高まりがあり、それに支えられそれを証言する「洋学」の興隆があった。「蘭学の窓口は長崎に限られ、蘭書の撰択は幕府によって厳しく看視され、統制されていた。ペリー艦隊の出現以後、幕末にかけて、蘭学に代り英学が流行し、仏学も興る。開港場は増加し、留学生の渡航は多くなり、殊に明治維新以後、『文明開化』の旗印のもとに広汎な西洋の書籍の輸入が可能となる。それを読んだのは、かつての蘭学者の後をついだ『洋学者』である。明治二十年には、中江兆民が『三酔人経綸問答』を書いて、『洋学者』の言い分を相対化する必要を感じたほどに、『洋学』は普及していた」（加

藤・丸山校注〔編〕、前掲『翻訳の思想』三五四～三五五頁)。

＊

幕末維新期の西洋書翻訳の傾向を見る前に、そのベースとなった「洋学」の歴史を、先駆としての「蘭学」の流れを中心に、ここで簡単に振り返っておく。幕末から明治維新にかけての時期は、我が国の政治・社会の大変革期であるが、西洋文献の翻訳においても、大きな転換期であった。翻訳の対象国・対象言語の変化である。「幕末に至り、西洋列強の船が近海に出没するようになると、幕府は、英語、フランス語、ロシア語の学習をオランダ通詞に命じた。我が国のヨーロッパ諸言語の学習は、こうして、通詞の『第二外国語』として始まったものなのである。この頃には、オランダの国力は相対的に低下しており、オランダ語の独占的地位はたちまち崩れ去ってしまった。明治五年(一八七二)、時の在日オランダ公使はオランダ語学習継続の要望を日本政府に出したが、かえりみられなかった。これをもって蘭学の終焉とみてよいであろう。現代のオランダ語学習は、江戸時代の伝統とはまったく切り離されたところで行なわれている。しかも、第二次世界大戦後四〇年以上もの間、新たな蘭和辞典さえ出版されないありさまで、その学習レベルは、かえって低下してしまっている」(『言語学大事典』第一巻「世界言語編」、「オランダ語」の項〔桜井隆〕、三省堂、一九八八年、一〇八四頁。傍点は引用者)。

なお、上記引用文中にある「通詞」とは、江戸時代の長崎の地役人《じやくにん》で通訳官のこと。通事とも言う。一般に通事は中国語、通詞はオランダ語の通訳に使う。通訳のほかに、業務は、諸法令の伝達執行、貿易品の評価、日本側役人として取引折衝、貿易改革などにつき意見上申、商務官として外国人・出入商人の管理統制などであった。機構確立期(宝永五〔一七〇八〕年)においては、目付二、大通詞四、小通詞四、稽古通詞十一。唐通事は日本在住の有力明人《みんじん》とその後裔、オランダ通詞は日本人で語学力、相手方に対する発言力に遜色があったという(『日本史大事典』第四巻「通事」の項〔中村質〕、平凡社、一九九三年、一〇六二頁)。

江戸幕府は幕末に「洋学」の教育研究機関として「蕃書調所《ばんしょしらべしょ》」を設置した(同書、第五巻「蕃書調所」の項〔佐藤昌介〕、九二二頁)が、実際、その蕃書調所が幕末に所蔵していた洋書の目録『江戸幕府旧蔵洋書目録』(蘭学資料研究会編、一九五七年)を見ると、ほとんどがオランダ語文献で、稀に英語・フランス語文献があり、さらにフランス語・ドイツ語からのオランダ語訳文献がある。ドイツ語からのオランダ語訳文献(たとえば K. Mueler, *De planten wereld*『植物の世界』)はかなり数が多い。

この『目録』は、国立国会図書館支部上野図書館にて一九五四年に発見された洋書三六三〇冊のそれである。これらの洋書は旧蕃書調所蔵本であった。その大部分が一九世紀前半に刊行されたもの。ここには有名なシーボルトの書簡 Ph.F. von Siebold, *Open brieven uit Japan*, Desima, 1861(『日本からの公開書簡』)も上がっている。一例としてフランス語文献(その蘭訳も含む)について仮に分類してみると、そのうちの多くは辞書を含む「フランス語学習書・語学書」(A)、次に「当時の世界情勢に関わる報告書・ルポ」(B)、そして「技術書」(C)である。世界情勢の把握と技術導入の必要から、フランス語学習・教育の基本体制を固める時代であったことがよく分かる。

そもそも「洋学」とは、江戸時代に移植・研究された西洋学術の総称であり、その西洋学術の移植・研究が始まるのはキリシタン時代であった。当時は、「南蛮学」「蛮学」(ポルトガル、スペインから渡来した学術の意)と呼ばれた。鎖国後、代わってオランダ系学術が学ばれ、これも当初は「蛮学」と呼ばれていたが、江戸でオランダ解剖書が翻訳され、蘭書に基づく本格的な西洋学術研究が開始されてからは「蘭学」と呼ばれるようになる。「洋学」は初め「蘭学」の意で用いられていたが、幕末開港後、加藤の説明にもあるとおり、オランダに加えイギリス、フランスのものが加わり、「蘭学」という言葉に代わって、新しい西洋からの学術全般を包括的に示すものとして使われるようになった。ただし、本格的な西洋学術研究の開始は、一八世紀初め（亨保期一七一六～三六年）の徳川吉宗による実学奨励からとされている。それに先立つ元禄期（一六八八～一七〇四年）以来の国内の経済的発展と、それにともなう経験諸科学の興隆の機運がその背景となった。吉宗治世は商品経済の発達にともない、封建的支配が動揺を示しはじめる。彼はその対策として殖産興業を行ない、そのために自然科学を政治的に利用しようとした。禁書制度の緩和による漢籍系西洋科学書の輸入奨励、参府の蘭人に対する西洋本草書《ほんぞうしょ》の調査依頼、青木昆陽への蘭語学習命令などが、彼によって行なわれている。その結果として、この動きは次の田沼時代に杉田玄白・前野《まえだ》良沢《りょうたく》による解屍実験、さらに翻訳『解体新書』刊行へと結実する。

佐藤昌介は次のように指摘している。「彼ら〔蘭学者たち〕はこの〔『解体新書』翻訳刊行の〕挙をもって新学問の創出とみなし、これを『蘭学』と呼んだが、それはたんに蘭書の翻訳による西洋学術の本格的な移植・研究の道が開かれたことを意味しただけではない。彼らは西洋学術の根底をなす科学的認識に注目し、陰陽五行の空理に依拠する在来科学に対し対決の意味をこめて、そう呼んだことを忘れてはならない」（前掲『日本史大事典』第六巻「洋学」の項〔佐藤昌介〕、九七六頁。傍点は引用者）。

「蘭学」は、医学から始まり自然科学全般へ広がり、そして基礎科学へと深まる。佐藤は、上の引用文に続けて「〔蘭学者たちは実際に基礎研究にかなりのエネルギーを割いていたが、〕このことは、彼らが技術的実践における基礎科学の持つ意味を理解していた事実を示すものとして評価してよい」と述べている（同前）。ここでは、幕末蘭学における基礎科学志向と、西洋学術の科学性の評価を確認しておきたい。基礎科学志向とは、科学は確固とした基礎研究に支えられないかぎり、結局は現実的な有効性を持ちえない、という認識から生まれるものである。迅速な対応が求められているとき、とりあえずの最善の対応とともに、将来的展望を持った基礎からの研究体制構築に着手することの両面戦略を立てたことこそ、最も優れた点であるように思える。「遅れ」が深刻であればなおさら、沈着冷静な論理からすれば、そうした戦略は不可欠となる。短期的対応を強く求めるはずの政治に対して、基礎科学志向の必要性を説くこの論理を可能にしたのが、その時点での我が国の知的洗練の伝統と考えるべきである。むしろ、このような、目の前の国家存亡の危機に臨んで、長期的展望を持った基礎科学の重要性を主張することを可能にするものこそ、優れた意味での伝統であり知的洗練なのである。

　こうした江戸中心の医学系蘭学に加え、江戸と長崎を二つの拠点とする天文暦学系蘭学もある。また、科学技術のほかに、世界地理・西洋事情研究の蘭学もあった。そうした蘭学の発生は、一八世紀後期における対外的危機が主たる要因である。さらに「蘭学の興起をもたらした国内の経済的発展は、封建制度を内部から掘り崩したばかりでなく、新思想を生み出す前提を作った。蘭学はまさにこの時代に起こったのである」（同書、九七七頁）。そして「科学技術としての蘭学の優秀性を認めることは、これまで『夷狄《いてき》』と価値づけられた西洋諸国の文化的優越を認める道を開くことを意味する。とくに蘭学者あるいは蘭学系思想家にとって、卓越した科学技術を生んだ西洋の社会機構、あるいは西洋文化の全体に通ずる思想的原理はいかなるものか、という素朴な疑問が提起される。あるいは対外的危機をもたらした西洋諸国の富強に注目して、そのよってきたる原因をさぐることにより、衰退に瀕した封建社会の危機を克服しようとする経世的思索が生まれる。しかし権力側が、このような洋学の封建制批判的な動きを黙視するはずはなかった」（同前）。

　つまり、松平定信による寛政改革（天明七〔一七八七〕～寛政五〔九三〕年）の一環として行なわれた思想抑圧策、それに対する弾圧回避策としての暦局付属機関、訳局《やくきょく》（蘭書翻訳部局）の成立である。蘭学は私学から公学となる。この文脈で、シーボルト事件（文政一一〔一八二八〕年）、蛮社の獄（天保一〇〔一八三九〕年）など一連の出来事が起こった。蘭学は、内外の危機の深化につれ、天保期（一八三〇～四四年）以降、権力内部に浸透する。特にアヘン戦争（一八四〇～四二年）を機に、その権力への浸透にともなって、蘭学の中心は医学から軍事に転換した。「民間の蘭学塾も繁栄を示した。なかでも江戸の伊藤玄朴の象先堂や大阪の緒方洪庵の適塾はいずれも天保年間に設立され、門人は膨大な数にのぼり、出身地も全国に及んでいる。（中略）西洋軍事科学の導入は、アメリカ艦隊来航（一八五三）以後になると全国的規模にまで広がる」（同前）。鉄砲鋳造のための反射炉・溶鉱炉、火薬製造と関連した理化学研究、長崎海軍伝習にともなう組織的科学技術教育、総合工場としての横須賀製鉄所などとして、近代科学技術の素地ができ、あわせて殖産興業技術が導入される。

蕃書調所における物産学の特設、薩摩藩の集成館、佐賀藩の精煉方などに加えて、幕末洋学の範囲は、さらに法律・経済・社会・統計などの社会科学から歴史・哲学などの人文科学にまで及ぶ。しかも鎖国時代とは異なり、蘭語のほか、英語・仏語・独語等が、直接外国人に教わり、海外留学を通して学ばれ、明治以降の近代化を準備した（同書、九七八頁）。

ペリー艦隊の威力への屈服（嘉永六〔一八五三〕年）の結果、外交事務体制の強化、専任外交担当官と翻訳官の養成、軍備の充実が必要ということから、洋学所が設立（安政二〔一八五五〕年。古賀増頭取）、安政三（一八五六）年二月に洋学所を蕃書調所と改称、九段坂下に校舎を構え、七月に開所、安政四（一八五七）年一月に開講した（教授二、教授手伝六、句読教授三。その後幕末まで逐次補充。教官は当初は陪臣、その後、主要洋学者を直臣に登用。入学資格は漢学の素養を第一条件、年齢制限なし。初めは幕臣、のちに諸藩士に解放。実際には下級幕臣の子弟が大部分)。この蕃書調所は開所以来、盛況を極めた。安政四年一月の開所式に出席した生徒は一九一名、一〇〇〇名を越える応募者から選抜されたという。

その第一の目的は、軍事科学の導入(砲術・築城術・造船術・兵学・測量術・航海術などの書籍の翻訳、語学教育)。開所当初は句読教授による語学指導が中心で、教授はもっぱら翻訳に従事したという。万延元(一八六〇)年以降は、精練学(化学)・物産学・数学などの専門学科が新設され、調所の規模が拡大、洋書調所と改称、さらに文久三(一八六三)年には開成所となった。元治元(一八六四)年には、蘭・英・仏・独・露の五ヶ国語のほか、天文学・地理学・窮理学・数学・物産学・化学・器械学・画学・活字術の九学科が定められた。この頃から人文科学の研究も始められ、法学・経済学・統計学等の分野も開かれた。次いで慶応元(一八六五)年、陸軍奉行・海軍奉行が開成所掛に任じられてから、開成所は軍学校の機能も兼ね備えるようになった。そのため生徒数が急増、教官数が不足したので、教官数四一とした。大政奉還(慶応三〔一八六七〕年)後、開成所は外国奉行の所管に移され、明治維新後は接収されて「開成学校」と改称されて、明治二(一八六九)年大学校の設置にともない、これに吸収され帝国大学の一部門となった(同書、第五巻「蕃書調所」の項〔佐藤昌介〕、九二二頁)。

*

以上のような経緯を経て、「洋学」の興隆は確かなものとなり、情報収集の対象、そのための文献翻訳の対象として、照準は「西洋」にぴたりと定められた。翻訳対象の文献を「西洋」へ絞り込む当時の姿勢は、かなり徹底していた。加藤は、明治一六(一八八三)年に矢野文雄(龍渓《りゅうけい》)が地方の好学者のために書いた『訳書読本』(加藤・丸山校注〔編〕、前掲『翻訳の思想』所収、史料Ⅱ - 1)を例として挙げている。そこでは、「訳書」といえば西洋文献の翻訳書のことであり、「各国史」といえばギリシア・ローマ・ドイツ・フランス・イギリス・アメリカ・ロシアなど、西洋各国の歴史のことで、アジア、アフリカ、ラテン・アメリカの一国をも含まない。したがって、「『洋学』は欧米についての強い知識欲の表現であると同時に、中国朝鮮を除く欧米以外の世界への好奇心の不在の表現でもある」（同書、三五五頁）と言える。

このように西洋への強い関心を確認した上で、加藤は、今度は翻訳の主要な具体的ジャンルを、実用的な技術情報、歴史的知識、国際法の知識の三つにしぼり込む。「一方には、実用的な技術的情報の必要があり、他方には、直接の実用を離れて異質の文化を理解するための歴史的知識の必要があった。いわばその両端をつないで、一方では日本の対外交渉の技術的必要に応じ、他方では国際社会における日本の基本的立場をあきらかにするために、多くの訳者が撰んだのは、『万国公法』である」（同書、三五八頁）。まず、「翻訳は何よりも実用的な目的に応じる」（同書、三五六頁）。しかし、「洋学の直接に実用的な必要が大きかった時代に、洋学者の関心が実用的技術的な領域を超えて、歴史へ向い、西洋文明のより深い理解をめざしていたことは、注目に値するだろう」（同前）。ただし、翻訳者たちは、西洋史一般というよりも、人間社会の進化ないし進歩の歴史としての文明史に強い関心を持っていた。そしてそれは、彼らが当時の日本社会の文明的進歩の必要を切実に感じていたからである。

幕末維新期に特に集中的に訳された文献ジャンルとして加藤が挙げた、実用的・技術的な文献、文明史の文献、国際法の文献は、ある意味ではいずれも、当時の現実に直結していた。実用的・技術的な文献が当時の生活の現実に直結していたことは明らかとして、あとの二つは、福沢諭吉の言う「自国独立」を脅かす西洋列強による「脅威」の現実、国際関係の現実に直結していたのである。当時の日本は、国際関係のルールをろくに知らないまま西欧列強に迫られ締結させられた不平等条約に苦しめられていた。その条約の改正を実現するには、国際法の知識を得ることは最優先課題であった。しかもその国際法なるものも、『万国公法』とはいえ、その「万国」とは「文明国」すなわち西洋列強のことであることが分かってくる。文明国になるということは、国際法の適用を受けられる資格を持つということである以上、世界の文明についての知的・学術的な興味より前に、なにより「自国独立」維持のために、直ちに我が国の文明の水準を引き上げるにはどうしたらいいかという切実な問題意識から、文明史の知識が求められたのである。

しかし、丸山真男と加藤周一は、その対談『翻訳と日本の近代』(前掲)の中で、当時の我が国の知識人たちのこの文明史への関心の根底に、歴史一般への関心、歴史感覚を発見し、この歴史感覚は漢学の伝統の中で培われたもので、西洋の知識を導入する際に知識人たちの関心を歴史へと方向づけたものであったのではないか、と問いかけ、議論を展開している。加藤が問う。江戸時代以来、我が国の知識人が「外国を、どこかの地域を調べるのに、言語学的アプローチとか、文化地理学的アプローチとか、人類学的アプローチとかあるなかで、歴史的なアプローチが伝統的にいちばん強かったのではないだろうか。知的な興味でどこかの国へ向かえば、念頭にくるのは、その国の社会文化の背景にはどういう歴史があるか、ということだったのではないでしょうか」(同書、六四〜六五頁)。これを受けて丸山は「ともかく、直接役に立たないのに、文明開化の歴史的沿革を知ろうとしたことが、ぼくには大したものだと思える」と述べ、当時の知識人にはギリシア史、ローマ史にまで遡って、「ヨーロッパ文明の由来を基本から究めようという姿勢」(同書、六六頁)があったことを確認する。加藤はさらに、維新の知識人における歴史的アプローチの伝統が漢学・儒学のそれであり、伝統的に中国に対する歴史的アプローチがあったから、それを西洋に並行移動させたのではないか、と述べ、こう言う。「とくに日本の場合、長い歴史をもつ中国が身近にあって、その文明を受けとるときには、常に歴史的アプローチがあった。儒者が中国史に意識的だったから、文明を理解することは歴史を理解することだという一種の文明的習慣のなかに、西洋を見ると、『三国志』のかわりに何があるか、どういう社会構造があって、どういうダイナスティーの興亡があるのか。つまり、中国モデルに対する日本側の学習の型が並行移動した、ということがあったのではないか」（同書、六六～六七頁）。さらに加藤が、日本の儒学伝統の中にあった歴史的アプローチは、もともと中国の儒教的世界にあったものではないか、と問うと、丸山は、いや、歴史的アプローチを最重要視するのは日本の儒教の特徴で、中国の儒教では、「経」「史」「子」「集」というように、「史」よりも「経」、つまり歴史を通じて妥当する聖典としての「経」のほうが重視されると注意して、こう述べる。

「日本は先進国中国を隣に仰いできたわけですから、『経』への尊敬が、そのまま中国の歴史を知らなければいけないということに結びつく。春秋戦国時代は封建で、秦以後、郡県の時代になった。だいたい中国では、封建から郡県になったというのはみんな勉強するわけでね。古代聖人が封建制をつくったことになっているから、経書はそのあたりの中国歴史の知識とほとんど同じことなのです。日本は先進国を隣に仰いで学んできたまさにその態度から、歴史的および地理的関心が特に強かった。中国ではエターナルなものへの関心のほうが強いと思うのですよ。すべてを時間の相においてとらえるのはむしろ日本の方であって、永遠とか恒常の相においてという考え方はあまりないんですね」（同書、七〇頁）。

まとめると、幕末維新の我が国の知識人たちが西洋の文献を翻訳するとき、きわめて顕著だったのは歴史的アプローチであり、実際、文明史をはじめとして西洋の多くの歴史書が翻訳されたが、その歴史的アプローチは伝統的な日本の儒学に由来するものであったように思える。ただし、それは必ずしも中国の儒学の伝統であったとは言えない。中国では歴史よりも超歴史的な形而上学が重視されたからである。明治の知識人が、我が国の儒学の伝統から受け継いだ歴史的アプローチ重視の姿勢は、文明後進国としての特徴ではないか。文明先進国においては、かつての中国にしても、このたびの西洋にしても、歴史よりも形而上学が重要な意義を持つのである。丸山は、明治の知識人にも連なる日本におけるこの歴史主義、形而上学的関心の欠如ないし排除の姿勢を、実証主義と見る。

日本の知識人は「実証主義の目で中国の優秀な文化を見るから、『史記』から『漢書』以下の歴史書、それからやっぱり『春秋左氏伝』ですね、これらを必読文献として精読することになる。優越した中国文化からは、歴史と経書が同時に一体となって到来した。日本でも儒者だけにかぎれば、経書の重視ということはいえるけれども、しかし、徂徠は『学問は歴史に極まり候ことに候』と言った（『徂徠先生答問書』）。彼はそのときやっぱり朱子学を非常に意識していた、と思うんです。そこで、朱子学の『性理』、メタフィジックに対抗して、歴史こそ基礎であり、歴史をやらなければいけないということを強調した。それが徂徠のひとつの側面でしょう。『経』中心の儒者のなかでは彼は例外なのですね。だけども、ある意味ではむしろ徂徠の態度のほうが日本的といえるんで、儒学そのものについていうならば、『経』中心ですね」（同書、七一〜七二頁）。

これを受けるかたちで、加藤と丸山は、ギリシア・ローマを永遠の規範とする点でヨーロッパが中国と似ていることを確認し、次のような言葉を交わす。まず、加藤が言う。永遠の規範は「日本にとっては中国ですね。同時に、ヨーロッパ人は極度に歴史的でしょう。英国にしても、フランスにしても、もちろん一九世紀以後のドイツも。歴史的なのは、ギリシア・ローマは自分じゃないから、自分の位置を歴史軸で決めようとする、ということかな」。これに対して、丸山が補足する。「だから、いわば、ギリシア・ローマがずっと続いたのが中国と思えばいいんだ」（同書、七二頁）。このやり取りは、若干分かりにくいが、文明の先進国・後進国という概念を援用し、文明先進国は「永遠の規範」を産み出しそれを最重要視して、自ら後進国にとっての「永遠の規範」となり、それに対して後進国はそれを模範にしつつ自らは歴史を重視して、「自分の位置を歴史的軸で決めようとする」という考え方を設定してみれば、比較的容易に理解できるように思える。イギリス・フランス・ドイツは、先進国ギリシア・ローマに対して後進国であるから、歴史主義が出てくる。それに対して中国はつねに先進国意識、中華思想が支配的であるからこそ、つまりは後進国になったとの意識が弱いからこそ、歴史優先の考え方は弱いままである。我が国で西洋文献の翻訳において優勢であった歴史的アプローチは、中国に対する後進意識から生まれたものが、西洋に対する後進意識へと引き継がれたものである。もちろん永遠の規範としてギリシア・ローマと中国が似ており、後進国として歴史を重視するイギリス・フランス・ドイツと日本が似ているとしても、イギリス・フランス・ドイツの歴史観は、日本の儒教が中国の儒教から学んだそれとはまったく異なっている。前者は進歩・進化・発展をその中核とし、したがってギリシア・ローマを規範として自ら現代の先進国たらんとするものであり、後者は永遠の規範としての春秋戦国の中国からむしろ衰退の道を辿ることを運命づけられたものであって、実際、現実に中国は後進国の立場に甘んじることになった。こうして、幕末維新の西洋文献の翻訳者たちの歴史書志向の根本には、日本の伝統から受け継いだ後進国特有の歴史主義が認められるとしても、彼ら翻訳者たちの歴史観は従来の儒学中心のそれから一八〇度転換されたものであった。彼らの新たな歴史観は、まさに西洋から学んだ進歩・進化・発展を含むそれであったのである。西洋の歴史書からは、西洋の進歩の歴史的プロセスが読み取れる。当時の知識人読者が求めていたものが、まさにそれであった。

上述のように、加藤は当時の翻訳書の主要ジャンルを、実用的・技術的な文献、文明史の文献、国際法の文献に分けたが、前掲『翻訳と日本の近代』の対談の中で丸山は、はじめの実用的・技術的な文献に関連させて、福沢諭吉の「実学」の考え方について次のように説明している。「いわゆる『実学』というのは江戸時代にはたくさんあった。しかし、抽象的な数学的物理学の上に立った『実学』でなく、日常生活の役に立つという意味での『実学』を出なかった。もっとも抽象的な『理』の上にヨーロッパ文明は築かれている。そういう実学概念を彼は最後まで展開している。（中略）初期から最後の『福翁百話』（一八九七年）まで、日用から離れた『空理空論』の意味も強調している点は一貫して変わらないですね。それと卑俗な実用主義との区別です、ともかく、一七世紀以来の自然科学の方法が西洋文明の秘密だということを見抜いた。（中略）福沢の言葉では両面作戦です。『実学』という言葉は、朱子学でも心学でも使っている。日常実践の学が本当の学問で、学者の空論はいけないのだという意味で使っているわけです。福沢の場合、『学問のすゝめ』［一八七二（明治五）年］のはじめの節だけが有名になったので、日用実践のみを唱えて、それ以外は無意味だととらえていたようによく誤解されていますが、そんなことはない。初期から空理空論の大切さを言っています。『虚学』という言葉を使って。そして、その『虚学』の上に、高尚なる学問を築くのだと。（中略）反語としての『虚学』です。空理空論の必要を唱えているところが、西洋文明の怖いところだと言っている。（中略）従来の、［アプリオリな範疇で理解しようとする］陰陽五行説にもとづいた『実学』［実験を用いない実学］ではだめだ、と言っています。つまり、自然と人事とを峻別するのです。福沢は『造化を攻略する、これ自由なり』と言う。造化という客観的自然を人間がだんだん侵していく、その過程が進歩なのだと。こういう峻別論の上に西洋の実学は築かれている。（中略）科学についても、福沢は技術と峻別していますね。技術の基礎にあるのが科学なのだと、近代科学を正確にとらえている。幕末でも進歩派は技術一辺倒です。東洋道徳、西洋技術という言葉に『サイエンス』と振仮名をつけて、実学は技術とは違うと書いているのですね。（中略）ともかく東洋になくて西洋にあるものに二つあり、ひとつは人民独立の精神、もう一つは科学観だと」（同書、一五八〜一六三頁）。

ここで福沢に即して述べられているのは、「実学」概念の転換である。ほんとうに有効な技術とは、実験科学に支えられたそれであり、ほんとうの実用性とは、日常の直接的な有用性から離れた一種の「空理空論」によってもたらされる。新たな実学概念、西洋の実学概念は、福沢の言うこの「空理空論」あるいは「虚学」によって基礎づけられている。基礎理論の重要性の自覚については、上で幕末蘭学に関し触れたところであるが、こうした実験という方法を用いた基礎理論に基づく実学概念によって、新たな実証主義が生まれる。一見「空理空論」ないし「虚学」と見える基礎研究、実験による仮説修正という方法を内蔵することによって深みと力を備えた実証主義である。その力の源は「実験」にある。福沢は、「実験」の意味で「試験」という言葉を使っていた。「福沢は『凡《およ》そ世の事物は試みざれば進むものなし』『開闢《かいびゃく》の初《はじめ》より今日に至るまで、或は之《これ》を試験の世の中と云《いっ》て可《か》なり』と、『文明論之概略』のなかで言っています。つまり、実験で仮説を修正していくことを指しているのです。だから『文明というのはまちがいの進歩だ』という言葉もそこから出てくる。〔福沢が〕加藤弘之と鋭く分れるところは、そこなのです。加藤弘之は『因果当然』一点張りなんだ。西洋を因果必然の理論で全部説明しようとする。だから天賦人権なんてとんでもない、ということになる。（中略）福沢はその〔実験的な方法と数学的な方法という〕二つを関係づけているわけではなくて、ただ、東洋にないものとして気がついたんだな。（中略）福沢は『試験』という目で社会を見ているから、民権論者のラディカリズムも、そこから批判する。つまり、共和政体を絶対化しているという。共和政体だってやってみなければわからない、フランスでは専制政治にまさる残虐なことがロベスピエールの支配下で行なわれているではないか、と。あらゆる政体を相対化する目がそこから出てくる。一種のレラティヴィズム〔相対主義〕ですね。彼は明治維新を革命といっているし、革命を否定する意味での漸進主義ではない。しかし革命でさえ、試験してみればその結果まちがうかもしれない」（同書、一六三〜一六五頁）。このように福沢の実験主義・相対主義は、自然科学の対象に限られることなく、広範に適用される。あらゆる理論を相対化し仮説化して、実験によりその真偽を確定しようとするこの姿勢は、あらゆる主張を相対化し意見化して、議論によってその採否を決定しようという福沢の議論主義の現れであろう。

おそらく、この柔軟な姿勢は、幕末維新期の翻訳環境の中に、次第に広がっていったと思われる。緊急事態に対応するには「実学」が必要不可欠であるが、その事態の深さ・深刻さを見据えれば、小手先の対応では済まず、「空理空論」「虚学」と見えるものも、ないがしろにすることはできない、という考え方の広がりである。あらゆる理論は、相対化し、実験ないし議論の対象として、検証・検討すべきであるという雰囲気が出来上がってくる。そのような雰囲気が素地となって、美学、哲学、そして思想の翻訳が行なわれることになる。

加藤は言う。「明治初期の知識人たちは、政治や歴史の領域に限らず、西洋の哲学にも関心を向けていた。西周は早くも明治三年に『百学連関』を講義していたし、七年には『百一新論』を出版した。明治十年代には、井上哲次郎編『哲学字彙』（明治十四年）、竹越与三郎訳でヴィクトル・クーザン Victor Cousin の『近代哲学史』（明治十七年）、中江兆民訳でアルフレッド・フイエ Alfred Fouillée の『理学沿革史』（明治十九年）、などがつづく（兆民の「理学」は、哲学を意味する）。またその『理学鉤玄』（明治十九年）は、大いにアドルフ・フランク Adolph Franck の『哲学事典』（Dictionnaire des sciences philosophiques, 1875）をふまえる。一般に西洋哲学の主要な概念の定義と、その歴史的な見取り図を、まず理解しようとした彼らの意図は、よくその原著の撰択にあらわれていた。西洋の技術だけではなく、西洋の思想への活々とした関心。『和魂洋才』ではなく、『洋魂』の何たるかを見きわめようとする態度が、そこにあった」（加藤・丸山校注［編］、前掲『翻訳の思想』三六〇〜三六一頁）。

3　学術志向と学者の職分

前節で見たとおり、幕末維新期は、西洋列強からの差し迫った脅威があり、それを乗り越えるための早急の文明化の必要が迫っていたにもかかわらず、当時の知識人は、自らに与えられた問題の深さと課題の大きさを十分に認識して、伝統的な発想、近視眼的な実用性の要求に引きずられることなく、基礎的で広範な領域の知的文献の翻訳に取り組んだ。その早さ・正確さ・量とともに驚かされるのは、翻訳文献の知的レベルの高さである。このような知的レベルの高い大量の文献の迅速で正確な翻訳、加藤周一の言う「奇蹟的訳業」を実現したのは、まさに我が国における知的洗練であった。やはり、緊迫した植民地化の危機の真っ只中で、日常的な実用性からは遠く離れた学術的文献が、一気に数多くかなりの厳密さで訳されたことには、あらためて注目すべきであろう。

ここでは、高坂正顕《こうさかまさあき》の『明治思想史』（京都哲学撰書1、燈影舎、一九九九年。初出は一九五五年）、特にその第二章・第二節「明六社《めいろくしゃ》の人々」の叙述に従って、その学問志向・学術志向について検討しておく。明六社は森有礼が発起し、福沢諭吉・西周・津田真道・加藤弘之らを同人とする明治六（一八七三）年結成の日本最初の学術団体。機関誌『明六雑誌』を発行。同誌は、維新政府の言論弾圧で、明治八（一八七五）

年一一月に廃刊となった。

高坂は、この節の冒頭で、マックス・ウェーバーの『職業としての学問』(一九一九年)におけるいわゆる学問の「価値からの自由 Wertfreiheit」の立場、つまり「学問を志すものは、ただひとえに明晰さを求め、事実をありのままに直視する強さをもつべきであり、学問そのものは決して『相争える神々のいずれに吾人は仕うべきか』を決定すべきでもなく、また決定も成し得ない」という立場を取り上げ、こう説明する。「神々の争いとは、いかなる価値を最高とし、よって以っていかなる価値秩序の体系を是認すべきかの『諸々の価値秩序の神々の争い』を意味するが、現在の情勢を例に引けば、それはイデオロギイの争いに擬することが許されるであろう。私は今、かかる意味での学問のもつ価値からの自由が、はたして正しいか否かを論じようとするつもりはない。またかかる学問からしては決定し得ない神々の争いに裁断を下し、かくて価値秩序のいかなる体系を選ぶかは、畢竟《ひっきょう》決断に、——しかもヤスペルスの解する如く実存的決断に、——委ねらるべきのみのものか否かについても、もとより触れない。ただしかしヨーロッパ的思惟の合理性は、特にその近代における徹底した形態においては、このウェーバーの価値からの自由という如き主張にまで達し得るであろうことは認められよう。ではわが国の学問の系譜において、かかる学問のための学問、或いは真理のための真理という如き思想が、はたして何時頃から認められるのであろうか」(同書、一〇七~一〇八頁)。

高坂は、この問いに答えるかたちで、まず、福沢諭吉のあとを受けて緒方洪庵の塾の塾頭を勤めた蘭医・長与専斎《ながよせんさい》を取り上げる。専斎は、長崎にいた蘭医ポンペから、医学にとっての基礎学としての数学・物理学・化学・生理学等の重要性を教わり、あわせて患者に上下貴賤のないことを指導されたとき、「目の覚める思い」がしたと述べたという。またその後、彼は、コレラ菌についてコッホと討論していたペッテンコーフェルが自己の主張を試すため、コレラ菌を飲んで見せたという外国の新聞記事を読んで、「学問の真理のためには敢えて死を賭しても自己の信念を守らなければいけない」と自分の子どもたちに威儀を正して語ったそうである。さらに彼は、息子が法科へ進学しようとしたとき、「政治家の仕事などは人生無限の対象である自然科学のそれに比べてはるかに下である。自然科学をやれ、自然科学をやる以上はその対象として最も複雑な人体に関する科学、即ち医学をやれ」と指示したと伝えられるそうである（同書、一〇八頁）。この挿話には、すでに見た幕末蘭学における基礎科学志向が、再確認できるであろう。

これに続けて高坂は、次のように述べる。「由来わが国の学は、修身斉家治国平天下の学であり、自然科学系統の学は、学というよりむしろ術としか考えられていなかったであろうし、治国平天下の学はもとより学のための学という如き性格のものとは、著しくその性格を異にするものであろう。わが国に純粋な学、いわば学のための学という自覚をもった文化科学、あるいは精神科学が、はたして明治の時代において現れたかということさえ多少疑問であるが、少なくとも自然科学の面においては、既に以上の如き話のうちに、その萌芽は認められるのである。では明六社の人々において事情はいかがであったろうか。無論そこに純粋な学としての文化科学の理念の如きものが見いだされ得ないのは言うまでもない。しかし学者の使命はどこにあるのか、また自己の職分を果たすためにいかなる態度を取るべきか、特に政府に対していかなる態度を採るべきか。『明六雑誌』に現れた彼らの議論は、当時の日本の知識人達の考え方の種々なる典型を示すものとして、また彼らのその後の思想を既に予め告げているものとして、十分の注意に値するであろう」（同書、一〇八～一〇九頁）。

高坂はここで、冒頭の彼自身の問い、「学問のための学問」の志向、純学問志向は明治維新期に存在していたか、に対する回答を暫定的に与えている。自然科学においてはその萌芽が認められるが、人文社会科学においては、その萌芽さえ見出すのは難しい。ただし、『明六雑誌』に集まった当時の日本を代表する知識人たちの間では、「政府と学者の職分」というかたちで、きわめて興味深い議論が展開された。ここまでの高坂の叙述にはすでに、非常に重要な問題が現れているように思える。ウェーバーの場合は、学者の職分を純学問志向によって基礎づけ、その純学問志向を政治に対置するので、政治は「諸々の価値秩序の神々の争い」の場となり、学問は「価値からの自由」によってその場から距離をとるべきであることになって、政治と学問の対置は明確になる。要するにウェーバーにおいては、政治と学問の対置は、価値闘争と価値自由のそれによって明確に基礎づけられる。学問は政治と、きっぱり分断されつつ緊張関係に置かれる。「ヨーロッパ的思惟の合理性の近代における徹底した形態」の所以である。

しかし実際は、学問と政治の関係は、それほど単純ではない。また、学問志向なるものも、政治や実用から純化されたときにのみ意義を持つわけではなく、伝統的な「治国平天下の学」を根本から改革し、もって政治それ自体を変革するための道具となるという意義を持つものである。むしろ学問と政治は不可分である。学問は政治における価値闘争に必ず巻き込まれる。「純学問志向」「学問のための学問」「価値からの自由」とは、そのように政治に巻き込まれた際に、学問にとって重要になる武器・道具・方法・視点である。それらはあくまでも理念であるから、実際の実現をめざしてもあまり意味がなく、それどころか政治からの情報を遮断し無関心になれば、結局政治に弄ばれることになる。明治の知識人たちは、特別の自然科学者は別にして、純学問志向の実現などはいっさい考えていなかったはずだが、そうした理念・方法としては誰もが西洋から教わり、しっかりと念頭においていたように思える。

高坂は上記引用文に続けて、『明六雑誌』における知識人たちの「国家或いは社会における学者の職分の規定」として、次の三つの類型を提示する。

1　学者の職分は、むしろ政府の外にあって政治を批判し、人民を啓蒙し、かくて国家社会に尽くすにありとするもの。

2　学者の職分は、むしろ政府の内にあって政治を善導し、人民を指導し、かくて国家社会に尽くすにありとするもの。

3　学者の職分は、必ずしも政府の内外を問わず、人それぞれに自己の傾向の宜しきに従って自己の任務を尽くすにありとするもの。

その上で高坂は、こう述べる。「第一の立場はいうまでもなく福沢の主張であり、ちょうどそれに真向から反対して第二の立場を採るのが加藤弘之であり、第三の立場を採るのが森有礼・津田真道《つだまみち》・西周なのである。無論彼らの立論は、いずれも当時の日本の実情に基づいての議論であり、また民選議院設立の論の正に喧《やかま》しかった時においてなされていることも、忘るべきではないであろう」（同書、一〇九～一一〇頁）。

そして高坂は、『明六雑誌』における議論の発端となった福沢の主張について、その『学者安心論』（一八七六〔明治九〕年）に触れながら、次のように説明する。「福沢は〔『学者安心論』冒頭近くで〕『政府は人事変革の原因に非ずして、人心変化の結果なり』と断じているように、真実の歴史の進歩は単に政治的変革に依るのではなく、むしろその根柢に人心の変革があるべきであり、人民の進歩こそ真の歴史の進歩、文明の進歩だと考えていたのであろう。福沢がこの書を公にした意図は、当時の進歩的な学者達が民権論を主張し、民選議院に関する論議に熱狂する状、あたかも『今の学者は其《その》思想を一方に偏し、只管《ひたすら》政府の政に向て心を労するのみにして、自己の領分には毫《すこし》も余地を見出さざるものの如し』（『福沢全集』第四巻、二七一頁）と評し得る状態にあるのに対し、学者の職分には政治以外に、社会において実地に実践すべきものの多きを説き、そこに学者の安心の地の存すべきことを説くに存したのであったであろう。私はここに福沢の卓《すぐ》れた歴史観・文明観の存することを思うのであり、またここに福沢の学者職分論の真の地盤が存すると思うのである。しかし福沢は『学問のすすめ』における学者職分論に際しては、余りにもきっぱりと政府と人民を区別し、そして前者を内生に後者を外刺に比較し去った。そしてそのことが彼に対する明六社同人達の批評を生んだのである」（同書、一一〇～一一一頁）。

　ここで高坂が「『学問のすすめ』における学者職分論」と言っているのは、その第四編「学者の職分を論ず」のことである。高坂の言う「前者〔政府〕を内生に後者〔人民〕を外刺に比較し去った」とは、福沢が、国の独立のためには政府と人民がそれぞれ自らの役割を果たし、力を出し合わないといけないが、それは身体の健康を保つには、外部からの刺激〔外刺〕と身体内部の働き〔内生〕を調和させないといけないのと同様である、としたことを指している。必要以上に食物を摂取したり、太陽光にあたることが少なすぎれば、健康は保てない。「政《まつりごと》は一国の働きなり。この働きを調和して国の独立を保たんとするには、内に政府の力あり、外に人民の力あり、内外相応じてその力を平均せざるべからず。故に政府はなお生力《せいりょく》の如く、人民はなお外物の刺衝《ししょう》の如し。今俄《にわか》にこの刺衝を去り、ただ政府の働くところに任《まか》してこれを放頓《ほうとん》することあらば、国の独立は一日も保つべからず」（『学問のすゝめ』岩波文庫、一九四二年、三六～三七頁。初出は一八七二（明治五）年）。政府は政治の内力、人民は政治の外力であって、政治の健康を保つには、内力と外力の調和、つまり政府の力と人民の力の「相助」「相応」「平均」が不可欠であるということである。そうすると知識人の政府への参与は、いわば「過食」ではないか。知識人の政府に対する無関心は、いわば「絶食」ではないか。

『学問のすゝめ』第四編の学者職分論は、末尾の「附録」を含め文庫で僅か一〇ページほどの短いものであるが、まさに論旨明快な優れた知識人論である。福沢によれば、いま我が国の文明の発展にとっての最大の障害は、人民の気風と政府の気風がいっこうに改まらないことである。「近日に至り政府の外形は大いに改まりたれども、その専制抑圧の気風は今なお存せり。人民もやや権利を得るに似たれども、その卑屈不信の気風は依然として旧に異ならず」（同書、三八頁）。重要なことは、こうした問題のある気風が政治に関わって顕著に現れるという点である。私的なレベルでは大変優れた人物が、いざ政治家となり官僚となると専制抑圧的になり、「またかの誠実なる良民も、政府に接すれば忽《たちま》ちその節を屈し、偽詐《ぎさ》術策をもって官を欺き、嘗《かつ》て恥ずるものなし」（同書、三九頁）。つまり人民は、政府の一員になるとその専制抑圧の気風を身につけ、政府の外から政府に接するとその卑屈不信の気風を現す。「この士君子にしてこの［専制抑圧の］政を施し、この民にしてこの賤劣に陥るは何ぞや。あたかも一身両頭あるが如し。私に在っては智なり、官に在っては愚なり。これを散ずれば明なり、これを集むれば暗なり。政府は衆智者の集まる所にして一愚人の事を行うものと言うべし。豈《あに》怪しまざるを得んや。畢竟《ひっきょう》その然《しか》る由縁《ゆえん》は、かの気風なるものに制せられて人々自ら一個の働きを逞《たくま》しうすること能《あた》わざるに由《よ》って致すところならん乎《か》。維新以来、政府にて、学術、法律、商売等の道を興《おこ》さんとして効験《こうげん》なきも、その病の原因は蓋《けだ》しここに在るなり」（同前）。

　このような現状で政府が、とにかく我が国の文明の発展のためにということで、この気風を改善しないまま漫然と人民に啓蒙の施策をいくら行なっても意味はない。そのような施策は、この気風によって歪められ、不可避的に「威をもって人を文明に強いるものか、然らざれば欺きて善に帰せしむるの策」（同前）となってしまうだろう。そして「政府威を用うれば人民は偽をもってこれに応ぜん、政府欺を用うれば人民は容を作ってこれに従わんのみ。これを上策と言うべからず。仮令《たと》いその策は巧みなるも、文明の事実に施して益なかるべし」（同前）。

問題は、政府と人民が接する政治の場において、両者の古い気風が支配しているせいで、文明発展に必要な政治の健康維持のための、両者の力の調整・相助・相応が困難になっている点にある。そして学者の職分、知識人の役割は、この古い気風の一掃、とりわけ人民の「卑屈の気風」の一掃にこそある。福沢は、上記引用文に続けて次のように結論する。「故に云《いわ》く、世の文明を進むるにはただ政府の力のみに依頼すべからざるなり」（同前）。この一文の解釈には、注意すべきである。「政府の力」とは「現在の政府の力」つまり「いまだ専制抑圧の気風が浸み込み、同じく卑屈不信の気風から脱しきれない人民の外力を適切に調整・活用できない政府の力、政治の内力としての政府の力」ということである。したがって、ただその「政府の力のみに依頼す」とは、たんに政府の施策を信頼して施策について政府に責任を預けるということばかりではなく、現在の政治の行き詰まり状態の根本原因である古い気風の一掃という課題についてもその解決を政府に委ね、自分はその古い気風の中を生き続けるということを含む。自らの職分・役割である気風一掃の意識が欠けた学者・知識人は、政治の外にいる間は卑屈不信の気風に流されながら、しかし、いったん政治の内に入ったら専制抑圧の気風を直ちに身につけて生きるのである。

福沢のこの知識人論の核心部は、以上のような観点から、同時代の知識人に対する批判と、ありうべき知識人像の提示とが行なわれる第四編後半の二段落（同書、三九～四三頁）である。まず福沢は、次のように同時代の知識人、特に洋学者を批判する。「近来この［洋学者］流の人漸《ようや》く世間に増加し、或いは横文《おうぶん》を講じ或いは訳書を読み、専《もっぱ》ら力を尽すに似たりと雖《いえど》も、学者或いは字を読みて義を解さざるか、或いは義を解してこれを事実に施すの誠意なきか、その所業につき我輩の疑いを存するもの少なからず。その疑いを存するとは、この学者士君子、皆官あるを知って私あるを知らず、政府の上に立つの術を知って、政府の下に居るの道を知らざるの一事なり。畢竟《ひっきょう》漢学者流の悪習を免かれざるものにて、あたかも漢体にして洋を衣にするが如し」（同書、四〇頁）。さらに続けて福沢は、具体例を挙げているが、福沢の批判の矛先は、洋学者たちの政府の威を借りようとする姿勢、つまりは庶民と変わらないその卑屈の姿勢に向けられている。だからと言って何も、洋学者たちが政府の威を借りて私腹を肥やそうとしているというわけではない。彼らは、政府の威を借りて、自分の考える学術改革・教育改革を実現しようとしているのである。「意の悪しきに非ず、ただ世間の気風に酔って自ら知らざるなり。名望を得たる士君子にして斯《かく》の如し。天下の人豈《あに》その風に倣《なら》わざるを得んや」（同前）。人民は、おそらくその気風から、学者・知識人の姿勢を見習う。しかるに、その学者・知識人が自ら卑屈の気風を実践していたら、その気風の一掃などできるわけがない。福沢は、新聞紙上等における政府に対する知識人の姿勢を例として挙げる。

「譬《たと》えば方今《ほうこん》出版の新聞紙及び諸方の上書《じょうしょ》建白の類もその一例なり。出版の条例甚《はなは》だしく厳なるに非ざれども、新聞紙の面を見れば、政府の忌諱《きい》に触るることは絶えて載せざるのみならず、官に一毫《いちごう》の美事《びじ》あれば慢《みだり》にこれを称誉してその実《じつ》に過ぎ、あたかも娼妓の客に媚《こ》びるが如し。また、かの上書建白を見ればその文常に卑劣を極め、妄《みだり》に政府を尊崇すること鬼神の如く、自《みずか》ら賤《いやしん》ずること罪人の如くし、同等の人間世界にあるべからざる虚文を用い、恬《てん》として恥ずる者なし。この文を読みてその人を想えば、ただ狂人をもって評すべきのみ。然《しか》るに今、この新聞紙を出版し或いは政府に建白する者は、概《おおむ》ね皆世の洋学者流にて、その私について見れば必ずしも娼妓に非ず、また狂人にも非ず。然るにその不誠不実、かくの如きの甚だしきに至る所以《ゆえん》は、未《いま》だ世間に民権を首唱する実例なきをもって、ただかの卑屈の気風に制せられその気風に雷同して、国民の本色を見《あら》わし得ざるなり。これを概すれば、日本にはただ政府ありて未だ国民あらずと言うも可なり。故に云《いわ》く、人民の気風を一洗して世の文明を進むるには、今の洋学者流にもまた依頼すべからざるなり」（同書、四一頁）。

最後に福沢は、ありうべき知識人像を提示する。福沢によれば、人民の古い気風を一掃する方法は、命令・説諭・実例提示の三つである。しかるにこの三つを比べれば、命令より説諭が、また説諭より実例提示が、より効果的である。政府ができるのは命令だけであるから、その意味でも「ただ政府の力のみに依頼」することはできない。これに対して、説諭と実例提示は、政府の外で「私の事」として行なうことができる。知識人・学者の役割・職分とは、これである。学者・知識人は、人民の古い卑屈の気風を一掃し、人民をその気風から脱出させるためには、「百回の説諭を費やすは一回の実例を示すに若《し》かず」ということがある以上、まず何よりも自らその気風から脱出してみせ、それを実例として提示することによって、人民に「人間の事業は独り政府の任にあらず、学者は学者にて私に事を行うべし、町人は町人にて私に事をなすべし、政府も日本の政府なり、人民も日本の人民なり、政府は恐るべからず近づくべし、疑うべからず親しむべしとの趣き」（同書、四三頁）を知らしめなければならない。そして、それに基づいて、「或いは学術を講じ、或いは商売に従事し、或いは法律を議し、或いは書を著し、或いは新聞紙を出版する等、凡《およ》そ国民たるの分限に越えざる事は忌諱《きい》を憚《はばか》らずしてこれを行い、固く法を守って正しく事を処し、或いは政令信ならずして曲を被《こうむ》ることあらば、我地位を屈せずしてこれを論じ、あたかも政府の頂門に一釘〔針〕を加え、旧弊を除きて民権を恢復せん」（同書、四二頁）というような新しい「私立」の気風、つまり自立・自律・自主ないし独立自尊の気風を培う必要がある。福沢の言う「私立」とは政府＝官に対する自立のことである。知識人によるリーダーシップでそうした新たな気風が広がれば、「人民漸《ようや》く向かうところを明らかにし、上下固有の気風も次第に消滅して、始めて真の日本国民を生じ、政府の玩具たらずして政府の刺衝となり、学術以下三者〔学術・法律・商売〕も自ずからその所有に帰して、国民の力と政府の力と互いに相平均し、もって全国の独立を維持すべきなり」（同書、四三頁）。

以上のような福沢の学者職分論に対して、明六社同人たちからさまざまな批評が寄せられたが、高坂は、そのうちで加藤弘之・森有礼・津田真道・西周の四人の批評を紹介している。高坂によれば、加藤は、学者がその職分として内部から政府の力の強化に貢献すべきことを主張した（高坂、前掲『明治思想史』一一一頁）。気風改善の観点からすれば、これは政府の「専制の気風」を学者の参与によって改善することではないか。学者の政府への参与により、人民の気風改善よりも政府の気風改善を方法的に優先させ、後者の気風改善をとおして前者のそれを実現するという戦略である。しかし、人民の卑屈不信の気風も、政府の専制抑圧の気風も、いずれも一掃すべきであるとしても、両者の刷新の目標は異なる。人民の気風は、政府からの自立としての「私立の気風」へと向かわせなければならない。政府の気風の改善について福沢は述べていないが、おそらく、そうした人民の「私立の気風」を許容し正面から受けとめる気風へと向かうことになろう。まずは、人民の「私立の気風」が成立しなければならない。したがって、論理的な順序は、福沢の言うようなまず人民の気風の改革、次にそれに応じた政府のそれの改革となる。

さらに高坂によれば、森からは、「政府は万姓の政府にして、民の為に設け、民に拠って立つ処のもの」、つまり「政府と人民はもと一体」であり、両者の間に「内力」「外力」という根本的な対立を設定するのは誤りである、との批判があった（同書、一一八頁）。上ですでに見た『開化問答』の開次郎の言葉に現れた、政府と人民の同一視である。これまでたびたび見てきたように、二つのものの同一視は、両者の異質性から目を逸らさせる。同一性の主張は異他性を隠す、と言ってもいい。こうした同一視は、明治政府側の知識人の論理ないし心理に特有のものであるように思えるが、私たちは福沢に従って、そこで隠された異質性を必ず再発見すべきである。

この場合、ポイントは「政府と人民はもと一体」の「もと」にあるように思える。高坂が引いた『学者安心論』の福沢自身の言葉には、「政府は人事変革の原因に非ずして、人心変革の結果なり」とあった。森の「政府は民に拠つて立つ処のものなり」という主張は、このことなのか。福沢は、上記の言葉のすぐ前で、維新で行なわれた廃藩置県・法律改定・学校設立・新聞発行から廃刀断髪に至るまでの諸変革をまのあたりにすると、まるで政府がそうした諸件すべての源であるかのように人は思いがちであるが、「政府も亦唯《またただ》人事の一部分」であり、そうした諸件の一つにすぎない、と述べている（同書、一一〇頁）。これは実在過程の因果についての言明である。「政府は人心変革の結果なり」ということになると、これから人民の気風の刷新というかたちで人心変革が行なわれれば、結果として政府における気風の刷新も実際に期待されうる。

これに対して、森の「政府は万姓の政府にして、民の為に設け、民に拠つて立つ処のものなり」という言明は、「政府と人民はもと一体である」という人民と政府との同一視によって、福沢の言う人民＝原因と政府＝結果という異他性から成る因果関係も、人民＝権原と政府＝権力という異他性から成る法的関係も隠されて、あいまいになる。同一視は言明に多義性を持たせたまま、それに対する問いかけを禁じて、言明にフタをするように思える。そして、「つねに一体」でも「いま一体」でもなく「もと一体」とされたのは、「もと」が論理秩序における「本来」と時間秩序における「起源」を含意することから、上記の二つの異他性に対する心理的譲歩が、ふと漏らされたということではないか。

また、高坂によると、津田真道は、人民に自主の気風が欠けており、その気風を身につけさせることの必要は認めるが、学者が政府の外に身を置いてその実例を「私立」の気風として示すことには「［人民の気風の一新は、学者］皆官を去り、私に就《つ》かざれば出来ずと云《い》へるは、あまり［に］激なるべし」と反対する。

加藤にしても森にしても津田にしても、ほとんどの明六社同人の目には、学者が政府の外に身を置き人民に「私立」の気風の実例を自ら示すという福沢の学者職分論は、特にそこから帰結する「学者全員の政府からの退去」という事態について、非現実的で極端な主張と映ったのであろう。それほど、当時の学者は政府に深く関与していた。学者全員が撤退すれば、政府はまちがいなく弱体化する、と誰もが感じていたのかもしれない。

『学問のす丶め』第四編末には「附録」として、第四編の内容についての簡単な四つの「問答」が添えられている。デカルト『省察』(デカルト著作集2、所雄章訳、白水社、一九七七年)末に付された「反論と答弁」の簡略版のようなものである。その問答の一つにこの件がある。「云《いわ》く、政府人に乏し、有力の人物政府を離れなば官務に差支《さしつかえ》あるべしと。答云く、決して然《しか》らず、今の政府は官員の多きを患《うれ》うるなり。事を簡にして官員を減ずれば、その事務はよく整理してその人員は世間の用をなすべし、一挙して両得なり。故《こと》さらに政府の事務を多端にし、有用の人を取って無用の事をなさしむるは策の拙なるものと言うべし。且《か》つこの人物、政府を離るるも去って外国に行くに非ず、日本に居て日本の事をなすのみ、何ぞ患《うれ》うるに足らん」(福沢、前掲『学問のす丶め』四四頁)。このとおり福沢は、きわめて「簡明」に、政府の行政改革、民間の人材活用という実際的・実用的な観点から答えている。

あらためて確認しておくと、人民の「私立」の気風醸成のための実例提示を核とし、いま見たような実用的な人材活用も視野に納めた福沢の学者職分論は、ウェーバーの学問の価値自由、高坂の言う「学問のための学問」とは無関係であるように見える。福沢が考えていたのは、学者の学問ではなく人民の学問である以上、当然である。そもそも『学問のす丶め』は、「人民皆学問に志して物事の理を知り、文明の風に赴《おもむ》くこと」(同書、一七頁)を勧めるものであった。その「初編」は、次のような言葉で締めくくられている。「大切なる目当《めあて》は、この［報国の］人情に基づきて先《ま》ず一身の行いを正《ただ》し、厚く学に志し博《ひろ》く事を知り、銘々の身分に相応すべきほどの智徳を備えて、政府はその政《まつりごと》を施すに易く諸民はその支配を受けて苦しみなきよう、互いにその所を得て共に全国の太平を護らんとするの一事のみ、今余輩の勧むる学問も専《もっぱ》らこの一事をもって趣旨とせり」（同書、一七～一八頁）。

さて、ここで明治期の翻訳書選別における学術志向の強さの問題に、戻ってみよう。この強烈な学術志向は、一部の学者のものではなく、国民的規模のものであったと思われる。その地盤となったのは、加藤周一の言う幕末までの漢学をはじめとする伝統的な知的洗練であり、それが維新以降、福沢に代表される啓蒙主義によって強化されたと考えられる。しかし、人民の学問は学者の学問を模範にする。言い換えれば、学者は人民に対して、福沢の言うような「私立」の気風の実例となるばかりでなく、まさにその本分としての学問研究の実例ともなる。学者の職分、知識人の役割として、この学問の実例となることは、気風の実例となることと同様、きわめて重要である。実際、学者による学問の実例提示がなければ、人民が学問を進めることは難しくなる。福沢は、気風の実例提示に際して、学者は政府の外に身を置いた自立としての「私立」の姿勢を表明すべし、と言った。では、学問の実例提示に際しては、学者は何を表明すべきか。気風の実例と学問のそれは、異なる。価値自由ないし真理探究は、前者にはなじまないが、後者にはなりうるように思える。

ありうべき気風は、学者においても人民においてもまったく同じであるが、ありうべき学問は、両者において異なる。学問の実例において示される価値自由ないし真理探究は、人民にとって理念として垣間見るものであっても到達はもとより目標にもなりえない。人民は、学問については、福沢の言う一種の「分限」を知ることになる。こうして学者は人民にとって、気風については自分と同等の実例となり、学問にとっては到達不能の模範となる。この模範の構成要素の一つが、価値自由ないし真理探究の姿勢であろう。それは人民にとっては「空理空論」と見えるが、すでに幕末以前の伝統的な学術の中に存在していた。また、福沢がそうした伝統的な空理空論を批判しつつ、あらためて実学の基礎として「虚学」の重要性を指摘したことはすでに見たが、人民の学問意識が進むことによって初めて、必要な「空理空論」と不要なそれの違いが人民の目によっても見分けられることになる。価値自由ないし真理探究、あるいは「学問のための学問」といった純学術志向は、人民の学問関心の広がりとともに、人民自身には直接関わらないものの、学問それ自体の重要な構成要素として象徴的価値を備えつつ、次第に市民権を獲得し、人民の学問意識に遠隔作用を及ぼしていく。その典型が「真理探究」を旨とする哲学である。周知のとおり、やがて哲学は、西田幾多郎《にしだきたろう》とその京都学派とともに、ブームとなったばかりではなく、第二次世界大戦終結前の我が国において、大きな政治社会的な影響を与えることとなった。我が国へ西洋哲学を最初に導入したのは、西周である。西は、明六社同人の一人であって、学者職分論論争にも参加し、福沢を批判した。最後に、これも高坂の説明に従って、西による福沢批判を見ておこう。

高坂は、明六社同人からの批評の中で「福沢に対する最も周到沈着な批評は、何と言っても西周のそれであろう」（高坂、前掲『明治思想史』一二一頁）と述べ、西の主張を次のように紹介する。「なるほど福沢のいう如く『政府は依然たる専制の政府、人民は依然たる無気無力の愚民』であろう。しかしその依って来たる所以は一朝一夕のことではない。『二千五百年間、抑圧と卑屈とを以て常食となしたる者』であり、『抑圧と卑屈とを以て米の飯と沢庵となす』ものではないか。大体明治維新が尊皇攘夷をもってはじまったことがそれを示すであろう。それから僅かに七年、遽《にわか》かにすべてを改むべくもあるまい。世のいわゆる洋学の大家先生なるものを見ても、未だ決してその蘊奥《うんおう》を究めたとは言い得ない。学問というものの意味も分ってはいまい。僅か七八年前までは、学問といっても四書五経の類であり、茶の湯生花と等しい玩具であり、高々弓馬剣槍と相伯仲しただけではないか。それに比すれば現在は進歩しているではないか。ただし真に学問が挙がるのには、『姑《しばら》く来裔《らいえい》を待つべきなり』として西は、福沢の派手な議論に対し、学者の忍耐強い着実な態度を要求しているのである」（同前）。要するに、二五〇〇年間続いた気風はそう簡単に改まるものではなくその改善には長期戦で臨むべきで、学者はそうした人民に対する気風の実例提示に取り組むよりも、ようやく緒についた新しい学問の発展に集中する必要がある、ということである。ここには、他の明六社同人の批評には見られなかった学問志向が、明確に現れている。しかしそれは、政府からも、さらには人民からも身を引いて学問世界に閉じこもるという純学問志向ではない。実際、西は上記のように、学問研究を学者の本分としてあらためて確認した上で、学者の政府内外の活動を認める。「均《ひと》しく洋学者と雖《いえ》ども、或は政府に在て事を助け、或は私立して事を成す、共に不可なるものなし」（『明治文化全集』第一〇巻、六〇〜六一頁）（高坂、前掲書、一二二頁）。おそらく西にとって、学者の政府内外の社会的活動は、その本分である学問研究を決定的に歪めるものではないのである。だが、学者の職分の主たる場が、福沢とともに政府内活動から政府外・人民内へ移り、さらに西において、そこから学問世界内へ移る兆候は見てとることができるように思える。西は、西洋哲学の最初の導入者であり、その意味で我が国初の「哲学者」であったとしても、やはり明治の知識人であり、真理探究に没入するようなタイプではなかった。

＊

高坂は、以上のように明六社同人による学者職分論争を紹介した後に、新たに「西周の哲学体系」という項を立て、西周の哲学をその『百学連関』（一八七〇〔明治三〕年）、『百一新論』（一八七四〔明治七〕年）、「人生三宝説」（一八七五〔明治八〕年）に沿って説明している。まず高坂は『百学連環』を取り上げ、西の学問の特徴を、学識の広さ、翻訳に際しての語原考証、特定の西洋哲学の影響、文明史的観点の四点から明らかにする。まず、学識の広さ。高坂は、学識の広さは、西一人の特徴ではなく、明治初期の知識人一般の特徴であるとして、こう述べる。「十八世紀の啓蒙主義により近く、いわば革命的な色彩が濃いのは、明六社の人々の次の世代の人々、すなわち後に触れる民権論者達であり、彼らの興味と学問は、主として政治経済、わけても政治に傾いている。ところがそれに反し、明六社の人々は、遥かに広い範囲の知識と教養を身に具している。ではこうした区別はどこから起こったのかと言えば、明六社の人々の場合には、単に政治だけではなく、あらゆる分野にわたって外国の文明を紹介し、輸入し、移植することが要求され、彼らもまた新鮮な感覚をもって外国文化のあらゆる分野に接触したという事情があったのではないか。（中略）そしてこのように博く諸学に通じなければならなかったということが、ちょうど、コントやスペンサーの学に接していた西をして、百学連環を講ぜしめるに至ったのであろう」（同書、一二六〜一二七頁）。諸学の体系的連環を論じた西の『百学連環』は、広範な西洋諸学の導入を求める時代の強い要請に応えて作業を行なう中から、直接生まれたものであり、したがって西洋諸学導入時代の明確な刻印を押された仕事であった。要するに、『百学連環』とは、広範な西洋諸学の個別的・断片的対応を超えた体系的受け止めの試みであり、西洋文明咀嚼の第一歩である。

次に、翻訳に際しての語原考証。これについてはかなり知られているところであるが、西は翻訳にあたり哲学を中心としたさまざまな新語を作り出した。高坂によれば、その際、西は原語の起源を古代ギリシア語まで遡って調べるとともに、新語に用いる漢字の考証も綿密に行なった。『百学連環』は、はじめ西が家塾で講じたものであるが、その講義は、この語原考証を含むことによって、まさに西洋文化と日本文化の接触点、西洋諸学導入の最先端、西洋諸学咀嚼の最初の作業現場となったのである。その点でも、『百学連環』は、本格的な翻訳時代の幕開けを告げるものであった。要するに、『百学連環』とは翻訳現場での統一的訳語作成の格闘の成果であり、その意味でも、西洋文明咀嚼の第一歩を構成する。

第三に、特定の西洋哲学の影響。高坂によれば、西が特に強い影響を受けたのは、コントである。高坂は、他にジョン・スチュアート・ミルとカントも挙げているが、ここではコントを中心に見てみよう。上で述べたように、広範な西洋諸学の体系的受け止めという時代的課題に直面した西が、同時代の哲学者コントに向かったのは、いわば当然のことであった。要するに、『百学連環』とは、とりわけコント哲学の活用によって、西洋文明の本格的な学術的咀嚼の開始を印づけるものである。

高坂によると、『百学連環』の体系の大枠は次のようなものである。学術を構成する「学」とは science、「術」とは art のことで、ともに真理の探究、つまり西の言う「何物にても成り立所のものの根元を知り、其成り立つ所以を明白に知る」(『百学連環』一三頁)ものであるが、前者はそれを知識のために知り、後者は生産のために知る。そもそも人間には、知と行という二つの働きがあるが、この知行が学術の源であって、もっぱら学は知に、術は行に対応する。しかるに「知は先にして、行は後……、知は過去にして、行は未来」(同書、一四頁、四五頁)であるから、学はもっぱら知＝過去へ向かい、術は行＝未来へ向かう。ただし、知が行に先行することに対応して「術の上には必ず学」(同書、一六頁)があるので、術の未来志向は学の過去志向によってつねに支えられるのである。この学と術の区分を基本として、「西は、すべての学問を横に学と術に分け、縦に普通(普遍)と殊別(特別)に分け、殊別をさらに物理と心理に分ける」(高坂、前掲書、一二五頁)。

こうした西による諸学の体系化へのコントの影響について、高坂は「西がオランダにおいて就いて学んだフィッセリング教授がコント流の学者であり、西もコントの説を多く採り入れていることは、歴史の発展を説くに際しコントの三段階説を述べていることからしても明瞭である」（同書、一二七〜一二八頁）と述べ、西の言葉を引く。「近来仏国の Auguste Comte なる人の発明せし語に、総《すべ》て何事にもあれ、最初より都合克仕遂《よくしとげ》るものにあらず、是《これ》を遂《とげ》んには stage 即ち舞台或は場と訳する字にして、その場所たる三ツありて、始めの一ツより次第に二ツを経て第三に至りて止まると言えり、其《その》第一の場所とは theological stage 即ち神学家、第二は metaphysical stage 即ち空理家、第三は positive stage 即ち実理家、此《ここ》に於《おい》て始めて止まると言えり」（西、前掲『百学連環』六二頁）（高坂、前掲書、一二八頁）。さらに高坂は、上記の「物理と心理の区別」の西における重要性を指摘し、それと関連させて、西によるコント研究論文「生性発《せいせいはつ》蘊《うん》」（一八七三年）が西洋哲学史の中にコントを位置づけた上で、コントの「生体学 biology」を詳論することを紹介している。しかし西は、コントの学問分類を大枠としては認めたものの、コントが心理学の学としての可能性を否定したことについては疑義を呈し、むしろジョン・スチュアート・ミル（*System of Logic*, BookVI chap.IV, § 2）に従って、心理学の学としての独自性を認めた。また、高坂は、西による「物理と心理の区別」にはカントの影響も考えられるとして、次のように言う。「西は心に獣心と人心とを分かち、——彼は獣心を Soul（魂）に、人心を Spirit（精神）にあて（『百学連環』一五一頁）、——人心すなわち道心に至っては、『百一新論』において明らかに断ぜられているように、単に Sein［存在］の理ではなくして、Sollen［当為］の理が認められるとする。西の物理と心理の区別の根柢は必竟《ひっきょう》これに基づいたのである」（高坂、前掲書、一三〇頁）。

最後に、文明史的観点。『百学連環』は、学問を、その「媒 Means, Medium」としての文章・機械、その「設 Institution」としての大学・博物館を含め、総合的に文明の進歩・発展の観点からとらえる。「彼〔西〕の根本の態度は、『今人は古人より賢ならざるべからず、弟子は師に勝らざるべからず』（『百学連環』一六頁）という進歩的な態度であった」（高坂、前掲書、一三〇頁）。要するに、『百学連環』も、明治初期の知識人に共通する文明史的関心によって貫かれている。

さて、高坂が次に取り上げるのは『百一新論』である。この著作は、その末尾において、我が国で公刊された書物では最初に「哲学」という訳語が見出されたことで知られている。標題の「百一」とは「百教一致」つまり「すべての多様な教えのその根本における一致」のことである。しかし、高坂によれば、この著作において力説されるのは、すべての「教」すなわち「道徳」の根本における一致ではなくて、むしろ「道徳」と「政治」の峻別である。「これは明治初年来の神道的な祭政一致の思想を自ら批判しながら、儒教的な政教一致――実は政教一途の主張――を鋭く否定し、近代的な政治理念を説くもの」（高坂、前掲書、一三二頁）である。特に注意しておきたいのは、西が「政治は人を治める道であって、人に人たることを教える道徳とははっきり区別さるべき」（同前）とし、「一致」と「一途」を使い分けている点である。両者の根本的異質性を把握しない「政教一致」の主張は、その根本的異質性を無視し両者を同一視してしまう表面的でイデオロギー的・暴力的な主張であって、実際は異質なものを無理やり合体させた「政教一途」のそれにすぎない。

さらに西は『百一新論』の上巻で、この「政教分離」の主張を、荻生徂徠に従って、儒教解釈によって裏づける。「普通に儒者は修身斉家治国平天下を言い、あだかも修己と治人が一つであるかに考えている。しかし、これは孔子を誤解したもので、（中略）後儒がそれを誤ったため、身が修まれば直ちに天下は平かになるという解釈が生じたのであろう」（高坂、前掲書、一三二～一三三頁）。下巻では議論は西洋思想に移り、最後のあたりで、上述の「物理と心理の区別」の問題が論じられる。高坂によれば、西の言う「物理とは自然法、心理とは道徳法（むしろ規範 Norm, Sollen）を指す」（同書、一三三頁）。物理とは天然自然の理であり、植物・動物・人間のすべてを支配する理であるのに対し、心理とは「斯《かく》広イモノデハナク、唯《ただ》人間上バカリニ行ナハレル理デ、人間デナクテハ此《この》理ヲ会スルコト能《あた》ハズ、亦《また》人間ナラデハ此《この》理ヲ遵奉スル事モ出来ズ、是《これ》モ矢張《やはり》天然ニ本ヅクトハイエドモ、是《これ》ニ違《たが》ハント欲スレバ違フ事モ戻ル事モ出来ル」（西、前掲『百一新論』下、六〇八頁）（高坂、前掲書、一三三頁）ものである。

ここで高坂は「宋儒の考えでは天道と人道とを相即させるのであるが、西が両者をはっきりと区別したのは、卓見と言わねばならない。大体西の学問は折衷的だといわれるが、しかしむしろ体系的であり、この物理と心理の区別、さらに後者における法と道徳の区別のように、分析的であるところにすぐれた特色があると言うべきであろう」（同書、一三四頁）と述べる。以上見てきたように西は、西洋のすべての学問を分類するにあたって、それらの学問を成立させている原理にまで遡り、そこで「異同」の検証を行ない、必要な区別を提示した。つまり、西による区別の裏には、「異同」の検証作業がある。西において評価すべきことは、区別それ自体より前に、この検証作業を導いた彼の異同感覚である。

すでに見たように、翻訳者はまず原語にあたる対応語を日本語の中に探し、原物にあたる対応物を日本文化の中に探す。その対応の発見を支えとしなければ、翻訳作業は進まないからである。加藤周一が指摘したとおり、幸い幕末維新の我が国にはかなり高度な文化的洗練があり、西洋文化との対応が存在していたので、翻訳作業は比較的スムーズに進むこととなった。しかし対応物が存在せず、それゆえ対応語が発見できない場合も、少なからずあった。西洋思想の翻訳の場合は、その一つであろう。対応語が発見できない場合は、翻訳者は新語を作り出さなければならない。西の場合も、それを積極的に行なった。ただ、その作業は、対象が抽象性と歴史性を備えた思想・哲学・学術の用語である以上、容易なことではなかった。語原考証をはじめとするさまざまな方法で原語の思想・哲学・学術的意味を理解するとともに、翻訳語としての漢語の意味について確認しなければならない。翻訳語としての新語作成とは、こうした原語文化と日本語文化についての翻訳者の理解を通じた両文化・両言語の対応づけ作業、新たな同一性の創出作業である。しかし、新語が作成されたことによって日本語には原語の対応語は存在するようになるが、少なくとも当初は日本文化の中にはいまだ対応物は存在しないままである。つまり、両言語間の対応語の同一性は存在するが、両文化間の対応物の同一性はいまだ存在しないという、一種のタイムラグが生じる。たとえば新語「社会」「個人」や「哲学」の場合がそうであった。この両文化の現実のタイムラグは半永久的に続くこともあるだろう。翻訳語が現実に先行する、あるいは現実を先取りする。新語を目にする読者は違和感を覚えるというぼんやりしたかたちで、また翻訳者は、新語作成作業を通じて、日本文化における対応物の不在の認識という明瞭なかたちで、両文化の異他性を具体的に把握する。言い換えれば翻訳者は、新語として対応語の同一性を設定することをとおして対応物の同一性をも設定するものの、日本文化におけるその対応物の現実的不在を知るかぎりにおいて、両文化の現実的な異他性を把握している。これが翻訳者の基本的な異同感覚ではないか。新語を創出した翻訳者は、両言語の言葉の同一性の向こうに、両文化の現実の異他性を垣間見ている、と言ってもいい。

しかし、『百学連環』における学問分類ないしその体系化は、なるほど西洋諸学がその対象になる以上、翻訳の問題が大きな位置を占めているにせよ、もちろんたんなる翻訳だけの問題ではない。まずは西洋諸学の分類体系なのだから、その分類体系も西洋から輸入し翻訳することが考えられる。だが、「分類体系」なるものは、「郵便制度」「暦法」「度量衡」などとは違って、アリストテレスからコントに至るまでさまざまな試みは存在しているものの、ことの性質上、その決定版は西洋文化の中にも不在である。原典が不在である以上翻訳は不可能だから、西洋文化における既存の試み、たとえばコントのそれを参考にしながら日本文化において創出することしかない。また、その必要も迫っている。西洋諸学の分類体系が基準として確保されないかぎり、個々の学問の導入は、そしてそのための翻訳は、無秩序で行きあたりばったりのものになってしまうからである。このような必要に迫られ、にもかかわらず原典の不在により翻訳という方法の限界が画されて、西洋文化に対する姿勢が受動から能動へ転じる一例である。しかし、それで西洋文化の拘束が解除されるわけではない。

日本文化における対応物が不在の場合、翻訳者は、既成の日本語語彙からの対応語の発見という受動的な仕事から解放されるが、両文化の対応づけの任務それ自体は解除されず、新たに新語作成という、たしかに能動的ではあるが困難でもある仕事に取り組まなければならなくなる。翻訳者は、あらためて両文化・両言語を深く理解し両者の異同を十分把握しないかぎり、適切な新語を作成することはできない。「分類体系」についての西洋文化における原物の不在の場合も同様である。日本文化の中に導入される西洋諸学を分類し体系化しようとする者は、いわば日本文化において西洋文化の課題を果たすことになるが、それはたんなる両文化の「折衷」ではなく、西洋諸学の背後にある西洋文化とその導入を求める日本文化の「異同」の深い理解を前提とした作業である。その場合、「同」に関わるのは、翻訳の通常の作業である既存の対応物・対応語の「発見」ではなく、むしろ対応語としての新語の作成にあたる作業、つまり対応の先取り的「創出」である。この「分類体系」の場合は、日本文化における対応物が不在なことはもちろん、西洋文化における原物も不在のまま、西洋文化の原物と日本文化の対応物の両者に先立って、その対応物の一種のレプリカ、一種の新語が構築されるのである。それが『百学連環』であった。

すなわち『百学連環』とは、西洋文化と日本文化の対応の先取り的創出、両文化の先取り的対応づけである。対応の先取りを裏返せば、対応の未実現という現実と、実現への方向づけがある。上で述べた両文化の「異同」の理解における「異」は、対応という「同」の未実現状態における「同」実現への方向づけに関わり、具体的には西洋文化と日本文化の差異・格差の認識と、その格差の是正につながる。日本文化は、西洋文化との「異」を格差として実感し、両文化の差異としての「異」を認識するために、まずは翻訳において新語創出によって両文化を先取り的に対応づけるというかたちで両者の「同」を設定し、その「同」へ向かって日本文化における対応物の実現をめざす。しかし日本文化は、「分類体系」のような西洋文化に原物が不在の場合には、「同」の構成要素の両文化における不在ということになるが、そのときは西洋文化に原物を探しつつ、西洋文化内での原物不在のまま日本文化内での対応物の構築をめざすことになる。翻訳者・洋学者に求められる異同感覚とは、以上のようなプロセスへの構えを可能にするものではないか。

さて、上で見たように高坂は、「折衷性」を西の学問の特徴とする一般的な西評価を否定し、むしろその「体系性」と「分析性」が西の学問の特色であると指摘したが、この指摘に対して私たちは、そうした西の学問の特色は、翻訳者・洋学者としての西の異同感覚から理解すべきであると述べ、以上のように、その異同感覚について考察してきた。たったいま見たような西洋文化と日本文化の間の「異同」のダイナミズムの中に西がいたとすれば、外部ないし後世からはどう見えようが、その学問は、高坂が言うとおり単純な両文化の「折衷」とは無関係である。ただ、「体系性」についても、西の個人的な資質・嗜好からではなく、この異同のダイナミズムの背景となった時代の要請、つまり西洋諸学の秩序立った導入のための基準として「分類体系」を構築すべしという要請、切実で緊急ではあるがきわめて困難な要請から理解すべきである。

西の学問の「分析性」について。カント学者・高坂が「分析的」と言う場合、その言葉には必ずカント的意味がこめられているはずである。カントはこの「分析的」という言葉を「総合的」というそれに対置し、判断についてこう説明している。「〔判断における主語と述語の関係は〕述語Bが A という概念中に（潜在的に）含まれているものとして主語 A に属しているか、それとも B は A と結びついてはいるけれどもまったく A という概念の外にあるかである。前の場合にはわたくしはその判断を分析的といい、後の場合には総合的と称する。分析的判断はしたがって述語と主語との結合が同一性によって考えられているような判断であり、これに反して、この結合が同一性なしに考えられるような判断は、総合的判断と呼ばれるべきである」（カント『純粋理性批判』世界の大思想10「カント」上、所収、高峰一愚訳、河出書房新社、一九六五年、四九頁）。たとえば「人間」概念の中に「死すべきもの」は含まれ、「笑うもの」は含まれていないとする。「人間は死すべきものである」という判断は分析的であり、「人間は笑うものである」は総合的である。さらに、カントは「分析的」を「説明的」、「総合的」を「拡張的」とも言い換えている。また、「先験的分析論」冒頭には「先験的分析論は、われわれの先天的認識全部を、純粋な認識要素に分解するものである」（同書、九二頁）とあることからすると、「分析」とは「分解」のことであり、混淆している諸要素の「分離」であり「分類」であって、主語と述語の同一性を前提として、主語のうちに潜在していた内なる性質を述語として顕在化させるというかたちで、主語の性質を解明するために、概念を主語と述語のかたちに分解する操作のことであり、同一性のあるところに区別を行なうことである。こうして高坂の言う西の学問の「分析性」は、「分類性」であるかぎりにおいて、もうひとつの特徴として挙げられた「体系性」と不可分の関係にあることが分かる。西の努力とは、西洋知の中心をなす西洋学問の茫漠とした同一性に踏み込み、要素としての諸学を適切に分類し相互を体系化して、西洋諸学の秩序立った導入のための基準を構築することであった。

最後に高坂は、西の「人生三宝説」（『西周哲学著作集』〔麻生義輝編、岩波書店、一九三三〈昭和八〉年〕所収）を、彼の文化価値論・価値倫理学・実践哲学として紹介している。西の言う「三宝」とは「三つの生命価値」の意で、具体的には健康・智識・富有のことである。高坂によれば、西がジョン・ステュアート・ミルの影響のもと、ここで試みているのは東洋道徳からの価値転換である。彼は東洋道徳の「温柔・敦厚《とんこう》〔厚い人情〕・恭謙・揖譲《いつじょう》〔謙遜〕・寡欲・無欲の如き消極的な徳」を去り、「人性天賦の特性」を発揮すべしと説く。人間の欲望を肯定する積極的な道徳の提示である。さらに西は、その三つの現実的価値の向こう側に、人生の究極目的として「最大福祉」を設定するとともに、その三価値に対立する反価値として、それぞれの価値に対応させるかたちで、しかも自己の場合と他人に対する場合を区別した上で、自己についての疾病・愚痴・貧乏、他人に対しての凶賊・詐欺・窃盗を挙げる。高坂はここにも、上で見た西の「分類体系」の志向、つまり体系的・分析的な志向を確認する。

おそらく西の『百学連環』は、通常の翻訳の個別性・受動性を越え、西洋諸学の全体を見据え、その分類体系の構築を能動的に行なおうとする点で、そしてそれが異同感覚によって貫かれている点で、西洋学問に対する明治維新期の学術志向の頂点である。この西の学術志向は、儒学的伝統のうちの「空理空論」の志向を引きずったものではなく、かといってマックス・ウェーバーの「価値自由」ないし「学問のための学問」をめざす志向でもなく、膨大な西洋諸学の翻訳・導入の必要という現実に直面し、その導入を秩序立ったものとするための基準作りとして西洋哲学を用いようとする点で、あくまでも「実学」的な志向であった。西の哲学は現実に背を向けていない。かといって、現実に隷従してもいない。むしろそれは、現実に流されているかぎりは発見できない現実の困難な問題解決を、現実を直視しつつ突き放し哲学を通して発見して、そのことにより現実を変革しようとしている。この「実学」は、もはや儒学的伝統のそれではなく、新しいそれである。丸山真男は、儒学的伝統の「実学」概念が福沢諭吉において全面的に刷新されたことを指摘し、次のように述べている。

「そこ〔伝統的儒学〕での生活態度を規定するものは、環境としての秩序への順応の原理である。自己に与えられた環境から乖離しないことがすなわち現実的な生活態度であり、『実学』とは畢竟こうした生活態度の習得以外のものではない。そこでいわれる学問の日用性とは、つきつめて行けば、客観的環境としての日常生活への学問の隷属へと帰着するのである。ところが福沢に於いてはどうか。ここでは生活はなんら客観的環境ではない。『人生の働には際限ある可らず』『人の精神の発達するは、限あることなし。造化の仕掛には定則あらざるはなし。無限の精神を以て有定の理を窮め、遂には有形無形の別なく、天地の事物を悉《ことごと》く皆人の精神の内に包羅して洩《も》らすものなきに至るべし』（文明論之概略、巻之三）。物理の『定則』の把握を通じて人間精神は客観的自然を逞《たくま》しく切り開き、之を『技術化』することによって自己の環境を主体的に形成するのである。かしこ〔儒学的伝統〕では理論の前進が『現実』への顧慮によって絶えずひき戻され、ここ〔福沢〕では、逆に、『人間万事学理の中に包摂』されるその日まで、ひたむきに理論が押し進められて行く。かしこでは学問が現実に『順応』せしめられ、ここでは逆に現実が学問によって改変される。『余り理論に傾くときは、空理としてこれを斥け、絶えず実学の本領に反省せしめることを忘れないのが、東洋の学の風である』（西晋一郎、東洋倫理、八頁）ならば、福沢に於ける実学はむしろ之と真正面から対立し、『如何なる俗世界の些末事に関しても学理の入る可らざる処はある可らず』（慶応義塾学生諸氏に告ぐ、全集十）という立場からして、生活のいかなる微細な領域にも、躊躇することなく、

『学理』を適用して是をすみずみまで浸透させる。理論と現実は実験を通じて絶えず媒介されているから、一見学理の適用不能に見える場合でもそれは『未だ究理の不行届なるものと知る可し』（物理学之要用、全集八）であって、決して中途で理論を放擲《ほうてき》して『現実』と安易な妥協をしない。従って又福沢の実学は卑俗な日常生活のルーティンに固着する態度とは全く反対に、そうした日常性を克服して、知られざる未来をきり開いて行くところの想像力によってたえず培《つちか》わるべきものであった。だから逆説的にいえば、アンシャン・レジームの〔儒学的伝統の〕学問がなにより斥けるところの『空理』への不断の前進こそが、生活の学問とのヨリ高度の結合を保証すると考えられたのである」（丸山「福沢に於ける『実学』の転回」〔一九四七年〕、松沢弘陽編『福沢諭吉の哲学』所収、岩波文庫、二〇〇一年、五七～五八頁。傍点は引用者）。西の哲学は、基本的にこの新しい「実学」に分類されよう。「哲学」という新語や『百学連環』の「分類体系」が、その実学の「実験」であると思われる。

4　西洋思想の翻訳書

では、この時期の西洋思想の翻訳書は具体的にどのようなものであったか、『国立国会図書館蔵書目録　明治期』（全八巻＝全六編各一巻＋索引二巻、紀伊國屋書店、一九九四～九五年）に従って概観してみよう。この『目録』（明治期）全体では、収録書籍数は和書一一万三〇〇〇、その多くは旧帝国図書館コレクションに含まれていたものである。

この『目録』には「翻訳書」の分類項目立てはないので、こちらで西洋人著者名の和書著作をピックアップしてみた。検索対象としたのは、同『目録』「明治期　第一編　総記・哲学・宗教」(収録著作数一万六三九〇件)のうちの「哲学、哲学各論」(全一四ページ分(同『目録』七三〜八六頁))の項目に分類されたもの、および「明治期　第三編　社会科学」(収録著作数二万四五六三件)のうちの「政治」「経済」「社会」の各項目に分類されたもの。このように検索対象を絞った上で、そこに挙げられた西洋人著者名の和書著作を、あくまでも「西洋思想の翻訳書」という観点から、適宜取捨選択した。

明治期の「西洋思想の翻訳書」の説明に入る前に、『目録』にはあるが検索対象とならなかった「西洋思想の翻訳書」周辺の情報について、若干、補足的に説明しておこう。そもそも翻訳書というものは、原典を読めない一般読者のためのものである点で啓蒙書という性格を持つが、明治時代すでに、西洋思想についても日本人著者による膨大な解説書・入門書が出版されている。そのタイトルは、概論、概論綱要、原理、講義、綱要、こなし、新案、真観、新論、大意、大観、茶話、通鑑、摘要、入門、早わかり、汎論、要義、要領、論綱、論叢、論評、など実に多様であった。啓蒙という点で翻訳書とも密接に関連し、補い合うので、簡単に触れておきたい。

まず、以下のような個別西洋哲学者についての解説書が、『目録』にはかなり収録されている。こうした、哲学者についての当時の解説書の中には、実質的にその哲学者の主著の抄訳になっている場合もある。

清野勉『韓図《カント》純理批判解説　標註』哲学書院、明二九
松本文三郎『純正哲学　シオペンハワー哲学提要』哲学館、明三三
桑木厳翼『デカルト』富山房、明三七　など。

また、以下のような啓蒙的西洋哲学通史も、多数収録がある。

岡島誘『最近西洋哲学史』(帝国百科全書、第一五六編)、博文館、明四二

松本文三郎『最近哲学史』(哲学館第一〇学年度高等宗教学科講義録)、哲学館、明三一

文芸協会編『最新思潮講話』隆文館、明四一　など。

さらに、哲学事典も見られる。たとえば、以下のようなもの。

井上哲次郎他『哲学字彙』(英独仏和)、丸善、明四五

和田垣謙三他編『哲学字彙』(附・清国音符)、東京大学三学部、明一四　など。

さて、上記『目録』(明治期)から抽出した西洋思想の翻訳書の全体を概観し、まずその「哲学」「政治」「経済」「社会」という分野別の翻訳数と年代との関係を見ると、ほぼひと目で分かるのは、明治初期から一〇年代にかけて、圧倒的な翻訳数を誇るのは、一般的に予想されるところであるが、やはり「政治」の分野であり、「経済」はそれに続いていたが、二〇年代以降は急激に数を伸ばし、「社会」分野は、かなり出遅れていたものの、特に三〇年代以降、発展期に入ることである。

また、明治初めから一〇年代にかけては、とりわけジョン・ステュアート・ミルとスペンサーについて顕著であるが、分野横断的な原著者が発見できる。両者の翻訳書は、まず「哲学」に分類されていることからすると、「哲学者」と受け取られていると思われるが、その分野横断性からすると、両者をモデルとして「哲学者」について分野横断的性格がイメージされていたかもしれない。それは、上で見た西洋諸学の「分類体系」構築をめざした西周の「哲学」につながるイメージである。

「哲学」に限定して多少詳しく見ていくと、明治一〇年代までの翻訳書では、『目録』（明治期）において「哲学」に分類されていないがもちろん重要なのはルソー。次に、ジョン・ステュアート・ミルの師ともいうべき功利主義の創始者ジェレミー・ベンサム。当時のフランスにおける観念論的進化論の代表者アルフレッド・フイエや、同じく同時代のイギリスの進化論的哲学者ジョージ・ルイスは、明治の進化論的関心から翻訳されたと思われる。フランスにおける最初の哲学史家と言われるヴィクトル・クザンについては、純然たる哲学史的関心があったのかもしれない。これに対して、アメリカ独立宣言に思想的根拠を与えたとされるトマス・ペインの場合は、むしろ政治思想的関心が勝っていたはずである。また、イギリスの経済学者・論理学者ウィリアム・スタンリー・ジェヴォンズの論理学的著作の翻訳書は、たんに論理ないし哲学的関心というよりも、数理経済学的関心に呼応したものであろう。こうして、明治前期の「哲学」翻訳書リストの内には、功利主義、進化論を軸に、哲学史、政治思想、数理経済などの多様な関心が、いずれも萌芽的なかたちで確認できる。

明治後半、二〇年代以降になると、「哲学」の翻訳書の関心は、まずはより一層徹底して同時代の西洋の哲学者へ向かう。ショーペンハウアー、西南ドイツ学派の創唱者ヴィンデルバント、その師である哲学史家クーノ・フィッシャー、進化論的動物学者ヘッケル、精神物理学の祖フェヒナーなどのドイツを中心に、前節で触れた社会学の創始者で実証哲学者コントなどのフランス、プラグマチストであるウィリアム・ジェームズ、超絶主義的理想主義者エマーソンなどのアメリカ、等々への志向である。同時に、西洋哲学史を過去へ遡る志向も、僅かではあるが現れてくる。上記のようにジョン・スチュアート・ミルからその師ベンサムへ、そしてさらにその源である近世哲学の祖フランシス・ベーコンへ、あるいはローマ皇帝にして後期ストア派のマルクス・アウレリウス、そして古代ギリシアのソクラテスにまで、その関心は及ぶ。

＊

次に、当時の哲学的関心のかたちを探るための補足資料として『帝国図書館洋書目録』（全七巻、一八九九（明治三二）年）の vol.3「哲学・心理・倫理・論理・教育」のうち、「philosophy」の項（九七～一〇二頁）も見ておこう。

これは、明治三〇年代の初めに帝国図書館（国立国会図書館の前身）が所蔵していた洋書の目録である。索引を含め各巻一五〇ページほどの分量で、全七巻。そのうち上記の巻の「philosophy」（所蔵図書には英・独・仏・その他のものが含まれるが、項目名は英語で統一）は五ページ足らずである。当時の膨大な翻訳量に比したら、他項目に分類されているものを考慮しても、あまりにも少ないように感じる。市井での入手が容易で図書館利用の必要がなかったのか、図書館の蔵書収集が遅れていたのか、不明であるが、興味深いのは、哲学の項目の小項目分類である。

「哲学」を大項目として、小項目は「哲学一般・雑 General and miscellaneous」「伝記・批評 Biography and Criticism」「哲学事典 Dictionaries」「哲学史 History」「方法論 Method」に分類されている。

まず、「哲学一般」に挙げられるのは、哲学者による著作。主要なものをアトランダムに提示すると、マルクス・アウレリウス・アントニヌス『皇帝の思想』（羅語の英訳）、アリストテレス『形而上学』（希語の英訳）、フランシス・ベーコン『全集』（英語）、キケロ『大カトー、一名老年について』他（羅語の英訳）、ヴィクトル・クザン『真・善・美について』（仏語の英訳）、デカルト『方法叙説』（仏語の英訳）、エピクテトス『全集』（希語の英訳）、フィヒテ『全集』（独語の英訳）、アルフレッド・フイエ『経験に基づいた形而上学の将来』(仏語)、ウィリアム・ハミルトン『形而上学・論理学講義』他(英語)、カール・ハルトマン『全集』(独語)、ヒューム『全集』(英語)、ポール・ジャネ『哲学概念』(仏語)、カント『純粋理性批判』(独語/独語の英訳)、ロック『全集』(英語)、ルドルフ・ロッツェ『ミクロコスモス』他(独語の英訳)、マルブランシュ『真理探究』(仏語)、ヘンリー・マンスル『形而上学あるいは意識の哲学』(英語)、モーゼス・メンデルスゾーン『フェードン』(独語)、モンテーニュ『随想録』(仏語)、プラトン『対話篇』(希語の英訳)、ジョゼフ・ルナン『哲学的対話・断片』(英語)、リボ『一般観念の進化』(仏語)、ルソー『全集』(仏語)、ショーペンハウアー『全集』(独語)、スペンサー『第一原理』(英語)などが並ぶ。いずれにしても、時代的関心を強く反映させながらも、比較的オーソドクスな哲学の基本書が集められている。

次の「伝記・批評」(「哲学史」も参照せよとの指示あり)に分類されるものは、いわゆる「哲学研究」ないし「哲学史研究」としての「哲学者研究」であり、項目にはその研究対象となる大哲学者の名前が並ぶ。アリストテレス、バークレー、バトラー、デカルト、フィヒテ、ハミルトン、ヘーゲル、ホッブズ、ヒューム、ライプニッツ、カント、プラトン、ソクラテス、スペンサー、ヴィーコなどである。

「哲学史」に分類されるのは、「一九世紀フランス哲学史」など、「哲学史」と銘打たれたものである。最後の「方法論」はJ.H.W.Stuckenberg『哲学研究入門』一冊しかない。

この分類は、いわば哲学教育の縮図であり、当時の読者が哲学へアプローチする際の基本構図に対応したものとなっているはずである。つまり当時の哲学読者も、現在と同じように、主要哲学者の著書の読解を基本とし、哲学史の流れを押さえ、哲学の基本概念・語彙を哲学事典で確認しながら、学習・研究を方法的に進めていたことがうかがえる。もちろん初学者・入門者・学生のためには、上述のとおり啓蒙書・

解説書・入門書・手引きの類が備えられるようになってきた。

上記『国立国会図書館蔵書目録』（明治期）に戻って、この時代の翻訳書について見ると、やはり重訳が目立つ。ギリシア語ないしラテン語という古典語の原典がその英訳から和訳されるのは、翻訳書を求める読者の性急さと翻訳者の側の古典語習得の難しさを考えれば、いたしかたないとしても、原典がドイツ語ないしフランス語のものも、たびたびその英訳から日本語へと重訳されている。前章で見たギゾー『欧羅巴文明史』の永峰秀樹訳もヘンリーによる英訳からの重訳であった。この『洋書目録』を見ても、収録文献に、他国語原典の英訳の数は多い。このように、英語文献需要とともに、英訳文献需要も大きかった。英語に堪能な図書館利用者の数が多かったとも考えられるし、英訳の厳正さ・正確さについての評価が高かったのかもしれない。つまり知識人読者の英語能力の広がりと、知識人読者による英訳の信頼性に対する評価の高まりである。

＊

西洋哲学文献についても、当時の知識人読者において英訳需要が大きかったというこうした事態をあくまでも一般的に考えると、西洋哲学文献を読む当時の知識人にとってオリジナルの価値がどれほどのものであったかは分からないが、仮にそれが絶対であり「哲学文献は原典で読むべし」という考え方が行き渡っていたとしても、その原典の直接的講読が能力的に適わなければ、当然次善の策が講じられ、第一に使われたのが英訳であった、と思われる。つまり知識人読者の原典読解能力の欠如による英訳使用という単純な考え方である。しかし、明治の知識人たちについては、その言語能力と、その学術意識に基づく翻訳評価を固定的に考えることはできないように感じられる。一方で、洋学教育で養われた彼らは、多言語堪能 polygrotte とは言わないまでも西洋語能力に秀でていた。また他方で、彼らの学術的な原典忠実主義も十分に確認できる。そうすると論理的には、原典への忠実がとりわけ厳しく求められる哲学文献について、自分が読めない原語の新たな習得へ向かうことは大いにありうる。そして少なくとも一部の知識人においては、古典語を含めた複数の諸言語のそれなりの習得、それに基づいた原典に照らした英訳の質のチェック、非英語原典を和訳する際の英訳をはじめとする他西洋語訳の参照など、かなり高度な作業が行なわれていた可能性はある。実際、森鷗外は、西洋語相互の翻訳を比較し、しかも哲学書と、たとえば文学書との翻訳法の違いを明確に意識していた。英訳本蔵書の多さから、広く明治知識人の西洋語習得が英語に限定されていたとも、哲学書のような厳密さが学術的に要請される読解の場合も全面的に英訳に依存していたとも、断定すべきではない。

鷗外は、明治二四（一八九一）年の二月から三月にかけて、石橋忍月《いしばしにんげつ》と翻訳についての論争を行なっている。忍月は『国会』新聞紙上、鷗外は『国民新聞』紙上に、交互にその主張を掲載した。まず忍月が、ドイツの哲学者カール・ハルトマンの著作を下敷きにして「醜は美なり」と題した文章を載せる。この内容に鷗外が疑義を提示すると、忍月は、自分の論考「醜は美なり」が「ハルトマンを祖述するもの」であり、その「著作者はハルトマン其《その》人にして〔自分〕忍月は只其《ただその》移植者に止まるのみ」と答える。そこで鷗外は、あなたが「ハルトマンを祖述した」と言うので、ハルトマンの原文にあたってみたところ、誤訳・誤解と思われる箇所がかなり見つかった、としてそれを具体的に指摘する。すると、忍月は「祖述」の中断を宣言しその執筆を止めるが、その後、今度は同じ『国会』紙上に「鎮西の一山人」なる匿名で、忍月を擁護しつつ、鷗外の戯曲翻訳『折薔薇《おりばら》』（『しがらみ艸紙《ぞうし》』一六号、一八八九〔明治二二〕年。ドイツの劇作家ゴトホルト・レッシング Gotthold Lessing の『エミーリア・ガロッティ *Emilia Galotti*』〔一七七二年〕の訳）を「誤訳無数」とする誹謗の文章が載る。これに鷗外が反論して、一連の論争は終結する。この誹謗の文章と、鷗外による反論の文章を見てみよう。まず、匿名の誹謗文章である。

「若《も》し森林太郎［鷗外］君の如く祖述者たる忍月君を直訳者（祖述とは他の文句を其儘《そのまま》そッくり訳することにあらず）を以《もっ》て遇《ぐう》し、一字一句も厳正に周密に過酷に責むるを得るとせば、予は彼《か》の戯曲折薔薇の訳者には猶《なお》一層厳正周密の責を負はしめんと欲す、何となれば訳者は祖述者よりも、原著者に対する責任大なればなり、今試みにしがらみ艸紙《ぞうし》十六号を採り鷗外漁史が三木竹二君と共に訳し玉ひし折薔薇を見るに僅々《きんきん》二十行中に（一ページの半分）左の如き誤あり」（加藤・丸山校注［編］、前掲『翻訳の思想』二九六頁）。

この文に続き、その誤訳が具体的に指摘されている。その指摘内容の妥当性については措き、上記の文章に現れている翻訳に関わる重要な論点を抽出しておく。匿名筆者には、翻訳について二つの前提がある。第一に、「祖述者」つまり解説者・紹介者は、「翻訳者」に比べると原著者に対する責任は軽い。だから鷗外が、解説者・紹介者である「祖述者」に対して、まるで「翻訳者」を相手にするかのように、「誤訳」「誤解」を厳しく指摘して厳正な理解を求めるのは行きすぎである。第二に、翻訳は、哲学書であれ戯曲であれ、「意訳」ではなく「直訳」でなければならない。鷗外による戯曲の翻訳は、「直訳」になっていないので、翻訳として失格である。

これに対する鷗外の反論は、直接的には第二点に関わる（哲学書は「直訳」、戯曲は「意訳」すべき、と主張する）ものであるが、鷗外が哲学書の「翻訳者」に特別な厳正さを求めることからすると、哲学書の「祖述者」にも同様の厳正な理解を要請すると考えられるので、第一点にも向けられていると思われる。

鷗外の反論の標題は「戯曲の翻訳法を説いて或る批評家に示す」（同書、所収）となっている。冒頭鷗外は、特に戯曲の翻訳法は、逐語的な「直訳」を避け、日本人にも分かる「意訳」とすべきことを主張し、あわ

郵便はがき

料金受取人払郵便

新宿北局承認

5246

差出有効期間
2020年3月
31日まで

有効期限が
切れましたら
切手をはって
お出し下さい

169-8790

260

東京都新宿区西早稲田
3—16—28

株式会社 **新評論**
SBC(新評論ブッククラブ)事業部 行

お名前	年齢	SBC会員番号 L 番
ご住所 〒 — TEL		
ご職業 E-maill		
●本書をお求めの書店名(またはよく行く書店名) 書店名		
●新刊案内のご希望 □ ある □ ない		

SBC(新評論ブッククラブ)のご案内
会員は送料無料!各種特典あり!詳細は裏面に

SBC(新評論ブッククラブ) 入会申込書	※✓印をお付け下さい。 → SBCに 入会する□

読者アンケートハガキ

●このたびは新評論の出版物をお買い上げ頂き、ありがとうございました。今後の編集の参考にするために、以下の設問にお答えいただければ幸いです。ご協力を宜しくお願い致します。

本のタイトル

●この本をお読みになったご意見・ご感想、小社の出版物に対するご意見をお聞かせ下さい
（小社、PR誌「新評論」およびホームページに掲載させて頂く場合もございます。予めご了承ください）

SBC（新評論ブッククラブ）のご案内
会員は送料無料！各種特典あり！お申し込みを！

当クラブ（1999年発足）は**入会金・年会費なし**で、会員の方々に弊社の出版活動内容をご紹介する**月刊PR誌「新評論」**を定期的にご送付しております。

入会登録後、弊社商品に添付された**読者アンケートハガキを累計5枚**お送りいただくごとに、全商品の中からご希望の本を**1冊無料進呈**する特典もございます。

ご入会希望の方は小社HPフォームからお送りいただくか、メール、またはこのハガキにて、お名前、郵便番号、ご住所、電話番号を明記のうえ、弊社宛にお申し込みください。折り返し、SBC発行の「**入会確認証**」をお送りいたします。

●**購入申込書**（小社刊行物のご注文にご利用下さい。その際書店名を必ずご記入下さい）

書名　冊

書名　冊

●ご指定の書店名

書店名　都道府県　市区郡町

せて、西洋諸国相互の戯曲翻訳もそうであるとして、具体例を二つ挙げている。「凡《およ》そ戯曲の訳は、つとめてその意を失はざらむとするものなれば、字を逐《お》ひて原文を写《うつし》出《だ》ださむとするときは、我国の人の怪《かい》僻《へき》なる語となるべし。されば古《いにしえ》より欧州諸国の民の互に相《あい》訳述して、殊邦《しゅほう》［外国］文学の趣味をおのれが郷に遷《うつ》したる蹟《あと》をたづぬるに、一として逐字の訳あることなし」（同前）。具体例の一つは、スペインの劇作家カルデロン Calderon de la Barca の『ザラメヤ村長 *El alcalde de Zalamea*』序幕のはじめで一兵卒が行軍の苦しさを語るのを聞いたときの一同の答え「Todos. Amen（皆々、アアメン）」を、ドイツ語訳者グリース Johan Diederich Gries が「Soldaten. 'S ist wahr！（兵卒ども、ほんにさうだ）」と訳したもの。鷗外はこう言う。「独逸も新旧いずれはあれど、基督教の民なれば、『アアメン』は『アアメン』なり、これを邦語に訳して南無阿弥陀仏といひたらむやうなる不都合あるにはあらざるべし。さるを猶是《なおこれ》の如く改めたり」（同書、二九六〜二九七頁）。もう一つは、シェイクスピアの『ハムレット』で幽霊が現れたときのハムレットの叫び「Bring with thee airs from heaven or blasts from hell（天より灝気《こうき》を持来《もちきたり》しにもせよ、地獄より毒烟《どくえん》を持来しにもせよ）」を、ドイツ語訳者シュレーゲル August Wilhelm von Schlegel が「Bring Himmelsluefte oder Dampf der Hoelle（天の灝気を持来しにもせよ、地獄の毒烟を持来しにもせよ）と訳したもの。鷗外の説明はこうである。「よりといふ言葉とのといふ言葉とは、その意味決しておなじからねど、訳者はこれに拘《かかわ》らざりき。これ等は、皆多少の自由にて、これを誤謬なりとはいふべからず。これ等の多少の自由は戯曲の翻訳に必要なるものなり」（同書、二九七頁。傍点は引用者）。

　これに続けて鷗外は、こうした戯曲翻訳の「自由」を哲学書翻訳の厳正さに対比させる。「蓋《けだし》戯曲を訳するもの、かゝる自由をなす所以《ゆえん》は、戯曲といふもの彼《かの》反復咀嚼して其《その》味を知るべき哲学書などゝはおのづから殊《こと》なればなり。哲学書に於いては作者に人と同《おなじ》からざる用語例ありて、一字といえども動し易からず。その訳者は宜《よろし》く字を逐《お》ひてこれを訳し、文の或は艱渋《かんじゅう》になるをも厭《いと》はざるべきものなれど、戯曲はこれを読み、これを聞きて、その幻象直《ただち》に読者聴者の目前にあらわれざるべからざればなり。故にいはく。戯曲の翻訳は、これを哲学書などの翻訳に比すれば頗《すこぶ》る自由なるものなりと」（同前）。仮に戯曲翻訳の旨とすべきを「意訳」と呼べば、哲学書翻訳の旨とすべきは「直訳」ということになろう。いずれにしても、匿名批評家のように、戯曲翻訳と哲学書翻訳をいっしょくたにしてはならない。まさにこの点で匿名批評家は「石橋［忍月］氏の哲学書を誤解したるを弁護せむとて、余等が戯曲の訳を引出でしも、既に大体に於いてこれを失せり」（同書、二九八頁）。

次に、匿名批評家が前提する第一点、つまり「翻訳者」に比した「祖述者」の責任軽減についてである。忍月は自らの文章を「祖述」というが、実は粗雑な「翻訳」であった。「石橋［忍月］氏はロオゼンクランツ［Wilhelm Rosenkrantz］が分明に醜美の差別を立てたるを知らずして、妄《みだり》に醜は美なりなどいふ審美学絶滅の論を吐きたり。（その詳《つまびらか》なることは醜美の差別と題したる論に見ゆ。）石橋氏の所謂《いわゆる》祖述中にて、ハルトマンを誣《し》いたるところは、差別無差別のみならず。石橋氏はハルトマンが書を取りて、字を逐ひてこれを訳し、句の難渋なるところに至りては、擅《ほしいまま》に二三行を省きその字を逐ひたる間に於いて誤をなし、その甚しきに至りては原文と反対なる意味となしたること、挙げて数ふべからず。譬《たと》へばドイツ語 ausmachen という字を除去と訳して、その合せ成すという意味に用ゐられたるを知らざりし如し。夫《そ》れ西洋の哲学書を一字々に訳して、これを祖述といふ、其《その》誤已《すで》に妥《おだやか》ならず、況《いわ》むや其間に非常なる誤あるをや。山人［という筆名の匿名批評家］がこれを掩《おお》はむために、余等が折薔薇の訳の自由なるところあるを挙げたるは、特に其言の権衡《けんこう》を失ひたるのみならず、余等が誤謬にあらざる比較的に自由なる訳法を以《もっ》て石橋氏の誤訳なる自称祖述法に対せむとしたる間、おのづから曲直の相殊《あいこと》なるものあるを奈何《いかん》せん」

（同前）。こう述べた上で、鷗外は匿名批評家から指摘された諸点について、詳細に反論し、自らの翻訳の妥当性を説明しているが、ここでは割愛する。

この論争においては、翻訳の自由と「祖述」の自由の混同の問題が浮かび上がっているように思える。忍月が自分の文章は「翻訳」ではなく「祖述」（解説・紹介）にすぎないと言うとき、一方でその「祖述」とは「翻訳」の厳正さ、つまり原文への忠実さから解放された自由を持つものの意であろう。匿名批評家の「訳者は祖述者よりも、原著者に対する責任大なればなり」という言葉には、そのことが含まれている。しかし他方、その「祖述」と言われるものは、実態からするとほぼ「翻訳」であり、しかも、鷗外によって示されたとおり、忍月の誤った原文読解に基づくものであった。とすれば、「翻訳ではなく祖述」という言葉は、原文への忠実さに自信のない翻訳であることの言い訳、結局は翻訳者の原文忠実責任からの逃避になるであろう。この場合の「祖述」の自由とは、翻訳者に比べ「責任小」という責任回避のことでしかない。そもそも「翻訳」は訳者による原文理解に直接基づいて行なわれるが、「祖述」ないし解説・紹介も同様に原著理解が不可欠であり、したがって原文についての翻訳者と同様の厳正な理解義務から解放されることはない。なるほどふつうの解説者は、必ずしも自分の原著読解を解説に提示するとは限らないが、忍月の場合は、いわば正直にそれを提示したので、上記の「祖述」の自由の責任回避的性格が露呈したわけである。

鷗外は、たんに誤訳を指摘するばかりではなく、哲学書の不適切な実質的「翻訳」が「祖述」という隠れ蓑をまとって出現する道を封じるために、哲学書の翻訳者が翻訳者としての責任回避に他ならない「祖述」の自由へと向かわないように、翻訳者に戯曲翻訳の自由を積極的に明示したように思える。翻訳者の自由は、「祖述」という責任回避の中にではなく、戯曲翻訳の中にこそある。

さて、そうすると逆に、哲学書翻訳には戯曲翻訳のような自由はなく、むしろ「祖述」への逃避を誘発しかねないほどの厳正さが求められることになる。哲学書翻訳について訳者に求められるその厳正さの具体的内容は、たんに原文の字句についてのそれだけではない。上述したように、基本的には、複数の西洋諸言語の習得がある。西洋各国の哲学が相互に他国のそれを参照し合っている以上、西洋哲学研究にはそうした複数言語の習得が必要になるからである。上で鷗外は、戯曲翻訳について、西洋諸言語間の比較を行なって見せたが、西洋諸言語が頻出する『舞姫』（一八九〇〔明治二三〕年）の作者にとっては、哲学書翻訳についても同じことが可能であろう。

多言語堪能、いうならポリグロット性ないしポリリンガル性は、明治の知識人、とりわけ哲学者に顕著な特性であるが、これはそもそも西洋の哲学者ばかりでなく、西洋知識人一般の特性である。西洋文明の特徴であると言ってもいいかもしれない。映画監督のアルフレッド・ヒチコックは、自らの映画作品でヨーロッパらしさを表現するために、他国人が集まってそれぞれが自国語でしゃべりながらお互いの話を理解する場面、ポリグロット的場面を、たびたび設定した。たとえばスイスのホテルのホールで雪に閉じ込められた、イギリス人・フランス人・ドイツ人・イタリア人たちがそれぞれ自国語でしゃべりながら相手の言葉を理解し合う、といった場面である。実際に、ヨーロッパの大都市で西洋諸国からの留学生たちが集まる場では、日常的にそのようなことが行なわれうるし、ベルギーのような複数国語の知識人にはポリグロットがいくらでもいる。しかし、そうした西洋人のポリグロット性も、地中海世界の人びとのそれに比べると、いささか見劣りしてくる。たとえば、地中海南岸のチュニジアには地中海沿岸諸国の七〜八ヶ国語に通じている者が見出される。しかも、地中海世界のポリグロットは生活者であり、西洋のそれは知識人である。我が国の明治の知識人の場合は、西洋の知識人との出会いにおいて、西洋の数ヶ国語に通じたポリグロットというかなり限定されたスタイルのそれに接したことから、それをモデルにすることになったと思われる。それゆえポリグロットとは言っても、基本的には英・独・仏の三ヶ国語、しかも文献解読中心に限定されている。そして、この西洋モデルのポリグロット性は、特に哲学の領域で、上記の三ヶ国語に古典語としてのギリシア語・ラテン語を加え、西洋哲学文献をおよそ網羅できるかたちで実現されていったように思える。西洋哲学の主要文献は、事実上、英・独・仏・希・羅にまたがり、相互に密接に関連し合っている以上、この五ヶ国語の読解能力を身につけるのは、哲学研究の基本であった。

こうした我が国の哲学研究のポリグロット性・ポリリンガル性は、もちろんその研究対象となる西洋哲学それ自体が備えた性格であるが、基本的には西洋文明内の多文化主義・多言語主義の現れと見ることができる。西洋文明は、外部に対しては自らの言語を押し付けるにしても、内部においては、一方で少数民族語への抑圧はあるものの、他方で少なくとも知識人の領域では、東アジア文明内ではほとんど見かけない同一文明内の他国語理解へ向かうベクトルを発見できる。もちろん西洋語相互の類似性と、頻繁な日常的出会いによる習得の容易さがそのベースにある。友人のベルギー人哲学研究者は、夫婦内ではオランダ語（フランドル語）を用い、妻の親族とはドイツ語で話し、学界ではもっぱら英語で発表し、私とはフランス語でやりとりする。もちろん古典語教育は学生時代に受けている。ここに一種の世界市民主義を見ることもできようが、それは生活から遊離したものでも無限定のものでもなく、むしろ西洋文明内で諸国を結びつける紐帯の一つになっているように思える。西洋文明に特徴的なこの紐帯の我が国への輸入は、西洋哲学研究のような、文字言語による学術的・知的・文化的な紐帯としてのみ、きわめて限定されたかたちで可能であった。しかし逆に言えば、我が国における西洋哲学研究は、その総体的アプローチのための複数言語習得という純学術的な基礎的志向によって、こうした西洋文明の多言語主義的な紐帯を輸入する貴重な機会になったのである。

*

次に大正期の哲学翻訳書を概観しておこう。ここでも上記『国立国会図書館蔵書目録 大正期』（全六巻＝全四編各一巻＋索引二巻、紀伊國屋書店、一九九八〜九九年。収録件数七万九一一二。上記『同目録 明治期』に収録されなかった明治期刊行の和図書も収録）「第一編」のうち「西洋哲学」（八三〜九二頁）に沿って見ていく。

大正期になると、翻訳対象の範囲が拡大し、翻訳志向の網の目も細かくなる。実際、『国立国会図書館蔵書目録』の項目も、明治期にはおおざっぱな「哲学」だけだったものが、大正期は「西洋哲学」の項目が立てられ、さらにそれが「西洋哲学（一般）」「古代哲学」「中世哲学」「近世哲学、英米哲学」「ドイツ、オーストリア、スカンジナヴィア哲学」「フランス、オランダ哲学」「イタリア哲学」「ロシア哲学」に細分化されている。地域的には、英米と特にドイツの量が圧倒的で、それに続くのがフランスであり、イタリア、ロシアは僅かである。

ここで、原書が英・独・仏に集中していること、あわせて、そのうちでドイツ語翻訳がこの時期に増加していることについて、考えておきたい。まず英・独・仏に集中したのは、もちろん第一に翻訳者・研究者・読者の関心が、イギリス・アメリカ・ドイツ・フランスの哲学に集中していたからであり、そのベースとしてこの四ヶ国の哲学それ自体が活況を呈していたからであろうが、政府の政策とも密接に関連していた。外務省の意見書をもとに明治三（一八七〇）年に布告された『海外留学規則』（太政官布告第九五八号）は、留学に関する我が国初の包括的な規則であったが、そこで留学国は原則として英・米・仏・独（プロシア）の四ヶ国と定められていた。明治初期の留学生数は、米・英・独・仏の順であったという。

しかし、明治一〇年代の後半になると、ドイツ留学ブームが起こり、ドイツへの留学生数が英米へのそれを凌駕するようになる。特に官費留学生の場合、そうであった。石附実《いしづきみのる》は『近代日本の海外留学史』（中公文庫、一九九二年）において、次のように述べている。「ドイツ留学の流行は、［明治］一〇年代半ば以降、とくに教育の分野におけるドイツ化の傾向の反映であり、その風潮を象徴的に示すものであるとともに、逆にそうしたドイツ化の媒体となって、ドイツ化への傾斜にますます拍車をかける原因ともなった。（中略）［明治二三（一八九〇）年に発布された］小学校令は、プロシアに模して制定された帝国憲法の発布のあと、『国民教育』を明確にうたうことによって、小学校の目的および組織、教育行政の国家主義教育の方針をはっきりと体系づけたものであり、ドイツの初等学校と教育体系がモデルとされたものであった。（中略）そして一〇年代にも、リンドネルなどドイツ教育論がかなり普及し、二〇年代に入ると、周知のとおり、ヘルバルト主義の登場と流行によって、教育界のドイツ主義の風潮は決定的となった」（同書、三一六～三一七頁）。

石附は、我が国の教育界におけるこのドイツ主義の風潮のさらに背後には、「政治、文化全般にみられるドイツ化への傾斜」が存在し、その傾斜が政府の政策的選択に基づくものであったと指摘し、次のように説明する。「ドイツ主義の採用は、民権論、自由党系が依拠したフランス、改進党系のイギリスに対抗し、絶対主義的な傾向の強いドイツ・プロシアの国権主義とその体制に学ぶことによって、みずからの国家主義体制を補強しようとする政府の意図によるものであったことはいうまでもない。そこから、憲法、政治、行政はもとより教育、大学、軍制その他の諸制度と組織化が、ドイツをモデルとして設定、改編されたのである。（中略）かくして、英、仏学に対する強烈な対抗の役割がドイツ学に期待され、これが底流となって、ドイツ主義への政策的な転換に向かっていったのである」（同書、三一八～三一九頁）。

ただし、石附は、明治後半から留学生がドイツへ集中したことの原因は、こうした政府のドイツ化政策にばかりではなく、当時のドイツの学問的レベルの高さにもあったとして、こう付け加えている。「留学生のドイツへの集中的な留学の現象は、右のように国家の政策的なドイツ化の傾斜を背景として進められたが、他面それは、〔明治二〇年代以降の〕第三期留学の基本的性格、つまり研究者による高度な専門研究という特質そのものにも帰せられる。『世界ノ学』の普遍のレベルに立ち、それぞれ特殊分野の研究をおこなうにあたって、ヨーロッパのなかでも、特に学問研究のレベルが高かったドイツがもっともふさわしいとされたのである」（同書、三三〇頁）。哲学翻訳書についても、同じことが言えるように思える。つまり政府のドイツ化政策と、ドイツの哲学を求める知識人の学術志向が、ドイツ語からの翻訳書を増加させたのであろう。

『目録』（大正期）へ戻ろう。

まず古代で特記すべきは、『プラトン全集』（全一一巻、木村鷹太郎訳、冨山房、大正一三〔一九二四〕～一四〔一九二五〕年）。これは、同訳者・同出版社により、すでに明治三六〔一九〇三〕～四五〔一九一二〕年に全五巻として刊行されたものの「訂正版」であるが、プラトンへの関心の高まりに対応しての出版と思われる。中世ではアウグスチヌスが他を圧倒している。

英米では、スペンサー、ジョン・ステュアート・ミル、ジェームズ、エマーソンなど、すでに明治期の『目録』にあったものに加え、新たにカーライル、カーペンター、デューイ、ヘフディング、バークレー、ラッセル、サンタヤナ、フェルディナンド・シラーなどが挙がる。

ドイツでは、明治期から引き続きヴィンデルバンド、カント、ショーペンハウアー、クーノ・フィッシャーらが訳されるとともに、ニーチェ、ルドルフ・オイケン、マルクス、フィヒテ、ヴィルヘルム・オストヴァルト、ジンメル、ライプニッツ、カッシーラー、コーエン、キルケゴール、ニコライ・ハルトマン、ディルタイ、ナトルプ、リッケルト、シュライエルマッハー、フォイエルバッハ、エンゲルス、シュプランガー、コルシュ、ヘルダー、ロッツェなどが新たに並ぶ。

フランスでは、明治期以来のルソー、コントのほか、デカルト、パスカル、ベルクソン、ポアンカレ、ギュイヨー、テーヌ、ブートルーなどが顔を出す。特にベルクソンとルソーが量的に圧倒的である。イタリアはクローチェ、ロシアはソロウィヨフのみ。

我が国における西洋哲学の翻訳体制は、大正期に至って、基本的な部分が整いつつあるという印象がある。

*

昭和前期（元〔一九二六〕年～二四〔四九〕年三月）について。この時期になると、『国立国会図書館蔵書目録　昭和元年—二四年三月』（全一三巻＝全六編九巻＋索引四巻、紀伊國屋書店、一九九八年）中の西洋哲学翻訳の項目数は、前の時代に比べ圧倒的に増える。第一編「総記・哲学・宗教」のうち「西洋哲学」は、三七ページ（三〇六～三四二頁）に及ぶ。さらにその中で「古代哲学」は六ページ（三〇八～三一三頁）。新訳『プラトン全集』（全国書房、昭和二一〔一九四六〕～二四〔四九〕年）、最初の『アリストテレス全集』（河出書房、昭和一九〔一九四四〕～二四〔四九〕年）が刊行され、それを中心として多くの研究書が出版されて、西洋哲学の起源としての古代哲学の研究は基本体制を整えたと言える。「中世哲学」も同様で、アウグスチヌス、エックハルト、エラスムス、オリゲネス、トマス・アクィナス、モンテーニュ、カンパネラ、ブルーノー、アンセルムスなどの翻訳・研究が並んでいる。また、ジルソン、マリタンの中世哲学研究の翻訳もある。

英米哲学（三一五〜三一八頁）では、ジェームズ、ラッセル、デューイ、エマーソン、ジョン・ステュアート・ミル、スペンサー、バークレー、ベーコンについては、前時代から継続的に関心は続いているが、新たにホワイトヘッド、ヒューム、ロック、ラスキン、ホッブズ、トーマス・ヒル・グリーンらが現れる。特にイギリス経験論の系譜に属す哲学者への関心が顕著である。

ドイツ哲学（三一八〜三三六頁）は、覇権を確立するように思える。新しいのは、シェーラー、シェリング、ハイデガー、ヤスパース、フッサール、そしてヘーゲルである。シュプランガー、ヴント、ルカッチ、ブレンターノ、ハイネ、フンボルトなども見られる。翻訳全集は、カント、ニーチェ、そしてヘーゲルが出版されている（マルクス全集は「経済」に分類され、すでに大正九（一九二〇）〜一二（二三）年に出版）。

フランス哲学（三三六〜三四一頁）では、アラン、コンディヤック、レヴィ＝ブリュル、ディドロ、サルトル、マリタン、ラヴェッソン、ド＝ラ＝メトリ、ヴォルテールらが、新たに登場する。ベルクソン、ルソー、デカルト、パスカルの人気はあいかわらずである。

スペイン哲学では、オルテガとウナムーノ。イタリア哲学では、あいかわらずクローチェ、そしてヴィーコ。ロシア哲学では、シェストフ、レーニン。

この時期に、哲学翻訳書の世界は、現在のそれと地続きになったように思える。前章第4節で見た三木清の翻訳書の積極的活用についての発言は、このような翻訳書の充実を背景としたものであった。

5　翻訳の戦略

周知のように、かつて哲学はラテン語で、国境を越えヨーロッパ全体に広がる知的な哲学者共同体の構成員に向けて発信されていた。しかし、デカルトはフランス語で書くようになる。共通語であるラテン語から各国民言語への哲学発信言語の変更は、発信対象としての想定読者の決定的変更を意味していた。共通語としてのラテン語使用で結びついていたかぎりでの哲学者共同体は後退し、母国語で哲学する国民国家内哲学者共同体が新たに形成され前面に登場してくる。哲学の場の中心は、ラテン語をとおして国民国家を大きく超えていた高度に知的な水平的共同体から、国民言語をとおして国民内の諸階層を貫く啓蒙的な垂直的共同体へと移ったのである。

哲学の普遍性の具体的な姿は、その読者について言えば、かつては国境を越えることであったが、いまでは社会階層の垣根を越えることを意味するようになった。ここには明らかに、使用言語と普遍性について、国境か社会階層かの二者択一が存在し、母国語使用の選択とともに、国民国家内の社会階層の乗り越えの選択が行なわれ、その裏側として、超国民国家的・超国民文化的な知的共同体の後退があった。しかし実際は、デカルトはすべてフランス語で書いたわけではなく、形而上学の専門家へ向けた『省察』(前掲)のような著作はラテン語で書き続け、一般読者のためにはそのフランス語訳を出版するという戦略をとった。ラテン語による超国民国家的戦略は、根本的には母国語による超社会階層的戦略に転換されつつも、国民国家の乗り越えというその基本的役割は翻訳による戦略に引き継がれたのである。また、もちろん現在でも、西洋内では上述のポリグロット的議論は行なわれているし、ラテン語に代わって英語を使用した世界的規模の知的共同体は、たとえば国際学会というかたちで機能している。

すでに本章第1節で触れたところであるが、森有礼は文明開化政策の徹底として、英語国語化論を主張し、それに対して馬場辰猪が批判を行なった。この論争についても、上で述べたような「国境か社会階層か」の問題として理解すべきである。馬場は、社会階層分断回避の観点から、つまり統一的国民文化形成の観点から、森の英語国語化論を批判した。このとき国民文化形成とは、社会階層の上下分断を避け、究極的には上下間の議論による万機公論を実現することにほかならない。前掲の『翻訳と日本の近代』で加藤周一の言う翻訳主義の意義（同書、四三～四九頁）、つまり西洋知識の導入にあたって英語国語化を退け翻訳という方法を採ったことの意義とは、この社会階層の上下分断の回避にある。このように加藤は森の英語国語化論そのものは否定したが、上で見たとおり、森が「国語として何語を採用すべきか」という問いを立てたことは評価した。この問いには、上記の「国境か社会階層か」という二者択一が隠れているように思える。もしそうだとすれば、森は、あたかもラテン語による古い国際的な知識人共同体をモデルにするかのように、国境の乗り越えのほうを選び、英語国語化というかたちで英語主義を展開し、それに対して馬場は、社会階層の垣根の乗り越えのほうを選んで、階層を超えた西洋知識の伝播のために翻訳主義を支持したことになる。ポイントは森がその英語主義を、たんに「第一外国語としての英語のさらなる強化」としてではなく、「国語として何語を採用すべきか」という問いを立て、英語国語化として主張した点である。これは、上の二者択一で言えば、国境の乗り越えを選んだ上で、しかも社会階層の垣根の乗り越えのほうもあわせて専制的に実現することにほかならない。明治政府の能吏による最悪の「空理空論」

の実例である。加藤周一が指摘したように（加藤・丸山校注［編］、前掲『翻訳の思想』三四七頁）、国語状況は、各国の異なる歴史・政治的状況の結果である。我が国の場合は、あらためて明治維新において、翻訳主義的伝統に基づいて日本語による社会階層の統一をめざす国語策が選び直されたのであった。これは、上の二者択一で社会階層の垣根の乗り越えのほうを選択するものであるが、国境の乗り越えを諦めるものではない。そこで国境の乗り越えの仕事を担うのが、翻訳である。

論点を整理しよう。森にとっても馬場にとっても、目的は「我が国における文明発展ないし国力増大のための西洋知識の国民的共有」である。その目的を実現するための方法について、両者の意見は分かれる。森は、国際社会における英語の支配という現実を根拠にして、とりわけ国際関係における我が国の国力増大のために、ふつう英語採用に際して考えられる「第一外国語としての英語のさらなる強化」、あるいは「日本語と英語の二国語体制」という方式を退け、一気に「英語国語化」という極端な方式を提案した。なるほど森には、「日本語と英語の二国語体制」が「英語国語化」よりも国民に一層の負担を強いると思えたのかもしれない。しかし、森の頭には、「英語国語化」により、国際社会における英語使用の点で、我が国がフランス・ドイツより優位に立ち、その国民的習得の暁には英米に肩を並べられるという単純な考えがあった、と想定するほうが分かりやすい。つまり、「英語国語化」という極端な方式の提案は、フランス・ドイツという非英語使用の列強に対する言語上の優越という理由がないと、理解が難しいのである。

「国境か社会階層か」というきわめて近代的な二者択一は、一回の選択で終わるものではなくつねに突きつけられ続けるものであるという点では、選択肢の一方を選び他方を捨てるという厳密な意味での二者択一ではなく、二つの重要問題のうちのいずれの解決を優先させるかという優先順位の二者択一である。

したがって、選ばれなかったほうの問題も厳として残る以上、それについての解決も必ず考えなければならない。森の場合は、英語国語化というかたちで国境の乗り越えのほうを優先させたが、残った社会階層の垣根の乗り越えについては、おそらくは考えが及ばなかった。そのため馬場たちの批判を招くことになるが、そのような政策検討の貧困からは、国民への強引な英語習得の強制という専制的な解決法が不可避的に帰結することになる。これに対して馬場の場合は、英語国語化がもたらす社会階層の分裂を指摘することによって、社会階層の垣根の乗り越えのほうを優先させたが、残った国境の乗り越えについては、すでに圧倒的なかたちで進捗している翻訳という方法を、あらためて支持することになったのである。

森の考えた「英語使用国による世界支配」は、「国境の乗り越え方」という点では、上述したかつての「ラテン語による国際的知的共同体」と同じである。しかし、前者が言語的帝国主義の典型であり、後者が世界市民主義の具現であるとすれば、両者は対極にあるように見える。共通言語による国境の乗り越え方には二つあって、一つは帝国主義的な植民地化、もう一つは世界市民主義的な学術交流である。ここで問題になっているのは、純然たる政治・外交・経済などではなく、西洋の「知識」の導入とその使用言語である以上、「世界市民的な学術交流」は重要な意味を持つ。本書第一章第6節で見たように、カール・シュミットは、イギリス帝国主義が宗主国イギリスの国民と植民地住民との境界を隠すために、人類民主主義というイデオロギーを用いていることを指摘した。森の場合は、西洋知識の導入にあたって、政治家としての自らの英語帝国主義を正当化するために、知識人としての自らの学術的世界市民主義を用いているのではないか。あるいはむしろ、その英語帝国主義の過度の楽観性は、その学術的世界市民主義に由来しているのではないか。要するに、学術は一般に脱民族性・脱国民国家性を持っており、それに関わる知識人もそうした傾向を持つ。それが知識人の軽快かつ軽薄な特徴である。

もう一つ重要な知識人の特徴は、自らを一般大衆の一員とみなす傾向である。この傾向も、国民が国語として英語を学習する際の困難を、森に過小評価させ、その英語国語化論を後押したように思える。たとえば森が「知識の探求に熱心である知的な日本国民は、西欧の科学・芸術・宗教上の高価な宝庫から、基本的な真理の数々を会得しようと努力するときに、日本語のような貧弱で不確実な伝達手段に依存することはできません」(Education in Japan, introduction, 尾形裕康『学制実施経緯の研究』、加藤・丸山校注［編］、前掲『翻訳の思想』所収、三二七頁）と述べるとき、「知的な日本国民」の「知的な」という修飾語は「日本国民」を限定しており、それゆえ「知的な日本国民」とは「日本の知識人」のことであって、もちろん「日本国民」全員が「知的」であると言っているわけではない。森は、実際には日本の知識人を頭に置きながら、日本国民全員にとっての国語としての英語を考えているのである。ここには、明治の政治家が備える知識人性のネガティブな面が露呈している。森は、国民全体に向かって知識人に対するような要求をしており、その要求は、知識人としての森の脱国民国家性つまり世界市民性に基づいているように思える。そもそもかつてのラテン語による哲学共同体がローマ帝国の残滓であったように、現代の英語による国際学会は、英米の帝国主義の落とし子である。学術的な世界市民主義は、政治的な帝国主義と密接に結びついているのである。

さて、国境を越えた知的交流は、共通語としてのラテン語使用がなくなり超国民国家的な知的共同体が崩壊したからといって、近代以降、途絶えたわけではない。一方ではラテン語に代わって英語が共通語として設定され、その使用による各種国際学会というかたちで知的共同体が再構築されるとともに、他方で各国語相互の「翻訳」という方法が浮上するようになった。英語という共通語に基づいた国際学会のほうは国境を越えた知識人交流のため、各国語相互の翻訳のほうは社会階層の垣根を超えた国民規模の相互文化交流のためのものである。

たとえばフランスでも我が国と同様、多くの哲学研究者・哲学読者がカント、ヘーゲル、ハイデガーを読むとき、ドイツ語原文ではなく、その母国語訳を用いる。いまやフランスにおいて、ドイツ哲学のフランス語訳は哲学研究に欠かせない。それは哲学的問題関心が、少なくとも可能性としては国民的規模にまで、実際上はドイツ語を解さない知識人層にまで、拡大したことを意味する。原著者からすれば、その分、自らの原文の読解を行なう努力を惜しまない読者の数を減らすという代価を払ったとしても、他言語を使用する他国の膨大な読者を獲得することになった。しかし翻訳の読者でも、自ら必要と認めるなら、原文にあたる努力を惜しまないであろう。原文からの読解を求める原著者にとっても、翻訳という方法は、必ずしも著述の主旨に反するものではない。こうして翻訳は、ラテン語という共通語の消滅、まさに「バベルの塔崩壊後」の状況にあって、一方では英語の共通語化による「塔」再建が行なわれる中、原著の属する国民国家・国民文化を超えた他の国民国家・国民文化への移植によって、各国語への翻訳を全体として見れば、共通語設定とはまったく異なる多言語主義的な方式で、世界的規模の知的共同体の再構築へと向かっているのである。この翻訳による知的共同体の多言語主義が向かうものを、ベンヤミンは「真の言語」「真理の言語」「純粋言語」と呼んだのではないか（本書一八八〜一八九頁）。

すでに前章第4節で触れたとおり、ヴァンサン・デコンブは「フランス哲学」を「フランス語で書かれた哲学」と定義し、外国哲学（たとえばカント哲学）のフランス語訳をも「フランス哲学」に含めたが、これは、ベンヤミンとともに、原著の補完としての翻訳の役割と、翻訳の背後にあって、原著を生んだ文化と翻訳が属する文化とをそのまま包み込む上述の知的共同体への志向を読み取るならば、単純なナショナリズムではないことがよく理解できる見解である。ひとつの国の哲学は、たとえ翻訳をとおしてでも、外国の哲学の問題提起を受けとめなければ、哲学たりえないのである。

ただしもちろん、この翻訳戦略はラテン語のときとは異なり、原典への間接的アプローチとならざるをえず、原典への直接的なアプローチのためには、長い言語的修練を積んだ専門家による教示を求めなければならない。その意味では翻訳はあくまでも、原典へのその直接的アプローチのための準備段階にすぎない。つまり「翻訳」はあくまでも翻訳であり、原典ではない。日本語でデカルトを読む日本人の読者は、いつも自分がデカルト哲学の核心部に触れていないのではないか、という不安を感じている。翻訳はいかに「名訳」といえども、原物ではなく一種のレプリカなのである。一語が決定的な重要性を持つ哲学著作の翻訳の場合、この不安はきわめて大きく深刻なものになる。目の前の翻訳が「違っているかもしれない」という不安、その結果として自分が誤読しているかもしれないという不安は、哲学翻訳書の読者にとって、おそらく本質的である。実際、原文なら一語にこだわることができるが、翻訳文では一語にこだわりきることはできない。そもそも訳者が逐語訳しているとは限らないので、翻訳の読者は、原著者の思想に触れているのか、翻訳者の解釈に面しているのか、よく分からないからである。いずれにしても、翻訳の読者は、自分が或る出来事についての伝聞情報・間接情報を聞いているような、もどかしさの感覚から逃れることはできない。

もっとも、このような事情は、本質的には原文の読者についても言える。フランス語でデカルトを読む日本人研究者にしても、デカルトのフランス語の微妙なニュアンスを読み切れるわけではないだろうし、現代のフランス人読者にしても、哲学の素養なしに、また、デカルトの時代のフランス語の知識なしに、デカルトのオリジナル・テキストを十分理解できたとは実感できないだろう。言い換えると、一つの哲学テキストは、その使用言語の点で、時空的に、つまり時代的・地域的にきわめて限定された産物である。

一般に、時代が下れば下るほど、地域が遠ざかれば遠ざかるほど、その読者にとって理解は困難になる。フランス語を母国語としていた同時代人にとって容易に理解できたことが、後世の外国人には理解が難しい、というわけである。

そうである以上、翻訳は、原文の内容を正確に伝える能力に致命的な限界を持つレプリカではなく、デカルト哲学に向かう原文より多少遠回りの道である、と考えるべきである。ただ「遠回りの道」とは言っても、多少時間をかけて翻訳を読み続けていきさえすれば必ず目的地としてのデカルト哲学へ到達できる、ということではない。そのような保証がありえないことは、原文の読者でも同じことである。「道」とは、「到達」の保証なしにただ「向かうこと」を意味する。その点では原文も同じであるが、おそらく原文は多少「近道」なのである。翻訳は、原典が表現する時空的にきわめて限定された一文化の知的営為を、時空的に離れた他文化内へと移植し、上のような意味で読者の知的関心を異文化へと方向づけ、ときには歴史的流れの中で、その知的営為に他文化内での独特な在り方を身につけさせるという点で、異文化交流の最も重要な知的手段である。

その典型が、すでに見た三木清の翻訳論でも挙げられていたが、インドを起源とし中国経由で日本へ渡ってきた仏教経典の翻訳である。中国仏教はインド仏教と異なり、日本仏教は、インド仏教とも中国仏教とも異なる。ベンヤミンはその「翻訳者の課題」（前掲『暴力批判論』所収）の中で、言語について次のように述べた。「歴史を超越した諸言語の親縁性は、あげて、完全な言語としてのおのおのの言語において、ひとつの、しかも同一のものが、志向されている点にある。そうはいってもこの同一のものは、個別的な言語のいずれかによって到達されるようなものではない。それは、諸言語の互いに補完しあう志向の総体によってのみ到達可能となるもの、すなわち純粋言語である。いいかえれば、異なる諸言語のすべての個々の要素は、語であれ文であれ文脈であれ、互いに排除し合うのだが、これに反してその志向自体においては、諸言語は補完しあうのだ」（同書、七七〜七八頁、傍点は引用者）。この引用文中の「言語」を「仏教」に置き換えてみると、ここでの言明は、上記の三つの仏教にも当てはまるように思える。すなわち次のとおりである。「歴史を超越した諸仏教の親縁性は、あげて、完全な仏教としてのおのおのの仏教において、ひとつの、しかも同一のものが、志向されている点にある。そうはいってもこの同一のものは、個別的な仏教のいずれかによって到達されるようなものではない。それは、諸仏教の互いに補完しあう志向の総体によってのみ到達可能となるもの、すなわち純粋仏教である。いいかえれば、異なる諸仏教のすべての個々の要素は、語であれ文であれ文脈であれ、互いに排除し合うのだが、これに反してその志向自体においては、諸仏教は補完しあうのだ」。三仏教は、純粋仏教を志向する点で同一であり相互に補完し合う。

異は同があって初めて成り立つ。仏教は中国・日本に渡って、それぞれ独自な形態を身にまとい、新たな文化的生命を獲得したと言えよう。しかし、インド仏教・中国仏教・日本仏教の違いは、仏教の何らかの同一性が前提されなければ存在しえない。では、その同一性は、どこにどのように設定されるべきか。過去にか未来にか。起源としてか目的としてか。原典忠実主義は、起源ないし動力因としての原典を絶対化し過去に同一性を設定することになる。これに対してベンヤミンは、起源ないし動力因としての原典を決して否定するわけではないが、それとあわせて目的ないし目的因としての「純粋言語」というかたちで未来に同一性を設定した。起源＝原典という過去の同一性のみだと、翻訳は原典への絶対的隷属のもとで、自らの実在性を失い、それゆえ独自性も確保できない。「翻訳において原典の生は、つねに新しく、最終的でもっとも包括的な展開を遂げる」（同書、七四頁）のであり、これこそ文明史のダイナミズムであるから、翻訳が実在性を失うと、このダイナミズムが影のようなものになり、結局は、原典それ自体が「死後の生」

を喪失してただただ起源においてのみ独り空しく輝いていることになるだろう。原因が結果としての現在を規定する仕方について言えば、過去における動力因である原典が絶対的モデルとして、現在における結果としてのすべての翻訳を一義的に規定するのに対し、未来における目的因である「純粋言語」は、原典とそのすべての翻訳の多義性を許容する。皆が、同一地点を出発し、異なる道を辿りながら、はじめとは異なる同一地点へと向かっている。道の多様性は、出発点の同一性によってではなく、目的地の同一性によって保証されるのである。

鷗外の言う「戯曲翻訳法の自由」（加藤・丸山校注［編］、前掲『翻訳の思想』三〇二頁）の根拠は、このような目的地の同一性、未来の同一性が根拠となるように思える。しかし、やはり鷗外が言うように、戯曲翻訳と哲学書翻訳は区別しなければならない。そして、哲学書翻訳の厳正さは逆に、とりわけ原典＝出発点の同一性、過去の同一性を根拠にしているように思われる。だが、もちろん戯曲翻訳にも原典という過去の同一性のしばりがあり、哲学書翻訳にも未来の同一性による自由はある。哲学書翻訳の厳正さが、その自由のかたちを規定する。その自由は、我が国において、カント『純粋理性批判』、ヘーゲル『精神現象学』、ハイデガー『存在と時間』など重要著作の翻訳が複数存在する点に、現れているように思える。同一原著の同一外国語による複数翻訳である。厳正さの要求の結果、いくつもの翻訳が現れることになる。原典＝出発点の同一性へ忠実に向かう結果、解釈の多義性が出現し、かえって未来の同一性が浮かび上がるわけである。

第四章

思想

「弓を引くヘラクレス Héraklès archer」ブールデル Antoine Bourdelle 作、国立西洋美術館蔵。ギリシア神話の英雄ヘラクレスが怪鳥ステュムファリデスを射るために渾身の力で弓を引き、まさに矢を放とうとする瞬間である。一九一〇年にサロンに出品されると、この作品は、批評家たちから、「古代 archaïsme と現代 modernité」「充実 les pleins と空虚 les vides」「直線 les droites と曲線 les courbes」「写実主義と理想主義」などの対立物の統一、緊張感溢れるバランスの表現として絶讃された。本章では、明治維新期に形成される我が国の思想界の内に、この彫刻作品が表現するような緊張感溢れるバランスを探究する。それはアカデミズムとジャーナリズムの緊張でありバランスである。

今日に於《おい》ては人々皆其《その》遭遇する事物に向《むか》い必ず問うて曰《い》う、これ果して益ありや、これ果して理ありやと。昔日の安心は今日の懐疑となり、旧物其地を失うて新物未だ其所を得ず、是《こ》れまさに我国思想界の現状なり。此《この》時に当《あたり》て我国思想界の最初の要務となすべきは百般の事物をして「公明且《かつ》正大なる試験」を経せしむるにあり。（中略）東西万般の思想を比較判別批評して其傾向及び其価値を認むるにあり。（中略）思うに批評の尺度となすべきもの唯だ一あるのみ、吾人の道理心是れなり。（中略）他の事に於ては他に吾人の尊敬服従すべき者あらん。但だ吾人が思想の世界に於ては吾人の理性は吾人の至尊者なり。

――大西祝「方今思想界の要務」（『大西祝選集』Ⅱ所収、岩波文庫、二〇一四年、五九～六三頁。初出は一八八九（明治二二）年）

1　鎖国から開国へ

まず、西洋情報の遮断としての鎖国があった。中国・朝鮮・琉球・オランダという例外はあったとしても、また、特定の役人・貿易商人・知識人が把握していたとしても、一七世紀中葉から一八五四年の日米和親条約締結まで二〇〇年あまり続いた徳川幕府の鎖国政策によって、国際情報は、我が国の社会一般にほぼ遮断されていたことはまちがいない。もちろん幕府・藩の首脳部と特定の知識人は、ある程度の国際情報を把握していたはずであるから、一種の情報統制であるが、そもそもその独占された情報量が極端に少なかった。しかし、幕末の「開国」による突然の情報収集の必要に対応するだけの知的情報システムの土台はできていたと思われる。

周知のように、鎖国政策とは、一七世紀中葉の明帝国衰亡によるそれまでの東アジアの公的通交秩序の崩壊と、キリスト教布教および世界領土分割・国際貿易独占を狙った大航海時代以来の西欧諸国の活動を背景に、江戸幕府がキリスト教禁制を軸として、貿易の統制管理と日本人の海外往来禁止を行なった対外通交政策のことである。なるほど、それに先立つ豊臣秀吉・徳川家康は、それぞれ、日本を中心とした新たな東南アジア海域の公的通交秩序を構想し、東南アジア諸地域との相互交通推進に前向きであったと言われるが、しかし儒教道徳に齟齬するキリスト教に対してはすでに厳しい態度で臨んでいた。

特にキリスト教禁制と日本人海外往来禁止の措置は、幕府への権力集中を目的に、幕府統制が及ばなかった大名の家臣・領民への幕府による直接統制をめざしたものと言われる。前者は個人の信教の自由の制限、後者は個人の移動の自由の制限である。そうしてみると、貿易の統制管理も、個人の経済活動の自由の制限であって、これも含め、鎖国は、大名の家臣・臣民に対する幕府直接権力の強化と位置づけられる。

重要なのは、個人に対する幕府権力による直接統制の結果、西洋知識の導入が著しく遅延した点である。情報は、個人の活動のための関心・必要に応じて求められ獲得されて伝達される。政治的に獲得情報量を最大にするには、情報統制を全面解除し、まずは国民全体を情報源とするべきである。もちろん、そうなったら政府の仕事は、得られた情報の信頼性・有効性のチェックであり、そのためには有能な官僚組織の存在が前提される。近代的な政治的情報統制は、情報開放を前提として、その膨大な量のチェックとして行なわれる。これに対して鎖国の場合はまったく逆に、国民への専制的な情報遮断として行なわれた。

維新の際の「万機公論」原則とは、或る意味で国民全体が情報提供者・被提供者になるような国民的規模の情報システム構築の宣言である。西洋情報は翻訳なしには、国民的規模の有効な情報にならないから、そのシステムにおいて翻訳者は、西洋に関する国内向けの決定的に重要な情報提供者である。情報の点では、鎖国から開国へは統制から開放への一八〇度の方針転換であるが、鎖国下における情報受容システムはその大転換に耐えるものであった。システムの中心をなすのは、武士知識人たちである。一種の連邦制であった幕藩体制においては、藩の壁は、情報流通にとって障害として働いたと思われる。それゆえ、廃藩置県による中央集権体制の確立は、情報開放を支えたはずである。しかし実際には、武士知識人による知的情報の交換は、すでに幕末以前から藩の壁を越えており、特に大都市においては身分の壁を越えていたようだ。知的情報というものは、国家・身分の壁を容易に越えるものである。

周知のとおり、我が国には幕末以前から、落書・聞書・瓦版など伝統的な在野の情報伝達メディアが存在していた。しかし、松本三之介によれば、それらはあくまでも、ルシアン・パイの言う「伝統的社会におけるコミュニケーション過程」、つまり他の社会的プロセスと明確に区別された体系として組織されていない過程であり、そこには「専門職業的な情報伝達者が欠けており、コミュニケーション過程に参加する人たちも、身分社会の中で占めている彼らの社会的・政治的な地位を基盤として情報伝達に加わるか、さもなくば単に仲間たちとの個人的な結びつきによって行うにすぎない。そこでは情報は、通常、社会的な階層制の線に沿って流れるか、さもなくばそれぞれの身分社会における社会関係の個別的パターンに基づいて流れる」（松本「新聞の誕生と政論の構造」、松本・山室校注［編］『言論とメディア』「解説」日本近代思想大系11所収、岩波書店、一九九〇年、四五六頁）。この伝統的メディアが幕末維新期に、固有のプロセスとして他の社会的プロセスから独立した近代的コミュニケーション体系を形成する近代的な新聞となっていくのであるが、その際も、西洋の新聞との出会いが大きな役割を果たしている。

「西洋の新聞の果たす役割について、日本の為政者や知識人が注目するようになるのは、幕末、オランダの商館によって作成された『風説書』を契機としてであった。もともと『和蘭《オランダ》風説書』は、徳川幕府の鎖国政策の採用に起源を発し、鎖国後の幕府がキリスト教禁圧のためにも海外の情勢について知識を必要としたことから、寛永末年［一六四一年］以来、日本に来航するオランダ船からその都度海外の情報についての書付を提出させたことに由来している。この『和蘭風説書』は、幕末（とくにアヘン戦争以降）になって幕府の対外問題への関心が高まるとともに一層重要視されるに至り、『風説書』に対する幕府の期待と要求も著しく増大する。そしてオランダ側においても情報の収集を積極的に行い、『風説書』の作成にあたっても、広東・シンガポールその他各地の新聞報道を資料として、その内容を一層豊富なものとするよう心がけた。この『和蘭風説書』は、安政元年（一八五四）の開国まで継続し、その後はオランダの新聞を差し出すように変えられた」（同書、四五二頁）。松本はさらに、それに先立って、新井白石の『西洋紀聞』（正徳五（一七一五）年）や、渡辺崋山の「外国事情書」（天保一〇（一八三九）年）にも、西洋の新聞についての言及・記載がありその社会的効用についての関心が確認できると指摘している。「風説書」と呼ばれていたものが現在の「新聞」という言葉になるのは、開国前後であるという。「『新聞』とは、政府の正式の報道とは別に、各種の探索によって得た情報を指したものであった。『風説書』に代ってこの『新聞』という言葉が西洋のニュースペーパーを指す言葉として登場するにともなって、それは、大量印刷・大量伝達・速報性など、西洋近代の産み出すテクノロジーによって支えられた諸特性と結びついたイメージへと成長する」（同書、四五四頁）。万延元（一八六〇）年に日米修好通商条約の批准書交換のため渡米した使節団の一行は、ワシントンへの途次、ハワイに立ち寄ったが、そこで新聞印刷の実況を見聞し、その印刷機械の精巧な装置に衝撃を受けている。また一行は、ワシントンでも、取材に駆け回る新聞記者の姿を見て新奇の眼を見張り、留守中の母国で起こった桜田門外の変事を四〇余日後にはアメリカの新聞が報じているのを知って、その早さに驚嘆している（同書、四五四〜四五五頁）。

このように我が国の近代的な情報メディアとしての「新聞」も、西洋がモデルとなった。しかも、我が国における最初の新聞は、外国新聞の翻訳である。「『和蘭風説書』に代えてオランダの新聞がオランダ政府より幕府に提出されるようになって以降、幕府は蕃書調所《ばんしょしらべしょ》に外国新聞の翻訳を行わせ、やがて文久二年（一八六二）の『官板バタビヤ新聞』の発行へと進んでいくが、それは翻訳新聞とはいえ、日本における最初の新聞発行の例を開いたものとなった」（同書、四五五頁）。

松本は、西洋新聞についての新知識に加えて、従来からの我が国における出版文化の重要性を指摘している。「幕末以来急速に導入された西洋近代の新聞についての新知識と、江戸時代の長い歴史を通して培われた出版文化は、それぞれ結び合い合流することによって明治のコミュニケーション過程の誕生を支えたのであった」（同書、四五八頁）。

その上で松本は、次のように述べる。「幕末維新期に新聞が注目を集めたのは、単にコミュニケーション・メディアとしてのその新しさや技術的な優秀さのゆえだけではなかった。それと同時に、新聞というメディアが国民国家の形成という当時の緊急の課題にとって不可欠な手段としての意味をもっていたからであった」（同前）。それは、「広く挙国的な規模において人びとの間に、新しい国家の権力や制度に対する、承認・服従・支持・協力など何らかの態度や意識の形成」を行なうこと、つまり「新しい国家支配に対する理解や関心を全国的な範囲で調達する」ことを実現するためには、新聞という手段が不可欠であったということである。すなわち、新聞は「国民であるという感覚（the feeling of nation-ness）」を醸成するための不可欠の手段であった（同書、四五九頁）。この国民感覚は、「議論する公衆」のベースとなる。「新聞を通して共通の情報と問題関心が提供されることによって初めて、人びとは直接的な見聞に支えられた伝統的生活世界を超えた、国民としてのアイデンティティを身につけることが可能になるだろうし、やがては『論議する公衆』（ハーバーマス『公共性の構造転換』〔一九六二年〕）として再生する途もひらかれるであろう」（同書、四六〇頁）。

松本によれば、こうした国民意識の醸成の必要は、すでに幕末において「人心の折合」への関心というかたちで現れていた。「開国問題発生以来、体制を維持しようとする側も、体制に批判的な側も、『人心』や『公論』の動向に全く無関心ではもはやありえない状況が展開しつつあった。（中略）幕末の時点におけるこうした『人心の折合』に向けられた関心は、周知のように王政復古後、五箇条の誓文の第一条に謳われた公論主義（『広く会議を興し万機公論に決すべし』）に継承されることとなる。ただ『人心の折合』と言い『万機公論』と言っても、この時点まではまだその主要な担い手も藩士層であり、藩を基盤とした『国論』に依拠する側面が少なくなかった。しかし『版籍奉還』『廃藩置県』と権力の一元的統合が進行し、また開化主義に基づく社会化（socialization）が進められるとともに、『人心』や『公論』もしだいに伝統的な藩的秩序の枠を越えた挙国的性格をもつようになる。日本の新聞が国家的な政治論議や人心の動向と深く関わるに至るのも、そのような状況の進行においてであった」（同書、四六一頁）。

幕末から維新にかけての、「言論による政治」の進展について、前掲『言論とメディア』のもう一人の校注［編］者・山室信一は、次のようにまとめている。「嘉永六年（一八五三）六月のペリーの浦賀入港は、ただに二〇〇年来の鎖国から開国への大転換を促したというにとどまらず、幕府政治の様式を一変させ、ひいては日本における政治のあり方を根底的に変革させる一大契機となった。まさにこの時から日本の政治は、小さな波紋が波となりうねりと化し、ついに逆巻く波濤へと転じていく。その最初の一石を投じたのが老中阿部正弘である。阿部は開国を迫るアメリカ・フィルモア大統領の親書にたいする返書の措置に苦慮し、逸早く朝廷に奏聞するとともに、諸大名以下にこれを諮問し、あわせて前水戸藩主徳川斉昭を幕政参与に登用して海防意見を建議させた。これらの措置は、『公家並諸侯と雖《いえ》ども……政道奏聞に及ばず候。四海鎮定しがたき時は、其《その》罪将軍に有《ある》べし』と定めた元和元年(一六一五)八月の『公武法制応勅十八箇条』(『徳川禁令考』〔司法省編、明治一一(一八七八)年~二八(九五)年〕)の祖法を自ら破ることとなった。そして、ひとたび朝廷と諸大名の幕政参与の道を開いたことにより、幕府による政治的統合は求心性を失う。(中略)幕府の専決方式による政治の終焉と公議輿論にもとづく政治の開始を告げるものとなったのである」(山室「国民国家形成期の言論とメディア」、同書「解説」所収、五二一~五二二頁)。

この諸大名への諮問を機に、政治的流動性が著しく進捗し、「諸藩列侯会議構想」が展開されるようになり、諸藩内での「言路洞開」と「人材登用」が行なわれ、欧米の政治体制への理解が現実味を帯びるようになって、議会制への傾斜が進む。「さらには『政体一《いっ》に民情に本《もと》づき、官の行ふ処は大小となく必悉《ひっしつ》民に議《はか》り、其《その》便とする処《ところ》に随《したがい》て其《その》好まざる所を強ひず』(横井小楠『国是三論』万延元〔一八六〇〕年)というイギリス議会制などが国家形成のモデルとして引照されることになる。加藤弘之が文久元〔一八六一〕年『最新論』(本体系『憲法構想』所収)で『上下分権の政体を立て公会を設け』る意見を出したのをはじめとして、大久保忠寛・赤松小三郎・津田真道ら幕臣によって議会制構想がつぎつぎと出され、さらにこの議会をいかに運営していくかについての具体的なマニュアルが神田孝平《かんだたかひら》によって『会議法則案』(資料Ⅲ-1)として提出されたのも、こうした思潮の現われでもあった」(同書、五二二頁)。

もちろんこれは、当初は「幕府の専決方式による政治の行きづまりを打開し、朝廷と列藩とを組み込んで行くことによる幕府の延命策」にすぎなかったが、まもなく、慶応三(一八六七)年一〇月に徳川慶喜の大政奉還の上表に「広く天下の公議を尽し」と書かれ、同年一二月の王政復古の大号令に「至当の公議を竭《つく》し」と宣明されて、幕府であれ朝廷・西南雄藩であれ「誰が政権を担うにせよ、言路洞開によって公議を尽すことが政治支配の正当性根拠として公認されるに至った」(同書、五二二〜五二三頁)。

五条誓文の「万機公論」について、山室はこう述べている。「慶応四年(明治元〔一八六八〕年)三月の『五箇条誓文』の『広く会議を興し、万機公論に決すべし』という一条にしても、新しい統治原理の創出というより、むしろ幕末に形成された公議輿論思想を無視しえず、再確認したうえでしか出発できなかったとみなすべきであろう。事実、『広く会議を興し……』の条は、由利公正《ゆりきみまさ》と福岡孝弟《ふくおかたかちか》の草案では、まず『万機公論に決し、私に論ずる勿《なか》れ』とし、つぎに『列侯会議を興し、万機公論に決すべし』となっていたものであり(福岡「五箇条御誓文ト政体書ノ由来ニ就イテ」、『明治憲政経済史論』所収)、公論とはあくまで諸藩の会議をさし、他の議論を『私論』として斥けるという意味を含んでいた。それは、その位にない者が政治を議するのを処士横議として禁じた延長上にあるものといえた。そのことは慶応四年閏四〔一八六八〕月『政体書』が『在官人私に自家に於《おい》て他人と政事を議する勿《なか》れ、若《も》し抱議面謁《めんえつ》を乞《こう》者あらば之《これ》を宮中に出し公論を経べし』(『法令全書』)と、私人間での政治上の論議を禁止し、宮中での議論をもって公論とみなしたことからもうかがえるであろう。『政体書』がアメリカの三権分立制を紹介したブリジマン(裨治文 E.C.Bridgman)の『聯邦史略』や福沢諭吉の『西洋事情』〔慶応二(一八六六)〜明治三(七〇)年〕などを参考にして起草されたことはよく知られているが、それらの著作において当然の前提とされていた『国民集会して国政を議するの趣旨』(『西洋事情』初編)、つまり国民の政治参加という要点はここでは見事に欠落している。公議といい公論というも、あくまで諸藩の連合体として政治運営がなされている限りにおいて政治統合のシンボルとなりうるのであって、廃藩置県によって急速に色あせて行く。しかし、公議輿論や会議設立論がいかに国民の政治参加に関して内実のないものであったにせよ、会議を開き万機公論に決することを政権の正当性根拠として明治政府が出発した以上、これを逆手にとって、国民的基盤をもった民撰の議会が存在しないのは有司専制であり、言論による政治こそが維新の精神を生かすものであるという主張は正当性をもちうることになる。その運動こそ他ならぬ民撰議院設立論争を出発点として昂揚した自由民権運動であった」（同書、五二三〜五二四頁）。

たしかに、五条誓文の「万機公論」のすぐ後ろには「諸藩列侯会議構想」が隠れていた。しかし、さらにその奥には確固とした「言論による政治」の理念がすでに広く形成されていた。この理念が存在していたからこそ、できるかぎりそれに沿うかたちで列侯会議も構想されたはずである。そしてまた、この理念が存在していたからこそ、それを支えとして自由民権運動もまた、昂揚したのである。

2　メディアの整備

山室信一は、その「国民国家形成期の言論とメディア」（松本・山室校注［編］、前掲『言論とメディア』「解説」）において、開国から帝国議会開設に至る時代における我が国の国民国家形成をたどるにあたって、国民国家形成を国民形成と国家形成とに区別し、次のように述べた。「国民国家形成とは、平等な権利と義務を有する人間がすなわち国家の担い手であるとの意識を持ち、『国民』としての一体性の自覚をもって国家を形成する過程と捉えられる。もちろん、国民国家という概念自体、一九世紀に確立された西欧近代の特殊な所産であり、擬制にすぎないものではあるが、国民が他の誰の支配でもなく、自らの支配にのみ服従し、そのために国家を形成するのだというこのフィクションこそが人権や立憲主義をはじめとする近代思想の展開にとって不可欠のものであったことも否定できない。この国民国家を形成していくためには、国民形成と国家形成という二つの側面を同時並行的に進めて行くことが必要である。しかしながら多くの場合必ずしも両者が同時に達成されてきたわけではない。とりわけ、政治社会の民族的個性と一体性とを自覚し、自らが共通の政治的制度の主体的構成員であるとの意識を共有するという意味での国民形成(nation formation)は、あくまでも内面の意欲という心理的次元にかかわっているだけにその達成は容易ではなく、達成度も測りがたい。しかも、自らが国民としてその国家の独自性とそこへの帰属感をもつためには、他の国民との差異もまた同時に認識され自覚されていなければならない。言い換えれば、他の国民との異質性を前提として、国民の同一性意識が確保され、国民統合が達成されるのである」(同書、四八〇～四八一頁)。

これに対して、「国家形成(state formation)とは、憲法にもとづいて政治・経済・文化などの諸側面で国民統合を維持するシステムである統治機構としての政治体(装置としての国家)を組織し、対外的には独立した主権国家として認知させていく過程」と押さえた上で、山室はこう続ける。「対内的には開国から帝国議会開設に至る時代こそ国家形成の渦中にあったことは否定できないはずである。自由民権運動が国民の側からこの国家形成を担い、推進しようとする運動であったこともいうまでもない。そして、最も留意しておくべきことは、議会開設以前のこの時代、政府外の国民が国家形成やその方向決定に関与する唯一の手段は、クーデターでも成功させない限り、建白や請願を含めて言論しかなかったのである。国家形成において言論および言論の自由が重要視される理由は、一にかかってここにある。しかし、言論は国家形成にだけかかわるわけではない。国家形成とならんで、いや時にはそれ以上に、自らが理想とする国家を担い、構成する国民がいかにあるべきか、その国民をいかに形成していくかについての言論として多く現われる。新聞にしろ雑誌にしろ演説にしろ、まずは自らの思想の同意者の育成をめざして行われる以上、それは当然のことといえるであろう。また、新聞はじめさまざまなメディアが国民を対象としていたことからしても、言論はメディアを通して多く国民に向けられることになるのである」(同書、四八二頁)。

山室は、鎖国体制以来の我が国における情報メディアの整備プロセスをかなり詳細に紹介している。その説明に従って、流れを追ってみよう。鎖国体制下では、上記の『和蘭風説書』に加えて『唐船風説書』(非定期・非公的)もあったが、やはり重要なのは前者である。「『和蘭風説書』とは鎖国制度が完成した寛永十八年(一六四一)に鎖国政策の一環として開始され、オランダ商館長もしくはオランダ船の船長が長崎奉行に提出し、これをオランダ通詞が和解して幕府に進達されたものである。毎年提出を原則とし、さらにアヘン戦争後はより詳しい内容のものが幕府から要求されて『別段風説書』が併せて出されることとなったが、『風説書』は開国後の安政六年(一八五九)をもって終焉を迎えた。『和蘭風説書』の内容は、ヨーロッパ、インド、シナの風説の三部分から成り、各地のオランダ商人からの伝聞や新聞の抄録などを情報源としており、この国別編集という形態は一七世紀ヨーロッパで世界情勢に関する定期的情報を提供するために刊行されたコラント(courant)と呼ばれた新聞が採った形式である。『風説書』の利用は、長崎奉行、幕閣の大老・老中・若年寄、宗門奉行などに限られていたが、オランダ通詞による翻訳や伝達される過程などで漏れ、伝写されて流布することとなり、蛮社の獄の遠因となるという事態も生じた。特にペリー来航前後の『別段風説書』は、海外情報への渇望から広く伝写され、吉田松陰なども入手・閲覧している。当時にあってはきわめて貴重な海外情報源とみなされていたのである。この『風説書』が廃止された背景には、オランダ側が日本と条約を締結した諸国の思惑をはばかって辞退したこともあったが、すでに一八四〇年代からヨーロッパやシンガポール、バタビヤなどで発行された新聞・雑誌が舶載され、これを江戸で直接訳すことが行われるようになっていたためでもある。万延元年（一八六〇）に至ると、蕃書調所の教授方が海外の諸新聞を口述筆記するほどの翻訳体制つまりは外に向けての情報開国の体制が整っていたのである」（同書、四九二〜四九三頁）。

山室の記述によれば、こうした体制の下で、蕃書調所は、中国の寧波や上海で発行されていた新聞・雑誌を翻刻刊行するとともに、文久二（一八六二）年バタビヤのオランダ総督府機関紙 *Javasche Courant* を翻訳した『官板バタビヤ新聞』（のちの『官板海外新聞』）を創刊する。翻刻ではなく翻訳編集されたものとして、これが我が国での新聞の嚆矢とされる。同じ文久二年蕃書調所は洋書調所と改められるが、そこでは当時横浜で刊行されていた英字新聞 *The Japan Commercial News* が翻訳され、慶応元（一八六五）年四月まで刊行される。また、柳河春三《やながわしゅんさん》が組織した会訳社からは、*The Japan Times* の翻訳記事、*The Japan Herald* のそれが発行されている。これらの翻訳新聞は会員間で有料回覧した筆写新聞であって、広く一般に市販されたものではない。なお、蕃書調所からはオランダの雑誌 *Hollandische Magazien* を抄訳した『官板玉石志林』が出されているが、西洋の magazine を強く意識して発行されたものとしては会訳社の『西洋雑誌』が最初とされる。ただ実態からすれば、この時期には必ずしも新聞と雑誌が区別されていたわけではない（同書、四九三頁）。

こうした翻訳新聞・翻訳雑誌は、山室によると、政策決定に関わる幕閣や少数の洋学者たちの限られた範囲内のみで内覧されたにすぎず、国内向けの情報開国はいまだなされていなかった。幕府内にも新聞によって内外の情勢を広く知らせて政策への支持調達をはかるべきことを、欧米での見聞をもとに建議した者がいたが、受け入れられなかった。山室は、万延元（一八六〇）年日米修好通商条約批准書交換のためワシントンを訪れた外国奉行新見豊前守正興《しんみぶぜんのかみまさおき》に随行して、アメリカにおける新聞の機能に瞠目し、帰国後幕府維持の方策として新聞発行を強く提議したが容れられなかった小栗上野介忠順《おぐりこうづけのすけただまさ》と、元治元（一八六四）年欧州から帰国し、「新聞紙社中へ御加入之儀申上候書付」を呈上したが採用とならず、かえって幽閉の身となった池田筑後守長発《いけだちくごのかみながおき》の名を挙げている。

しかし、同じ元治元年には、日本最初の翻訳民間新聞、『海外新聞』（当初『新聞紙』）。浜田彦蔵ことJoseph Hico発行）が発刊されている。「『海外新聞』は、フランス、プロシア、オランダ……というように国別に状況を叙述する編集方針をとる。その刊行趣旨については『右のごとく各国の新聞紙を日本のこと葉《ば》になほし出す趣意は、各国の珍ら敷噺《しきはなし》をも知り且《かつ》物の値の相場高下をも弁《わきま》へ知れば、貿易の為に弁利《べんり》多きを思ひてなり』（『海外新聞』第二号）と記している。各国についての知識を増し、貿易上の利益をあげる一助となることを期待したのである」（同書、四九四頁）。つづいて慶応三（一八六七）年、明治に元号が改まる前年には世界情勢を広く人びとに知らせることを目的に掲げた『万国新聞紙』（のち『万国新聞』。イギリス人B.M.Bailey発行）が発刊される。以上を踏まえ、山室は次のように述べる。「このように明治維新以前においてもすでに世界情勢を知ることの必要性と利益が説かれ、それを目的とした新聞が発刊されていたことは確認しておく必要があるだろう」（同書、四九五頁）。

さて、明治維新後についてである。山室によれば、明治三（一八七〇）年に『官版海外新聞』（箕作麟祥《みつくりりんしょう》が指導し大学南校より発行。当初は普仏戦争の戦況報道が目的）、明治六（一八七三）年には『海外新聞』（印刷局発行。海外事情紹介）が発刊されるが、帝国議会開設前にいたる諸新聞に現れた海外記事や世界情勢についての情報は、横浜に入港する郵便定期船が運んでくる諸外国の新聞を訳載したものであった。イギリスのP&O汽船会社の上海―横浜間定期航路（元治元〔一八六四〕年開設）、フランスの帝国郵船の上海―

横浜間便船（慶応元〔一八六五〕年開設）、アメリカの太平洋郵船のサンフランシスコ—横浜—香港間定期航路（慶応三〔一八六七〕年開設）によって、「明治維新を迎えたとき、日本はすでに世界の海上運輸体系の一環に位置し世界一周航路につながっていたのである。また、一八六九（明治二）年にはスエズ運河が開通し、ロンドン—香港間の距離は喜望峰経由の一万三一八〇海里から九七九九海里に約二六パーセント短縮され、日本はヨーロッパに空間的・時間的に急速に接近することとなった。そして、帝国議会開設までの船便による海外情報の収集は、一八六九年のアメリカ大陸横断鉄道の完成、一八七四年の中国太平洋横断汽船会社のサンフランシスコ—横浜—香港間定期航路開設による時間短縮などはあったにせよ、おおむねこの運輸体系の中で行われることになったのである」（同書、四九六頁）。

海外情報の収集のためには、このような船便に加えてもう一つ、郵便という手段があった。開国以来、アメリカ・イギリス・フランスへの郵便物は、横浜・神戸・長崎に設けられた各国郵便局へ行き、その国の郵便切手を貼付して送ることができた。しかし、外国からの郵便物は国内に送達する方途が開かれていなかった。そこで、明治四（一八七一）年一〇月より、横浜にある上記三国の郵便局の私書箱を日本の郵便役所が借り受け、そこで受領した到着郵便物を国内各地へ転送するという変則的な方式を採用することになった。その後、日米郵便条約が成立、明治八年一月から実施され、遅れて、明治一〇（一八七七）年六月に万国郵便連合条約に加入し、イギリス・フランスからの郵便についても正常化が果たされることになる。

山室が海外情報伝達のメディアとして挙げるのは、書籍・雑誌・新聞である。書籍とは外国書と翻訳書であり、海外から到着した外国書は、山室が引く『日本帝国統計年鑑』によると、明治一二（一八七九）年に約三万冊だったのが明治一六（一八八三）年には一二万冊を大きく越えている。『日本帝国統計年鑑』

および『内務省統計報告』に基づき山室が作成した表によれば、国内出版総部数が明治一〇（一八七七）年に約五〇〇〇部だったのが明治二三（一八九〇）年には一万九〇〇〇部にまで伸びるのに対し、そのうち翻訳書数は、明治一〇年の二三二冊から二〇年の六九二冊をピークとして二三年の二二三冊までほぼ横ばいである。その結果、出版図書総部数に占める翻訳書の割合も、明治一二年の約一二％がピークで二三年には一％にまで下がっている。山室は、翻訳書についてはこのように割合としてみれば決して高いとは言えないとしつつ、次のように注意を喚起している。「しかし、当時の出版のあり方からすれば、著述や編輯の中に撮訳・摘訳という形で部分的に重要な箇所が載せられたり、外国書を読解したうえで自分の著述として上梓するということがしばしばあるため、翻訳書の部数だけでは海外情報の流通の程度を断定することはできない。これに加えて、翻刻の中には外国書そのものを翻刻するものや以前に出た翻訳書なども含まれるということも勘案しておく必要がある」（同書、四九八頁）。

次に、雑誌である。山室は、外国の書籍や雑誌の翻訳が日本の雑誌に掲載される場合がきわめて多いと指摘している。『明六雑誌』（明治七年創刊）、『同人社文学雑誌』（明治九年創刊）など一般向け雑誌から始まって、『学芸志林』（東京大学法理文三学部編、明治一〇年創刊）、『東洋学芸雑誌』（明治一四年創刊）、『中央学術雑誌』（明治一八年創刊）などの学術総合誌に至るまで、翻訳記事は重要な海外情報源として大きな役割を果たした。また、キリスト教関係の『七一雑報』（明治八年創刊）、『六合雑誌』（明治一三年創刊）などにも翻訳が多く掲載され、『万国叢話』（明治八年創刊、箕作麟祥）、『政理叢談』（明治一五年創刊、一七年『欧米政学協会雑誌』と解題、中江兆民）、『独逸学協会雑誌』（明治一六年創刊、二二年『学林』と解題、平田東助・加藤弘之）など、翻訳雑誌として出発したものもある。「これらの雑誌が自由民権運動や政府の国家機構の制度化に準拠理論を提供し、国民国家形成の貴重な指針となったことは、よく知られるようになっている」

（同書、四九九頁）。

最後に、新聞である。「翻訳書や雑誌の翻訳記事が必ずしも即時性・速報性を要求されなかったのに比べて、時々刻々と動いて行く世界の情勢をキャッチして行くことが要求された新聞の場合」について、山室は、その情報の流れを二つに区別している。第一は、外国郵便によってもたらされた外国の新聞を直接入手して新聞に翻訳掲載する場合。第二は、外国の新聞を主な情報源として日本の居留地で発行されていた外字紙を翻訳して日本の新聞に訳載するという二段階を踏む場合である。明治八（一八七五）年以前は、上記の対外郵便事情により、外国新聞の直接入手が困難であったため、第二のものがほとんどであり、明治八年以後も、記事選択の困難さ（膨大な外国新聞記事から、限られた人員・語学力・時間で、必要情報を選択することの困難さ）から、あいかわらず第二のものが主流であった。各社とも翻訳係を置き、翻訳記事は新聞によって、外報・雑報・海外新聞・外国電報・海外時事などの欄に掲載されたという。

第一の直接入手による翻訳の場合であるが、山室によれば、国際郵便到着便に占める外国新聞の占める割合はきわめて高く、外国新聞がいかに情報の回路として重要であったかが分かる。「新聞および雑誌」は、四〇・六％を占めている。内訳は、『ロンドン・タイムズ』『ニューヨーク・タイムズ』など、やはり英字紙が多い。「明治五年から十五年まで太政官翻訳局や参事院翻訳局で政策立案や外交上の参考として翻訳された『訳稿集成』『翻訳集成』『翻訳類纂』（いずれも国立公文書館内閣文庫蔵）所収の外国新聞としては、『ロンドン・タイムズ』ほか延べ七十数紙に及んでいる。これらの他、大衆紙や雑誌を入れれば、これに数倍する種類の新聞・雑誌が輸入されていたと推測される」（同書、五〇〇頁）。

次に第二の居留地発行の英字新聞としては、*The Japan Herald* (1861-1914), *The Japan Mail* (1870-1917), *The Japan Gazette* (1867-1923) などがあり、その情報源となった舶載英字紙としては『ロンドン・タイムズ』『パル・マル・ガゼット』『ロンドン・アンド・チャイナ・エクスプレス』など広範多岐にわたり、また、同じく居留地発行のフランス字紙としては *L'Écho du Japon* (1870-1885), *Le Courier du Japon* (1879-1882) などがあった。

山室は、「これらの欧字新聞の存在意義は、単に外国情報の提供というにとどまったわけではない」(同書、五〇一頁) として、次のように指摘している。自らの言論として直接主張するのが難しい場合、「〇〇新聞に曰く」というかたちで新聞記事に仮託してそれを表現する方法が用いられた。これに対して政府は、明治八 (一八七五) 年新聞紙条例第九条に、外国の新聞などの翻訳者名の記入を規定する。また、居留地発行の欧字新聞は、日本についての記事を載せた海外版を作成、欧米に発送し、日本事情を知らせるニュースの輸出機関の機能も果たした。政府は明治六 (一八七三) 年九月から自ら『ジャパン・メイル』を発行ごとに五〇〇部買い上げ、欧米各国へ送付したという。さらに、欧字紙の特派員として滞在した欧米の記者が欧米の新聞・雑誌に投稿することによって日本事情を発信する役割を担い、ときには日本の条約改正を支持する論陣を張ることもあった (同書、五〇一～五〇二頁)。

海外の新聞・雑誌を翻訳掲載した日刊新聞として、山室が特にその重要性を指摘しているのは『官報』である。「『官報』は国民に諸外国の事情を正しく知らせることを目的として、外報すなわち『行使領事報告・外国新聞抄訳』(明治十六年太政官達第二二号) を掲載事項と定め、これに沿って (中略) 文字通り世界をカヴァーする新聞を集めて訳載していた」(同書、五〇二頁)。当時この翻訳にあたった翻訳課には、露文の二葉亭四迷をはじめ錚々たる顔ぶれが揃い、「その翻訳記事は『官報』に光彩を添え、さらに各紙に転載されて外国情報の重要な供給源となったのである」(同前)。山室は、『官報』の「海外情報の窓口としての役割」の大きさについてこう述べている。「上意下達の役割を期して発行された『官報』であったが、その国民形成としての意義は、むしろ広く集められた海外情報の窓口としての役割にあったというべきであるのかもしれない」(同書、五〇三頁)。

日本が開国した時期は、世界を覆う電信網によって世界的な情報伝達が急進展した時代であった。一八三七年モールスによる有線電信機の公開実験成功、五一年パリ―ロンドン間、五八年イギリス―インド間、六一年ニューヨーク―サンフランシスコ間、六六年大西洋横断、六七年シベリア横断の電信線がそれぞれ開設。一八七一(明治四)年にはシベリア横断電信線とつながる香港―上海―長崎横浜間の海底電信ケーブルが敷設され、ロンドン―上海間にも電信開通。さらに一八七三(明治六)年東京―長崎間に電信が開通し、「日本は世界の主要都市と電信網で直結することになった」(同前)。しかしここに、西洋の三大通信社による情報独占の問題が浮上する。一八七〇(明治三)年一月に、イギリス・フランス・ドイツによる世界の三分割協定が調印された。これは「イギリスのロイター(Reuter)、フランスのアバス(Havas)、ドイツのヴォルフ(Wolfs)の三大通信社によって世界を三領域に分割し、各領域においてニュースの収集配信の独占権を握ることを確認したものであった。その協定によれば、『ロイターの独占領域は大英帝国、オランダ、および極東とする』ものであり、日本や中国は全く関知しないままロイターの独占支配下に置かれることとなったのである」(同書、五〇三～五〇四頁)。ロイターとの最初の正式な外電供給契約は、明治一九(一八八六)年であったという。

さらに、留学者・旅行者からの海外情報も次第に増加し、政府も彼らに情報提供を奨励していた。また、新聞社の在外の特派員・通信員からの郵送記事も重要性を増していく。山室は、国際的事件報道のための特派員が送られたケースとして、明治一五(一八八二)年七月の壬午《じんご》事変、明治一七(一八八四)年六月の清仏戦争、同じ年の一二月の甲申《こうしん》事変を挙げている。さらに、そうした特派記事とは別に、新聞記者や社友による旅行記や見聞録などもある。世界各地に派遣された領事が収集した通商情報は、「領事報告」として『官報』に掲載、さらに他の新聞に転載され、国内の商工業者・貿易業者に伝えられていった（同書、五〇四〜五〇六頁）。

こうして重要な情報が迅速に収集されるシステムが構築できたとして、あとはそれを大量に印刷し、それを広範に素早く配布しなければならない。我が国の印刷技術は、明治前半に急速に進展した。明治三（一八七〇）年に創刊された『横浜毎日新聞』は、我が国初の鉛活字、洋紙一枚両面刷りを実現、それが次第に一般化していき、明治七（一八七四）年段階で短時間・大量情報・大量印刷の条件が整い、手動印刷から動力印刷へ、平版印刷から輪転機による回転印刷へ、給紙機から巻取紙使用へと進んでいく。また、広範な素早い配布は、郵便制度によって実現された。山室は、明治五（一八七二）年三月に交付された大蔵省布達「郵便規則」の前文を引いている。

「凡《およ》そ国の称ある所以《ゆえん》のものは、人民其《その》言語風尚《ふうしょう》を一《いつ》にし、政令緒ありて権利相悖《あいもと》らず、相交の誼《よしみ》を通じて其《その》憂楽を同《おなじ》ふし、千里の遠きに離隔するも一区の近に住する如く、共に憲典に遵由《じゅんゆう》して能《よ》く一社の友情を遂《とげ》るをいふ也《なり》。今夫《そ》れ交情を相通じ、均《ひと》しく政令を相奉じ一社の友を為す者は、僻境辺陬《へききょうへんすう》に至る迄《まで》郵便の道自在にして、互に信書を往復し、歓を報じ苦を告げ、有るを以て無きに易《か》へ、……特《ひとり》其国内の社友のみならず海外万里の国と雖《いえ》ども互に交際の道を開き、彼我の民人来往し亦《また》朋友の看をなせば、随《したがっ》て往復の信書あり、必ず郵便無かるべからず」（『法令全書』）（同書、五一二〜五一三頁）。

この前文について、山室は次のようにコメントする。「おそらく、この前文は明治期に政府によって示された国民国家の理念として最もまとまったものの一つであろうと考えられる。同一の言語・風俗を共有し、法的にも整備され、権利を保障された国民が、同一の政治共同体の構成員として相交わる。さらにその国家は他国にも開かれ、他の国民とも朋友の交際をはかるというのである。福沢諭吉が指弾したような幕藩制の下で培われた閉鎖的気質を払拭し、国民と国民を国内外にわたってつなぐ媒介手段として果たすであろう郵便の役割への期待が過剰なまでに吐露されている」（同書、五一三頁）。

こうした国民国家形成に沿って郵便制度は、明治四（一八七一）年に発足、翌年には全国規模で実施され、ふつうは毎日ないし隔日、山間僻地でも毎月五、六度は往復することとなった。明治六（一八七三）年には全国均一料金制が実現されている。新聞・雑誌は、明治四年に駅逓寮の免許を得て一般郵便物より廉価で郵送できるようになっていたが、この全国への郵便開始によって、大きく販路を拡張し、大量販売への契機を得ることとなった。明治五（一八七二）年に約五万部だったものが、一五（一八八二）年には約二〇〇〇万部へと飛躍的な伸びを示している（同前）。

郵便制度は、全国各地への迅速な配達を可能にし販路拡張・大量販売の点で新聞を支えたが、そればかりではなく地方からの情報提供や投書を容易にし紙面充実の点でも新聞の発展に貢献した。明治六年に「新聞原稿逓送規則」が定められ、新聞社宛の無封・開封の郵送原稿が無料となった結果、各紙が地方ごとに通信員を置き、地方読者が新聞社宛に投書や通信を送るようになって、全国的情報が新聞社へ集まるようになる。こうして収集情報量の増加により記事の量が増大したことで、新聞はそれまで週刊程度だったものが日刊へと移行していく。無料郵便とされたのは新聞だけではなかった。明治五年の「郵便規則」は、「凡《およ》そ国の大事、民の大利害に付きて官省寮司其他府県庁等へ宛て差出す建白、訴訟、嘆願書の類」も無料とされた。ただし、明治一五年、自由民権運動の昂揚の中で、新聞原稿、建白書の無料逓送は、「郵便条例」によって廃止される（同書、五一四〜五一五頁）。

電信については、明治四年シベリア横断線とつながる上海—長崎間の海底電信ケーブルが開通したことを受けて、明治六年には長崎—東京間の電信線が架設、八年には札幌から長崎へ至る幹線の架設が完成する。なお、電話については、その日常的使用は、明治の末になる（同書、五一五～五一七頁）。

さて、山室信一は、開国から帝国議会開設に至る時代を、我が国における国民国家形成期と押さえ、特に「言論による政治」の成長という観点に立ち、対外的・国内的の両面から、このほぼ三〇年の期間を中心に言論の場となる新聞・雑誌・書籍などのメディアの発展を辿り、さらにそのメディアの発展の条件となる郵便・電信などの情報インフラ整備の進展を追った。国民国家形成のためには、国民形成がなければならず、国民形成のためには国民意識の形成が不可欠である。そして、同じ一つの国の国民であるという意識が形成されるためには、国民一人ひとりの間での問題意識の共有が必要であり、その実現のためには情報共有が行なわれなければならない。上で見たように、この時代に、その情報共有を可能にする情報インフラとしての郵便・電信が整備され、世界の各国と日本全国の津々浦々とがつながり、世界から収集した情報の国民的規模での配信のための基盤が出来上がって、新聞・雑誌・書籍というメディアが国民の問題意識の共有へ向かって活動を開始する。国民一人ひとりの「言論」と国民相互の「議論」が、国民意識を形成することによって国民を形成し、そのことによって国民国家を形成していくための舞台が整ったのである。

山室は、その言論による国家形成の動きにおいて、自由民権運動が新段階を画したと見る。「そこ〔自由民権運動〕では、国会の開設と国民の政治参加を前提として、開設の時期や方法、国民の代表者によって構成される憲法制定会議の是非、一院制と二院制、そして制限選挙と普通選挙とをいかに組み合わせ選択するか、天皇の進退審議権を議会に与えるかどうか、三権分立を徹底するために裁判官を公選とするか否か、主権は国民、議会、天皇のいずれにあるのか、……等々の議論が、請願や建白や私擬憲法案や演説会において、身分を超え、地域をまたがって繰り広げられて行くこととなった。こうして、民撰議院設立論争は、民撰議院の設立要求というそれまでにもあった要求自体の意義をこえて、それが論争として展開したという事態が示しているように、その議会自体をいかに設定するか、それに国民がいかにかかわって行くかという制度形成そのものが議論の対象となったこと、しかもそれが宮中や議会といった場においてでなくメディアによって公然と行われたことにおいて、政治における言論の新たな段階を画するものであったといえよう。すなわち、国政に対する言論の回路が全く閉ざされていた段階からはじまって、政治的実権を握っていた集団が自己の勢力の維持・補強を図るため他の集団を意思決定に加えてこれを公議輿論として正当化した段階が終わって、その権力の正当性自体を国民が論議し、国家機構をどのように作成するかを言論によって決するという段階に至ったのである。この言論による国家形成という段階の出現を可能にし、在官者以外にも論争の場を提供したのが、いうまでもなく書籍・新聞・雑誌という活字メディアであり、演説・討論などのオーラル（oral＝口頭）メディアであった」（同書、五二四頁）。

山室が特に注目するのは、「郵便」─「新聞・雑誌」─「言論」という言論支援システムである。山室によれば、福沢諭吉は、郵便網が国民の間に神経系のように張りめぐらされていったとき、新聞・雑誌を一つの情報収集・情報蓄積機関として活用すべく構想し、明治七（一八七四）年の第一次『民間雑誌』（慶応義塾出版社）創刊にあたって、読者に対し質問事項を寄せてくれるよう求め、アンケート調査も行なっている。こうした「情報循環のコントロール・タワーとしての機能を雑誌およびその発行所に賦与するという構想は、福沢の中で温め続けられ、明治十三〔一八八〇〕年一月、『互に知識を交換し世務を諮詢《しじゅん》〔相談〕する』（社則第一条）ことを目的として結成された交詢社によって実現をみることになる。福沢は交詢社を『知識集散の一中心』（「交詢社発足の演説」、『交詢雑誌』第二号）と位置づけ、『人間世界多事にして何れも諮詢を要することなれば、爰《ここ》に一社を設けて其諮詢の中心と為し、十問題を集めて百万に質《ただ》し、百意見を集めて千人に報じ、之《これ》を口に伝へ又郵便電信に附し、又或はこれを集めて随時発足の雑誌に記し、周智を合して大智と為すの便利は決して少々に非ざるべし』（同上）との所信を述べている。情報を単に集めるだけでなく、それについて社内の人びとに諮り、『衆智を合して大智と為し』、すなわち情報に付加価値を与えて再配分しようというのである。そして収集された情報のうち機関誌『交詢雑誌』に掲載できなかったものも『之を本局に蔵して社員の閲覧に供し、或は其質疑に対《こた》ふるの資料に備へ、本局を以て社員の知識を貯ふる倉庫と為《な》』（「交詢雑誌発行緒言」、本体系『学問と知識人』所収）することも併せて目的としている。ここにいう二つの機能を今日的にいえば、コンサルタント機関とデータバンクとを兼備したシンクタンク構想とでもいうことになろうか。交詢社員一千数百名は、官吏、新聞記者、教師、農業・工業・商業関係の多職種におよび、地域的にも北海道から沖縄にわたっていたから、十分にその構想を遂行しうる条件を備えていた。それを実証するかのごとく、『交詢雑誌』には、まず各地の社員から寄せられた、煙草栽培法、魚肝油製造法、遺産処分の方法、政府の会社保護政策の利害、外国の集会条例や憲法の実態などを問う多岐にわたる質疑が掲げられ、それに対する解答を募って掲載することがほぼ毎号にわたって続けられている。雑誌というメディアが情報循環のセンターとなっているだけでなく、自発的結社が国民国家形成の場として機能していた顕著な事例をここにみることができるであろう」（同書、五一八～五一九頁）。

もう一つ、山室が郵便の言論に与えたインパクトとして挙げているのは、投書の活性化である。「投書」とは、読者が新聞・雑誌に郵便で投稿することであるが、その内容は明治五・六（一八七二・七三）年までは、「見聞や事実の通知」にとどまっていた。しかし、明治七（一八七四）年一月の「民撰議院設立建白書が『日新真事誌』に掲載され、『日新真事誌』のほか、『郵便報知新聞』『新聞雑誌』『東京日日新聞』、さらに『明六雑誌』などを舞台としての民撰議院設立論争（その具体的内容は、『自由党史』所掲）が展開される過程で、それまで自らの意見を新聞などで開陳するという機会をもたなかった人びとにも政論や時論の場を新聞投書欄が提供することとなった」（同書、五一九頁）。このとき、新聞・雑誌というメディアを通して、国民が自らの意見を提示するという、言論による政治へ向かう国民国家形成の新段階が始まるのである。

山室によれば、それ以降、投書は、いわゆる「大（おお）新聞」や政論雑誌において、社説・論説と並び言論を動かす車の両輪となり、新聞・雑誌間で討論・論争が行なわれ、投書家は新聞記者の人員補充基地のような性格を持つようになっていく。投書家が政府批判の急先鋒となることもしばしばであったので、政府は明治八（一八七五）年六月の新聞条例で投書家を「新聞紙及雑誌・雑報の筆者」と同等に扱うこととし、教唆などの罪を問うこととする。しかし、新聞・雑誌には、そうした規制を非難する投書が殺到することになった（同書、五二〇〜五二一頁）。

ここまでの山室の記述を振り返ってみれば、まずは鎖国体制化におけるほぼ唯一の海外情報の窓口であった「風説書」まで遡り、そこを出発点として、海外新聞・雑誌の翻訳は行なわれたもののそれを享受したのは少数者に限られていたことを確認し、開国とともに我が国に入港するようになった船舶によって海外の新聞・雑誌・書籍がどっと運び込まれ、外国との対等な郵便条約の締結が弾みとなって新局面を迎えることが明らかにされる。輸入された新聞の記事は、直接翻訳される場合もあったが、初めはおおむねいったん居留地の外字新聞の記事として発行されたものが翻訳され、「翻訳記事」として『官報』を含む我が国の新聞の「外報」欄等に掲載された。輸入書籍は、そのまま翻訳出版されるばかりではなく、部分訳・

抄訳等のかたちで、輸入雑誌の記事とともに、我が国の雑誌に頻繁に載せられる。そして、こうした海外情報を掲載した新聞・雑誌は、郵便制度の整備により、また印刷技術の発展に助けられて、急激に販路を拡大し全国へ広がっていく。このようにして整うのは、「言論による政治」ないし「議論による政治」のための社会的な地盤である。上で見た福沢諭吉による「雑誌の知識集散センター化構想」や「新聞・雑誌への読者の投書の活性化」は、この地盤なしにはありえない。

この「雑誌の情報センター化」と「読者の投書活性化」は、「言論による政治」の観点からいずれも重要であるが、その意義は多少異なるように思える。前者は、読者と雑誌の間の情報流通を双方向にするとともに、そのことによって雑誌がセンターとして読者相互間の情報交換のための媒介たらんとするものであって、上記の地盤の一層の充実をはかるものであるが、あくまでも情報に関わるものである。これに対して後者は、まさに読者自身の「意見」の公的な場での開陳であって、「言論による政治」の基本要素である「意見」そのものに関わる。上記の地盤は「情報」に関わるものであり、その最終目的は、この「意見」を可能にし、より質の高いものにする点にある。「意見」のための「情報」の地盤であり、ひと言で言えば、「意見」が目的で、「情報」は手段である。したがって、なるほど地盤が整って情報が豊かになったにもかかわらず、意見が出なくなったり貧しくなったとしたら、本末転倒ということになる。しかし、おそらく、活発で優れた意見は、豊かな情報の地盤に支えられて可能になるのであり、そうした意見を可能にすることへ向けてその地盤整備も行なわれるべきであろう。

言論による政治の中心となる現場は議会である。そこが中心となるのは、口頭の議論を通じて方針決定が行なわれるからである。そして、すでにフィンリーに従って古代アテナイについてみたように、議論の基本は文書ではなく口頭である（本書第一章第7節）。山室は、情報的地盤から発して次第に上昇していき、新聞・雑誌・書籍などの文書メディアを経て、最後に口頭メディアへ辿り着く。日本人が知らなかった言論の武器、西洋でそれを見聞した福沢諭吉によって初めて導入されたと言われる「演説」である。「『我国には古《いにしえ》より其法あるを聞かず』といわれた演説は、当初全く日本人になじまないとみなされながら、次第に定着し、言論の武器として力を揮《ふる》うことになる。その演説を日本で普及させるに与って力のあった福沢諭吉は、『視察、推究、読書は以て智見を集め、談話は以て智見を交易し、著書、演説は以て智見を散ずるの術なり』として演説の効用を情報循環の全体の中に位置づけたが、同時に字の読めない『見識の賤《いや》しき』国民をも高尚の域に進ませる手段としての演説・談話の有用性をも重視していた。もちろん、演説の有用性はそれだけにとどまらない。『事を議するの会を開て之を議するの演説法なくば、民会も亦《また》画餅に属せんのみ。学問の為にも、商工の為にも、又政治の為にも、演説に勉めざる可らざるなり』(「三田演説第百回の記」明治十年四月)と、議会の運営はいうにおよばず、新時代の社会生活全般に適応して行くために不可欠の知識であり技術であるとみなしていたのである」(同書、五二五頁)。演説は一種の技術ととらえられており、その限りでは雄弁術・説得術であって、古代アテナイのソフィストが出現したのと同様、言論の地盤が整備されたところではその発生は不可避であるように思える。

当初は、福沢をはじめ明六社の西周や中村正直などによって試行錯誤が行なわれるうちに、急激に裾野が広がっていく。演説会とあわせ討論会も行なわれるようになり、それらは当時開発された速記法によって、機関雑誌などに活字化され、現場にいなかった広範な読者のもとに届くようになる。こうして「智識を交換し文明を誘導するの器具は、新聞雑誌と演説討論との二者に過ぐるは無し」(『国友雑誌』創刊号)という見解が一般的になってくる。明治一〇(一八八七)年には演説会・討論会は盛況を呈し、翌年から政府はそれに対してさまざまなかたちの規制を加えていった。しかし、演説会・討論会の勢いは衰えない。

ここまで山室は、議論環境の地盤整備とそれに基づく議論の量的拡大を報告してきたが、ここにおいてあらためて議論の質という重要問題を提起する。「しかし、こうした言論をめぐる状況の転換が、そのまま思想や言論そのものの転質をもたらしたものであるかどうかは即断できない。（中略）この時期の『言論とメディア』論さらに『言論とメディアの自由』論も、ほとんど例外なく社会は言論によって動く、あるいは動くべきであり、その変化がより正しいないし望ましい方向に動くためには、そして言論が正しいものであるためには、自由な思想の交換市場が確保されている必要があり、内心の自由とともに、表現・出版・集会の自由がともに保証されなければならないと説くのを常道とする。これはもちろん正論である。それが正論であること、しかもV章に現われているような統制法規が陸続として出されている時代にあっては、何にもましてそのことだけを説いて十分であるということを前提として、なお問題を遡らせて考えてみなければならないのは、衆論ないし世論が社会を動かすとはいかなる事態をさすのかということであり、さらにそもそも衆論・世論とは何か、ということである」（同書、五二八頁）。

衆論とは言っても、実際は知識人の主張であって、民衆はそれに雷同し籠絡されているにすぎないのではないか、という問題である。山室は、次のように問う。「福沢は『雷同』や『籠絡』があることを前提としたうえで、論争や討論によって『千磨百練、僅《わずか》に一時の異説を圧し得たるものを、国論衆説と名《なづ》るのみ』（『文明論之概略』）とみる。衆論や世論は真理でも正論でもなく、相対的で一時的な多数説とするのである。この福沢の見解に同意したとして、しかし、では議会も世論調査もなかった時代においていかにして『一時の異説を圧し得た』と判定できるのであろうか。演説会場の聴衆の反応で、新聞・雑誌の論説や投書で、はたしてそれを知りうるのだろうか。あるいは世論が社会を動かすのではなく、社会が動いたとき、その原因を説明するのに簡便でなんとなく納得できそうな概念として衆論ないし世論がもち出されるにすぎない、とはいえないだろうか」（同書、五二九頁）。

フィンリーとともに見たように、古代アテナイにおける民会でも、発言者は特定の政治家・知識人に限られており、民衆は或る意味では「雷同」していたにすぎない。しかし問題は、この雷同の質である。古代アテナイの市民は、さまざまなかたちで統治に参加し、頻繁に開催される民会で経験を積み、発言についての重い責任が制度的に課せられ緊張しながら発せられる政治家・知識人の主張、いわば命がけの主張を受けとめるかぎりにおいて、たとえ民会でひと言も発しなかったとしても、市民の案件理解のレベルはきわめて高かったはずであるから、その一票は、たんなる「雷同」の結果ではない。古代アテナイにおける議論環境の整備によって、民衆の議論の質の高さはほぼ確実に推し測れるように思える。そして、古代アテナイにおける民会は、この議論環境の頂点であり、その頂点を中心に議論環境は整備されたのである。それが頂点であるのは、議会こそ、「相対的で一時的な多数説」を判定し、国家としての方針を決定する場であるから。我が国においても、やがて開設される国会は、この判定の場であり、次第に整備されつつある議論環境形成の当面の目標であった。もちろん世論調査は、判定のための要素である「意見」ではなく、その「意見」を固めるための「情報」にすぎないから、たとえこの時代に存在していたとしても議論環境の周縁に位置するにすぎない。いずれにしても、「世論ないし言論によって動く社会」とは「議論環境が整備された社会」のことであり、その整備の完成としての国会開設がなければ、世論は判定の場を持たないまま、たしかに社会の動きを説明するための便法に堕してしまうから、そうした議論環境整備の運動としての自由民権運動が、その整備の当面の完成としての国会開設に向かったのは当然のことであった。

山室は、上の引用文の問いにすぐ続けて、次のように答える。「この点は言論・メディアと社会変化の係わりを問題としている本巻にとって重要な課題であるが、国会開設要求の世論とそれに対する政府の決定ということがその事例の一つとみなせるという以外のことは言えない。しかし、現実に言論が日本社会をどう動かしたかについての、厳密な検証は措くとしても、活字やオーラル・メディアによって日本人が『無議の習慣』を脱し、相対的に言論の発し手となる機会は増大したとだけは間違いなく言えるであろう。ただ、演説の機会や聴衆の数が増大していることは確かだとしてもその質がいかなるものであったかはさらに検討を要するであろう」（同書、五二九頁。傍点は引用者）。

「その事例」とは、上の引用文（三五八頁末尾四行～次頁一行め）中で山室が問う「優勢意見の判定方法、社会の動きを説明するための方便として『世論』なるものが利用される可能性、などを検証するための事例」の意であろう。たしかに国会開設要求の世論の高まりが、政府に開設を決定させ、日本社会を動かしたように見えるが、具体的に日本社会を世論は「どう」動かしたのか、厳密に検証してみなければならない、というわけである。しかし、少なくともこの時期までに日本社会における議論環境がかなり整備されたことは間違いない、と山室は確認する。ただ、そこで行なわれる民衆の議論の質、世論の質については検討の必要がある、と言うのである。実際、当時、演説会はたとえば「民権講談」というかたちで民衆演芸の伝統とも結びついて、庶民の間に広がっていった。その「質」については怪しげな印象がつきまとう。

一つの社会において議論環境が整備されるということは、議論が民衆の間に広がるということであり、議論が民衆の伝統とつながるということである。当時の我が国においても、たとえば演説会という新たに設定された場に、民衆が従来から自分たちの馴染んだ講談を聞きに来るとすれば、そこでは必ず新たな「議論環境」と伝統的な「無議環境」のせめぎ合いがたえず起こっていたはずである。しかし、二つの環境は必ずしもいっさい共通性を持たず全面的に背反する水と油ではなく、伝統的な無議環境の中にも新たな議論環境の芽のようなものが存在している。演説会という民衆と直接接する場における演説者としての知識人の役割は、まさに民衆の中のこの芽を育むことにあった。

演説会は、議論環境作りのための民衆啓蒙の最前線の一つであって、そこにはさまざまな戦略・方策が凝縮されて備えられていた。大学の授業が教員から学生への学術的情報の提示の場であるにとどまらず、教員が学生の授業の反応・受けとめ方について調査する場であり、ときには意欲的な学生を研究のためにリクルートする場、さらには若手新任教員の場合は人前で発表することの訓練の場でもあるように、演説会も、聴衆への情報提供・情報分析・問題提起ばかりではなく、聴衆の反応調査、聴衆に対する結社への参加呼びかけのための場でもあった。こうして演説会は、議論環境を構成する「人間交際」を形成するための場となったのである。

しかし、演説会においてももちろん、議論環境全般において、知識人の議論と民衆のそれは、はっきり区別しなければならない。したがって、議論の質についても知識人の場合と、民衆の場合では区別される。民衆の議論の質については、投書、投票結果、世論調査などを用いた限定的・間接的な方法でしかアプローチできないが、知識人の議論の質は、その公にされた文章で判断可能である。それゆえ、たとえそれなりに整った議論環境の中にあっても、民衆の議論の実態は原理的に把握困難であり、実際、知識人の議論に引きずられるものであるから、民衆の議論の質を高めるためには、やはり知識人がリーダーシップを取り、情報公開を進めて情報流通を活性化するなど議論環境それ自体の質を高め、身の回りの民衆との個々具体的な「人間交際」における議論の質を高めるという作業を積み重ねつつ、知識人自らの議論の質を高める努力を行なうしかない。福沢が『学問のすゝめ』で言った「私立の気風の実例」となるという学者の職分には、以上のようなことも含まれているように思える（本書第三章第3節）。

明治維新後、議論環境形成の核になったのは、周知のように「結社」である。「結社は、集団形成を罪悪視する見方を否定することからはじまって、地域や階層・職業によって分断されていた人びとを共通の理念や利害によって全国的規模で結びつけることを目的とし、集団の成員に対等な権利と義務を賦与することを謳って自発的に結成されたという点で特徴がある」（松本・山室校注［編］、前掲『言論とメディア』五三二頁）。よく知られているのは、共存同衆、嚶鳴社《おうめいしゃ》、明六社、交詢社、国友社などである。こうした結社の活動は、自由民権運動の盛り上がりとともに全国で急激に活発化していくが、もちろん政府はこれに対しさまざまな規制をかけ押さえ込みに入る。これに対して植木枝盛は、「集会結社並びに交通の自由を論ず」という論説を書いたが、その中で植木が引いたホプキンスの所説（同志社大学植木文庫蔵、箕作麟祥訳『万国政体論』。Casper T. Hopkins, *A Manual of American Ideas*, 1873）を、山室は紹介している（松本・山室校注［編］、前掲『言論とメディア』五三六～五三七頁）。そこには、結社の効用として九つの項目が挙げられているが、これらは議論環境そのものの効用と見ることもできる。

「曰《いわ》く、凡《およ》そ国家の人民が其邦に在て会社を結ぶによりて生ずる所の効功は、其目たる也甚《はなは》だ多矣《し》。一に曰く、人民をして会議に熟達せしめ、闔《こう》社［全体］の意見を知得することに馴れしむ。二に曰く、人民をして互ひに他人の権利を尊尚するの性に移らしめ、国家に於《おい》て自由の精神を養わしむ。三に曰く、人民をして公事を処するに錬熟せしむ。四に曰く、人民をして他と相合《あい》併戮力《りくりょく》［一致協力］して其事に従ふが為めに要する所の忍性を成さしむ。五に曰く、一個の論議をして専《もっぱ》ら其の勢力を擅《ほしいまま》にせしめず、而して衆多の論議をして其威を限制せしめ、以《もっ》て光明正大の公論を生ぜしむ。六に曰く、結社の趣旨を定立し、幷《ならび》に其全社と社中の各員との関係を制定する工夫に長ぜしむ。七に曰く、国の大事業を為すに便利を与えて、文物の進歩を促がす。八に曰く、公論を発生せしむるに多少の力を与ふ、と」（『自由新聞』明治十五［一八八二］年十一月三日）。しかし政府は、集会・結社への弾圧の手を緩めなかった。「こうして、徒党観を否定して新たな社会と国家を形成するメディアとして機能した演説会などの集会、学術や政論の振興などを目的とした結社、そして新聞が、種々の法規制の下で大きな制約を受け、つながりを断ち切られていったのである。それによって異論の者と競合・共存して行く緊張関係が生み出す社会の活力もまた喪《うしな》われていった」（同書、五三七頁）。

最後に山室は、開国から帝国議会開設に至る時代において、新たなメディアによって議論環境が整備されることによりもたらされた最大の変化は、「日本人の空間感覚・時間感覚の変質」であったのではないかと述べる。新聞や電信によって世界とつながっているという感覚が生まれる。そして、西洋との実際の空間的距離は変わらないのに、情報伝達の速さによってその空間的距離が縮まったように感じられてくる。「毎朝記事が一新されるほどに日本や世界が時々刻々と不断に動きつづけているという事実の発見こそが新聞というニュー・メディアによって日本人にもたらされた最大の衝撃ではなかったろうか。毎年一度という『風説書』の時代から、月刊ないし週刊の新聞へ、そして日刊さらに毎日の朝刊と夕刊の発行と配達という推移は、定時法の導入と相まって社会が定期性をもってめまぐるしく動くという時間感覚を育んでいったものと思われる。なぜなら時間感覚それ自体は一定量の物理的時間そのものによっているのではなく変化によって規定されるからである。おそらく、時間が変化を生むのではなく、変化が時間を生むというテーゼがこの場合にもあてはまるであろう」（同書、五三九頁）。新しいメディアが世界中ないし日本全国からの膨大な情報を即座にもたらし、日本人は、世界・日本全国の変化し続ける動きに立ち会うことになって、空間が縮まり時間が加速されたような感覚を持つようになったのである。これが、新しいメディアをとおして膨大な情報が供給され、知識が増大し、問題関心が極端に広がって議論環境が整うことで、日本人の感覚にもたらされた最も基本的な変化である。

こうした議論環境整備の流れの中で、帝国議会開設を目前にした明治二〇年代の初めに、この流れをさらに推し進めようとする思想家の代表として、山室は、徳富蘇峰《とくとみそほう》を挙げる。しかしそのとき、時代は「蘇峰が見通した方向とは全く逆向きのもう一つの潮流によっても動くきざしをすでに見せはじめていた」として、山室は、「それまでの国民国家形成の方針を批判し、『国粋保存旨義』を標榜する」三宅雪嶺《みやけせつれい》や志賀《しが》重昂《しげたか》ら政教社同人による雑誌『日本人』と「泰西〔西洋〕主義による国民国家形成を指弾する陸羯南《くがかつなん》の新聞『日本』」を挙げ、次のような言葉でその論考を締めくくる。「蘇峰の見解と正反対の地に立つこれらの主張は、明らかに過去二〇年にわたる国民国家形成が失敗したとの引導を渡すものであり、破産宣言でもあった。そして、国民国家としての再生の処方箋を示すべく『国民旨義』を掲げた羯南は、『此《この》漂揺せる日本を救ひて安固なる日本と為さんことを期し、先ず日本の一旦亡失せる「国民精神」を回復し且《か》つ之《これ》を発揚せんことを以《もっ》て自ら任ず』とその存在理由を記したのである。こうして、帝国憲法が発布され、帝国議会開設が日程にのぼってきたとき、国民国家日本は開国以来一体いかなる歩みを進めてきたのか、そしてこれからいかに進めるべきかがさらなる思想課題としてせり上がってきたのである。その課題を担った新世代の人びとが期せずして、国民、日本、日本人といった標題を自分たちのメディアに掲げて出発したことは、国民国家日本が再検討と新規巻き直しの時代に突入したことを、そしてそれが言論の中心テーマとして新たに現出してきたことを象徴的に示すものであった」（同書、五四〇頁）。

ここで山室は、この新たな潮流が向かう方向を、それまでの国民国家形成とは「全く逆向き」「正反対」と表現しているが、論考の主題から外れ紙幅も残されていないせいで必ずしも明確ではない。山室が明らかにした国民国家形成とは、メディアを中心にした議論環境のためのインフラ整備・地盤作りであり、それが最大の成果であった。新たな思想潮流が、これまでの国民国家形成を批判しようとするなら、その最大の成果であるこの議論環境そのものを政府と一緒になって破壊し、究極的には「無議環境」へと逆行しなければならないだろう。しかしそれは、その思想潮流にとって、言論としての自らの足元を崩すことになる。本来、思想潮流とは、議論環境によって支えられている以上、その環境の活性化へ向かうものであり、したがって政府の規制をはねのけるものである。ところが、この新しい思想潮流は、思想としては自己矛盾を犯しながら、政府の規制と同じ方向へ向かって、議論環境を停滞させるおそれがある。思想なるものの質は今後、それが議論環境を活性化するのか、それとも停滞させ破壊するのかによって測られなければならない。明治二〇年代以降、思想界における議論は、議論環境の一定程度の整備を受けて、その環境を軸に行なわれてきた国民形成の仕方をめぐり、その環境の今後の取り扱いを最大の争点として展開されることになるだろう。

3　知は力なり

前節で見たように、開国から帝国議会開設に至る時期に、メディアの急激な発展により議論環境が整備され、我が国の人民は、世界および日本全体につながる空間感覚・時間感覚を備えた「国民」として形成されていった。松本三之介は、「新しい学問の形成と知識人」（松本・山室校注〔編〕、『学問と知識人』「解説」日本近代思想体系10所収、岩波書店、一九八八年）においてハンス・コーンやベネディクト・アンダーソンの所論を踏まえ、近代ナショナリズムを支える「国民」意識は、身の回りの郷里や家族への愛のような具体的な感情を含むにせよ、本質的な要素として「まったく未知の幾百万という国内の無数の人たちの生活や願望をみずからのこととして受けとめ、同じ国土というだけで訪れたこともない地域の隅々にまで一体感をもつという、『遥かに隔たったものへの愛情』（ニーチェ）とも言うべきもの」（同書、四二五頁）を含む、と指摘している。上で見たように、山室信一が「国民形成の要件」として提示した「他国認識」も考え合わせれば、そして我が国近代のことについて絞ってみれば、上記の「まったく未知の幾百万という国内の」という言葉のあとには、「そして幾億という世界の」と挿入しておくべきであろう。さらに同じ箇所で松本は、エドワード・シルズを引きながら、そうした抽象的な感情、空間的広がりを持つ感情を本質とする国民意識に基づく「国民観念の形成に中心的役割を果たすのが、他ならぬ近代的知識人であった」（同前）と述べる。松本が引くシルズの文章は次のとおりである。

「社会が、その人口の量や領域の広さの点で、一人の人間が通常の第一次的経験から知りうる範囲を超えている場合、その人を血縁的な集団外の人たちと接触させるものは、社会の道徳的・知的な結びつきである。その結びつきは、学校・教会・新聞その他類似の構造をもった知的な制度に依存している。……知識人は、説教や教育や著述という方法を通して、内面的な能力の面でも社会的な役割の面でも、知的でない各分野の人びとに、本来欠けているある知覚やイメージを注入するのである。彼ら知識人は、読み・書き・計算といった設備によって、通俗の人たちをより広い世界へと導き入れることを可能とする。ちょうど［アメリカにおいて］さまざまな種族からアメリカ国民を形づくることが、部分的には、教師や牧師やジャーナリストたちの仕事であるのと同じように、諸部族から国民を創造することが、近代初期のヨーロッパや現在のアジア、アフリカにおける知識人の仕事なのである」（Edward Shils, *The Intellectuals and the Powers and Other Essays*, The University of Chicago Press, 1972, p.5）（同書、四二五〜四二六頁）。

このようにシルズは、「国民を創造することが、知識人の仕事である」と言い切っている。これを受けて松本は次のように付け加える。「日常的な直接経験の世界を越えて、人びとを相互に結びつける、共通の知覚やイメージ（「国民」）の創造が、ほかならぬ知識人の社会的な役割であった。そして、通常、その機能は、学校とか教会といった制度や、新聞・雑誌・書籍といったメディアを通して進められた。日本において、このような知識人の役割が本来的に自覚され始めるのは、幕末以降のことと言っていいだろう。言うまでもなく、それは幕末の開国問題を通して表面化し、国民国家形成への必要がそれを促進した」（同書、四二六頁）。そうすると、前節で見たような幕末維新期における急激なメディアの発展による議論環境の地盤整備の進捗と、知識人の役割の上昇は、国民形成、国民国家形成という方向へ向かう点で、一致している。知識人は、まずは自らの活動の場の形成をバックアップし、その場の整備とともに、そこにおいて積極的に活動を展開することになる。そしてまた、議論環境が整備され、国民が形成されていくと、その国民は、新たな空間感覚・時間感覚を備えた準知識人的性格を持つことになる。おそらく、このようにして議論環境の成立により準知識人として国民が形成され、それをベースとして知識人の仕事が活性化する点こそ、我が国における国民国家形成の核心である。

それでは、我が国近代における「知識人」とは、具体的にはどのような者、どのような職種に就き活動した者を言うのか。上でシルズは、教師・牧師・ジャーナリストを挙げているが、我が国の幕末維新期においては、まずは「学者」と呼ばれる者であろう。しかし、学者職分論争でその所在が政府の内か外かが論じられているように、「政治家」との境界線はあいまいであり、メディアとしての新聞・雑誌の発展とともに現れる「ジャーナリスト」とのそれも同様である。そして、国民形成への参与という点では、メディアをとおした言論の提示をほとんど行なわず書斎に閉じこもった学者も、知識人には含まれないであろう。むしろ、我が国近代における「知識人」とは、学問研究を背景として、開国以来の政治社会情勢の激変の中で、新しい言論メディアを通じて積極的に発言していく者のことである。

その中でも、幕末維新期に目立つのが「洋学者」である。松本によれば、幕末を迎える以前の洋学ないし「蘭学の基本的姿勢は、やはり新しい事実の探求と正確な情報の提供という『実測ノ学』の担い手たるところに求められていた」（同書、四二八頁）ので、「経世論的な色彩」は弱かった。「これに対して幕末の知識人たちは、開国をめぐる対外的緊張の急速な高まりと、政治社会体制そのものの再編＝近代化がもはや不可避とされるような急激な状況の変化を背景として、単に新しい事実や情報の探求者・提供者としての役割にとどまるだけではなく、いわゆる経世論的色彩を濃厚にすると同時に、それこそ『国民』という新しい知覚やイメージを、知的な方法を用いて、この日本において形成し定着させる社会的役割をあわせて担うことになった」（同前）。

ここで松本は、幕末以降の知識人の仕事として、その仕事がそれ以前と比べ「経世論的色彩を濃厚にする」という特徴を指摘しつつ、あくまでも「新しい知覚やイメージの形成」と規定している。「経世論的色彩」のほうは、新聞・雑誌など言論メディアにおいて目立つものであるが、「新イメージ形成」の作業のほうは、その色彩の背後の学問の世界にあって目立たないものの、これこそが国民国家形成の作業になるものである。

前節で見たのは、議論環境のメディア的地盤であった。以下では、松本の所説に従って、その学問的地盤の動きを辿ってみよう。松本の前掲論文の副題には「阪谷素・中村敬宇・福沢諭吉を中心に」とある。松本によれば、伝統的な学問としての儒学と新しい西洋学との接合・折衷が、幕末以降における知識人の知的営為の重要な方向となるが、その営為を、上記三者を中心に明らかにしようというのである。阪谷《さかたに》素《しろし》（朗盧《ろうろ》。一八二二〜八一年）は、儒者としての道を歩んでいたが、幕末以降、洋学を受容していく。彼の立場は「尊王開国論」（同書、四三一頁）とでも言うべきものであり、「当時しばしば見られた異国に対する姑息な対応と、異文化に対する徒《いたず》らな畏怖と拒否の態度」（同前）を彼はつねに厳しく批判した。彼は「開国する側の日本の主体的精神のあり方」を問題にしたのである。しかるに「阪谷が開国に際して問題とした精神は、基本的には儒教のそれを意味した。そのことは、開国によってもたらされる日本と西洋諸国との新しい関係、とくに両者の間に横たわる異質な文化や学問の相互の位置づけを説明するにあたって、『理』と『気』、あるいは『体』と『用』、『道』と『器』の二分法であったことによっても示されている。例えば、『蓋《けだ》シ洋人ハ理ヲ知ラズ、所謂《いわゆる》窮理ハ、窮気ニシテ、吾《われ》ノ所謂窮理ニ非ズ、然レドモ其ノ気学ハ精密ニシテ、亦《また》比ベルモノ無シ、大《で》レ理ハ、忠孝仁義ノ教ナリ、気ハ、天下ノ満チテ運動シ形ヲ成ス者、皆是《こ》レナリ』（「白鹿洞掲示説」嘉永—慶応年間稿、『全集』二九五頁。原漢文）と述べているのもその一つである」（同書、四三二頁）。松本によれば、ここで引かれた阪谷の文章「蓋シ洋人ハ理ヲ知ラズ、所謂窮理ハ、窮気ニシテ、吾ノ所謂窮埋ニ非ズ」という洋学観には、洋学の本質を形而下の器械技術の学とする、それまでも新井白石、佐久間象山をはじめとする儒者の間に広く見られたとらえ方が現れている。

「しかし阪谷においては、『理』を本体とし、『気ハ理ノ臣』と、気を理に従属させることによって、逆に、『理』（『道』）の重要性さえ見失うことがなければ、『気』としての西洋学は、まさに『理』の働きを支え、『理』の作用を拡大するものとして、積極的に評価されるべきものと考えられた。そして『教ニ異端有リ、而《しこう》シテ気ニ異端無シ』（前掲同所）と述べているように、『気学』としての西洋学術は、『理』や『体』から範疇的に区別された、いわば価値自由な、働き（『用』）の学として、普遍的な存在理由をさえ与えられることとなる。『理』はたしかに事物の本体をなすものであろう。しかし、あくまで形而上的な存在にとどまるものであるかぎり、具体的な現実の世界でそれが活きた意味を発揮するためには『気』の働き（『用』）に待たなければならない。こうした視点を徹底させれば、『気』としての西洋学術は、『理』としての日本国家の道徳的存在性を現実に保持し顕在化するうえに不可欠なものとなろうし、この『気』の精粗が逆に『理』としての道の優劣を左右することにさえなりうる」（同書、四三四頁）。

　松本によれば、実際、阪谷はすでに維新前からこうした方向を辿った。たとえば、その「上大原源老公書」では「西洋の長所である精巧な学問技術を取り入れることなくしては、道の盛行もまた期待しえないとする『理気合一』の立場が説かれている。こうした『気』としての西洋学への思い入れは、維新後になると一層高進を示す。（中略）このようにして、阪谷にあっては、儒学者として出発しながら、その学問の中に西洋学を積極的に取り入れることが可能となった」（同書、四三五頁）。

　松本は、さらに踏み込んで、この阪谷の開かれた姿勢を支えたと思われる儒学の考え方を、次のように指摘する。「西洋学という異質な学問に対する彼のこの開かれた姿勢は、また、朱子学の『理一分殊』と呼ばれる理気論の秩序観によっても支えられていたのではないかと考えられる。それは、万物の多様性を前提としながら、その多様な個物に普遍的な『理』をそれぞれ内在させることによってこれらを一つに包摂する全体的な秩序観を構成する。そこでは、『理』は『天理』として個物から超越した普遍原理であると同時に、個物の本性として万物に内在し、多様な個物を普遍的な『理』に向けて秩序づけていると考えられた。こうした考え方を媒介としながら阪谷は、異質なものに対する寛容な態度（「異ノ包容尊愛」）と、相異なるもの相互の対立・緊張（「異ノ抵抗シテ相磨スル」）を通して、相互に共通する普遍的なものの析出もまた可能となるとする、いわばリベラルな知的思考に接近して行くことができた」（同書、四三五～四三六頁。傍点は引用者）。この態度と思考こそ、議論環境の学問的地盤の構成要素となるものであった。議論環境の学問的地盤は、新しい知識人としての洋学者のみによって作られたのではなく、伝統的知識人としての儒学者によっても構築されたのである。より厳密に言えば、議論環境構築の進捗の中で、儒学はその環境への適応可能性が問われ、そのうちの柔軟で寛容な部分が浮上してくる。逆に言えば、議論環境が、そうした部分を伝統の中から選別し引きずり出すのである。そして、この議論環境それ自体が、柔軟・寛容を原理とするものであった。

この点で、松本が注目すべきと指摘している阪谷の「尊異説」（『明六雑誌』一九号、明治七（一八七四）年一〇月）は重要である。「政府ナル者ハ天地ニ代リ教化保護其《そ》ノ責ノ大ナル教門ノ比ニ非ズ。異《い》ノ包容尊愛スベキ最モ此《これ》ニ在リ。外国其《その》政教風習ヲ異《こと》ニシテ相磨《あいま》シ、属官其《その》議ヲ異ニシテ相磨シ、庶民其説ヲ異ニシテ相磨ス。其公平至当ノ処置ヲ開キ、国家ノ輝光《きこう》ヲ発揚スル皆異ノ抵抗シテ相磨スルニ生ズ」（松本・山室校注［編］、前掲『学問と知識人』四三六頁）。ここに見られる「異ノ包容尊愛ス」や「異ノ抵抗シテ相磨ス」は、議論環境について松本の言う「新しいイメージ」を確かに人びとに明快に提示している。

次に松本が取り上げるのは、中村正直（敬宇《けいう》。一八三二～九一年）である。敬宇は、「朱子学を表面に掲げながら同時に陽明学をも採り入れた折衷的立場を持した」（同書、四三七頁）佐藤一斎《さとういっさい》に師事し、その儒学を基本的に受け継ぐとともに、早くから蘭学、つづいて英学に取り組む。そして彼は、「時勢の変化についての冷静な認識と外国の実情についての正確な理解の必要性」を強調し、「伝統的な夷狄《いてき》観の克服と、外国文化の自主的な摂取、西洋学術の受容を目指した開国策の推進を説く」（同書、四三八頁）。幕末に至り、それまで自然科学に中心が置かれていた洋学研究が、人文・社会科学へと広がっていく。当初、洋学を技芸についての形而下の学ととらえる伝統的な見方を踏襲していた敬宇も、イギリス留学を志願した頃から、道徳・政治・法律等についても洋学から学ぶ必要を訴え、洋学＝形而下の学という見方を改め洋学の射程を形而上的な方向へ拡大するとともに、儒学の中に新時代を支える普遍性を再発見し、「多様な意見の尊重」「個人の自由を相互に認め合うことの重要性」を聖人の教えとして説いていく。これもまた、議論環境についての「新しいイメージ」である。

敬宇は、イギリス留学をとおして、「儒学（または漢学）は洋学と相対立するものではないどころか、むしろ洋学と密接不可分の関係を保ちながら、時には洋学を包摂し、時には洋学を基礎づけるものである」（同書、四四二頁）という儒学と洋学の関係の考え方を確固としたものとするが、その根本には、キリスト教との出会いによる自らの儒学の展開があった。キリスト教の影響のもと、彼は「天」の観念に新たな意味づけを行なったのである。松本は述べる。「周知のように朱子学では、『天理』という言葉が示す通り『天』を非人格的な理法として捉える見方が強かった。しかし敬宇では『天』を『理ノ活クル者』として『有心』の人格的存在として理解し、その『心』はとりもなおさず生を好み、天より生を受けた人びとを等しく愛する『仁』に他ならないとしているわけである。こうして彼は、『天ハ、我ヲ生ム者、乃《すなわ》チ吾《わ》ガ父ナリ。人ハ、吾《われ》ト同ジク天ノ生ズルトコロ為《な》ル者、乃チ吾《わ》ガ兄弟ナリ。天ソレ敬セザル可《べ》ケン乎《や》』（「敬天愛人説」）と述べて、『天』の観念を媒介としながらキリスト教的人類愛の観念に近づいている」（同書、四四三頁）。松本によれば、だからと言って、こうした敬宇によって新たな意味を与えられた「天」の観念が、儒教の伝統から逸脱していたわけではなかった。

重要なことは、敬宇が「天」を「造物主」の観念と重ね合わせることをとおして、自己の学問の内部に西洋近代の自然学を引き入れることを可能にした点である。「なぜなら『天』の『心』である仁（あるいは仁義）を理解するためには、単に経典をテキストとして読むだけではなく、まさに『天』によって造られた『造化ノ迹《あと》』すなわち自然そのものをテキストとして解き明かすことが必要である」（同書、四四四頁）

からである。「こうして敬宇によれば、人びとは『天』への畏敬の念に導かれつつ天の摂理を探るために自然と向き合うこととなる。そして他方、自然の実態を深く究めれば究めるほど、自然という作品の人智を超えた絶妙さと精巧さのゆえに造物主の存在についての確信と天地を統括する造物主への畏敬の念を深めることになるとするのである」（同前）。

それでは、この神の造化としての自然、われわれの語りかけを待つ「活クル者」としての自然に対し、どのようにアプローチすべきか。敬宇は、「観察」と「試験」（実験）を挙げる。しかも「敬宇は、この経験主義的方法を、自然を対象とする学問のみならず、人文・社会の学についても必要な方法的態度とした」（同書、四四七頁）。

さて、松本が取り上げる三人目の知識人は、福沢諭吉である。前二者の場合は、新たな学問は伝統的学問としての儒学と連続するものとして打ち立てられた。これと対照的に、福沢は新しい学問を、伝統的学問から断絶させたところに打ち立てようとする。阪谷は、西洋学の学問を積極的・柔軟に受容する必要を認めつつ、受容する側の日本の固有の道徳としての『忠孝仁義』や『義勇』や『耐忍』等を保持することの大切さを強調した。阪谷の学問は道学としての本質を脱していなかったのである。敬宇の場合も、西洋の学問を評価したが、その本源として重視したのはキリスト教であり、西洋の「教法」であった。松本は、この阪谷における儒教道徳、敬宇におけるキリスト教の造物主に代わるものを福沢の学問に求めるとすれば、文明であるという。この場合の「文明」とは、すべての人間活動とその結果を包摂する観念である。「人間普通日用に近き実学」とした福沢の学問とは、このような意味での文明についての学問つまり文明論である。

「福沢にとって文明論とは、文明一般についての議論ではなく、具体的な社会の生活現象の動態の問題であり、眼前の日常生活の進歩についての議論であったから、日本における文明の発達と、日本における国家的独立の達成とは、相互に因となり果となりして表裏の関係に結び合っていた。福沢が『文明論之概略』の最終章を「自国の独立を論ず」というテーマで締めくくり、その中で『国の独立は即ち文明なり。文明に非ざれば独立は保つ可らず』(『文明論之概略』明治八年、『全集』四・二〇九―二一〇頁)という言い方を敢えてしているのもそのためである」(同書、四五〇頁)。松本は、福沢が『概略』第二章で、西洋文明を採り入れる際に、「国の文明を謀《はか》るには其《その》難を先にして易を後にし」と言い、採り入れるのが難しい「内の文明」つまり「全国人民の気風」あるいは「文明の精神」を先にし、採り入れが容易な「外の文明」つまり物質文明を後にせよと指示していたことを取り上げ、次のように述べる。

「福沢のこの『外の文明』『内の文明』という捉え方は、伝統的な洋学観との関連で言えば形而下の学と形而上の学という二分法に対応していた。したがって福沢の『外の文明』とは、形而下の学つまり阪谷の言う『気』としての西洋学術、中村敬宇の言う『物質上ノ学』あるいは『技芸』としての西洋学に相当するし、『内の文明』は阪谷の言う『理』としての『道』(『忠孝仁義』『気節』等)、敬宇の『性霊の学』『教法』『天道』に代るものと言うことができる。洋学派知識人としての福沢は、表面的な模倣に傾く文明開化期の風潮の中で、有形の世界に対する無形の世界、物質の世界に対する精神の世界の貴重さを訴えるという点で阪谷や中村と姿勢を同じくしながら、その世界の内実を阪谷の儒教的理＝道から西洋の文明(「内の文明」)へ、中村の造物主への畏敬から『日用に近き実学』へと転換させ、形而上の世界の西欧化と世俗化を進めたところに福沢の学問の新鮮さがあった」(同書、四五一頁。傍点は引用者)。ここで「西欧化」とは上記の「伝統との断絶」、つまり「日本の伝統には無かったので西洋から学ぶべきこと」を意味し、「世俗化」とは「人民気風化」、つまり「一部の知識人が独占するのではなく全国人民の気風とすること」を意味するように思える。それでは、そのように「西欧化」され「世俗化」されるべき「形而上の世界」としての「内の文明」ないし「文明の精神」とは、いかなるものか。

松本は、こう説明する。福沢の言う「文明の精神とは、個々の目的を達成するにあたって、既存の価値や習慣、伝統、権威などに捉われる——福沢のいわゆる『古習の惑溺』——ことなく、大胆に自由に、より有効な手段を求めて知恵を働かし努力する精神態度のことであった。前述のように、阪谷の場合にも、彼は『教ニ異端有リ、而シテ気ニ異端無シ』と説いて、『気学』としての洋学を、教え（『体』）から区別されたいわば働き（『用』）の学として捉え、その限りにおいてそれは普遍的な存在理由をもつという考え方をとった。しかし福沢は、阪谷が当然の前提としていた儒教的理（『体』）の世界から自覚的に袂を別つことによって初めて、『学問の要は活用に在るのみ。活用なき学問は無学に等し』（『学問のすゝめ』『全集』三・一〇三頁）とこの『智恵の働』そのものの中に西洋近代の合理性を見出すことが可能となった。いわゆる文明の利器とは、したがって、このような『智恵の働』によって発見され工夫された有効（『便利』）な衣食住のための物的手段の意味であり、その物的手段の蓄積された体系が、一般に文明の発達と呼ばれているものの内実に他ならないと言うことができる」（同書、四五二頁）。

上述のように、阪谷および敬宇と対比させながら、松本は福沢の学問観を、形而上の世界の西欧化と世俗化と特徴づけ、「形而上の世界」を「内なる文明」つまり文明の精神と押さえ、さらにそれを「智恵の働」と説明した。しかし、問題が学問観であるにしても、「形而上の世界」に関わる以上、「智恵」のみを提示するのではなく、周知のように福沢が『文明論之概略』第六章「智徳の弁」で展開した「智恵」と「徳義」の区別、両者の関係、「智恵」の「徳義」に対する主導性、そこから出てくる一種の主知主義、道徳主義批判についても、検討しておくべきだと思われる。

前掲の丸山真男『「文明論之概略」を読む』(中)の「第十講　知的活動と道徳行為のちがい」および「第十一講　徳育の過信と宗教的熱狂について」に従って見て行こう。福沢は徳義と智恵の違いを、五点挙げる。

(1)徳は心の内のものであり、本質的には外的状況に係わらないが、智は逆である。

「徳義は一人の心の内に在るものにて、他に示すための働きに非ず。修身と云《い》ひ、慎独《しんどく》と云ひ、皆外物に関係なきものなり。(中略)智恵は則ち之《これ》に異なり。外物に接して其《そ》の利害得失を考え、此《こ》の事を行ふて不便利なれば彼《か》の術を施し、我に便利なりと思ふも衆人これを不便利なりと云へば、輒《すなわ》ち又これを改め、一度び便利と為《な》りたるものも、更《さら》に又便利なるものあれば、之を取らざる可《べ》からず」(福沢、前掲『文明論之概略』一一二〜一一三頁)。

(2)徳は影響範囲が狭く、智は広い。

「徳義は一人の行ひにて、其の効能の及ぶ所は、先ず一家の内に在り。(中略)智恵は則ち然《しか》らず。一度《ひとた》び物理を発明してこれを人に告ぐれば、忽《たちま》ち一国の人心を動かし、或いは其の発明の大なるに至りては、一人の力、よく全世界の面を一変することあり」(同書、一一三頁)。

(3)徳は不変で、智は進歩する。

「徳義の事は古《いにしえ》より定《さだま》りて動かず。(中略)智恵は則ち然らず。古人一を知れば、今人《こんじん》は百を知り、古人の恐る丶所のものは、今人は之れを侮《あなど》り、古人の怪む所のものは、今人は之を笑ひ、智恵の箇条の日に増加して其の発明の多きは、古来枚挙に遑《いとま》あらず、今後の進歩も亦《また》、測る可からず」(同書、一一六〜一一七頁)。

（4）偽善者は存在するが、偽智者は存在しない。

「徳義の事は形を以《もっ》て教ゆ可からず。之を学びて得ると得ざるとは、学ぶ人の心の工夫に在りて存せり。（中略）仮令《たと》ひこの教へを蔑視する者にても、外見を飾りて人を欺く歟《か》、又は之れを誤解して之れを信じ、真の克己復礼に非ざるものを是《ぜ》として疑わざる者あるときは、傍《かたわ》らより之れを如何ともす可からず。此《こ》の時に至りては縄墨《じょうぼく》［客観的規準］の以て証す可きものなきゆゑ、或いはこれを告ぐるに天を恐れよと云ひ、或いは自《みず》から心に問へと云ふの他、手段ある可からず。天を恐れ心に問ふは一身の内の事にて、真に天を恐るゝも偽《いつわ》りて天を恐るゝも、外人の目を以て遽《にわか》に看破《かんぱ》す可き所に非ず。是れ即ち世に偽君子《ぎくんし》なる者の生ずる由縁なり。（中略）智恵は之れを学ぶに形を以てして、明らかに其の痕跡を見る可し。加減乗除の術を学べば、直ちに加減乗除の事を行ふ可し。水を沸騰せしめて蒸気と為す可きの理を聞き、機関を製して此の蒸気力を用ふるの法を伝習すれば、乃ち蒸気機関を作る可し。既に之れを作れば、其の効用は『ワット』が作りし機関に異ならず。之れを有形の智教と云ふ。其の教にあれば、亦これを試験するにも、有形の規則縄墨《じょうぼく》あり。（中略）故に智恵の事に就《つい》ては、外見を飾りて世間を欺くの術なし。不徳者は、装ふて有徳者の外見を示す可しと雖《いえど》も、愚者は、装ふて智者の真似《まね》を為す可からず。是れ即ち世に偽君子多くして偽智者少なき由縁《ゆえん》なり」（同書、一一七〜一二〇頁）。

（5）徳への回心は瞬間的飛躍であるが、智は学習され蓄積される。

「徳義は一心の工夫に由《よっ》て進退するものなり。（中略）他人の伝習を要せず、一心の工夫を以て瞬時に行ふ可し。（中略）『ワット』が蒸気機関を発明し、『アダム・スミス』が経済論を首唱したるも、黙居独坐、一旦豁然として悟道したるに非ず。積年有形の理学を研究して、その功績漸《ようや》く事実に顕《あら》はれたるものなり。達磨《だるま》大師をして面壁《めんぺき》九十年ならしむるも、蒸気・電信の発明はある可からず。（中略）故に云く、智恵は学びて進む可し、学ばざれば進む可からず。既に学びて之を得れば、又退くことある可からず。徳義は教へ難く又学び難し、或は一心の工夫にて頓《とみ》に進退することあるものなり」（同書、一二二～一二四頁）。

丸山真男は、福沢によるこの知恵と徳義の区別の背後にあった維新当時の精神状況を、こう説明する。「ここで維新当時の精神状況というのは、旧体制の崩壊によるモラルの混乱を何とかしなければならない、という問題です。そこからいろいろな議論が出てくる。その一つは、西欧文明が入ってきますから、西欧文明の背景にあるキリスト教を採らなければ本当に文明の進歩は望めないといった主張もあります。インテリの進歩派のなかにそういう議論がある。また、他方、モラルが混乱したのは伝統宗教が権威を失ったからだ、だから神道を盛んにせよとか、仏法を護持せよという議論も出てくる。これらの議論の底に共通しているのは、道義退廃論です。現在の日本の最も悪い点は道義退廃であるという悲憤慷慨の声は、この著『文明論之概略』の出た明治八年ごろから明治十五年ごろまで一方的に昂進するばかりです。そういった状況を目前にして、福沢はここでその考え方を批判しようとしているのです。これから読んでいくところを先取りして言えば、福沢は道徳教育万能の考えはいったいどういう結果に陥るか、さらに、主観的には真摯な宗教的狂信がいかに恐るべき迫害を生むかということを示そうとしたわけです」（丸山、前掲『「文明論之概略」を読む』中、一八二～一八三頁）。

ここまで私たちは、議論環境の整備という観点から、前節ではそのメディア的地盤の構築の過程を辿り、本節ではそれに基づいて形成される学問的地盤について検討してきた。西洋知識のための受容環境の構造は、単純ではない。まずは、郵便・電信の発達をベースとした新聞・雑誌・書籍などのメディア環境がインフラとして整備されなければならない。しかしまた、学問環境の再構築こそ、決定的な重要性を持つだろう。福沢は、その新しい学問環境を、儒学的な伝統から断絶したものとして、西洋の学問をモデルとして、再構築しようとした。福沢の最大の目標は、我が国の国民的規模の文明の発展であり、それを可能にするのがやはり国民的規模での学問・知力の進捗である。文明発展の鍵が学問・知力である以上、学者・知識人の役割は格別の重さを持つようになるが、彼らには、その学術研究・状況分析に加えて、議論環境の整備に貢献することが当然強く求められる。たとえば、メディア地盤においては、一般読者の「投書」への対応とか、「演説会」「討論会」での意見表明が望まれる。要するに、人民の「卑屈の気風」の刷新を行なって、人びとを、政治においては積極的な発言、日常においては積極的な学習へと導くことが、そのまま文明の発展につながるのである。こうした福沢の観点からすれば、儒学的伝統の道徳主義は、文明の発展のための主知主義に逆行し、「卑屈の気風」を醸成するものである以上、批判の対象になるのは当然であろう。簡単に言えば、それまで日本の伝統的知識人・学者は、その道徳主義によって、「人民の卑屈の気風」を養っていたのであるが、今後は文明の発展に向かって、自らの主知主義を軸に、人民を「独立の気風」へ向けるべく、議論環境を形成することに貢献しなければならない。あらためて繰り返せば、議論環境の学問的地盤は、我が国の文明の発展、自国独立を見据え、伝統的な道徳主義に対する主知主義的批判によって形成されなければならないのである。

福沢は次のように言う。「譬《たと》へば、文明の事業を智徳の一荷物と為して、人々此の荷物を担ふ可きものとすれば、教を信じて一身の徳を修むるは、即ち其の片荷を負ふ者にて、一方の責は免れたりと雖《いえ》ども、唯《ただ》其の信ずべきを信ずるのみにて、働く可きを働かざるの罪は遁《のが》れ難し」（福沢、前掲『文明論之概略』一二九頁)。これに対して丸山はこう注意する。「右の文の『働く可き』は、智力を働かすべき、ということですね。モラリズムというものは、とかくこの智力の働きを妨げる。『智』というのは本来、外に対して働きかけるものです。バックルも上述した『インテレクト』という言葉とともに『知的活動』(intellectual activities)という表現をさかんに使っております。これは何でもないことのようですが、たとえば、伝統的な考え方では儒教で知行合一などという言葉が象徴するように、『知』はどちらかというと先方からくるものの認識という受身の意味を帯び、それにたいして『行』が積極的な実践活動を指します。その伝統を承けて、『理論と実践』などとマルクス主義などでいう場合も、理論は書物を読んで勉強する方で、実践とはアジ演説をしたり、ビラをはったりするイメージとかく結びつきやすかった。知性そのものが外的環境にたいする能動的な働きかけを本来ともなっている、という考え方とはズレがあるように思われます。その意味で福沢のいう『智』を誤解しないように注意する必要があります」(丸山、前掲『「文明論之概略」を読む』中、一九三頁。傍点は丸山)。

この注意は、きわめて重要である。丸山自身は、ここではこれ以上展開していないが、今でも根深く残っているこの「知」の受動性ないし非現実性・非実践性のイメージは、丸山が示唆するように儒教的伝統に由来し、それが「価値自由」「学問のための学問」「大学の独立」「プロレタリアートに対するインテリゲンチャ」などという観念によって増幅されたのかもしれない。いずれにしても、私たちはそうしたイメージに縛られ続けている以上、それは、たんに私たちがいまだに福沢の「智」の概念、それを中核とする「文明」の概念を十分理解するに至っていないばかりか、私たちを現に取り巻いており、「智」の展開とそれによる「文明」の進展を可能にしている議論環境の現実を、そして近代という時代を、把握できていないということを表すように思える。

続けて丸山は、もう一つ注意している。福沢は、徳教中心主義を批判したのであって、徳義・道徳・モラルを全面的に排除したのではない。ただ、それを「徳と智の相互依存」の主張ととらえてはいけない、という注意である。福沢は言う。「私徳は他人の力を以て容易に造る可きものに非ず。仮令《たと》ひよく之れを造るも、智恵に依頼せざれば用を為す可からず。徳は智に依り、智は徳に依り、無知の徳義は無徳に均《ひと》しきなり」（福沢、前掲『文明論之概略』一二九頁。傍点は引用者）。この文章に、丸山はこうコメントする。「念のためにいえば、右の『徳は智に依り、智は徳に依り』というフレーズは、それだけをとると智徳相互依存と読めます。それにはちがいないのですが、『依り』のニュアンスが前半と後半とでは若干ちがいます。『徳は智に依り』はその直前の言葉――私徳は『智恵に依頼せざれば用を為す可からず』を承けています。つまり知的活動を媒介としてはじめて私徳の及ぶ影響力もひろまり社会的効果も増す、という意味です。これにたいして、後の『智は徳に依り』はつづく『無智の徳義は無徳に均しきなり』に結びつけて解すべきだ、と思います。つまり『無智の徳義』は前講で出てきた、『聡明叡智』は智だけれども『大徳』と言ってよいものだ、という言葉を裏返した表現と私は解釈します。そうでなくて智的活動が徳の程度に依存する、と解釈すると、福沢の基本命題が崩れてしまいます。むろん智徳が相たずさえて進むのが理想だ、という意味では智徳相互依存といってもいいのですが、ここではむしろ、ちょっとした言葉のアヤを使っているように、私には思われます。福沢の強調点はあくまで徳教中心主義の批判にあ（中略）るのです」（丸山、前掲『「文明論之概略」を読む』中、一九四～一九五頁。傍点は丸山）。

　このように福沢の徳教中心主義批判を確認した上で、松本三之介の叙述に戻ってみよう。阪谷素や中村敬宇は、たしかに、儒教的な学問伝統の中で育ちながら、洋学を高く評価し、それを積極的に採り入れようとした。しかも彼らは、たんに洋学をひたすら学ぶだけではなく、阪谷の場合は本体としての「理」に従属する「気」としての洋学の重要性を高めることにより、また敬宇の場合はキリスト教の造物主の観念を「天」の理解に採り入れるというかたちで、自らの学問体系の再構築を行なった。しかし、両者の場合は、伝統的な学問の根底をなす道徳主義から脱することはできなかった。ことに敬宇の場合は、キリスト教を自らの学問の新たな基礎として導入することによって、伝統的な道徳主義を洋学的道徳主義に衣替えしようとした。最大の問題の道徳主義は、新たな装いのもとに復活させられているにすぎない。

それでは、その「智」は具体的にはどのように働かせるべきものであろうか。具体的な「精神態度」「思考方法」のことである。松本は次のように説明する。「彼〔福沢〕の言う文明の精神とは、個々の目的を達成するにあたって、既存の価値や習慣、伝統、権威などに捉われる——福沢のいわゆる『古習の惑溺』——ことなく、大胆に自由に、より有効な手段を求めて智恵を働かし努力する精神態度のことであった」(松本・山室校注〔編〕、前掲『学問と知識人』四五二頁)。要するに、「独立心」と「数理学」ないし「物理学」である。「数理学」とは「直接的・感覚的な認識から一歩距離をおいて対象を理論的・法則的に、したがってまた分析的に捉えようとする知的な思考態度」(同書、四五三頁)のことである。上で見た「知の受動性ないし非実践性」のイメージの一つの起源が、この「一歩距離をおいて」にあることは明らかである。この方法的態度を「非実践的」として斥《しりぞ》けようとする「古習の惑溺」は根深いのである。「このように物事の本質を認識し把握するにあたって、当の事物から自覚的に距離をおき、これを対象化する思考態度の必要性と有効性を、日本社会の文明化という具体的・実践的な課題追求の中で、最も明確な形で主張したのはやはり福沢であった。(中略) 社会の現象や動向を合理的に把握しこれに対処するということは、福沢においては、社会の事象を短期的にでなく長期的に、微視的にでなく巨視的に、個別的にでなく社会的に見るという方法的態度と不可分のものとして結びついていた。そして彼が日本社会の文明化のために

『西洋の智学』から何にもまして学ぶべきものとしたのも、まさにそのような科学的（社会科学的！）思考方法であった」（同書、四五五頁）。

ここで、前掲『学問と知識人』のもう一人の校注［編］者・山室信一の解説「日本学問の持続と転回」に従って、いささか補足しておこう。まず、儒教の道徳主義についてである。「格物ないし致知は『大学』の『格物、致知、誠意、正心、修身、斉家、治国、平天下』の八条目の根底にあって平天下に到達するための一切の出発点となる知のあり方をさしている。（中略）朱子において致知はあくまで『吾が心の知』を追求することであって内面にかかわり、［理学と訳されたサイエンスが扱うものと考えられた］窮理は対象たる物に即《つ》いて外部に向かうものであり格物は窮理と換言できるが、致知は窮理とは同じではないとされる。しかし、それはヨーロッパ認識論とは異なり、一事一物の窮理を重ねていくと、ある時突如『豁然貫通《かつぜんかんつう》』の一種の悟りの状態が訪れるというものであった」（同書、四七二頁）。

また、実験観察の重視は、なにも福沢に限られたことではなく、当時広く受け容れられていた見方であった。それは、「欧米近代のサイエンスの範型としてF・ベーコンの経験論、帰納法が考えられていたからであった。観察と実験によって自然と人間に関する知（scientia）を蓄積していく、それが自らの置かれた環境をよりよいものへと改善していくための力（potentia）となる。つまり『知は力なり』というベーコンの理念がそこに息づいていたのである。さらに、それはA・コントの実証主義（positivisme）が西周によって実験理学、実理学として導入され、J・S・ミルの社会科学方法論における帰納法などが紹介されることにより内容的にも深く理解されていった」（同書、四八三頁）。

次に、学問の体系性についてである。私たちも前章第3節ですでに触れたところであるが、山室は、西周の『百学連環』における学問の「分類体系」の試みに沿って、説明する。すでに見たように、西は理を心理と物理の二つに分けたが、前者は人間・社会の規範的法則、後者は天然・自然の法則のことであって、「西の意図は、自然現象も人間の道徳も一つの理をもって説明し、天理も道理も物理も一体として扱ってきた宋学を批判することにある」（同書、四八六頁）。西によるこの「心理と物理」という学問の根本分類は、基本的には、徳義と智恵の区分に対応し、儒学における前者による後者の「籠絡」を避けるものとみなせるように思える。ただし、「心理」は「徳義」そのものに対応するのではなく、「徳義」を含めた人間・社会の事柄を扱う学問としての人文社会科学に対応するのであろう。道徳主義批判を行なうとしても、徳義についての智恵としての学問が問題になる。西は、心理と物理を区別した上で、心理に対して物理を優位に置いた。それは物理においては、数学や統計学による検証性が評価されたからである。そこから、この検証性を人文社会科学においても導入すべしという考え方が出てくる。

4　思想

議論というものは、人間が言葉を持ち集団生活を営むものであるかぎり、その集団の、あるいはその集団の構成員の問題解決の手段として、歴史を超えて人間存在と不可分である。古代であろうが近代であろうが、人間は問題解決のためにたえず議論をしてきた。しかし、歴史の流れ、ないし文明の発展の中で、議論の規模は拡大した。原始社会においては狭い氏族的規模であったものが、現在では世界的な規模になっている。もちろん議論規模の拡大は、人間の活動・交流の範囲拡大によって規定される。人間活動は、はじめは小集団内のものであったが、小集団内の一部の者が他の小集団と交流するようになり、次第に二つの小集団全体相互の交流となって、やがて集団それ自体が拡大するというかたちで、範囲を広げていく。

我が国は、幕末の「開国」において、住民の関心の範囲が世界に向けて拡大する段階を迎える。「開国」と言っても、たんにこれまで閉めていた門を開放すればいいというものではない。むやみに門戸を開け放てば、列強の侵略を招き我が国の独立は維持しえない。もし我が国が列強に植民地化されれば、我が国の住民は奴隷化され、正常な人間活動はできなくなる。奴隷とは、正常な人間活動を行なう自由を持たない者の意であり、必ずしも鉄鎖につながれている必要はない。情報が制限され、発言が制約され、集会が禁止されることによって帰属する集団の方針決定に参与できない環境に置かれた住民は、ほぼ奴隷に等しい。住民活動の範囲が広がり、帰属集団の規模が大きくなった以上、自らの正常な活動を行なうための自由もまたそれに応じて膨らまざるをえない。住民の活動が狭い範囲に限られていた時代の行動範囲制限と、世界的規模に広がった時代のそれとでは、まったく異なるわけである。帰属集団の規模についても同様で、小規模の氏族社会から大規模な近代国家に移っても、個人の活動についての集団的規制は存在するのであるから、個人の活動の自由のためには、情報の取得についても発言権の確保についても集会の開催についても、新たなかたちの現実的な措置が必要になる。幕末におけるこうした住民活動範囲の世界的拡大に際して、その新たな住民活動を支えるインフラ整備は緊急に必要であった。ここで「インフラ」とは、まずは広範な活動の条件となる情報取得のシステムである。上で見たように、それは開国から帝国議会開設に至る時期において、郵便網・電信網をベースに、印刷技術の発展などにも助けられ、新聞・雑誌・書籍の飛躍的な進展というかたちで実現する。その点で、日本全国津々浦々を網羅し、長崎から海底ケーブルで上海へつながり、そこからシベリア横断線を通じて世界へとつながる電信ネットワークの完成は、このときの我が国における住民活動の革命的変化を端的に表現するシンボルである。

江戸時代おいて、その専制的統治の原理は、分断と固定であった。幕藩体制そのものが藩と藩を分断し、「士農工商」の身分制が住民と住民を分断して社会から流動性を奪い取り、社会を固定した。この分断と固定の解消がないかぎり、我が国における近代国民国家の形成はありえない。国民国家とは、その住民が自国全体と世界についての情報を共有する「国民」となることによって形成されるものだからである。そして、国民国家の形成、そのベースとなる「国民」の形成なしには、我が国の文明の発展もない。近代文明の発展とは、住民全体の情報共有に基づいた知的活動に支えられるものだからである。維新政府による「廃藩置県」も「四民平等」も、この分断と固定の解消に向かい、情報共有する「国民」形成をめざしたものに他ならない。そして、実質的には、メディア的な地盤の整備により、情報共有した住民としての国民が形成される。もちろん実際には、分断・固定へと逆行する明治政府による新たな情報規制・情報操作が行なわれることになるが、メディア的地盤が整備されたということは、決定的な変化であった。基本的にはメディアは、公平に開かれたものたりうるからである。こうして国民が全国と世界の情報を共有する地盤ができる。

情報共有とは、問題共有でもある。問題共有するものとしての「国民」は、国家的問題についての解決に参与する権利・義務を持つ者として浮上する。すでにここには、「議会制民主主義」の大枠が素描されることになる。住民は、情報を取得できれば、問題を知ることができ、その解決策を提案する必要を感じるのである。逆に言えば、住民を政治から排除しようとする為政者が、住民の問題意識の発端である情報から住民を全面的に遠ざけようとするのも当然である。

しかし、情報共有のための地盤が整ったからといって、それだけで直ちに国民の問題意識が高まり解決策提案能力が発揮されるわけではない。それまで人間関係が分断され固定化され、活動範囲・情報が制限されて、受動的になっていた国民の姿勢を能動的なものへと転換させ、情報を集め学び考え発言し提案する姿勢、要するに知的で積極的な姿勢を、国民に持たせなければならない。国民国家の主体はもちろん国民であるが、日本の住民が国民となるためには、情報を共有するばかりではなく、その情報を駆使して自ら問題を分析しその解決策を見出せるところまで力を高める必要がある。それを支え、バックアップするのが新しい知識人の役割であった。国民は情報を共有し、各自がそれを分析し自らの頭で考え、相互に議論しながら、自らの責任で発言・提案しなければならない。このプロセスは、きわめて知的なものであり、それがその指導を知識人が行なう所以である。専制的・封建的国家における伝統的知識人は、住民を受動的な気風に向けて導いたが、国民国家における新しい知識人は、西洋をモデルとし、自らを「実例」として提示しながら、国民を能動的で知的な気風に向けて導くことになる。

こうして我が国の近代社会は、この国民国家を構成するものであって、情報共有する国民が知性を発揮し文明発展を実現できる知的環境として構築された。そのモデルが西洋であったことから、新しい知識人モデルも洋学者であった。そしてその洋学者の最も重要な仕事の一つが他ならぬ「翻訳」であった。仮に「翻訳」ができなかったら、あるいは「翻訳者」がいなかったら、西洋情報が入ってきても情報として受けとめられないから、我が国は西洋の知識を導入できず、新しい国家建設・社会建設のモデルを手にすることもできないまま、文明発展に失敗し、自国の独立を失い、列強の侵略を被っていたに違いない。その意味では、西洋文献の「翻訳」は我が国の近代化・独立の原点とも言うべきものであった。「翻訳」という作業が、長い鎖国の後で突然開国を余儀なくされ、近代国民国家の建設に取り組むことになった我が国において、どれほど重要な役割・意義を持ったかは、あらためて確認しておかなければならない。しかもそのとき翻訳者に求められたのは、たんなる外国情報ばかりではなく、実用的技術から哲学へ至るありとあらゆる西洋の学術文献、我が国の今後の運命を左右する学問それ自体の翻訳、きわめて知的な翻訳であった。それは、西洋文明が知的であり、それをモデルに我が国が構築しようとしている近代社会が知的であるということを意味している。上で見たように、新しい知識人たちは、西洋文明の力がその「知」にあることを熟知しており、「知は力なり」ということを自明のことと考えていたのである。そして、知識人たちは、政治制度からメディア・システムを経て「人民の気風」に至るまで、国家の枠組みから社会の地盤まで、すべてを一貫して体系的に知性化しようと努めたように思える。上で見たばかりの福沢諭吉の主知主義ないし「文明の精神」こそ「知性化の精神」であり、それは「徳義」に対しては「智恵」を、学者の「空理」に対しては「実験観察」を、人間関係の「分断」に対しては「交際」を、社会の「固定」に対しては「進歩」を、気風の「卑屈」「受動」「服従」に対しては「独立」「能動」「自由」を、そして問題対応の「上意下達」に対しては「議論」を、というかたちで伝統的精神に全面的に対峙して、新たな諸価値を明確に打ち立てる体系的に一貫した姿勢である。

そしてこれこそが、モデルとしての西洋から新しい知識人たちをとおして明治の日本国民が学んだことの、そして西洋文献の翻訳者たちが翻訳した内容の、本質的部分であった。個別的な科学技術をいくら輸入しても、それだけでは文明の発展は望めない。あるいは、たとえ突然、新しい政治制度を導入しても、同様である。社会の受容環境が整わないかぎり、文明発展には結びつかない。西洋の知を導入し、それを文明発展に生かすためには、その知を生んだ西洋の知的環境それ自体を導入し、日本社会を知性化し、知的社会にしなければならない。知的社会の基盤をなす人びとの日常生活においては、伝統的な「無議環境」「卑屈の気風」が一掃され、問題を自分の責任で受けとめ自分の頭で考え自分の言葉で発言し議論するという「議論環境」「独立自尊の気風」が広がる必要がある。この知的社会の政治体制が議会制民主主義である。「議会」は、社会全体の議論環境の頂点であり、この議論環境なしには存在しえない。

上で見たように、議論環境は、三層構造を持つものと考えることができる。底辺には「世論」があり、頂点には「議会」つまり「国会」があって、その中間に「思想界」が存在する。この位置からも明らかなように「思想界」は、「議会」と「世論」を媒介する役割を持つ。たとえば、国会における議員の発言を、思想家が雑誌で批判し、それを受けて当該議員の主張に反対する民衆の声が高まるということである。この三層は、政治家―思想家―民衆によって構成されている。以下では、この「思想界」に照準を絞って見ていきたい。

＊

「思想」という言葉を聞くと、ふつう私たちはその内包（共通性質）としては「論理的・体系的な思考表現」、その外延（適用対象）としては洋の東西を問わず大思想家たちがその個々の具体的著作で表現したことを思い浮かべる。もちろんそれは、「頭の中で考えられたこと」であるが、それだけでは「思考」「思索」であって「思想」ではない。政治・社会・文化などの問題について「頭の中で考えられたこと」が論理的な言葉に表現され、社会へ広がり影響を与えて初めて「思想」と呼ばれることになる。つまり社会的に表現され伝播され影響力を持った論理的「思索」が「思想」である。

このように、「思考」や「思索」という言葉と比べ、特に社会性・表現性・客観性を含意する点で特徴づけられるものとして「思想」という言葉が使われるようになるのは、明治二〇（一八八七）年頃、自由民権運動が終息し帝国議会開設が迫ってきた頃のように思える。それまで「思想」は「頭の中で考えられたこと」という主観的意味をあまり超えておらず、「思考」「思索」と大差はなかった。一つの言葉が新しい意味を与えられて広範に使用されるには、その外延たる対象が多くの人びとの身近に何らかのかたちで実際に存在し、その存在が広く社会で認知され、同時にその内包についての共通理解も広がっていることが必要であろう。数年前から突然、「スマホ」(スマートフォンの略語)という言葉が、実際の「スマホ」の存在の急激な社会的広がりと、その存在の社会的認知とその言葉の内包の共通理解の拡大によって、社会で広範に使用されることになったように。「思想」という言葉も、まるでそうした現代のヒット商品の名前のように、この時期以降、突然、爆発的に社会で使われはじめるように感じられる。一つの言葉の突然の社会的伝播は、それが広がる社会構造によって可能になる。「スマホ」という言葉の爆発的拡散を可能にしたのは、現代の情報化された消費社会の構造である。「思想」という言葉の爆発的伝播を可能にしたのも、当時の社会構造であろう。

上で見たように、開国から帝国議会開設に至る時代に、日本社会は知的に成熟しはじめる。「大学」「学会」「学界」「出版」「新聞」「雑誌」など、知的制度・知的組織・知的メディア・情報流通システム等で構成される近代的な知的社会システムが整ってくるということである。その中で、帝国議会開設を目前にした明治二〇年頃から、「思想」という言葉の社会的外延、社会的身体とも呼ばれるべき、「思想家」「思想界」「思想雑誌」(『明六雑誌』以降)にあたる存在が登場してくる。「思想」の主張・議論の場たることを自らの存在理由とし、「思想家」を自らの構成員として、「思想雑誌」を自らのメディアとする独立した一領域、小宇宙・小社会としての「思想界」が日本社会の中に誕生したのではないだろうか。この思想界の誕生は、それに先立つメディア整備を軸とした国民形成作業、知的社会建設作業の一結果と見ることができよう。もちろん、そのプロセスの中ではそれ以前から、思想を論じる新聞・雑誌はあったし、そこで思想を論じる者はいたが、それらは「思想」という言葉を付して統一的・一律に呼ばれることはなかった。たとえば、明治八（一八七五）年に出た『文明論之概略』において福沢諭吉は知識人を「思想家」ではなく「学者」と呼んでいる。知的社会が成熟し、その社会全体の中で、上述の領域が独自の統一的な機能を担えるまでに成長したとき、そのテーマ・構成員・メディアに統一名称として「思想」が与えられることになったように思える。

さて、こうしたことを踏まえて、あらためて「思想」の定義について考えてみたい。たとえば手元の『広辞苑』（新村出編、第二版補訂版、岩波書店、一九八一年）にはこうある。「思想——①かんがえ。考えられたこと。意見。②〔哲〕㋑判断以前の単なる直観の立場に止まらず、このような直観内容に論理的反省を加えてでき上がった思惟の結果。思考内容。特に、体系的にまとまったものをいう。㋺社会・人生に対する全体的な思考の体系。社会的・政治的な性格を持つ場合が多い」。これは、かなり一般的な「思想」の定義であろう。国語辞典に限られないが、日本語の学術用語・専門用語の定義の仕方には特徴があり、その特徴はこの定義にもいくらか感じられる。それは、特に学術用語・思想用語については、西洋語の翻訳語であることを考慮して、原語の意味も定義に含めようとすることである。実際、多くの日本の知識人は、「思想」という日本語の背後に西洋語の thought, Denken, pensée を思い浮かべている。それゆえ彼らが日本語の「思想」を定義しようとすると、ほぼ無意識のうちにそれに対応する西洋語を思い浮かべ、その言葉を頭の中で定義してからそれを日本語に直して「思想」の定義とすることが大いにありうる。おそらくこれは、最近行なわれるようになったことではなく、西洋文献の翻訳が活発化した幕末維新以来のことであろう。

ここから若干、問題が生じてくる。日本語「思想」が西洋語 thought, Denken, pensée と共通の意味を持ち、しかも知識人たちは西洋語の意味を優先させる傾向を備えているから、日本語「思想」の独自の意味は見失われがちになる、ということである。しかもそれに輪をかけるような事情として、西洋語thought, Denken, penséeの意味対象、つまり「思想」それ自体には一種の普遍性が備わっているので、なおさら、日本語「思想」の独自性は知識人の意識に上りにくくなる。古代思想から現代思想まで、西洋思想から東洋思想まで、人間が存在するかぎり、時空を超えていつどこにでも思想は存在するという思想の遍在性のテーゼが、日本語「思想」の定義における独自性の規定を難しくするのである。

日本語「思想」の独自性とは、この言葉が担っている歴史的事情のことであるが、それは漢籍まで遡る語源的問題ではなく、我が国における国民国家・近代社会の構築の中で、この言葉が明治二〇年頃に新たに与えられ担うようになった社会的意義のことである。たしかに、上の『広辞苑』の定義にも、「社会的・政治的な性格を持つ場合が多い」という言葉で、「思想調査」「思想統制」「思想弾圧」などの用法に見られる政治・社会的な含意を表現してはいるが、歴史的・社会的意義は表面的に触れられているにすぎない。「思想」は、個人の思索に発し、集団の議論を経ながら、社会へ広がるものである。思想家個人の「思想」もあるが、いったん自由主義・民主主義・社会主義などとして一括されると思想家個人からは離れた客観的なものになる。こうして客観的になった「思想」は、「時代精神」などと言われる場合の「精神」に近い。江戸時代以前から、もちろんこのような「思想」は我が国に存在したが、西洋思想を中心とした「思想」が新しいメディアをとおして社会全体へ広がるようになったのは明治になってからである。そして、現在私たちが用いている日本語の「思想」という言葉には、西洋思想への基本的方向づけ、知的社会システム(大学・学会・出版・雑誌・研究会・講演会など)の整備、それをベースとした社会的規模の広がりといったことが、大前提として含意されている。言い換えれば、この頃から、自らを「思想家」と規定した知識人が、知的社会システムの整備を前提しつつ、つまり広範囲の読者を想定しながら、自らの思索を「思想」として、「思想雑誌」というメディアを通じ、広く社会に向けて発信するようになる。逆に言うと、「思想」という言葉は、そうした近代的なシステムの全体を前提した、きわめて近代的な意味を備えた言葉なのである。

このような観点から、特にその社会的意義に注意しながら、あらためて「思想」を定義してみよう。

「思想」とは――

①本義

個人の思索に発し、集団の議論を経ながら、社会へ向かって表現され、広範に広がり、当該社会あるいは外部社会の自己認識・方針決定のベースとして使われうる知的な考え方のこと。近代の知的社会では、構成員の知的な社会参加の主要なかたちとして、構成員の知的情熱・知的倫理の発露となり他構成員にとっての問題提起となるため、その社会的重要性が増すので、その生産・議論・伝播等のためのメディア・制度・組織が整備され、近代社会における枢要な知的装置となる。

［説明］

社会的広がり、議会・世論に与える影響の大きさの点からすれば、我が国におけるその知的装置としての成立は、生産・議論・伝播を可能にする知的環境のメディア的地盤が整った明治二三（一八九〇）年頃。実際、その頃から、この言葉は、新しい社会的意義を担って使用されるようになった。知的装置としての成熟は昭和三五（一九六〇）年頃で、昭和四五（一九七〇）年頃以降、急激に倫理的機能が低下し現在に至っているように感じられる。厳格な倫理を知的情熱の発露とするための同種のもの（たとえば学問研究）と比べ、その規模（メディアを通じた社会諸階層への広がり方）と効果（政治社会への直接的影響）の点でこの知的装置は卓越しており、他国にもあまり例を見ない。知的装置としての特長は、優れた倫理的緊張発生装置を内蔵していた点。「現実・理論」という現在時の緊張を核に、未来時と現在時の間に「進歩」「発展」「革命」、過去時と現在時の間に「歴史」がそれぞれ置かれ、緊張システムが時間軸に沿って構築された。「思想」においては著者も読者も、目の前の現実に対して空論にならないよう、過去からの惰性を避け、未来への楽観を慎んで、社会の手堅い歩みに貢献すべく誠実な知的努力が要請されるのである。

〈参考資料〉

「理論家の眼は、一方厳密な抽象の操作に注がれながら、他方自己の対象の外辺に無限の曠野をなし、その涯は薄明の中に消えていく現実に対するある断念と、操作の過程からこぼれ落ちてゆく素材に対するいとおしみがそこに絶えず伴っている。この断念と残されたものへの感覚が自己の知的操作に対する厳しい倫理意識を培養し、さらにエネルギッシュに理論化を推し進めてゆこうとする衝動を喚び起こすのである」（丸山真男『日本の思想』岩波新書、一九六一年、六〇頁。傍点は丸山）。

②派生義

知的装置としての①が、参照基準となる研究対象を自己内に取り込むとき、その対象に与えた名前。

［説明］

領域別に見れば政治思想・経済思想・社会思想など、地域別に見れば西洋思想・東洋思想など、時代別に見れば古代思想・現代思想など。対象のこうした広大さは、この知的装置それ自体の貪欲さと柔軟さを表現する。しかもこの命名行為——対象を自分と同じ「思想」という名で呼ぶこと——は、対象を自分の議論相手として、自分の問題として引き受けるという倫理意識によって基礎づけられていたから、対象は自己の分身となり、対象認識は自己認識という意味を持った。この知的装置の文脈の中で倫理的基礎となった「私」を「主体」という。いずれにせよ、この意味で本来、「思想史」「思想研究」はそれ自体が思想であった。

〈参考資料〉

「人間は生きようとするかぎり思想をもっている」（高島善哉『社会思想史概論』岩波書店、一九六二年、一〇頁）。

「本書で扱われた諸流派が、せまい意味の専門的哲学者の仕事からではなく、文学、政治、教育、叛乱、世相など、生活のさまざまな分野からえらばれたのは、思想が最も具体的な活動をとおしてのみ、現実を動かす力になると信じるからである」（久野・鶴見、前掲『現代日本の思想』岩波新書、一九五六年、「まえがき」）。

③転義

知的装置としての①から切り離され、その装置の外で、それ自体としてとらえられた対象の名前。

［説明］

現在、「思想」と言えばほとんどの場合この意味。対象は「自己認識」の回路の外、そして内在的議論の外に置かれるから、「私」とは無関係になる。逆に言えば、そうした対象を相手にする「私」は「主体」たりえない。「思想はいかなる場所、いかなる時代にも、人間が生きているかぎり存在する」

という思想の遍在性のテーゼは、①の知的装置から切り離されその倫理的基礎を失うと、「思想はどこにも存在しない」という主張とほとんど同義になる。現に主体性の欠如と思想不在の主張の両者は一体となって、「思想は今ここにはなく、過去と外国にある」という無関心システムを構成している。

〈参考資料〉

書店の「思想書コーナー」へ行くこと。過去と外国の多種多様な思想についての入門書・解説書が溢れている。

上の定義について、若干説明を補足しておこう。まず、筆者は①「本義」の中で、「思想」を「知的装置」と呼んだ。「知的装置」とは、大学・学会・出版・新聞・雑誌・研究会・講演会など、相互に結びつきながら統一的に機能する知的な社会システムをベースとして、人びとに情報を与え問題を提起し議論を活性化させ表現を促す知的な仕組みということである。「思想」とは、たんに大思想家が「考えたこと」ではなく、人びとにそうした知的活動を促す社会的で知的な装置なのである。

ただし事実上は、私たちに、はじめに現れるのは①の知的装置としての「思想」ではなく、②の対象としての「思想」である。たとえば思想史研究が向き合うのは、研究対象としての②の意味の「思想」（たとえば西洋思想）である。しかしそれを自分の議論相手とし、そこで論じられている問題を自分のものとして引き受けるかぎりは、その対象としての「思想」は自分の分身である。そして、対象を議論相手＝問題提起者＝分身として浮かび上がらせるものが探られるなら、自分を支えて問題探究の全体を可能にし自分と一つになっている知的装置が発見される。「思想」は対象の側に置かれたままでは十全に定義できない。自己と対象とを結びつけるこの知的装置こそ、「思想」の実体である。

最後に、「思想」の定義③「転義」は、「無思想時代の思想」について、知的装置との関係で規定したものである。知的装置とは言っても、それはたんなる機械仕掛けではなく、「参考資料」として引用した丸山真男の文章にあるようなかたちで、倫理的緊張発生装置を内蔵していた。知的な倫理とは、対象認識・他者認識を自己認識へと結びつける倫理、公的問題を私の問題として、相手の問題を自分の問題として受けとめ、知的道筋をとおして解決することを自らの任務と観ずる倫理である。「無思想時代」とは、この知的装置が機能を低下させ、「思想」に対する関心が倫理性を失って、自己認識からも遠ざかっていく時代のことである。

＊

ふつう「訳」というと、ある国の言葉を別の国の言葉になおしたものを思い浮かべるが、同じ国の言葉の内で時間的距離を隔てて訳が行なわれることもある。古典の現代語訳である。ただし現代語訳というものは、いつどこでも行なわれてきたわけではないようだ。外国ではあまり耳にしないし、我が国でも昔からあったものではなく、読者層が急激に増大する明治以降生まれたものらしい。私たちがふだん接することの現代語訳の場合、原文との時間的距離は、長短さまざまである。『源氏物語』のように原文と千年近く離れているものがあるかと思えば、その間隔が驚くほど短いものもある。

中江兆民『三酔人経綸問答』の場合がそれである。原書の出版が、上で「思想」という言葉の使用が頻繁になると指摘したちょうど明治二〇（一八八七）年、現代語訳（桑原武夫・島田虔次訳・校注、岩波文庫）のそれが昭和四〇（一九六五）年であるから、両者を隔てる間隔は、わずか八〇年足らず。近代日本の急激な変化の何よりの証拠と言えるかもしれない。たとえば冒頭で、登場人物の一人、洋学紳士の風体を描いた箇所を見ると、原文に「冠履《かんり》被服並《ならび》に洋装にて鼻目俊爽《しゅんそう》に軀幹《くかん》頎秀《きしゅう》に挙止《きょし》発越《はつえつ》に言辞明弁」とあるところが、訳文では「着もの、はきもの、上から下までみな洋風で、鼻すじ通り、目もとすずしく、身体はすんなり、動作はきびきびとして、言語明晰」となって、味わいには欠けようが、たしかに読みやすい。しかしこの場合、原文と訳文を見比べて、何より興味深いのは、八〇年という時の流れを隔てた用語の対応関係を、ひとめで見て取れる点である。「思想」という用語はどうであろうか。すぐ気づくのは、八〇年の間にこの用語の意味が広がってきたことである。『三酔人』原文「思想」は訳文でも「思想」であるが、原文「理義」「旨趣」も「思想」に、また原文「政論」「理学の旨趣」「学士論者」は、それぞれ「政治思想」「哲学思想」「思想家」と訳されている。

『三酔人』の内容は、二人の客、洋学紳士と豪傑君が南海先生を囲んで酒をくみかわしながら、議論を闘かわせるという設定である。まずはじめに洋学紳士が民主主義的思想を、次に豪傑君が侵略主義的思想を披歴し、最後に南海先生が両者を批判する、というぐあいに展開していく。この三人の登場人物が「思想」という言葉をどのように用いるかという点に注意すると、原文と訳文の微妙なズレがみえてくる。訳文では二人の客の主張の中にも「思想」という言葉が現れているが、原文では二人の客の主張には「思想」という言葉はみあたらない。「理学士」たる洋学紳士にも、「侵伐家」たる豪傑君にも、「思想」はそぐわなかったのではないか。逆に南海先生は、両者に対する批判の核心において、「思想とは何か」を論じている。特に紳士に向かって、次のように、「思想」が人びとの中で成熟するには時間がかかることを説き、彼の性急さをいさめるのである。

［原文］

「思想は種子なり、脳髄は田地なり。君真《さみしん》に民主思想を喜ぶときは、之《これ》を口に挙げ、之を書に筆して、其《その》種子を人々の脳髄中に萌《う》ゆるに於《おい》ては、幾百年の後、芃々然《ほうほうぜん》として国中《こくちゅう》に茂生《もせい》するも、或は知る可らざるなり。今、人々の脳髄中、帝王貴族の草花《くさばな》方《まさ》に根を蔓《まん》するに方《あた》り、君の脳髄中、独《ひと》り一粒《ひとつぶ》の民主種子を萌芽《ほうが》して、此《これ》に由《よ》り遽《にわか》に豊穣なる民主の収穫を得んと欲するが如きは、豈《あに》謬《あやま》らず乎《や》。是故《このゆえ》に人々の脳髄は、過去思想の貯蓄なり。社会の事業は、過去思想の発出なり。是故に若《も》し新事業を建立《こんりゅう》せんと欲するときは、一《ひと》たび其《その》思想を人々の脳髄中に入れて、過去の思想と為さざる可らず。何となれば、事業は常に果を現在に結ぶも、思想は常に因を過去に取るが故なり。紳士君、君一たび史を紐《ひもと》きて、之を誦《しょう》せよ。萬国《ばんこく》の事跡は、萬国の思想の効果なり。思想と事業と迭《たがい》に累《かさ》なり、互いに聯《つら》なりて、以《もっ》て迂曲《うきょく》の線を畫《かく》すること、是《こ》れ即ち萬国の歴史なり。思想、事業を生じ、事業、又思想を生じ、是《かく》の如くにして変転やまざること、是《こ》れ即《すなわ》ち進化神《しんかしん》の行路《こうろ》なり。是故《このゆえ》に進化神は、社会の頭上に儼臨《げんりん》するに非《あら》ず、又社会の脚下に潜伏するに非ずして、人々の脳髄中に蟠踞《ばんきょ》する者なり。是故《このゆえ》に進化神は、人々思想の相合《あいがっ》して、一円《いちえん》体《たい》を成す者なり。紳士君、君若し君一箇《いっこ》脳髄中の思想を崇奉し、因《より》て衆人をして認《みとめ》て進化神と為して、亦《また》之を崇奉せしめんと欲する時は、是《こ》れ猶《な》ほ紙上に一点の墨跡を下《くだ》して、衆人をして認《みと》めて渾然たる円画と為さしめんと欲するが如し。此《これ》は是《こ》れ思想的の専擅《せんせん》なり。此れ進化神の喜ばざる所にして、学士の戒《いまし》む可き所なり」（中江兆民『三酔人経綸問答』桑原武夫・島田虔次訳・校注、岩波文庫、一九六五年、一九七～一九八頁）。

［現代語訳］

「思想は種子です。脳髄は畑です。あなたがほんとに民主思想が好きなら、口でしゃべり、本に書いて、その種子を人々の脳髄のなかにまいておきなさい。そうすればなん百年か後には、国じゅうに、さわさわと生え茂るようになるかも知れないのです。今日、人々の脳髄のなかに、帝王、貴族の草花が根をはびこらせているまっ最中、ただあなたの脳髄にだけ一つぶの民主の種子が発芽したからとて、それによってさっそく民主の豊かな収穫を得ようなどというのは、心得ちがいではありませんか。だから人々の脳髄は、過去の思想の貯蓄場です。社会の事業は、過去の思想の発現です。だから、もし新しい事業を建設しようと思うなら、その思想を人々の脳髄のなかに入れて、一度過去の思想にしておかねばなりません。なぜかと言うと、事業はいつも現在において、結果という形で姿をあらわすが、思想はいつも過去において、原因という形をとるものだからです。紳士君、どうか一度歴史をひらいて読んでみて下さい。世界各国の事跡は、世界各国の思想の結果です。思想と事業とかわるがわる、重なったりつらなったりして、曲がりくねった曲線を描く、これが、とりもなおさず、世界各国の歴史です。思想が事業を生み、事業がまた思想を生み、このようにして、変転してやまないこと、これが、とりもなおさず、進化の神の進路です。つまり、進化の神というものは、社会の頭上にいかめしく鎮座ましますものでもなく、また社会の足もとにひそみかくれているものでもない。人々の脳髄のなかにうずくまっているものなのです。つまり、進化の神は、人々の思想が合体して、一つの円をかたちづくるものです。紳士君、あなたがもし、あなた一個人の脳髄のなかの思想を崇拝し、すすんで大衆にもこれを進化の神として崇拝させようとするならば、これはちょうど紙の上に墨で一つの点を書き、大衆にこれを完全な円と認めさせようとするようなものです。それは思想上の専制です。進化の神の好まないこと、学者として気をつけなくてはならぬことです」（同書、九九～一〇〇頁)。

ここで兆民は、生物学的な比喩を用いて、「思想」を植物に例えている。「思想」は、人民の頭の中で育つ植物のようなもので、思想家が文章や演説をとおしてその種子を人民の頭の中に蒔《ま》いてやれば、そこで成長し葉や花をつけ、やがて将来、具体的な「事業」というかたちでその果実をもたらす。歴史における進化とは、人びとの頭の中におけるこの「思想」の成長と、その果実としての「事業」とからなるプロセスにほかならない。大枠としては、きわめてシンプルな説明であるが、いくつか注意すべきことがあるように思える。まず「君真に民主思想を喜ぶときは、之を口に挙げ、之を書に筆して、其種子を人々の脳髄中に蒔《う》ゆるに於ては」とあるように、思想家ないし知識人の役割は「演説や著書をとおして思想の種子を人びとの頭の中に蒔くこと」であるが、国民全体に対してこの啓蒙的作業を行なうのは、メディアが整備されたこの時点では容易になっていることである。次に、それと関連して、「思想」は思想家の頭に浮かんだだけでは何物でもなく、思想家によって人びとの頭の中でそれが蒔かれ育たなければならないという点である。つまり、種蒔きは素早くできるようになった。時間がかかるのはその成長である。また、逆に言えば、人びとの頭の中に種を蒔くのはあくまでも思想家・知識人である。人びとの頭の中に自然発生してくるものとしては「思想」は描かれていない。そして、つまるところ歴史における進化の原動力は、一つになった「人びとの思想」である。「進化神は、人々思想の相合して、一円体を成す者なり」。なお、「人々の脳髄は、過去思想の貯蓄なり」という表現中の「過去」は、たとえばフランス語文法でいう「前未来futur antérieur」つまり「未来から見た過去」のこと、正確には「未来から見た過去としての未来ないし現在」のことであって、通常の「過去」つまり「現在から見た過去」のことではない。未来の事業の実現という結果が出るためには、それ以前にその原因として思想の成熟がなければならない、というわけだから。

こうして「思想」は、知識人によってその種子が蒔かれ人民の頭で育ち、歴史の中で事業というかたちで果実をもたらしながら進化を押し進めるものである。特に、人びとの考えとして社会的に広がり歴史進化の原動力となる点で、「思想」は、「文明の精神」ないし「人民の気風」に近いものになる。しかし、「精神」や「気風」は、歴史の動向を左右する力を持つにせよ、それ自体は歴史を貫いて実体的に存在しつつ中味のみが変化するもの、むしろ「脳髄」の側にあり「田地」であって、知識人によって種が蒔かれ人びとの頭の中で成長し歴史の上に果実をもたらすようなものではない。「思想」は、「精神」や「気風」の内に育ち根を張る「草花」であり「田地」で育つ作物であって、その発端は、明確に知識人による種蒔き作業にある。ここに、「文明の精神」ないし「人民の気風」への知識人の関わり方は、「学者職分論」などを経ながら、思想誌紙などメディアの整備という社会的現実に支えられて、「思想の種を蒔く人」として明確に具体化されたのである。

このことを踏まえて、上で試みた「思想」の定義（「本義」）に多少加筆すると、以下のようになる（傍点が加筆分）。

「思想」とは――

思想家個人の思索に発し、思想界を中心とした集団の議論を経ながら、社会構成員一人ひとりへ向かってその思想家により種を蒔くように表現され、社会構成員の思考の中で熟成されつつ広範に広がり、当該社会あるいは外部社会の自己認識・方針決定のベースとして使われることをとおして歴史を動かしうる知的な考え方のこと。近代の知的社会では、構成員の知的な社会参加の主要なかたちとして、構成員の知的情熱・知的倫理の発露となり他構成員にとっての問題提起となるため、その社会的重要性が増すので、その生産・議論・伝播等のためのメディア・制度・組織が整備され、近代社会における枢要な知的装置となる。

ところで、上に引いた兆民の説明では、「進化」という概念が重要な役割を果たしていた。周知のように、この兆民の文章が書かれた明治二〇年頃、「進化」は一種の流行であった。山室信一は、「進化論」の導入・流行について次のように述べている。「E・モースによって生物進化論としてのダーウィニズムが明治十年から積極的に説かれはじめ、つづいて東京大学においてE・フェノロサによる社会進化論の講義がなされ、また十年以降スペンサーの著作の邦訳が次々と出されたにもかかわらず、社会ダーウィニズムや社会進化論が衝撃をもって受け容れられ、爆発的に流行するということは明治十五年までなかった。それが一躍、最新にして最も実証性をもつ真理として脚光を浴びることになったのは、ひとえに明治十五年加藤弘之が『人権新説』を著わし、『余ハ物理ノ学科ニ係レル彼進化主義ヲ以テ天賦人権主義ヲ駁撃セント欲スルナリ』と宣言したことによる」（松本・山室校注［編］、前掲『学問と知識人』四九三頁）。

山室によれば、加藤の『人権新説』は、我が国の学問思想史上、次の点で注目すべきである。それはこの著作で、明治初年以来、学問の真正さの基準となった「実験観察」の強調が頂点に達し、「実験観察」を方法とする自然科学こそ真正の学問であって、その方法が脆弱な人文社会科学は「妄想」であるとされ、儒学の伝統で明治期にも引き継がれていた形而下の学の軽視、形而上の学の重視という見方が、全面的に逆転されたことである。しかし、その後、人文社会科学の領域で実際に起こったのは、生物学をモデルにした自然科学化、あるいは実験観察という方法の導入ということよりもむしろ、生物の進化の歴史をモデルにした歴史主義であった（同書、四九五～四九六頁）。「国家は有機体として最高の進化段階にある」として国家や民族が有機体とみなされ、歴史的個体とされて、「啓蒙の世紀」一八世紀の普遍主義から「歴史の世紀」一九世紀の個別主義への転換が、我が国において辿り直されることになる。山室は、我が国における「この歴史主義への歩みは、日本学問がそれまでの伝統を生かす回生の方途でもあった」と述べ、次のように説明する。「ボワソナードによって導入された自然法に基づくフランス法から加藤［弘之］、穂積［陳重《のぶしげ》］による歴史法学としてのドイツ法への転換、そして井上毅をブレーンとして伊藤博文、山県有朋らが推進したドイツ学の導入は、尾崎行雄のドイツ学と漢学の同時奨励のもつ矛盾への批判にもかかわらず、この歴史主義的方法と志向において、日本学とも、そして漢学を含む東洋学とも合致しえたのである。『一国ノ独立ハ国民ノ独立に基《もと》ヒシ、国民ノ独立ハ其《その》精神ノ独立ニ根ザス。而《しこう》シテ国民精神ノ独立ハ実ニ学問ノ独立ニ由ル』（「東京専門学校開校祝詞」［明治一五（一八八二）年一〇月］史料Ⅳ - １）として一国の独立から学問の独立への連鎖を強調してドイツ学に反対し、イギリス学の受容を説いた小野梓の思惑とはうらはらに、国民精神の独立とは無関係なまま、歴史主義に立つドイツ学による日本学問の独立が進行していく。かくて西洋学術の精華を自然科学とみてその方向を極点にまでおしつめたとき、日本学問は転回を遂げ、それによって一たんは途切れかけた日本学、東洋学としての持続の道を再び見出しえたのである」（同書、四九六～四九七頁）。

ここに引かれた文章中で小野梓が言う「学問の独立」とは、外国の学問から独立した「日本ノ学問」（同書、一五三頁）のことであるから、日本人自らが構築した学問をめざすかぎりにおいて、小野はドイツ学主義・歴史主義と同じ方向へ向かっているように見える。しかし、小野は、国民精神の独立の点で、ドイツ学主義とははっきり袂を別つ。「独逸《ドイツ》ノ学其遂《そのすい》ヲ極メザルニアラズ、仏蘭西《フランス》ノ教其汎《そのはん》ヲ尽サザルニアラズ。然《しか》レドモ人民自治ノ精神ヲ涵養シ其活発ノ気象ヲ発揚スルモノニ至テハ、勢ヒ英国人種ノ気風ヲ推《お》サザルヲ得ズ」（同書、一五七頁）。上の文章中で小野は、国家―国民―精神―学問という独立の根拠づけの系列を提示している。国家独立のためには国民独立が必要で、国民独立のためには国民精神独立が必要で、その精神独立のためには学問独立が必要となる。すべてがつながっている以上、学問独立を国家独立に直結させてはならず、国家から学問に至る独立の在り方が、一つひとつ厳しく問われなければならない。重要なのは、国家独立が最終的に学問独立によって根拠づけられている点である。これは、国家の独立が最終的には「智力」「学問」によって維持されるという福沢的な文明論の観点から理解できる。国家主義の側も、学問による自国独立という知的戦略を提示しているのである。しかし、福沢的な文明論の観点からすれば、国家の独立は外国からの独立であるが、その根拠づけの系列をなす国民以下の独立は、外国からの独立と同時に政府・伝統からの独立でもある。日本学問の独立という課題も、外国学問からの精神的独立と政府・伝統からの精神的独立という意味とを持っていた。しかし文明論的展望からすれば、「外国学問からの精神的独立」は、外国学問に背を向けることではないし、「政府・伝統からの精神的独立」もそれらを無視することではない。井上哲次郎がやったように、外国学問をくぐって日本学問を打ち立てることである（本書四一二頁）。小野には、ドイツ学主義とその歴史主義は、場合によっては国体主義と結びつき、「政府・伝統からの独立」を危うくし国民精神を脅かして、日本学問を閉鎖的なものへと傾かせるように思えたのではないか。

さて、兆民に戻ってみよう。兆民は、上記引用文に先立って、南海先生に「進化」についての議論を展開させている。「進化の理とは、天下の事物が経過せし所の跡に就《つ》ひて、名《な》を命ずる所なり」（中江兆民、前掲『三酔人経綸問答』一九三頁)。進化の進路とは、過去の歴史経過にほかならない。原始時代の人類の闘争から、その後の君主統治を経て、立憲制、民主制まで、あるいは仏教、儒教、キリスト教、……何から何まですべて世界人類が歴史的に経過してきた跡が進化の行路である。そこには、ありとあらゆるものが見出せるから、「進化神は、天下の最も多情に、多愛に、多嗜に、多欲なる者なり」(同前)。進化神が特定の何か、たとえば立憲制ないし民主制を好み、めざしていると考えるのは誤りである。しかし、進化神が憎むものが一つある。「其時《そのとき》と其地《そのち》とに於《おい》て必ず行《おこな》ふことを得可《うべか》らざる所を行はんと欲すること」(同書、一九五頁)である。そして、南海先生はこう言う。「政事の本旨とは何ぞや。国民の意向に循由《じゅんゆう》し、国民の智識に適当し、其《そ》れをして安靖《あんせい》の楽を保ちて、福祉の利を獲せしむ、是《これ》なり」(同書、一九六頁)。要するに、「進化神は、(中略)人々の脳髄中に蟠踞《ばんきょ》する者なり。是故《このゆえ》に進化神は、人々思想の相合《あいがっ》して、一円《いちえん》体《たい》を成す者なり」。現在までの進化の行路が、過去の歴史経過であるが、その進化を動かすものは、人びとの一つになった考え方、人びとの頭の中で成熟した思想、国民の意向、独立した国民精神である。政治家も知識人も、その成熟を鋭く見極めなければならない。ここには、有機体としての国家概念などからは遠ざかった、兆民の人民主義的進化論を見て取ることができる。

*

もう一つ、「思想」という言葉の使用事例を見ておこう。兆民『三酔人経綸問答』の六年後、北村透谷が明治二六(一八九三)年七月に発表した「国民と思想」(『評論』八)という論文である。これは、彼がその二六年足らずの生涯を自らの手で閉じる前年に書かれたもので、ほんの数ページの小品であるが、透谷の思想が格調高い文体に凝縮されたように感じられる重要な論文である。なお、この論文「国民と思想」

に先立って透谷は、いずれも同じ明治二六年に「人生に相渉《あいわた》るとは何の謂《いい》ぞ」(『文学界』二、明治二六年二月)、「日本文学史骨」(『評論』一〜四、明治二六年四〜五月)、「内部生命論」(『文学界』五、明治二六年五月)を次々と発表している。これらの諸論文もあわせて見ていきたい。「人生に相渉るとは何の謂ぞ」「日本文学史骨」は、山路愛山《やまじあいざん》との論争の中で書かれたもので、「内部生命論」も含め、論争の一方の当事者として自らの思想を明確に提示し、相手を鋭く攻撃し相手と衝突する論争的性格が顕著であるのに対し、「国民と思想」は、論争から一歩身を引き思想界の動きを冷静に論じる分析的性格が際立っている。

この「国民と思想」論文の読解で気をつけるべきは、タイトルにもある「国民」と「思想」の関係である。「思想界」は「国民の心性」の縮図であると同時に、その「国民の心性」を導くものである。この論文では「国民的思想」という言葉は使われるが「国民の思想」という表現は現れない。しかし、直前に発表された「日本文学史骨」には「国民内部の生命なる『思想』」「国民の思想」という表現が見つかる(松本三之介編『明治思想集』Ⅱ、近代日本思想体系31、筑摩書房、一九七七年、二二一頁)。基本的には、透谷において「思想」とは「国民内部の生命」であり、「心性」である。ただし、「国民と思想」においては、「思想」は「国民」一人ひとりが自立的に持つべきものではあるにしても、やはり一般「国民」は、「思想」表現を行なわない以上、「思想」を「思想家」から受け取るのである。国民には思想家に対して受動性があり、逆に思想家には、国民の能動性を活性化するように思想表現を行なう義務ないし役割がある。

また、「国民と思想」では、特に「思想の衝突」と「高踏的思想」に注意したい。前者は、国民の生気の源泉となる「創造的勢力」が醸成される場であり、後者は互いに衝突する思想それぞれへの惑溺からの脱出を含意するように思えるからである。

はじめに透谷は、「一国民の心性上の活動」に照準を合わせる。福沢諭吉の「人民の気風」、中江兆民の

「人々の脳髄」にあたる観点、民衆思想の観点と考えておこう。「一国民の心性上の活動を支配する者三あり、曰《いわ》く過去の勢力、曰く創造的勢力、曰く交通の勢力」（同書、二三三頁）。

まず、第一の過去の勢力である。「『過去』は無言なれども、能《よ》く『現在』の上に号令の権を握れり。歴史は意味なきページの堆積《たいせき》にあらず、幾百世の国民は其《それ》が上に心血を印して去れり、骨は朽《く》つべし肉は爛《ただれ》るべし、然《しか》れども人間の心血が捺印したる跡は之《これ》を抹《まつ》すべからず」（同前。傍点は引用者）。過去の跡を消し去ることはできず、過去の力を無視することはできない。しかしながら「『過去』は常に死に行くものなり。而《しこう》して『現在』は恒《つね》に生き来るものなり」（同前）。「死に行く」にもかかわらず、「生き来る」「『現在』の上に号令の権を握る」過去の力は、そのあり方からすれば、本書第二章第4節で見たベンヤミンの「死後の生」に通じるものと考えていいかもしれない。

いずれにしても、過去は死に行くものである以上、また、現在は生き来るものである以上、「徒《いたず》らに過去の勢力に頑迷して、乾枯せる歴史の槁木《こうぼく》に夢酔するは豈《あ》に国民として、有為の好徴とすべけんや」（同書、二三四頁。傍点は引用者）。死に行く過去からの、生き来る現在に対する否定的な影響がある。過去に対する「頑迷」とか「夢酔」である。「国民の心血の跡」の重さを十分に踏まえた上で、この「頑迷」「夢酔」は払拭しなければならない。そして、そのことによって、第二の創造的勢力を解放する必要がある。この勢力こそ、「国民の生気」の源であり、その思想を活性化させ、国民を進歩させるものである。「国民の生気は、その創造的勢力によって卜《ぼく》するを得べし」（同前）。

最後に、第三の交通の勢力。東洋思想と西洋思想のぶつかり合いのことである。この勢力は「今や、思想に対する世界は日一日より狭くなり行かんとす」（同前）という近代的状況に由来するものである。なお、「内部生命論」では、透谷は「生命と不生命、之《こ》れ即《すなわ》ち東西思想の大衝突なり」（同書、二二七頁）とまで言い切っている。東洋思想は、ある意味で「過去の勢力」であるが、現在形で存在し西洋思想とぶつかり合っているかぎりで、たんなる無言の「過去の勢力」ではない。また、西洋思想は「外来の勢力」とも呼ばれ、もっぱら「交通の勢力」を代表するものとして扱われる箇所もある。ここでも透谷が注意するのは、東洋思想ないし西洋思想への「執着」あるいは「心酔」である。東洋思想も西洋思想もそれぞれ大きな潮流のようなものであって「潮水は天為なり、人功を以《も》って之《これ》を支へんとするは痴人の夢に類するものなり。東西南北は、思想の側（サイズ〔サイド？〕）のみ、思想の城郭にあらざるなり。思想の最極は円環なり。みだりに東洋の思想に執着するも愚なり、みだりに西洋思想に心酔するも痴なり」（同前。傍点は引用者）。「執着」「心酔」は、そして上述の「頑迷」「夢酔」も、福沢的に言えば「惑溺」であろう。「潮水は天為なり」と「思想の最極は円環なり」の洞察によって、その惑溺を脱しなければならない。「潮水は天為なり」は、思想家の性急さを戒める点で、上で見た兆民の「進化神」の観点に通じるものであり、「思想の最極は円環なり」は透谷の高踏的姿勢の現れかもしれない。こうしていま東西思想はぶつかり合っている。しかし、民衆はどちらに就《つ》いたらいいのか分からない。「〔双方の〕戦士の意気甚《はなは》だ昂揚して、而《しこう》して民衆は就く所を失へるが如き観なきにあらず」（同前）。

思想の世界とは、一種の「四本柱」つまり相撲の「土俵」、あるいは「舞台」であり、そこでは「何《いず》れの時代にも、思想の競争」があり、滅び消え去るものと新たに生まれるものがあるのだが、そのときのぶつかり合いから、思想上の、そして国民的な創造的勢力は醸成されてくる。「進むべき潮水は遠慮なく進むべし、退くべき潮水は顧眄《こけい》なく退くべし、直ちに馳せ直ちに奔《はし》り、早晩大《おおい》に相撞着することあるを期すべし。知らずや斯《か》かる撞着の真中より新たに生気悖々《はいはい》たる創造的勢力の醸成し来るべき理あるぞ」（同書、二三五頁。傍点は透谷のものを引用者が限定）。創造的勢力の源泉となるこの「思想の競争」「思想の撞着」には進化論的生存競争ではなく、自由主義的な議論主義を見るべきであろう。

では、「国民が尤《もっと》も感謝すべき国民大思想家」とは、どのような者か。「奔流急湍《ほんりゅうきゅうたん》に舟を行《や》るは難し、然《しか》れども舟師は能《よ》く富士川を下りて、船客の心を安《やすら》ふす、富士川を下るは難し、然《しか》れどもその尤《もっと》も難きは、東西の二大潮が狂湧猛瀉《きょうゆうもうしゃ》して相撞突するの際にあり。此《この》際に於《おい》て、能《よ》く過去の勢力を無《な》みせず、創造的勢力と、交通の勢力とを鉄鞭《てつべん》の下に駆使するものあらば、吾人《ごじん》は之を国民が尤も感謝すべき国民大思想家なりと言はんと欲す」（同書、二三四頁）。透谷の言う「国民大思想家」とは、創造的勢力の源泉たる、三勢力ないし諸思想潮流の衝突現場に臨み、しかもそのいずれの勢力・潮流への惑溺からも脱して、各勢力・各潮流を「鉄鞭の下に駆使」する熟練の「舟師」である。しかるに特に現時点の思想界においては、「創造的勢力は未《いま》だ其《その》の弦を張って箭《や》を交《まじ》ふに至らず、却《かえ》つて過去の勢力と、外来の勢力とが、勢を較《こう》して陣《じん》前《ぜん》馬頻《しき》りに嘶《いなな》くの声を聞く」（同前）。「過去の勢力」としての東洋思想と、「外来の勢力」としての西洋思想が衝突しているが、この衝突から「創造的勢力」が生まれてくるはずである。したがって、おそらく「国民大の思想家」にとっていま必要な作業は、三勢力の調整というよりも、東洋思想と西洋思想の調整による創造的勢力の醸成過程への貢献である。

しかし、その作業は容易ではない。透谷によれば、国民の心性上の活動が国民の力となるためには、その活動は一つにまとまらなければならない。その一致を可能にするための思想が、平等・最大多数の最大幸福・人間性尊重・個人主義・民主主義といった信条・主義からなるものであることは、分かっている。しかし、そうした国民の一致は容易に実現できることではない。「吾人《ごじん》は寧《むし》ろ進歩的思想に与《くみ》する者なり、然《しか》りと雖《いえども》、進歩も自然の順序を履《ふ》まざる可からず、進歩は転化と異なれり、若《も》し進歩の一語の裡《うち》に極めて危険なる分子を含めることを知らば、世の思想家たる者何ぞ相戒《いまし》めて、如何に真正の進歩を得べきやを講究せざる。国民のヂニアスは退守［の思想］と共に退かず、進歩［の思想］と共に進まず、その根本の生命と共に、深く且《か》つ牢《くら》き基礎を有せり、進歩［の思想］も若《も》し此《こ》れに協《かな》はざるものならば進歩にあらず、退守［の思想］も此れに合《あわ》ざるものならば退守にあらず」（同書、二三七頁）。

ここで透谷は、卑近なことを分かりやすい言葉で説く「地平線的思想」と、「真正なカルチュアを国民に与ふる」ような「高踏的思想」を区別する（同書、二三七～二三八頁）。前者について透谷は、その重要性・必要性をしっかり認めつつ、次のような問題点を指摘する。「世間幾多の平坦なる真理を唱《とな》ふるものの中には、平坦を名として濫《みだ》りに他の平坦ならざるものを罵《ののし》り、自ら謂《い》へらく平坦なる者にあらざれば真理にあらずと。斯《かく》の如きは即ち真理を見るの目にあらずして平坦を見るの眼なり」（同前）。これに対して、後者についてはこう述べる。「ヒューマニチーは社会的義務の為にのみ存するにあらず、人間の性質は倫理道徳の拘束によりてのみ建設すべきものにあらず、純美を尋ね、純理を探る、世の詩人たり、学者たる者優《まさ》に地平線的思想家の預り知らざる所に於て人類の大目的を成就しつつあるにあらずや」（同書、二三八頁）。「純美・純理」をめざそうという「高踏的思想」宣言とも言うべき表現である。「高踏的思想」とは「人間をして正当に人間たる位地《いち》に進ましむるに浩大《こうだい》なる裨益《ひえき》ある」（同前）ものであり、「国民的なる狭少なる偏見」（同書、二三九頁）を脱して「一国民」にだけではなく「人類全体」に語りかけるものである。だからと言って、高踏的思想家が国民的・愛国的でないなどと決めつけることはできない。透谷は、西洋思想の「模倣」を避け、「便利」ばかりを追い求める地平線的思想の桎梏を脱し、過去の勢力からも柔軟に学んで、創造的勢力を解放しなければならない、と訴える。必要なのは、東洋思想への単純な「復古」でも、西洋思想の徹底した「模倣」「消化」でもなく、「剛強なる東洋の趣味の上に、真珠の如き西洋的思想を調和」（同前）させることであり、それを実現する「国民大なる思想家」つまりあの「舟師」の出現である。そしておそらくそれは、「国民的なる狭少なる偏見」を逃れているかぎりにおいて、諸勢力間の調整の任務を果たすためにさまざまな惑溺を脱した高踏的思想家である。

透谷の主張をまとめてみよう。透谷の構図では、まず基本に「一国民の心性上の活動」が置かれる。この活動を支配するのは、「過去の勢力」「創造的勢力」「交通の勢力」の三つである。思想界は、「一国民の心性上の活動」の一種の縮図であり、この三つの勢力のぶつかり合いが目の当たりにできる「土俵」である。いまそこでは、「過去の勢力」は東洋思想として、「交通の勢力」はむしろ「外来の勢力」である西洋思想として力を揮っているが、「創造的勢力」は十分に現れていない。まず何よりも、上で兆民が南海先生の口を借りて洋学紳士に言ったのと同様の意味で、こうした「勢力」の大きさと、それを動かすことの困難さが自覚されなければならない。要するに「自然の順序」の認識である。そして、東洋思想については過去への頑迷・夢酔・執着、西洋思想についても外来のものへの心酔、利便追求といった、さまざまな惑溺から脱却し、原理的には三つの勢力を調整し、当面は東西思想を調和させ創造的勢力を解放しながら、「鉄鞭の下に駆使する」「舟師」のような「国民大の思想家」が求められるわけである。

以上の透谷の文章で、「思想の競争」「思想の衝突」という表現に注意してみよう。先に見たように、明治一四（一八八二）年に中江兆民が、沈黙・孤立する人民に向かって訴えたのは「思想の表現」と「思想の交流」であった（本書第一章第1節）。その一二年後の明治二六（一八九三）年に透谷が報告するのは、「思想の競争」であり「思想の衝突」である。この一〇年余りの間に、メディアが整備され思想界が成立し、思想は、表現・交流の段階から競争・衝突の段階へ移ったと言えるかもしれない。透谷が問題にしている「思想の衝突」とは具体的には東西思想のそれであるが、そこから醸成されてくるはずの「創造的勢力」とは、民権思想、あるいは自由民権運動の挫折の後、地下へもぐったその伏流と考えることもできる。色川大吉は、次のように述べた。「自由民権運動の伝統は、思想の地下水として、どこか見えない深層に流れていて、その後の日本の歴史の発展に機能しているにちがいない。（中略）［そのうち］第三の伏流は、象徴的には北村透谷などによって汲みあげられ、日本近代史を通じてのたえない細流となった。かれらは民権運動の敗北を痛覚をもってうけとめ、その挫折感を長く耐え抜いてゆく過程のなかで、自由民権思想の最良の部分を再生することに成功した」（色川『明治精神史』上、講談社学術文庫、一九七六年、八四〜八七頁）。それはもはや単純に「模倣」された西洋思想ではなく、すでに自由民権運動を通じた思想の衝突によって醸成が開始されたものであろう。

「勢力」とは、「一国民の心性上の活動」を支配し、圧倒的な力で押し流すものである。思想家といえども、それに抗うことは難しい。しかし諸勢力の衝突があるところでは、創造的勢力が醸成され、思想界において、その衝突は思想のそれとなって現れる。思想家は、その衝突現場に臨み、惑溺に没しながらただひたすら押し流されるのではなく、惑溺から脱し諸勢力の流れの調整を創造的勢力の発現に向けて行なわなければならない。「高踏的」とは、このような意味で「惑溺から脱して」の意であろう。思想家は、たとえ「創造的勢力」に与する場合でも、勢力に与するかぎりでは、そのことによる惑溺は免れない。創造的勢力が思想の衝突から醸成される以上、思想の衝突はその勢力の母胎であるが、思想家は、衝突し合う一方の勢力に与するだけでは足らず、同時にそこから一歩身を引き、自らの勢力に対する惑溺から脱して、熟練の舟師とならなければならないのである。

ここで透谷が考える「地平線的思想」の代表は、おそらく福沢諭吉である。実際、「日本文学史骨」では、透谷は福沢についてこう述べている。「教師としての彼は実用経済の道を開きて、人材の泉源を造り、社会各般の機務に応ずべき用意を厳にせり。故に泰西文明の思想界に於ける密雲は一たび彼の上に簇《あつ》まりて而《しこう》して後《のち》八方に散じたり。彼は実に平民に対する預言者の張本人なり。（中略）吾人《ごじん》は福沢翁を以《もっ》て、明治に於《お》いて始めて平民間に伝道したる預言者なりと認む、彼を以て完全なる預言者なりと言ふにはあらず。福沢翁には吾人『純然たる時代の驕児《きょうじ》』なる名称を呈するを憚《はばか》らず。彼は旧世界に生まれながら徹頭徹尾旧世界を抛《な》げたる人なり。彼は新世界に於《お》いて広大なる領地を有すると雖《いえど》も、その指の一本すらも旧世界の中に置かざりしなり。彼は平穏なる大改革家なり、然《しか》れども彼の改革は寧《むし》ろ外部の改革にして、国民の理想を嚮導《きょうどう》したるものにあらず」（松本編、前掲『明治思想集』Ⅱ、二二二頁）。福沢は西洋思想に傾きすぎている、つまり惑溺している。また、透谷にとって上記の「舟師」としての思想家のモデル、東西思想の調停者のモデルは、「日本文学史骨」では中村敬宇である。「敬宇先生は改革家にあらず、適用家なり。静和なる保守家にして然《しか》も泰西の文物を注入するに力を効せし人なり。彼の中には東西の文明が狭き意味に於《お》いて相調和しつつあるなり。彼は儒教道教を其《そ》の末路に救いたると共に、一方に於ては泰西の化育《かいく》を適用したり。（中略）彼に於ては正直なる採択あり、熱心なる事業はなし、温和なる崇敬はあり、執着なる崇拝はなし」（同前）。

透谷にとって当時最大の「思想の衝突」は東西思想のそれであるが、むしろ彼は、新たなその衝突のいわばヴァリエーションとして「高踏的思想」と「地平線的思想」の衝突を設定しているように思える。西洋思想と東洋思想の衝突の本質は、「生命と不生命」の衝突にあった。「高踏的思想」と「地平線的思想」の衝突も、同じ本質を持っている。おそらく透谷の役割は、地平線的思想の批判による両者の衝突の調整である。地平線的思想の代表としては目の前に山路愛山がおり、その向こうには福沢がいる。これを批判し、形而上的・詩的な「高踏的思想」を提示して新たな思想の衝突を設定しなければ、西洋思想の真髄たる生命には辿り着けず、それゆえ、東西思想の衝突から創造的勢力は醸成されないであろう。福沢には、

「東洋思想」との調和の配慮と「高踏的思想」とが欠けていることになろう。

5　「卑屈の気風」の変容

前節で見たように、兆民や透谷の「思想」とは、「思想家」の思索表現から発し、「人民の脳髄」に種が蒔かれやがてそこに生い茂って、あるいは「一国民の心性上の活動」を導くことにより、歴史の原動力となるものである。この「思想」は人民ないし国民に広がることによって初めて歴史を動かすものである以上、人民・国民中心のその概念は、当時の社会にメディア・システムや近代的大学制度などの知的環境が実際に整備されたこと、そしてそれを支えに思想界が成立したことの結果の一つと考えることができる。「思想」とは、根本的には、一般の人びとに開かれた歴史の動きへの参与の方法である。とにかく、一般の人びとが自らの思索表現によって歴史の動きに参与できるという手応えを持ちうるようになったことは、きわめて画期的であり重要である。

ただし、そうは言っても実際には、この「思想」をまず発信し、「思想界」という土俵で互いにぶつけ合うのは「思想家」たちである。「思想界」は「思想の衝突」の場であり、その衝突は「一国民の心性上の活動」を支配する諸勢力の衝突を映し出すとともに、国民の生命を担う創造的勢力が醸成される機会となる。国民は、思想の衝突を受けとめ創造的勢力を醸成することによって歴史を前進させる。思想家という知識人と国民という民衆が、それぞれの職分・役割をまっとうすることが必要なのである。

我が国の国民国家は、国民相互の愛国心の結びつきの前に、国民相互の全国的規模さらには世界的規模の情報共有、そして問題共有によって成立したと考えられる。上述の歴史の動きへの国民の参与は、まずは国際政治における近代的単位としての国民国家の政治への参与をとおして行なわれ、自由民権運動とともに国民の政治参加のための国会開設が求められたわけだが、国会という議会は、あくまでも代表を通じた間接的な議論の場であって、国民相互の直接的なそれではない。それに対して、国民の声の全体は「世論」と呼ばれるが、「世論」の内部には、実質的な議論は存在しない。集団にとって重要な問題の解決をめざして、その構成員全員が議論しその最善の解決策を見出すことが、議論主義の理想である。この理想に沿って、議会が求めるような代表の資格なしに、国民が自らの思索表現をもって参加でき、その表現がメディアによって伝播され、国民全体が少なくとも問題関心を持った読者・観客として見守る実質的な議論の場として、思想界は成立したように思われる。

なるほどいつの時代、どんな地域にも思想は存在し、それなりの思想家がいて、一定規模の思想界が形成され社会的機能を果たしていただろう。しかし、我が国において、これほどの規模で国民を巻き込むような思想界が、社会の中でそれなりの独立性をもった領域として成立したのは、もちろん初めてのことであった。独立性をもった領域とは、「思想家」と呼ばれる領域固有の専門的知識人を構成員として擁し、「思想雑誌」「思想書」などと呼ばれる領域固有のメディアを持ち、透谷の言う「一種の自動機関」（松本編、前掲『明治思想集』Ⅱ、二三四頁）として動く領域ということである。私たちの観点からすれば、その最大の社会的機能は、議論の場となることである。それは、福沢的に言うと政府から距離を置いた「私立」の議論の場、そして議論環境内の頂点的な議論の場としての国会からも距離を置いた議論の場、国民の「世論」に接する議論の場である。

すでに述べたとおり、この思想界が実際に機能しはじめるのは、明治二〇（一八八七）年頃のように思える。実際、この時期以降「思想」という言葉が新聞・雑誌・書籍等で使われることが目立って多くなる。たとえば、「我が国思想界もカントの言う批評の時代に入った」という主張から始まる大西祝《おおにしはじめ》「方今思想界の要務」が出たのは明治二二（一八八九）年である（『大西祝選集』Ⅱ所収、岩波文庫、二〇一四年）。「思想」という言葉は、日本思想・東洋思想・西洋思想、あるいは古代思想・近世思想というぐあいに、空間的・時間的広がりを持って使われるようになり、同時に「思想家」「思想界」「思想雑誌」などという表現も現れる。すでに、国民の参照可能な西洋思想の邦訳が用意されて対象の空間的広がりが確保され、知的修練を積んだ専門的知識人が存在するようになり、国民への思想表現の伝達のためのメディアが整備されたからである。そうした要素が整い独立した領域としてしっかりと成立したからこそ、この領域と、その構成要素に、自ずと統一的に「思想」という名称が付されたのであろう。こうして、いったんそうした要素が整い名称を獲得すると、今後「思想界」は或る自律性を持ち、固有の対象・歴史・制度・慣習等によって特徴づけられる一つの小宇宙、今日まで続く小宇宙をなすようになる。要するに、「思想界」は、「政界」「経済界」などと並び、「学界」「文学界」「芸術界」「出版界」「マスコミ」等と重なり合いながら、固有の社会的な機能・役割を果たす小宇宙として動きはじめるのである。たとえば、この頃、新制度としての「大学」を出て新メディアとしての「雑誌」を中心に活動する新職業としての「ジャーナリスト」が「思想」にたずさわるものとして自己同定するようになってくる。そうした自己同定が行なわれるためには、それなりの社会的基盤が出来上がっていなければならない。その社会的基盤が、この頃、出来上がったように思えるのである。

さて、一般に思想史研究は、対象となる時代の頂点的思想家、大思想家の思想内容を中心に行なわれる。

頂点的思想家が中心になるのは、その社会的・歴史的影響力の大きさゆえである。社会的・歴史的影響力が重視されるのは、兆民や透谷にもあったように、思想とは最終的に人びとに広がり、人びとのものとなって社会・歴史を動かすものという考え方があるからである。もちろん、この人びとのものとしての思想に照準を合わせ、底辺的な民衆の思想を研究する民衆思想史もある。それは、民衆の思想こそ歴史の直接的な原動力であるという考え方に則ったものである。たとえば色川大吉は、その『明治精神史』でこの民衆思想史を展開したが、それについて「まえがき」でこう述べている。

「［頂点的な思想家中心の研究に対して］方法論的アンチ・テーゼを提出するために、この［明治維新から自由民権運動期に至る四半世紀ほどの］時期の精神史を叙述するにあたって、本書においては一人の福沢諭吉も中村正直も植木枝盛もとりあげなかった。徹頭徹尾、人民（＝一般国民）の意識、とくにそのスポークスマン的な存在であった当時の地方知識人（＝豪農・商層）の意識の究明に主力をかたむけた。（この第一部にとりあげた徳富猪一郎［蘇峰］や北村透谷は、当時の無名な民権派青年の象徴的な分析例として、その青少年期をとりあつかったのである。）ここには、〝歴史の伏流を汲むもの〟、あるいは『底辺の視座』からする新しい思想史研究への実験が試みられている」（色川、前掲『明治精神史』上、七頁）。たしかにそこでは、透谷が扱われているのだが、それは頂点的思想家の一人としてではなく、あくまでも底辺の民衆の一人として、青少年期の透谷が取り上げられている。しかし、そこでは透谷は思想界から切り離されて民衆の中に置かれるのではなく、むしろ、民衆の真っ只中にいる思想家、頂点的な思想と民衆思想を媒介するものという意義が与えられているように思える。いずれにせよ、民衆思想史は、頂点的思想を排除したり、それに対して全面的に背を向けるものではなく、その頂点的思想の民衆思想への影響、民衆思想における変容などの研究を含むものである。しかし、そうした民衆を主たる対象にする歴史研究は容易なものではない。民衆の思想表現は、メディアから外れ、発掘の努力が不可欠になるからである。色川は、民衆思想史家としての自らの仕事を、特に自由民権期の民衆としての若き透谷、つまり民衆であるがゆえに史料が極端に限定された透谷を対象にする場合について、次のように描いている。

「ある人間を明らかに知ろうとする場合、その人間が直接にか、あるいは回想として書いたものによるのが普通の手順であろう。ところが、それがないとしたら、その人間と深いつきあいのあった人びとを調べ、その人と主人公との内的な交渉の意味を明らかにすることから、手がかりをみつけようとするだろう。うまくいって、その友人の記したものや行動の伝承のなかに、めざす人物の足跡を発見できるかもしれないからだ。次に、その友人すら限られた人しか判明せず、しかも、その友人の手記も自伝も文書も発見されなかったとしたら、こんどは、その友人と深い交渉をもっていた別のグループないし人物で、主人公にも交渉のありそうなものを調査しなくてはなるまい。たとえば、もともと透谷の友人でありながら、中間の記録が失われてしまったために、今は完全に埋もれている重要人物もあるいは存在していたかもしれないからである。こうして、歴史的事実の追求の仕事は、内的省察の要素を加えつつ、社会的なひろがりを示し、しだいに主人公から離れていくように見えよう。しかし、すでに判明している部分的な事実の、かくされた意味を、より効果的に総体的にとらえるためにも、また、あらたな史実追求の領域をひらくためにも、ここで社会・経済的な面との接点を求めることが不可避となるのである。すなわち、その主人公の行動（可能）線と多少でもクロスするその時代のその地域の社会運動なり、政治運動なり、文化運動なりをそれ自体に即して深く調べることである。この中にその時代の歴史の特質や個々人のあり方の共通の基盤がさぐりあてられる。透谷の場合でいえば、三多摩（ひろく神奈川県下の）自由民権運動の全貌をあきらかにし、この民権運動の具体的な研究から、透谷と大いに関係のありそうな蓋然性をみつけだし、その関係文書の追求を通して透谷に接近してゆくという道がある」（同書、九四～九五頁）。

　透谷の人間関係の糸を辿りつつ、彼を取り巻く時代的・地域的な社会環境ないし社会状況としての三多摩自由民権運動を解明していくという方法である。研究対象としての民衆の史料的限界が、かえって著作・論文などに閉じこもりがちの思想史研究を強いて、対象の背後の社会状況の調査へと向かわせるということであろう。なお、色川は、この著作を民衆思想史の先駆として一九六四年に提示したが、その四年後の一九六八年の「増補版まえがき」では、「この四年間にわが思想史学界はおおきく変わった。ひとことでいえば、民衆意識・思想の研究が中心テーマになった」（同書、一〇頁）と報告している。いま一度いうと、民衆の「気風」「脳髄」「心性」こそ、福沢・兆民・透谷において確認されているように思想の最終的で本来の場であって、民衆思想となってこそ思想は歴史の原動力たりうるのであるから、頂点思想を対象として排除しないかぎりにおいて、民衆思想史は思想史の本来のあり方である。兆民的に言えば、頂点思想は人びとの頭に蒔かれる種子にすぎないが、それでもそれが蒔かれなければ民衆の頭に思想が自生するのは困難である以上、頂点思想が人びとの頭の中で成長する様子の研究も民衆思想史の仕事になることはまちがいないのである。

　ところで丸山真男は、日本近代の思想史の方法論の歴史的展開を六段階に分けている。第一段階は、明治初めの福沢諭吉に代表される文明論的思想史、第二段階は明治二〇年頃から始まる竹越与三郎などの同時代的思想史。丸山はこれを「近代日本の自己意識の開始」と性格づける。第三段階は明治三〇年代に書かれた、井上哲次郎などの国民道徳論的思想史。実質的には国民道徳的立場に立った日本儒教思想史である。第四段階は、和辻哲郎などの文化史的思想史と、津田左右吉《つだそうきち》の生活史的思想史。第五段階は生活史的思想史の発展とも見られる、羽仁五郎や三枝博音《さいぐさひろと》の唯物史観的思想史。第六段階は戦時中の「日本精神」

的思想史（丸山、前掲『「文明論之概略」を読む』上、五七〜六〇頁）。

まず注意すべきは、第六段階を除き、第三段階を含めて五つの段階はすべて、日本を対象にする場合でも、方法的には何らかのかたちでヨーロッパ思想をくぐっていることである。第三段階の「井上哲次郎の四部作〔『日本朱子学派之哲学』『日本陽明学派之哲学』『日本古学派之哲学』『日本折衷学派之哲学』〕は、ヨーロッパ哲学の範疇を使って日本の儒学史を書いた最初の本です。それまでは江戸時代の経学の伝統ですから、その意味では井上の四部作は一応ヨーロッパ哲学をくぐった画期的な日本儒学史といえます」（同書、五九頁）。西洋思想を経由するということは、日本近代思想史の基本的な方法になっているように思える。逆に言えば、第六段階の「日本精神」的思想史は、きわめて特殊なものである。

もう一つ注意しておきたいのは、第四段階の生活史的思想史と第五段階の唯物論的思想史は、民衆を中心に見ていく姿勢の点で、いま見たばかりの民衆思想史に対応することである。しかしながら、福沢の『文明論之概略』はすでに、「人民の気風」こそ文明発展の鍵として、それに照準を合わせていたことからすると、これもまた民衆思想史の原点とも言える。民衆思想史としての性格を持たないのは、第三段階の国民道徳的思想史と第六段階の「日本精神」的思想史ということになろう。だが、たとえそれが国家主義的立場から統治ないし支配の対象として民衆・国民に照準を合わせていたとしても、民衆・国民の教導を課題としていた点からすると、その主たる関心が民衆・国民にあることはまちがいないのであって、それらもまた一種の民衆思想史と言えるのではないか。日本近代の思想史の主たる関心事は一貫して民衆であり、民主主義的か国家主義的かという、そのアプローチについて真っ向から衝突がある、と言ったほうが正確であるように思える。

なお、第二段階の、明治二〇年代に書かれた同時代的思想史（丸山は竹越与三郎『新日本史』、徳富蘇峰『吉田松陰』、陸羯南《くがかつなん》『近時政論考』を挙げている。上で見た北村透谷の「日本文学史骨」も小品ながらここに含めることができよう）が対象としている維新からの二〇年間は、自由民権運動とともに、政治が前面に出た政治主義的時代であり、まさに陸羯南の著書名にあるように「思想」がまだ「政論」と呼ばれていた時期であって、メディアの整備もいまだ進行中であり、民衆と思想の結びつきは必ずしも前面に現れていなかったように思える。要するに、維新からの二〇年間は、政論家＝政治家の頂点的思想の時代であって、その時代における思想史の叙述においても、たとえば福沢諭吉の訴える「人民の気風」という民衆思想によりも、福沢諭吉という大思想家の頂点的思想に関心が集まったのである。

おおまかに言えば、日本近代思想史の方法的な基本的参照基準は、西洋思想と民衆思想である。それは、日本近代の思想それ自体が、西洋と民衆に強い関心を持っていたからである。日本近代の思想が強い関心を示したものは、もう一つある。同時代の政治である。その傾向は、いま述べたとおり、特に維新からの二〇年間の時期に顕著であった。まさに「百事一新」、政治を中心とした我が国の大変革の時代である以上、政治への強い関心は、当然のことであった。上述の「学者職分論争」でも触れたように、多くの知識人が、維新政府内に入りつつ、自らの政論を展開した。すでに見たように、福沢諭吉は、自らあくまでも政府外に身を持し、人民に対し「私立の気風」の実例たらんとするとともに、そうした政治熱、政治至上主義、とりわけ議論の政治的偏りを、「政治的惑溺」として批判している（丸山、前掲『「文明論之概略」を読む』上、第六講）。文明は捕まえるべき獲物で、政治は猟師である。矢の射方にばかり拘泥して、射るべきときを逸し、肝心の獲物を逃してしまったら何にもならない（福沢、前掲『文明論之概略』六五頁）。これは議論よりも決断を優先させる言葉であるが、議論重視の福沢がこうした指摘の必要を感じるほど、当時の知識人の政治関心は過熱し政治議論への惑溺は目に余るものであったのだろう。

そうした政治への強い関心は、一部知識人だけのものではなく、広範な社会的広がり、国民的広がりを持ったものであった。その端的な事例が、自由民権運動にほかならない。自由民権運動は、明治七（一八七四）年一月一七日に、板垣退助ら八人が国会の開設を要求する「民撰議院設立建白書」を維新政府に提出することによって始まる。直ちにその建白書をめぐって論争が起こるが、それについて松沢裕作は、こう述べている。「建白書提出の翌日、一月一八日、イギリス人ブラックが経営していた新聞『日新真事誌』に建白書全文が掲載される。『日新真事誌』は左院から『左院御用』のお墨付きを得ており、左院に提出された建白書や左院の議事を掲載する特権をもっていた。ひとたび新聞紙上に建白書が掲載されると、建白書の内容の是非をめぐる論争が巻きおこった。賛成・反対それぞれの立場の論者が新聞に投書し、あるいは雑誌に寄稿し、相互に批判しあう事態が生じたのである。『民撰議院論争』である。争われた論点は大きく二つある。第一の論点は、建白書提出者たちに政府批判の資格があるのか、という点であり、第二の論点は、民撰議院の即時設立は時期尚早ではないか、というものである。（中略）民撰議院論争が課題としていたのは、近世社会の終焉という時代の変化の文脈でみるならば、身分制社会にかわる社会のあり方、『ポスト身分制社会』のあり方の模索であった。身分制社会における統治者であった武士身分の消滅は、士族の処遇への不満を生み出した。また、身分制社会における被統治者であった百姓・町人その他の諸身分の人びとのなかには、依然として政治への無関心が存在する一方、戊辰戦争に参加し、一旦武士化したがゆえに過剰な統治者意識を持ち、士族と同様の不遇感を持つ者もいた。不満の渦巻く流動的な状況において、権力の正統性をもたない有司専制はいかにも危うい。［たとえば］西村［茂樹］の議会構想は、できる限り旧藩という身分的集団の枠組みを残したまま、その不満を吸収するような仕組みを構築することを目指したものである。それもポスト身分制社会の構想の一つであった」（松沢裕作、前掲『自由民権運動』四四〜四七頁）。

少なくとも自由民権運動の発端においては、その運動に見られる人びとの強い政治的関心の根底には、身分制が崩壊した社会における士族の大きな不満、政治・統治に参与できないという政治的不満があった。「民撰議院設立」の建白は、この士族問題という深刻な政治的・社会的問題の解決法の提案、議会主義的解決法の提案として受けとめられたのである。しかも、その提案が新聞という新しいメディアを通じて社会に広く伝播したことで、政治的関心は社会的規模となった。不満士族の政治参加要求を発端として議会開設が提案され、その提案がメディアを通じて社会全体へ伝播し議論が闘わされて、広く社会で政治関心が高まったのである。この時代の「政治熱」の実態は、そのようなものであった。旧統治者の政治参加要求を議会開設によって吸収するという提案を、メディアを通じ社会的規模で議論できたということは、すでに議論環境が整いつつあり、その整備の最終段階として国会開設が議論されたということである。

実際、論争において、国会開設それ自体に反対する声はなかった。松沢が言うように、なるほど当初は「建白書提出者たちの政府批判の資格の有無」なども論じられたようである。「ところが、建白書が提出されるや否や、表面上の論点は民撰議院設立の遅速だけとなった。幕末以来、国政にかかわる何らかの会議体が必要であることには広い合意があった。幕末の政争が幕府の独断による条約の調印への批判からはじまったからである。五箇条の誓文の『広く会議を興し、万機公論に決すべし』はその最大公約数的な合意である。しかし、建白書は、この漠然とした合意に明確な形をあたえた。それは、個人に参政権を持たせることで、一人ひとりの政治的能動性を引き出し、それによって身分制社会にかわる安定した政治体制を形成する、という構想である。実際に欧米諸国がそれを採用しているということもあって、民撰議院構想は、一度提出されると反論することは難しかった。こうして、政府に対して議会の開設を要求する、あるいはみずから議会を立ち上げようとする運動が誕生した。国会開設を目標とする自由民権運動の誕生である。また、建白書がもたらしたのは運動の『目標』だけではない。建白書は新聞に掲載され、建白書をめぐる論争は新聞の投書欄を舞台として展開した。これによって、新聞は、新聞人や読者がみずからの見解を世に問い、闘わせるメディアへと成長していった。自由民権運動の『手段』としての新聞も、この論争を通じて誕生した。民撰議院論争を通じて残ったものは、選挙によって選ばれた議員から構成される議会を開くという窮極的な運動の目標と、新聞という運動の手段となるメディアであった」（同書、四七〜四九頁）。

現在私たちは、「政治」と「思想」を、あるいは「政界」と「思想界」をふつう切り離して考える。「自由」とか「民主」という名前の付いた政党が、自由主義・民主主義という思想と、いったいどのような関係があるのかとあらためて問う者はあまりいないだろう。私たちは、政治と思想との内在的関係についてのイメージを失ってはいないだろうか。しかし、その結合イメージは、歴史の流れを遡れば、自由民権運動において再発見できる。この時期においては、政治と思想の分離を見出すことのほうが難しい。では、なぜ現代の私たちは、政治と思想を分離してイメージするようになったのだろうか。この分離イメージも、歴史の流れの中で、自由民権運動の終焉と、政治からの思想界の独立という事態に由来しているように思える。

自由民権期において、思想はきわめて政治的であった。国会開設・憲法制定が思想上の最大の問題であったということである。また、政治はきわめて思想的であった。上記の政治問題が新聞・演説会などを通じて、広く社会的に議論されたということである。高坂正顕は前掲『明治思想史』で、明治思想史において維新から明治一〇年頃までを「文明開化期」とし、それと区別して明治二〇年代を「自由民権期」と呼んだ。「明六社［明治八年に事実上解散］の人々がそれを典型的に示しているように、彼らは豊かな教養を身につけた文化人であり、学者であり、その関心は政治以外の様々の分野に［も］わたっている。彼らは西洋文明を文明として取り入れ、文明に向かって日本人を開化せしめ、啓蒙せんとしたのである。しかし彼らに続く次の世代の人々にあっては、事情がかなり異なる。彼らは教養ある学者であるよりは、政治理論の実践家であり、一種の闘士であった。いわゆる自由民権の闘士でありその関心はほとんど政治にのみ集中された。その十年間は、いわば政治的熱狂時代・政治的疾風怒涛時代であった。従ってこう言ってよいであろう。本来の、或いは狭義の文明開化期はほぼ明治十年頃までであり、それ以後の十年は、むしろ自由民権の時代として区別されてよい、と。一般の新聞や輿論は全くその［政治の］問題に没頭しているのである」（高坂、前掲『明治思想史』一六〇〜一六一頁）。

それは、民衆思想の観点からすれば、政治的問題意識の社会的広がりにおいて重要な時代であったが、頂点的思想について見れば、その政治主義の点で必ずしも豊かな時代ではなかった、と高坂は言う。「明六社の人々が代表した文明開化期は、政治・学問・道徳等々がいずれも西洋文明の名で綜合されていた漠然たる綜合の時代であったのに反し、この自由民権の時代はそれがばらばらに分裂する時代であり、政治的関心が主流をなしながら、［特にキリスト教に対する］宗教的関心が傍流をなす。またそこでは、人間が単に政治的動物にはつきない内面性をもつこと、人間は良心をもち、魂を有ち、芸術をもち、歴史をもつ存在であることが、徐々に気づかれ始める。そしてかかる自覚がはっきりと現われてくるのは、後に示す如く、精神革命が説かれた明治二十年代初頭に属するのである。してみれば自由民権の時代は、政治史的には極めて興味深く且つ重要な時期であったにせよ、思想史的には［進化論などを見ても］それほどの重要性をもたないと言ってもよい。事実、自由民権の時代は余り注目さるべき思想家を生んでもいないのである。もし政治的自由の獲得のための情熱と運動とだけが、人間歴史否人間存在の最高の意義であり、或いはその最重要な地盤であるといい得るなら、この自由民権の時代は明治における最も尊敬さるべき進歩的な時代であったとも考え得よう。しかし全人間的な観点に立つならば、そこには未だ個人の問題、社会の問題、民族の問題についての深い反省は見られない。自由民権の論議が主として政治運動に止まり、しかもその自由民権運動そのものが十分の発展を遂げずして終わってしまう所以のものも、またそこにあったのではないか」（同書、一六一〜一六二頁）。

たしかに明治二〇年頃になると、「思想」は「政治」から次第に分離し独立していくように見える。直接的にはそれは、国会開設・憲法制定が目前に迫ったための政治のそれなりの安定、そのことによる自由民権運動の終焉から帰結した「思想」の「政治」離れである。高坂は、この「思想」の政治主義からの脱却によって、明治二〇年代初頭の「精神革命」がもたらされたと見て、こう述べている。「明治の歴史をいわゆる絶対主義国家の建設という面からのみ考え、自由民権がしきりに説かれた明治十年代の中葉を最も進歩的な時代であったと規定すれば、明治二十年前後からはそのような政治的運動もかなり沈滞し、道徳や宗教が改めて説かれ、国粋主義的なものさえ萌《きざ》してくるのだから、——そして資本主義が漸《ようや》く形を整えてくるのだから——かかる観点からすれば、明治の精神は二十年代に入って反動期の様相を呈すると解することも不可能ではあるまい。しかし明治維新後の動きを全体としてみるならば、そこには新しく個人の自覚・民族の自覚があり、上に引用した［島崎］藤村の懐古の文［同書、二一四頁］が示すように、わが国における文芸復興とでも言うべきものが見られるのであって、もし明治維新を明治における第一革命と呼び得るならば、明治二十年代の初めにはいわば明治における第二革命或いは精神革命——内村鑑三はそれを『国民の良心の革命』と呼んでいる——とも言うべきものが認められるのである」（同書、二一五頁）。

政治体制の安定があり、自由民権運動の終焉があり、思想の政治離れが起こって、「精神革命」とも言うべき新たな思想の展開が起こる。明治二〇年前後のこのプロセスをとおして、思想界が特に政界に対して独立性を獲得し、思想の新たな展開のための基盤となるように思える。つまり、思想の政治離れは、たんなる政治主義という思想傾向の消滅を意味するばかりでなく、政界に拮抗しそれからの独立性を持ちつつそれと緊張関係を維持するような一領域としての思想界の成立も、表しているのではないか。思想・思想界にとって重要なのは、政治・政界との緊張関係であり、距離のとり方である。たしかに、政治至上主義は思想を貧困にしかねない。その意味では、思想は政治から一定の距離をとる必要がある。思想家というものは、政治家として直接政治に参与すべきものではなく、むしろ、自らの思想表現を通じて、政治の問題点を指摘し批判し、改善策を提案すべきものである。思想家は、思想界で活動すべきで、政界に踏み込む必要はない。こうした動きは、福沢が学者職分論で述べた、政府から独立した「私立の気風」という方向へ向かっている。

しかし、自らを政治ではなく思想に携わる者、政界の「政治家」ではなく思想界の「思想家」と限定するかぎりにおいて、政治に関する思想家の観客性は顕著になるが、安定し固定された政治体制の問題は、なくなったわけではない。当初は、政治体制の安定、自由民権運動の敗北、思想界の独立、思想家としての観客的役割などは、すべて暫定的なものであるという受けとめ方もあったであろう。しかし、次第にそれが永続的なものとなっていく。思想家は、政治には直接踏み込まないが、政治を注視し批判し、それを国民に提示していく。しかし、いざその思想家としての領域を踏み越えようとすると、そこには高い壁が立ちはだかることになる。政治と思想の間に打ち立てられた境界壁は、必ずしもすべてが思想の独立・自律のためのものではなく、為政者が各種の規制をめざす法令によって造った部分、さらには思想家側が

「卑屈の気風」へと逆行・逃避しながら自ら造った部分もあるように思える。

　こうして「思想」と「政治」の間に壁ができるということは、自由民権運動の中では「思想」と「政治」が混然としていたばかりでなく「思想」と「民衆」も一体となっていた、つまり政治は思想と民衆の直接的な出会いの場であった、という面からすると、「思想」と「民衆」の間にも壁ができるということではないか。色川大吉は、その民衆思想史の視角を、次のような言葉で説明している。「長い歴史上、人民大衆はこれまで被支配者として、知識を得る権利さえうばわれ、社会の下積みにされてきた。そのため、かれらの意識は、政治や文化創造の間接的な規定要因として遇されてきたにすぎなかった。しかし、資本制大規模生産がはじまり、各種のコミュニケイションが発達し、『世界史』が現実に成立する『近代』になると、まさに様相は一変した。国内市場は成立し、民族国家〔国民国家〕と立憲制が出現するに至って、これまで、政治、文化創造の間接的要因にすぎなかった人民大衆の意識の動向は、『世論』として主要かつ直接の規定的要因に格上げされたのである。われわれがとくに、近代思想史の方法論のなかに、この視角を取り入れざるをえない必然性はここに発している。（中略）北村透谷が明治二十年代においてなお、そのラディカリズムを維持できていたのは、かれが自分の思想の根底をこの『最下流の人民』への内面的な共感においていたからである。（『我は地底の水脈の苟且《こうしょ》〔その場しのぎの対応〕にすべからざるを思う。社界の外面に顕われたる思想上の現象に注ぐ眼光は、須《すべか》らく地下に鑒下《かんか》して幾多の土層以下に流るる大《たい》江《こう》を徹視せん事を要す』。透谷「徳川氏時代の平民的理想」）。私はこうした『基底の視角』から華やかな地表の、現象面での思想や文化作品や、また、それを提起した創始者たちの本質をとらえ直すという方法を提唱したい」（色川、前掲『明治精神史』下、七八〜八二頁。傍点は色川）。ここで言われている「『最下流の人民』への内面的共感」、つまり思想家による民衆への共感は、思想界の成立によって思想家が民衆から遠ざかり、困難になるように思える。実際、色川によれば、透谷のような民衆への内面的共感は、明治二〇年代の思想家の内に見出すのは難しくなるのである。なお、この「共感」が、たんなる哀れみといった心理的なものではなく、上で見たように「一国民の心性上の活動」の重要性の認識に基づき、「地底の水脈」「大江」たる人民の思想的動きを「徹視」する姿勢、人民の思想的動きの正確な把握という「基底の視角」から表面的ないわゆる「思想」をとらえ直す方法的なものである点も、確認しておくべきである。

さて色川は、この方法によって、明治二〇年代の思想をどのように描き出すのか。色川にとっての民衆とは、「最下流の人民」というよりも、民衆を直接的に指導する知的な豪農層のことである。たとえば、明治二〇年代の初頭、その平民主義によって新たな思想的リーダーとなった徳富蘇峰は、肥後水俣の豪農の出身で、青年民権家として積極的な活動を行なっていたから、当然、人民への内面的共感の条件は揃っている。いやむしろ蘇峰は、自ら人民の一人として闘った自由民権運動の経験の上に、自らの思想を構築した。「かれの思想は、郷里大江村の私塾における教育によって鍛錬され、民権運動をその崩れの時期に内部から見ることによってえた認識を土台として形成された」（同書、八九〜九〇頁）。蘇峰思想は、透谷の言う「人民への共感」という点で、民衆思想史の対象となる条件を満たしていると言えよう。問題はその「共感」のあり方である。

「蘇峰が注目したのは、この運動内部の弱点であった。第一にあまりにも政治主義的な運動方式への批判であり、第二には、その要因となった運動家主体の思惟様式への批判と省察であった。かれの新思想主体としての意義はここからはじまる。政治主義的な運動方式への批判は、壮士的実践の否定からまず開始された。その萌芽はすでに第一論文〔「明治二十三年後の政治家の資格を論ず」明治一七年一月〕にあらわれている。壮士らの、一見粗野な破壊的活動、合理的な学習や計画性のある事務能力の欠如、志士気質、日常的な市民生活や経済的価値に対する軽視、儒教的な政治観、封建的なモラルなど、これらすべて、兆民がもっとも適確に造型した『東洋豪傑君』流のタイプの全面否定であった。蘇峰の『精神ノ第二革命』の六つの方案というのを見ると、それがまったく右の壮士のモラルと思考への対極として発想されていることが分る。そこで蘇峰は、自分を『純乎《じゅんこ》〔純然〕タル泰西主義』者と任じ、文明のみならず『泰西的ノ道義法』をまで導入せよといいきった。要するに蘇峰は市民的人間観の原理をもって、士族的なそれを否定し、政治主義をしりぞけて、『経済』や私的生活の価値を解放しようと志したのである」（同書、九一～九二頁。傍点は色川）。蘇峰は、兆民の描く「西洋紳士」の側に立ったように思える。

色川によれば、蘇峰によるこの壮士民権家批判は、当時、民党の支持基盤としてなお健在であった豪農民権家に、特に「私的生活の価値の解放」という点で感銘を与え、彼らを動かした。「この段階ではじめてかれらは変革の根本原理から離れ、私的な価値意識に立脚したかれら自身の地方的利害による要求を、つぎつぎと中央政治の舞台に提出していった」（同書、九二頁）。色川は、豪農層の「この価値意識の転換が、下からの変革的な思想の契機を喪失しつつ行なわれた」ということを重視し、次のように指摘する。

「豪農民権家たちが、その思想内容の点で、かれら独自の新しい萌芽を生み出していながら、思惟様式において儒教的、士族的な遺産に依存していたために、思想の独自化が容易に意識されず、そのうえ、早期にきた政治運動の敗北にあって、もつべきであったかれら自身の世界観や社会観の創出にも失敗した。このことは、わが国の近代思想の内発的な成立史にとって、かけがえのないひとつの機会を逸したことを意味する。ところが、蘇峰は思想家としてこの重大さをとらえることができず、おのが支持層の内発的な思想水脈から断たれたところで（その未発の契機を引きつぐことなく）、別の地点にかれの進歩主義を定立した。蘇峰の進歩主義が、ある程度、豪農層の新しい思想内容の萌芽を表現していながら、思想的に確固として自立しえず、その後たえず時代の動向とともに蕩漾《とうよう》した真の理由はここに（この水脈からの浮遊性にこそ）あろう」（同書、九三頁）。ここで色川の言う「下からの変革的な思想の契機の喪失」とは、「水脈からの浮遊性」とも言われているように、とりもなおさず「人民への共感」の喪失のことであろう。

色川が、このように判断する根拠はどのようなものか。蘇峰は、イギリスの農村ブルジョワジーとしてのジェントリーをモデルに、徳富家がそうであった村役人クラスの豪農・地主と、中富農（全国平均田畑八反〜二町程度、地租五円以上十五円以下）を「田舎紳士」と呼び、彼らを自らの平民主義の担い手とみなし、当時寄生地主制へと向かっていた豪農・地主が「一変して、経営起業の民」となることを期待し、分解・没落しつつあった中農層が「我邦の精髄」となると見込んだ。「蘇峰には、この大規模に進行している［中農層の分解・没落という］冷厳な事態が、とりもなおさず、わが国においては資本主義化の過程そのものであることに思い到らなかった」（同書、九六〜九七頁）。ひと言で言えば、蘇峰は、民衆が置かれた社会・経済的現実の把握に失敗し、それゆえ彼の民衆への期待は、民衆の動きの正確な把握とはならず、結局、民衆への「共感」とはならなかったのである。

こうした明治二〇（一八八七）年前後の蘇峰の平民主義を見ると、明治八（一八七五）年の福沢の『文明論之概略』と比べ、思想のあり方の大きな変化を感じざるをえない。何よりも思想の読者が限定されている。福沢の場合は、我が国の文明の発展を、我が国の「人民」全体に向かって訴え、その「人民の気風」をこそ変革し、とりわけ思考様式・議論方法を検証することによって、知的な議論環境を整えようとした。読者対象としての社会階層については普遍的で、論敵は伝統主義者であり専制的権力である。啓蒙主義者・自由主義者たる所以であろう。福沢の啓蒙主義は、政治至上主義を批判する。福沢の「都《すべ》て世の政府は、唯《ただ》便利のために設けたるものなり」（福沢、前掲『文明論之概略』五八頁）という言葉に、丸山真男はこうコメントする。「幕府のことを公儀というように、公というのが政府であった。そのように政治権力が絶対視されていた時期に、これは非常に大胆な命題であったわけです。けれども福沢は、返す刀で、前にも申しましたように、自由民権論のラディカリズムとしてやがて登場する政治至上主義をたたくのです。この命題は、そういう両刃の剣になっています」（丸山、前掲『「文明論之概略」を読む』上、二三八〜二三九頁）。君主制か共和制かと「『名を争ふて実を害する』というのが、まさに惑溺という思考様式の一つであるわけです。（中略）［こうした］『惑溺』のさまざまな思考様式の打破ということが、彼の根本の使命感になってくる。その意味では、ヨーロッパの啓蒙精神と共通してきます」（同書、二四三頁）。君主制絶対の伝統主義者も、共和制絶対の自由民権論者も、「絶対」という点で「惑溺」の思考様式を逃れていない。文明は、兆民の言う進化神と同様、「多情多愛」である。「文明は至洪至寛《しこうしかん》なり。豈《あに》国君を容《い》るゝの地位なからんや」（福沢、前掲『文明之概略』五六頁）。過去の文明を見るかぎり、君主制は自由・平等と結びつかない場合もあるが、結びつく場合もある。大切なのは「君主制」でも「共和制」でも、採用した場合の「実質」である。

これに対して蘇峰では、資本主義の発展を担い国家の将来を担う特定の社会階層、「中等階級」としての小豪農・中農層の選別がある。それが「平民」であり、「人民」の内の特定の社会階層である。思想が特定の社会階層を国家発展の牽引車として指定し、その特定の社会階層の代表ないしスポークスマンのようなかたちで現れるのである。ここには、特定の社会階層への惑溺、自由民権時代の政治至上主義の惑溺の残滓があるように思える。それは、自由民権期における国権・民権、君主制・共和制、体制・反体制の議論対決構図における人民の立場を引きずりつつ、しかも歴史の原動力としての「人民」を特定の社会階層としての「平民」に限定するからである。上記の蘇峰における「人民への共感の喪失」は、この「人民の内の特定の社会階層の選別」と無関係ではないだろう。上で見たように福沢・兆民・透谷における「人民」ないし「国民」は、歴史・文明の原動力として普遍性を持っていた。おそらく、人民の限定は惑溺である。「人の思想は一方に偏す可らず」（同書、六四頁）。

蘇峰における人民への共感の喪失の原因は、他にも見出せるように思える。根無し草の知識人階級の出現である。この頃、知識人たちは、地域における人民との濃密な接触を失って、根無し草となり、都会へと集中するようになった。蘇峰もその一人であったであろう。色川は、高知近郊に生まれ民権運動に参加した後上京した植物学者・牧野富太郎を例として挙げながら、私たちが「思想界」成立期として推定した明治二〇年前後という時期は、自由民権運動の結果として日本近代における知識階級が誕生した時期であるとして、こう述べている。「自由民権期に育てられた新しい農村知識人が、地方城下町の知識人と合流し、さらに東京を舞台とする都市知識人のなかに注ぎこんでくるとき、日本の知識階級は広い地盤をもって形成されたのである。（中略）［全国の都市の中では］東京がこのころから人口がずばぬけて多く、文化のセンターとなる傾向が早くもみえる。東京への知識人の集中傾向は、豪農民権が挫折した十年代の後半からとくにいちじるしい。これは農村知識人の都市への『逃亡』をうながし、文化はすべて東京でつくられるという悪しき傾向を生み出す。『都鄙雅俗《とひがぞく》』の伝統感覚が、明治の中ごろに再生されたのには、こういう事情が影響している。これまで全国の町や村をへめぐり、ひろい見聞と人生への叡智をもって『世間師《せけんし》』として尊敬されていたおびただしい数の文字によらない文化伝播者たちが、しだいに東京中心の活字文化によって権威を傷つけられ、駆逐されてゆくとき、古い民俗の財宝もまた亡びてゆくであろう。柳田国男の民俗学への関心はこの時代背景からうまれたのである」（色川、前掲『近代国家の出発』四六二〜四六四頁）。

新聞・雑誌・書籍というメディアによる活字文化が全国に広がる中で展開された自由民権運動の終焉を

受け、それを経験した者たちは新しい知識人として、その文化の発信センターである東京に集中し、知識階級を形成するようになる。思想界もまた、そのうちの思想表現を志す者たち、とりわけ自由民権運動に思想的に関与し、残された思想的課題をかかえた者たちによって新たに形成されたように思える。ある意味では、思想界とは、自由民権運動という運動の消滅後の、人民と政治から離れ根無し草になった運動参加者たちの「受け皿」ないし「避難所」であろう。自由民権運動の中では、上で述べたとおり、思想と政治が一体となり、思想は政治的関心によって支配され、これが政治至上主義と批判された。しかしそこではまた、思想と運動も一体となり、思想家は人民と一つになり、思想表現はそれ自体が政治活動であった。自由民権運動の終焉によって後退したのは、思想の政治活動性である。それが後退したからといって、思想の政治的関心がなくなるわけではない。しかし実際には、思想の政治活動性が後退したことで、人民との接触を失い、政治的関心も薄らいでいくことが問題なのである。思想界は、自由民権運動の終焉とともに思想の政治活動性が失われたことを受けとめ、政治的関心の「受け皿」ないし「避難所」となった。「直接的な政治活動からは距離をとりつつ政治に強い関心を持つ」というスタンスは、おそらくこのとき成立した。

その結果として、知識人たちの関心の広がりないし拡散が帰結する。そこから、きわめて豊かな文化創造的な仕事が生まれたのではないだろうか。明治二〇年代のこうした文化的成果が、すべて自由民権期の政治活動からの離脱の結果であるとも、政治的関心の消滅を代価としたとも、断定はできない。しかし、思想界の基本的な骨組みが、政治活動からの離脱と、政治的関心の後退という地点で成立したことはまちがいないであろう。そして、それは、政治至上主義を去り、福沢の「両眼主義」に沿って、視野を広げることにもつながったように思える。

色川は『明治精神史』で、明治二〇年代に我が国の近代文化がどっと花開く様子を、次のようなかたちでスケッチしている。「二葉亭四迷や山田美妙《やまだびみょう》による新しい日本の言語（近代言文一致体）の創造。植村正久や森鷗外や北村透谷や島崎藤村などによってなされた、清新な人間感情の開放や個人意識の革命。岡倉天心や浅井忠《あさいちゅう》や黒田清輝《くろだせいき》らによってなされた日本美術の復興と洋画の創始。幸田露伴・尾崎紅葉・樋口一葉・正岡子規らによって実現された国風文学のあらたな展開。そして、新たな民族的な思想を自覚をもって提唱した三宅雪嶺《みやけせつれい》・志賀重昂《しがしげたか》・陸羯南らの登場。さらに、わが国土にキリスト教新思想を内面的に定着することに成功した小崎弘道《こざきひろみち》や内村鑑三らの仕事。また、大西祝・梅謙次郎《うめけんじろう》らの、真にその名に値する哲学者・法学者の誕生など（国家体制側の近代科学・技術・産業・法制・および教育の諸制度、アカデミーなどの整備とあいまって）、日本近代文学・美術・哲学・宗教・思想などの源流として、明治二十年代のもった文化創造的な意義は、きわめて大きいといわなくてはならない」（色川、前掲『明治精神史』下、六四〜六五頁）。

そして色川は、前掲の『近代国家の出発』において、その日本の近代文化を、こう分析する。この近代文化は、四つの要素からなる。資本主義、民主主義、個人主義、民族主義である。この四要素は、他国の近代文化についても見られるが、特に我が国ではそれらの四要素相互の矛盾が、明治一〇年代を境にしてくっきりと現れる。最初の資本主義的要素の中心となるのは、近代的な生産力の展開を保証し推進する科学・技術文化である。これについては、多数の外国人顧問・技術者の招聘や、技術官僚の養成を含めて、明治政府の果たした役割が大きかったし、江戸時代の蘭学者・洋学者の蓄積も無視できない。第二の民主主義的要素の中心は、自由民権運動である。第三の個人主義的要素は、自由民権運動にともなって生まれるべきものであったが、我が国の場合はその運動の挫折を契機として、それへの反動や深刻な反省にともなって現れてきた。この要素については、キリスト教、とくにプロテスタントが大きな影響を与えた。植木や小崎は「自由民権家たちがおろそかにしていた人間性の価値を教え、真の自由は、たんなる政治的自由を越えて、精神の自由にまで到らなくてはならないと説いていた。つまりキリスト教新教は、絶対者である神と人間個々人とのあいだにいかなる精神上の権威の介在も認めないというところに、近代的な個人の内面世界の尊さを見いだしていた。この思想が、崩れゆく民権運動のなかで道を失って悩んでいた北村透谷らに、ふかい感動をもって受けとめられたのであった」（色川、前掲『近代国家の出発』四六八頁）。最後の民族主義的要素についても、大きな役割を果たしたのは自由民権運動である。維新で生まれた「ナショナリズムを真に全国の農民層にまで浸透させ、下から、主体的情熱をもって（それは民権意識と結びつくことによって生まれる）、大規模によび起こしたものは民権運動以外になかった」（同前）。民権運動によってこそ、国民意識は全国民的規模で形成された。

このように分析した上で、色川は、四つの要素間の矛盾について、こう説明する。「福沢諭吉が『学問のすすめ』をかいていたころには、近代文化を構成している①資本主義的な要素も、②民主主義的な要素も、③個人主義的な要素も、④民族主義的な要素も、『一身独立して一国独立す』〔①③④〕とか、『天は人の上に人を造らずといえり』〔②〕とかと、たがいに内部で関連しあい、混然と調和していたようにみられた。ところが、まず民権運動の昂揚と挫折を契機として、その①と②③が矛盾をみせはじめ、日清戦争を第二の契機として、①④と②③が、ついには②と③、②と④までが決定的な亀裂を生ずるにいたった」（同書、四六九〜四七〇頁）。要するに、自由民権運動を経過するうちに、資本主義と民主主義＋個人主義が対立しはじめ、日清戦争とともに資本主義＋民族主義と民主主義＋個人主義が分裂し、さらには民主主義と個人主義が分離、ついには民主主義と民族主義が離反するに至った、と言うのである。色川は明治二〇年代における近代文化の突然の全面開花を、上記の四要素の分裂・対立で説明しようとしているわけではなく、むしろ「全面開花した近代文化を分析すると四要素間の分裂が発見できる」と主張しているにすぎないが、やはりこの時期に四要素間の分裂があったからこそ、全面開花がもたらされたように思える。

その分裂を、色川は、当時の思想家の思索過程の中に、彼らの「自己分裂」として発見する。徳富蘇峰、二葉亭四迷、岡倉天心、夏目漱石、森鷗外、そしてとりわけ北村透谷である。そうした思想家たちはいずれも、自らの「思想体系の内部崩壊」「転向」(蘇峰)、「魂の分裂」(二葉亭) などを経験しているが、色川は、こうした思想家たちの自己分裂経験を、四要素の分裂として説明するのである。

前掲の透谷論文「国民と思想」では、ぼんやりとではあるが、色川の挙げる四要素を見出すことができる。民主主義・個人主義は、西洋思想として導入されたものであるが、国民の生気となる創造的勢力の土台となりうるものである。民族主義は、東洋思想によりもむしろ「国民的思想」に、また資本主義は「地平線的思想」に対応するだろう。なるほどこの論文で重要なのは、最終的に東西思想の衝突に収斂させられる客観的な「諸思想の衝突」であって、「諸思想の分裂」、ましてや思想家の自己分裂ではない。しかし、四要素の分裂、さらには思想家の自己分裂は、思想界における思想の衝突、最終的には思想家内の思想の衝突と見るべきではないだろうか。透谷が述べているのは、思想家とは、思想の分裂を自己内で衝突と受けとめて調整する役割を果たす者であるはずだからである。そうであるなら、おそらく、色川がここで言う思想家の自己分裂とは、透谷の言う「舟師」としての思想家の調整作業の困難である。調整がしきれなくなるということである。「たとえば徳富蘇峰がその出世作『将来之日本』をかいたのは明治十九年であったが、その時のかれの平民主義の思想体系は、生産主義・民主主義・平和主義という論理一貫した調和のうえに築かれていた。それが、日清戦争前後には、内部崩壊を来たしている。つまり、日本資本主義を強力に推し進めようとすると、どうしても平和主義と矛盾するようになり、さらに民主主義の制限を認めざるをえなくなる。二葉亭四迷のように民主主義・個人主義と、かれの熾烈な愛国主義・民族主義とを一致させようともがけば、ついには『おれは二つの魂に引き裂かれた』と絶望の声をあげざるをえなくなる。福沢諭吉は早くからアジアとの平和友好を放棄し、民主主義を犠牲にしても①〔資本主義〕と④〔民族主義〕を主張すべきだという主張に転換した」（色川、前掲『近代国家の出発』四七〇頁）。たしかに思想家内の調整作業は困難であり、自己分裂が帰結した。しかし、それが思想の衝突であり、創造性を持ったものであることからすれば、「思想の衝突は、創造的勢力を醸成する」という透谷のテーゼに従って、明治二〇年代の我が国における近代文化の全面的開花も説明できるかもしれない。

色川は、自由民権運動の終焉時に、その参加者たちに残された選択肢を次のようにまとめている。「ここにいたって自由民権家なるものは、少数の激徒とともにテロ行為に走るか、郷里にかえって時期の再来を待つか。よりふかく人民の中に入って気長く組織再建の仕事に専念するか。あるいは圧制政府と無気力人民に絶望して運動から脱落し虚無的な境涯に入るか。それとも運動の方向を一変して一生面をひらくか。あるいは変節転向するか。いずれかをえらばなければならない事態に直面していたのであった」（色川、前掲『明治精神史』下、二五頁）。テロ、一時的休養、潜行再建、虚無脱落、方針変更、変節転向である。最初の三つは、自由民権運動の継続方式であるのに対し、最後の「変節転向」は自由民権運動に背を向ける点で対極であるが、政治活動を継続する点では同じである。それに対して四つ目の「虚無脱落」は、政治活動から撤退するばかりでなく、政治関心を捨て去ってしまうことである。問題は、残る「方針変更」である。「運動の方向を一変して一生面をひらく」とは、政治活動から撤退し、しかも政治関心は維持して、運動家としてではなく思想家として思想表現を行なっていくことを含むのではないか。このような意味での思想家は、政治活動から撤退する点で脱落者と共通する面を持ち、政治関心を維持する点で脱落者とは一線を画する。蘇峰が選んだのは、この選択肢であるように思える。

　思想家・蘇峰の政治関心は、運動家・蘇峰のそれによって当初は強く規定されるが、政治活動から解放され人民から離れ、一種の根無し草となったことで、その後、比較的容易に転向・変節していくのではないか。蘇峰に見られる新たな思想家の在り方は、政治活動からの撤退とともに政治関心の維持を含んでいたが、同時にそれは、色川の言う民衆思想としての「水脈からの浮遊」「人民への共感の喪失」も含んでいた。そうした問題点は、思想家の思想内容において、とりわけ思索過程の行き詰まり、自己分裂、自己内思想衝突の調整困難として現れた。明治二〇年前後の段階では蘇峰においては、資本主義的要素は、民主主義的要素と一緒になって「下からの日本資本主義化」構想となり、「中等階級」「田舎紳士」たる平民を軸とした平民主義・生産主義・平和主義として展開され、個人主義的要素は、必ずしも自由民権の遺産ないし民衆思想とは結びつかない「独立自尊」の西洋近代的市民像で置き換えられて、民族主義的要素は、国際平和主義の後景に押しやられた。すでに見た色川の指摘にあるように、その思想の中核たる平民主義の資本主義化構想は、中農層の没落という経済的現実を見逃しているかぎりにおいて非現実的であり、その平和主義は、当時の国際的現実を直視するかぎり楽観的すぎたのである。

　個人主義的要素について、興味深いのは、蘇峰『新日本之青年』（明治二〇（一八八七）年）の中での独立自尊主義の主張と偏知主義の批判である。後者について、色川はこう説明する。「これ〔偏知主義〕は青年を卑屈な生活主義、物質主義、大勢追随主義のあやまった道につれこみ、また、批評心のみ強め、『懐疑的ノ世界』におとしいれている。そのため、一般青年の間には道を失って懐疑自棄するものが多くあらわれた。これは『我ガ知識世界ニ於《おい》テ其《その》猛撃ナル大害』といわなければならない」（色川、前掲『明治精神史』

下、一六頁)。「卑屈な生活主義」とは、政治に無関心になり政治参加を行なわない姿勢、「卑屈な物質主義」とは、物質的利益追求の姿勢、「卑屈な大勢追随主義」とは、たんなる権力追随ばかりではなく新たに登場した世論追従の大衆社会的な姿勢のことであろう。これが偏知主義によってもたらされたものであるというのは、それらの問題点が新たに登場したインテリ層、知的大衆の中に発見されるということであると思われる。いうならば、新たに、積極的・行動的・知的な「卑屈の気風」が出現してきたのである。福沢が批判していたのは、封建時代の「卑屈の気風」であった。そこには、消極性・保守性・感覚性・伝統性・沈黙性といった姿勢が顕著で、積極性・行動性・知性・進歩性・発言性といった姿勢が著しく欠けていた。ところが明治の近代社会になって、そうした封建時代の「卑屈の気風」は消えてきたが、その気風はなくなったわけではなく、新たな衣を身にまとって現れてきた。だからこそ蘇峰はあらためて「独立自尊主義」を訴えなければならなくなったのである。

ここで私たちは、「卑屈の気風」について、これまでの考察を簡単に振り返っておこう。出発点は、福沢諭吉『文明論之概略』における自国独立のためには文明発展が必要であるという考え方である。我が国の文明の発展を左右するのは、「人民の気風」である。しかるに人民を支配しているのは、文明を停滞させる「卑屈の気風」である。その気風を作った原因は、幕府の専制政治であり、それを支えた儒教的な伝統思想である。したがって、福沢は我が国の文明の進歩・発展に向けて、人民の「独立の気風」を醸成すべくさまざまな試みを行なう。まずは、儒教的な伝統思想の批判とあわせ、啓蒙主義を展開した。福沢の啓蒙主義は、あくまでも人民気風改革のためのものであって、議論主義と主知主義からなっている。主知主義は、停滞した歴史観に基づいた伝統的儒教の徳義主義を批判し、文明の発展・進歩史観を基礎にして人民に対し「進歩する未来」のイメージを提示するとともに、「実験観察」という新たな方法を説き「知は力なり」のイメージも与えた。人民にとっては、福沢の啓蒙主義が提示したのは、「知による進歩」のイメージである。「卑屈の気風」は、知の発展を阻害することにより、文明の進歩を妨げていたのである。こちらは、学問の発展の道である。

また、「卑屈の気風」は、上意下達の「無議の慣習」も生み出した。これに対しては、福沢の啓蒙主義は「多事争論」というかたちで、議論主義となって現れる。これは、議会制民主主義の基盤を作る考え方であり、人民相互の間に議論の習慣がなければ、将来の国会の開設も宙に浮いてしまうだろう。議論主義は、議会制民主主義という政治制度構築のための下地作りであった。実際、開国から帝国議会開設に至る時期には、新聞・雑誌・書籍という近代的メディアが整備され、議会・思想界・世論という三層構造の議論の場が形成されて、社会的規模での議論が実現される。上で見たように、中江兆民は『三酔人経綸問答』で、思想家の仕事は「人民の脳髄に思想の種を蒔くこと」と述べたが、『文明論之概略』段階の思想家・福沢が蒔いた議論主義の種は、人民の脳髄の中でどんどん成長していったように思える。実際、『文明論之概略』の出版の前年、「民撰議院設立建白書」（明治七〔一八七四〕年）の提出とともに、自由民権運動の火蓋が切られていたからである。この運動とともに、「多事争論」の気風は醸成され、社会の議論環境は整っていく。福沢の啓蒙主義の思想史的役割の一つは、この議論環境整備であろう。彼は、『明六雑誌』創刊や「演説会」方式の導入など新メディアの整備から、『概略』冒頭における「議論の方法論」に至るまで、さまざまなかたちでこの環境整備に貢献している。

明治二三（一八九〇）年の国会開設・憲法施行の時点で、議会・思想界・世論という議論の場と、それを支えるメディアが整い、自由民権運動を通じて国民も議論経験を積み、議論環境はある程度、実現したと言えよう。しかし、議論環境整備は、「人民の気風」の刷新という目的のための手段にすぎない。上で見た学者職分論争における西周の言葉にもあったように、その刷新の実現それ自体は、それほど容易ではないだろう（本書二八九〜二九〇頁）。しかも、いったん整った議論環境が後退していく兆候が現れる。政府による言論弾圧や、「卑屈の気風」再構築を狙った教育勅語発布があり、自由民権運動に参加した民衆の側には議論に対する徒労感のようなものがある。「卑屈の気風」はまさに新たな衣を身にまとって、存続し続けていると考えるべきであろう。

「卑屈の気風」は、具体的にどのように変容したのか。福沢においては、それは伝統的な儒教道徳に沿った気風、忠孝を重んじる従順な姿勢、すべてに保守的で消極的な姿勢のことである。逆に、「独立の気風」とは、積極的で進歩的、異議を申し立て自説をしっかりと打ち出す姿勢、何よりも議論主義的な姿勢である。しかし、議論環境が整備され、活発な議論が闘わされるようになると、「卑屈・独立」の規定は、もはやそのようなものでは済まなくなる。議論に積極的に取り組む姿勢だけで、「独立の気風」の目印とすることのできる時代は過ぎ去ったのである。自由民権期に、人民の気風の向かう相手が限定されて明確に浮上する。政府である。すでに福沢も、学者職分論において、政府に対する姿勢を基準として、人民の気風が卑屈か独立かを論じていた。議論環境の整備が進むと、政府に迎合的で卑屈と見え、しかも論理的・知的・説得的で独立自尊と見える主張が現れてくる。卑屈な気風をベースとして、独立自尊の体裁をとった議論を展開する知的大衆の登場である。上で見た久野収・鶴見俊輔『現代日本の思想』で、国民大衆に対置された支配者層エリート・インテリは、その典型であろう（本書一四八〜一五三頁）。要するに「卑屈の気風」は、権力・権威に対し精神的に隷従したまま、議論環境において饒舌になるのである。

それとともに、思想表現も単純ではなくなる。蘇峰の表現は煽動的性格が顕著になってくるように見え、鷗外や露伴は沈黙し、透谷の場合は高踏的になる。沈黙＝卑屈、表現＝独立といった単純な表現主義的構図は、もはや無効になった。場合によっては、卑屈な饒舌よりも、独立自尊の姿勢を貫く沈黙のほうが、はるかに「独立の気風」の実例になりうるだろう。また、透谷の言葉を使えば「地平線的」な思想表現、生活に密着して分かりやすい表現が、人民を「独立の気風」に近づけるとは限らない。むしろ、生活から離れているかに見える「高踏的」な思想表現こそが、人民を「独立の気風」へと一気に導くかもしれない。こうして、「卑屈の気風」改善という長期的・継続的な課題のもと、自由民権運動の実験を経て、議論環境が整備されつつ、おそらくその中で議論主義が試練にかけられ、思想表現の多様化がもたらされたように思える。あの近代文化の全面的開花も、こうしたプロセスの全体と無関係ではあるまい。

ひと言で言えば、議論環境の成熟である。その中には、思想表現の多様化ばかりでなく、詭弁・煽動・ステレオタイプといった言論上の病や、自由民権運動における議論主義的な姿勢の挫折経験なども含まれる。上でカール・シュミットとともに見た、西洋の議会主義・議論主義が十九世紀の一〇〇年かけて経験した挫折の道（本書第一章第6節）を、我が国の自由民権運動は一〇年ほどのうちに大急ぎで駆け抜けたようにも思える。私たちの観点からすれば、自由民権運動は何よりも議論主義の運動であって、その挫折は、とりわけ議論主義の挫折であった。明治一〇年代の終わりから二〇年代の初めにかけて、運動の参加者たちには、藩閥政治の腐敗、国会の機能停止、壮士的民権の限界、憲法の不十分さ、などに加えて何よりも、シュミットが西洋のそれについて指摘したような議会主義・議論主義それ自体の原理的限界、つまり決着の先送りの問題が、痛切に感じられていたはずである。この議論主義の「受け皿」ないし「避難所」が思想界であったように思える。思想界は、議論の場、議論に特化された領域、専門家としての思想家たちによって議論が半永久的に行なわれていく領域であり、したがってたしかにその思想表現の学術性・高踏性・成熟性のせいで人民から離れていく面もあるが、しかし基本的には、議論的対立の保持によって、人民に対してそれ自体が「独立の気風」の実例となるものである。それゆえ思想界は、この議論的対立を本質とする以上、開かれたものであって、政府の翼賛的組織になりえないと同様、反政府の牙城にもなりえない。

ところで、「卑屈」はまた、「惑溺」とも言い換えることができる。「卑屈」の思想的本質は「惑溺」であると言ってもいい。丸山真男は「福沢における『惑溺』」という講演で、それを思考様式の問題として論じている。馬場辰猪宛書簡で福沢が「旧習の惑溺を一掃して、新しきエレメントを誘導し、民心の改革をいたし度《たく》」（明治七〔一八七四〕年一〇月）と述べていることからすると、「惑溺」とは「卑屈の気風」を構成する思考様式のことであると考えられる。同じ頃書かれていた『概略』にも「人民の智力を進めざる可らず。其《その》条目は甚《はなは》だ多しと雖《いえ》ども、智力発生の道に於《おい》て第一着の急須《きゅうす》は、古習の惑溺を一掃して」とある。具体例としては、知識階級が建白などに「おそれながら」というような表現を用いること、日本人なら国王の聖徳・相将《しょうしょう》の賢才・先生・頭取・旦那・親方を信じること、西洋人なら政治・法律・約条・改革・国家機構を信じることが挙げられている。ここで丸山は、こう述べる。「これが非常に大事な点なんですね。向うの〔西洋の〕ほうが進んでいるけれども、ちょうど君主の聖徳を信じてるのに代って、国家機構を信ずるようになる。つまりパーソナリズムの信仰に代って、機構信仰、制度信仰になっただけだ。治者信仰よりはましだけれども充分な批判的な精神なくして信じてるという点では、あんまり差はないのだ、一歩の前後があるだけだ、ということを言っている。これは同時代の欧米にもある『惑溺』の例です。手段が自己目的化しているのは、福沢によればみんな惑溺の一種です」（丸山「福沢における『惑溺』」〔講演録一九八五年〕、松沢弘陽編、前掲『福沢諭吉の哲学』所収、二四二～二四三頁）。

丸山は、時期を分けて福沢の「惑溺」という言葉の使い方を示す。第一期は、明治二・三年頃から一一年頃まで。上で扱った『文明論之概略』はこの期に含まれる。第二期（明治一一〜一五・六年）では、惑溺という言葉は少なくなるが、それでも使用されている。たとえば、江戸時代の知識人には、それ以前と比べ宗教への惑溺が減り、むしろ西洋では上流階級が宗教に熱心で惑溺が顕著であるとか、世間の惑溺を解くと言いながら怪しげな売薬の宣伝をする新聞はおかしい、という文脈で使われる。その「惑溺」は「道理」の反意語になっている。また、儒教にはもともと惑溺があるのに、その影響を受けた日本の武士に比較的惑溺が少ないのは仏教と抗争したからだ、と福沢は述べているが、丸山は、この福沢の言葉には「競争によって惑溺が減る」という考えが現れている、と指摘する。中国の儒教は、敵がいなかったから惑溺がひどくなった、ということである。

第三期では、福沢は「惑溺」という言葉は使わない。「淫溺」「謬惑」「無稽」「妄信」「虚誕」などが使われる。反意語は「心事淡白」。丸山によれば、「惑溺」はイギリスの文明史家バックル Henry Buckle の credulity［軽信］の訳かもしれない。文明の進歩は智の進歩であり、その社会的分布の広がりであり、懐疑の精神の発達である、とするバックルの主張が、福沢の「惑溺」批判に対応している。また、バックルは時代的な惑溺を、反動的時代の時代精神とも呼んでいる。「信の世界に偽詐《ぎさ》多く、疑の世界に真理多し。（中略）西洋諸国の人民が今日の文明に達したる其《その》源を尋れば、疑の一点より出でざるものなし」（福沢、前掲『学問のすゝめ』第十五編、一三三〜一三四頁）。丸山によれば、福沢が排するのは軽信・軽疑で、バックルの場合排除されるのは軽信のみである。バックルの言う根本誤謬は、政治における人任せ、学問における惑溺、宗教における不寛容であるが、福沢によると、日本では特に前二者が問題であったものの、すでにその学問・政治の革命はできた。残るは、実業の革命である、というわけである。

まとめると、人民の気風の「卑屈」の核心は、その「惑溺」であり、その改善法は「懐疑」にあり、また「議論」にある。「懐疑」とは、その検証機能からすれば、個人的「議論」である。あらためて確認すべきは、福沢の、そして丸山の思考の柔軟さ、それと結びついた「実験観察」の精神である。福沢は、我が国の封建時代の人民の「卑屈の気風」を徹底して批判したが、それは為政者の「専制の気風」の裏返しである。二つの気風は、いずれも「惑溺」という点で共通している。封建時代は、「卑屈・専制の気風」で特徴づけられるが、「惑溺」というものは、我が国に限ったものではないし、その封建時代に限ったものでもない。維新以降も新しい惑溺のかたちが現れるであろう。文明の発展の観点からして、その惑溺の新しいかたちに対する注意を怠ることはできない。何よりも自由民権運動の政治至上主義がその一つであった。

福沢の実験観察精神は、彼に「我が国の儒教的伝統は、人民の卑屈の気風を育てた」という自らの判断を検証させたのであろう。上述のように、我が国においては、儒教は仏教との衝突によって、その惑溺は緩和された、という適切な修正が加えられるからである。いずれにせよ、惑溺が歴史貫通的であり、洋の東西を問わないものであるなら、それは過去のものにはならず、つねに現在の危険として存在し続ける以上、その対応策を保持する必要がある。その対応策が議論であり、その議論の方法・仕方である。明治二六（一八九三）年段階で福沢が、「政治と学問において革命が成った」というのは、両領域においては議論環境が整ったの意であろう。「無議環境」は、政治においては国会開設、学問においてはメディア整備によって、乗り越えられた。もちろん明治政府は、とりわけ教育勅語によって、また各種の言論弾圧の法令によって、「卑屈の気風」の再構築を行なおうとする。思想界は「独立の気風」の砦のようなものになり、知識人は、自ら「実例」となって、何よりも議論をとおし、人民の気風を「卑屈」から「独立」へ向けるために、より一層の努力を行なわなければならない。

丸山は「福沢諭吉の人と思想」（みすずセミナー講義〔一九七一年〕、松沢弘陽編、前掲『福沢諭吉の哲学』所収）と題された講演の中で、惑溺からの解放の方策から、人生を演技と見る福沢の人生哲学ないし人生観が出てくると指摘している。丸山は、この講演の冒頭で、福沢の直弟子である鎌田栄吉の言う「福沢コンパス説」を取り上げる。福沢というコンパスの二本の足のうち、一本は一点に固着して動かない。福沢の場合、これが「独立自尊」である。もう一つの脚は、自由自在に動き、大きな円や小さな円を描くように、堂々たる大議論もするし、非常に微細な議論も行なう、という説である。それを受けて、その「奇想天外の跡」の例、「福沢の変通自在の言論の、一つの最も極端の例」として、丸山は福沢の「立身論」（明治一八〔一八八五〕年）を挙げる。そこで福沢は、「今、世に在て善を為さんと欲するものは、他の悪を成す者の情を知ること緊要なり」として、盗難・詐欺の被害に合わないためには、盗難・詐欺の方法を熟知しなければならない、としている（丸山「福沢諭吉の人と思想」、松沢弘陽編、前掲『福沢諭吉の哲学』所収、一七〇頁）。丸山はこうコメントする。「人間の行動というものを論ずる場合に、是非善悪の実質的な価値判断というものを、いっぺんぜんぶ棚上げして、技術的に中性化した認識として論ずる。そうすると蛇の道は蛇になる。蛇の賢明さをもって相手の行動を観察することができる。そこからリアルな観察力が磨かれる。けしからん、けしからんというモラリズムの世界から、とにかく一旦抜け出しませんと、こういう激しい世の中では、距離を置いた観察力というのは出てこない。だから、人にもそれを養うことをすすめる。具体的な説き方は、直接的に善をすすめるのとはむしろ正反対の説法になる。こういうやり方の極端な例として『立身論』というものをあげたわけです」（同書、一七一頁）。

丸山によれば、この「立身論」は、福沢のコンパスの片方の足の自在な動きの極端な例であるが、その動きの背後に、福沢が生涯一貫してアピールしたことを発見できる。それは、よく言われるようなたんなる偽悪趣味ではなく、あくまでも「日本人の品性 character を高尚に保つこと」である。丸山は、福沢の戦略が、「町人根性」の偽悪戦略（日本の「真心文化」の裏を突いて、「どうせおいらはインチキですよ」という「本音」を吐露して見せながら、相手の評価の最低の位置取りを取って、そこから自分についての相手の評価を上げていこうとする処世術）の正反対であることを確認した上で、福沢が最も悪い悪と規定したのが、「居直り偽悪が陰性になったもの」、つまり「怨望」であり、「他を引き下げて自分と平等にする」ことを求める心理、これが「独立自尊」の反対概念であると指摘する（同書、一七一～一七七頁）。

次に丸山は、今度は福沢のコンパスの不動の脚のほうに移って、それは「自明なものとして認識できるのか」と問う。そして、「中心の方の脚の描く軌跡も、時代と場所と、あるいは相手というものによって、具体的なあり方が違う」として、「惑溺」論を展開する。丸山によれば、「惑溺」とは、心が一方向的になって内部に余地がなくなり、動きが活発でなくなること、つまり柔軟さを欠き、動きがなくなることである。しかしそれは、たんに動かなくなるということではなくて、特に日本の場合は、その一方向が状況次第でゆらゆらと揺れ、「久《ひさし》きに堪《た》えず」という点に問題がある。「自分の精神の内部に余裕がないから、世の中がある方向に向かっていると、他のことは頭に入らない。ワーッとそっちへ行く。またこっちの方向へ方向が向かうとワーッとこっちへ行くということですから。それがつまり状況主義的です。そういう単なるオポルチュニズムもやはり『惑溺』なのです。世論の凝集性とか浮動性とか……。そういう、思考方法としての惑溺というものを、彼はいちばん問題にしている。それからの解放がないと、精神の独立がない。思い込んでしまうと、他のものが見えない。しかも、それが長く続かないで、急激に変わる。今日のコトバで言い直せば、急に方向の変わる一辺倒的思考ということになります」（同書、一八四頁）。

さらに、丸山は、「独立自尊」と「具体的な状況の場」との不可分の関係を指摘し、こう述べる。「独立自尊というのは、実際にスタティック〔静止した状態〕にあるものなら、認識しやすいのですが、具体的な状況の場との関連で、自我のあり方を見ないと、独立自尊というのはつかめないのです。みんながある方向に引きつけられていくのは、これが惑溺になるので、惑溺からの解放というのは、ある具体的な状況、具体的な場で、どっちのほうに風が向いているのか、磁場がどうなっているか、どういうイメージが支配的であるか、その磁場から自分の思考を独立させる、ということになります」（同前）。若干分かりにくいので言葉を補うと、具体的な状況・場で、風・磁場・支配的イメージを見極めて、そこから身を引き離す、ということであろう。続けて丸山は、こう言う。「これは、周囲の世界の傾向性、ないし風向きに対する独立だけではないわけです。自分の先入見、自分自身の先入見からの独立という問題もあります。（中略）自分の傾向性というものと反対のほうに重点をおいて判断しなければならない。（中略）したがって、自分の精神の内部に沈殿しているところの考え方と異質なものに、いつも接触していようという心構えが、ここから生まれてくる。精神的な『開国』です。彼の考え方によれば、どんなに良質な立場でも、同じ精神傾向とばかり話を繰り返していれば、自家中毒になる。だから、わざわざ自分の自然的な傾向性と反対のものに、不断に触れようとする。触れるというのは物理的接触ということだけを言っているのではない。精神内部の対話の問題として言っているのです。ですから、この独立の精神というのは、精神的なナルシシズムとの不断の戦いだということになるわけです。精神的な自己愛撫との不断の戦いということになります」（同書、一八四〜一八六頁。傍点は引用者）。

この自己内の不断の闘いは、主観的なものではなく客観的なものである。なぜなら福沢は、自らの思想表現を「内心の吐露」としてではなく、社会的な役割、「職分」の表現と考えていたからである。だからこそ、舞台としての状況の認識に執着した。自説に対する反対論を熟知するということは、状況という舞台における他者の役割を理解することであり、他者と役割を交換することであって、これこそ自家中毒としての「惑溺」に対処する最も優れた方法である。最後に丸山は、こうした「惑溺」に対する方法を、福沢の人生観「人生は遊戯である」に結びつける。「我々の生涯というのはウジムシみたいなもので、はかないものである。けれども、はかないからといって、そこから世間から、社会から逃避するという結論はでてこない。むしろその反対で、『既に世界に生れ出たる上は、蛆虫《うじむし》ながらも相当の覚悟なきを得ず。即ち其《その》覚悟とは何ぞや。人生本来戯《ざれ》と知りながら、此一場《このいちば》の戯を戯とせずして、恰《あたか》も真面目に勤め』るのが蛆虫の本分である――彼はこう言っています」（同書、二〇八～二〇九頁）。

国民の情報共有・問題共有による国民国家形成へ向けて、社会的にメディアが整備され、翻訳とりわけ学術的翻訳が広がり、国民的規模での知的環境の構築が進む中で、西洋文献を翻訳し学術研究に取り組み思想的議論を展開するという知識人の役割が明確に浮上し、その議論の場として思想界が成立する。議論環境は成熟し、明治一〇年代に中江兆民が人民に向かってその沈黙を破り「思想の表現」を行なうように訴えた表現主義の段階から、明治二〇年代の後半に北村透谷が東西思想を中心とする激しい「思想の衝突」を報告し、その諸思想の衝突の調整を思想家の役割として定式化する段階へと移る。思想界の成立の条件としては、上記のような知的インフラの整備に加えて、とりわけ自由民権運動の終焉をきっかけとして、政治・地域・人民から離れ根無し草となって都会へ集まってくる知識人階級の出現があった。根無し草とは、惑溺からの一種の脱却であるが、無関心への一歩であり、新たな惑溺の始まりでもある。議論環境が成熟し議論が活性化する中で、饒舌な「卑屈」が現れ、自らの思想への惑溺が広がり、政治・地域・人民への無関心が生まれてくる。上で見たように、透谷は、「高踏的思想」を設定することによって惑溺脱却の基本とし、諸思想の「調整」を思想家の任務とすることによって自らの思想への惑溺を思想家に回避させ、「人民への共感」を訴えることによって思想家たちの人民への関心を維持しようとしたと考えられる。

6　惑溺か無関心か

上で見たように北村透谷は、「国民と思想」論文で思想界を「一種の自動機関」と呼んだ。「この〔思想の〕世界にはかつて沈静あることなく、時として運動を示さざるなく、日として代謝を告げざるはなし。主観的に之《これ》を見る時は、此《こ》の世界は一種の自動機関なり、自ら死し、自ら生き、而《しこう》して別に自ら其《そ》の永久の運命を支配しつつあるものなり」（松本編、前掲『明治思想集』Ⅱ、二三三〜二三四頁）。たしかに思想界は、明治二〇年頃、我が国の近代社会の中で、永続的な「思想の衝突」の場として、たえざる議論に特化した一独立領域、「一種の自動機関」として整ったように思える。そこは、根無し草となり一定の古来の惑溺からは自由になった知識人が集まり、すでに整備されたメディアを通じて、たえず思想の競争・衝突が展開され、国民へ向けた思想の発信基地となる。おそらくこの頃から、我が国の近代社会の発展とともに、政界・官界・経済界、さらには学界・文壇・芸術界などの領域分化が進み、その各々の領域の独立性が顕著になってくる。思想界の分化・独立もその一つであろう。

社会が発展すれば、その社会内での分業が進み、領域分化が進捗する。そして、分化したそれぞれの領域が固有の役割を担い独立性を強めていくと、当然、各領域の孤立を回避するために領域間コミュニケーションの必要が浮上してくる。メディアは、まず何よりも国民的規模での情報共有のための道具であるが、社会全体における各領域の分化傾向が進む中で、この領域間コミュニケーションのための道具という役割も担うことになる。しかし、領域分化による各領域の閉鎖性にともなう本質的な問題は、情報共有の困難ではなく、問題共有の困難である。各領域が独立性を持ってくるのは、学界を見れば明らかであるが、その領域固有の問題に対する適切な対応のためには、専門的な知識を備えた専門家が不可欠になり、こうした専門家がその問題解決に際して大きな発言権を持つようになって、領域外の者は部外者ないし素人として問題解決から排除される傾向が強まるからである。政治的問題は政界に、経済的問題は経済界に、その解決が委ねられ、部外者は排除され無関心になっていく。こうした趨勢に抗って、メディアが国民的規模の情報共有を志向することはきわめて重要であるが、それだけでは、情報は共有しているが問題解決に関与せず、したがって意見を言わない・言えない国民、情報共有しつつも問題共有せず沈黙する国民を増やすことになりかねない。国民は、専制的政府の情報統制・言論弾圧によってばかりではなく、専門家社会の非専門家排除によって、「万機公論」の理念に逆行して、沈黙させられ無関心にさせられるのである。本書第一章で見たフィンリーの指摘する現代の民主主義社会における大衆の無関心の問題、専門家社会における問題解決プロセスからの民衆の排除の問題である。

このとき、国民の情報共有のためのメディアに加え、国民の問題共有のための領域が現れてくる。それが思想界である。思想界は、社会内での領域分化が進み、各領域の専門化・閉鎖性が顕著になる中で、自らもそのような一専門領域として備えた閉鎖性の危険を乗り越えつつ、各領域が直面する重要問題について、議論を通じ、国民に向かってその問題の所在を客観的に明示することを使命とする特殊領域である。分かりやすく言えば、思想界とは、政治学者が政治学界に、哲学者が哲学界に、文学者が文学界に閉じこもりがちになったとき、共通の重要問題について国民に向けて議論を闘わせる開かれた場、領域分化が不可避的に進む知的社会における異領域の専門家相互の出会いの場である。一般国民は、そして専門家も自分の専門以外の領域については一般国民と同様に、思想界における議論を通じて問題の所在を把握することになる。思想界は、領域分化の流れの中で、その一領域として成立するにしても、その分化の結果として必要になる領域間コミュニケーションに特化した領域、重要問題について領域間の垣根を越えて普遍的な議論を行なうことによって、国民に向かって問題の所在を明示する役割に特化した領域である。それは、国民のための一種の議論代行であるから、思想界は議論代行の専門領域である。

社会全体の領域分化の流れの中で特に重要なのは、自由民権運動終焉後の、議論環境における思想と政治、思想界と政界との分化である。この分化によって、議論代行の専門領域として思想界が独立し、普遍的な議論の場が保障されたことで、社会全体の領域分化に拍車がかかり、各領域における専門的な探究が進み、近代文化全体の爆発的開花がもたらされたように思える。自由民権期までは、思想は政治と、さらには民衆と混然一体となっており、同一人物が思想家であり、政治家・運動家であり、場合によっては実業家であった。同じ人物が異なる分野にまたがって分野横断的に活動しているうちは、その分野はまだ領域として独立しておらず、したがって異なる領域間におけるコミュニケーションも問題にならないだろう。たとえば色川大吉は、主として一八五〇年代生まれの「明治ノ青年」第一世代について、こう書いている。「河《こう》野《の》広中《ひろなか》・末広重恭・矢野文雄・馬場辰猪・星亨・小野梓・末松謙澄《すえまつけんちょう》・大石正巳・田《た》口《ぐち》卯《う》吉《きち》・金子堅太郎・伊東巳代治・原敬・奥宮健《おくのみやけん》之《し》・植木枝盛など、どのひとりをとっても『政治家兼何々』でないものはない。かれらの多くは、この世代の代表として明治政府の官僚となるか、自由民権運動の指導者となった。かれらの青春時代は、天皇制がまだ確立せず、文明開化が進み、下からは民権運動が昂揚し、国民大衆の健康な活力がみなぎっていた。そうした時代に生きたものとして、かれらの多くは終生楽天家であり、無限進歩の信奉者でさえある」（色川、前掲『近代国家の出発』四六〇頁）。知的環境の成熟のためには、専門化が必要であり、そのためには領域分化が不可欠である。しかし、領域分化が進むと、問題についての総合的な検討が困難になる。その総合的な検討に特化した領域が思想界であり、そのような特殊領域の成立によって、領域横断的な議論の場が保障されたことで、知的環境全体における専門化・領域分化が一層活発に進むことになったのではないだろうか。

　独立した領域として思想界は、政治に対して距離をとったところから政治を知的に観察・分析・批判すること、そしてそれに惑溺しないようにして政治以外の重要問題についても視野に収めながら国民の問題意識を活性化することを自らの役割としたように思える。思想界にとって「独立」とは、たんなる領域分化ではなく、「対象からの距離」の設定、「惑溺」からの脱却という知的・方法的意味を持つ。逆に言うと知的環境における領域分化は、思想界という特殊領域の成立においてはじめて、各領域の自己閉鎖性を乗り越え、この知的・方法的意味を明確に持つようになる。つまり成熟のために領域分化を必要とする知的環境には、分化した領域相互の知的関係維持が不可欠になるが、その役割を担う特殊領域として思想界が成立したと考えられるのである。上記の知的方法に従って、その役割をまっとうするためには、思想界には「独立自尊」、とりわけ政治からの独立が不可欠であった。しかし思想界といえども分化した一領域であるかぎりにおいて、独立には無関心の危険がともなう。政治への惑溺からの脱却は、政治について関心の希薄化を帰結する恐れがある。政治に対する姿勢の基本問題は「惑溺」から「無関心」へと移る。思想界を独立させ、この新たな基本問題を設定したのは、兆民なら「進化神」、透谷なら「天為」であると言うであろう。「進化神」とか「天為」とは、問題状況の客観的な配置転換のことであって、この場合は、知的環境の成熟に向かう領域分化・専門化にともなって起こった転換である。しかし、「無関心」は、思想が知的たろうとし対象から距離をとり「惑溺」からの脱却を旨とするかぎり、つねに思想が陥りかねない根本的な危険である。一般的に言うと、社会が知的になっていけば、知的態度が対象との距離設定によって性格づけられるものである以上、その社会には「無関心」の危険が広がるということ、自分の専門に惑溺しそれ以外には無関心の知的マニアが増殖するおそれがあるということである。今後、思想は、その知的性格を強めていくが、それは根本的なところで惑溺を逃れると同時に、無関心を避けるという両面的な用心深さに支えられてはじめて、領域横断的で総合的な議論の場を担う役割を果たすことができるであろう。

＊

ここであらためて、問題への知的対応の道具としての思想に備わる、その知的性格を具体的に見ておこう。まず、思想は民衆を知的に導く。つまり知的プロセスへと導く。民衆は、受信した思想を導きとして、自分の問題を分析し相互に情報・問題を共有しつつ相互に議論を行なうという知的プロセスを経ながら、問題解決へ向かう。問題に遭遇したときのとりあえずの知的対応とは、問題の所在を見極め、関連する情報を収集し、問題を分析して、解決案を策定の上、適切な専門家から意見を聴取し、関係者との議論を経て、解決策を決定するというようなものであろう。しかし知的プロセスは、これで終わるわけではない。問題は存在し続け変容するかもしれないから、その「観察」は継続的に行なわなければならず、また解決策も一種の「実験」にすぎないから、妥当か否かをたえず検証する必要がある。その場合、分析・意見聴取・議論というはじめのプロセスは、その後も欠くことはできない。こうした知的プロセスにおいて最も重要なのは、議論である。なるほど問題との遭遇から始まり、関連情報の収集、問題の分析などは、ふつう個人的な作業であり、最終的な解決策の練り上げも意見提出者である個人の責任のもとで行なわれるから、一連の知的プロセスを一貫して主導するのが問題を受けとめる本人であることはまちがいない。しかし、専門家等からの意見聴取になれば、意見交換などによって、作業は二人がかりになり、さらに会議などの議論になれば、二人の論争を聞く聴衆が存在するようになる。

思想の核心は、もちろん思想家自身の思索過程にある。この思索過程ほど、個人的、孤立的なものに見えるものはない。世間の雑踏、思想界の雑音から遠ざかり沈黙した孤高の思想家の思索こそ、思索の典型でありモデルであると思えるかもしれない。しかし、思索は、いかに深いものでも、表現されないかぎりは思想にはならない。思想は、あくまでも表現されたものであり、思想家は、たとえ沈黙しがちであっても基本的には表現者である。そして、思想が表現であり、思想家が表現者である以上、その思索過程において、読者ないし他人の思想についての考察は不可欠である。どれほど孤立的で沈黙がちの思想家でも、著書が発表されそれについての論評を受けとってから、他人の意見を考えはじめるわけではない。思想家は、その思索過程のはじめからつねに他人の意見を考えている。自分の意見に対する賛成意見もあるし反対意見もあり、参考意見・忠告意見もあるが、ジョン・ステュアート・ミルが言うように、やはり重要なのは反対意見である（本書四九〜五〇頁）。思想家がその思索過程において、何らかの主張を練り上げるとき、その主張の客観的な妥当性は、他人からの反対意見の想定によってのみ検証されるからである。

自分の主張の妥当性を他人からの反対意見の想定によって行なうこの検証は、どの思想家もほとんど習慣的・無意識に行なっているものではあれ、デカルトの方法的懐疑に通じるものであって、上記の知的プロセスのうちで最も重要な部分、最も知的な部分である。デカルトの場合は、「私の信じやすい心」に由来する自分の意見の真偽を検証するための手続きとして、その自分の意見をいったん判断中止とするべく、

「意志を正反対の方向に転じて」その自分の意見に対する反対意見を設定した（本書五一〜五三頁）が、自分の意見の検証という点で、上述の「他人からの反対意見の想定」も同様の意義を持つように思える。知的プロセスがめざすのは、客観的判断に基づいた問題解決策の策定であり、その策定責任者の思索過程においては、「他人からの反対意見の想定」というかたちで行なわれる検証によって客観性が志向されるのである。この意味で、その検証、そしてその手段としての他人からの反対意見の想定は、知的プロセスにおける最も知的な部分となる。

思索過程におけるこの他人からの反対意見のモデルになるのが、対話や議論における実際の他人からの反対意見である。思想家の個人的な論文・著作は、思索過程においてどれほど他人の意見を考慮したとしても、公開の場において実際の他人の意見をくぐらないかぎりは、客観性を確保されない。プラトンの対話篇や、上で見た『開化問答』（本書二三二頁）などの問答という形式は、この意味で客観性に近づこうという工夫であろう。多人数でのシンポジウム報告などの形式もある。しかし実際には、複数の著者による対話ないし議論は、文章のかたちにすると、参加者個人の主張の一つひとつは展開が不十分で貧しいものになりがちである。充実した議論を求めるなら、読者の側が思想界全体を大きな議論の場とみなし、各思想家の思想表現をその議論の場を構成する意見として考える姿勢を持ち、思想家の側もそれを自覚しながら書く必要がある。

知的プロセスにおいて議論とは、自分の意見が実際に他人の意見によって相対化され検証される場である。思想家・民衆にとってのこの場こそ、思想界である。自分の主張の練り上げが行なわれる思索過程においても、最も重要なのがその検証である以上、いつも議論の場をモデルとし、他人からの反対意見を想定しなければならない。議論において自説に対して他人から反対意見が提出されれば、他人の思索過程を理解しなければならないし、自説を説明したり修正する必要も出てくる。その意味で議論は、客観的な解決策の形成の場であるとともに、参加者相互の理解のための場でもある。いやむしろ、参加者相互の思索過程の理解を通じた、客観的解決策の形成の場である。福沢諭吉は、一方で我が国の人民の「無議の習慣」を何とか改め議論環境を構築しようとし、他方で、丸山真男が繰り返し指摘したように、「惑溺」からの脱出を追究した。議論環境構築と惑溺脱出は、密接不可分の関係にある。上で見たように、議論の重要性は、たとえば議会などで実際に行なわれる議論にはとどまらない。議論の経験は、参加者の思索過程にまで入り込んで、他人の意見による自説検証を行なわせ、自説への惑溺からの脱出を可能にして、「人民の気風」を知的なものにするのである。

　このように民衆を知的プロセスへと導く思想家は、知識人つまり知性人intellectuelである。その知性とは、具体的に言うと、問題に遭遇したら、合理的な仕方で、その問題に関する情報を集め、問題の所在を見極めながら問題を分析し、必要ならばその問題に関する専門家の研究を参照したり専門家の意見を聴取し理解して、解決策の案を考え出した上で、関係者に問題の所在と自分の解決策案を明快に説明することによって相談や議論を行ない、最終的に優れた解決策を決定する能力のことである。知性とは、このように、情報収集力・分析力・理解力・思考力・表現力・説明力・説得力などからなる総合的な問題解決能力のことである。知性が総合的な能力であること、そして問題解決の能力であることに、あらためて注意すべきである。一般には知性というともっぱら、狭い意味での個人的な思考過程に関わる分析力・理解力・思考力のことと考えられがちである。そこから、上で見たような丸山真男の言う「『知』はどちらかというと先方からくるものの認識という受身の意味を帯び」（丸山、前掲『「文明論之概略」を読む』中、一九三頁）、その知に関わる能力としての知性も、現実ないし行動・実践から離れた個人の頭脳内の思考過程に関わり、外界から離れた「研究室」や「書斎」で働く受動的な能力とイメージされる傾向が出てくる。しかし上述のように、知性を問題解決のための一連の知的プロセスを導く総合的能力ととらえれば、情報収集は外界への明確な能動的働きかけであるし、表現・説明・説得は他人への積極的対応であり、他人との有効な協力関係構築に不可欠な作業であって、知性がきわめて社会性を持った能力であることが分かる。

総合力である知性を構成する上述の諸能力は、基本的には、いつの時代の知性にも備わり、相互に結びついているように思える。個人について見れば、分析力・理解力・思考力はあるが表現力・説明力・説得力は弱い、という諸力の偏った事例は、いくらでも見つかるであろう。仮に上述の分析力・理解力・思考力を、個人の思索過程に関わる点で思索的諸力と呼び、表現力・説明力・説得力を、他人への働きかけに関わる点で表現的諸力と呼べば、一社会の中で知識人となるためには、当然、表現的諸力が求められる。表現がなければ、社会的評価はできないからである。知識人の思索的諸力については、彼らの表現をとおして社会的に評価されることになるが、もちろんその諸力が社会的評価対象の本質的部分をなす。こうして、知識人には、総合力としての知性が要求されるわけである。

最後に、情報収集力である。時代によって、また、地域によって、情報の必要・関心があるにもかかわらず収集が困難で情報が不足している場合は、情報収集力のみで知識人とみなされる場合もあるだろう。その点では、地域間の情報格差があった近代化以前、情報化以前の「世間師」も一種の知識人かもしれない。逆に情報洪水の現代社会においては、誰もが膨大な情報に取り囲まれているから、知性を構成する要件からこの情報収集力を除いてもいいように思えるかもしれない。いや、そうではない。情報化の現実は、社会全体が知性化し知的社会になったこととあわせ、その知的社会では、必要な情報収集の意味が前近代社会とは異なるものになったことを示している。各地域が情報について閉じられていて地域間の情報格差が顕著である前近代社会の場合は、情報をもたらす世間師にとっていわば売り手市場であって、買い手から の情報の正確さ・適確さといった質についての要求は低く、新奇で興味深ければ買い手に喜ばれるであろう。これに対して、情報化社会の買い手の要求は桁違いに高い。情報の正確さ・適確さが厳しく求められるのである。情報の砂漠と情報の海では、その生き延び方が大きく異なるのは当然である。したがって、情報化時代の知識人には、あらためてその時代なりの情報収集力が求められるわけである。

こうして思想は、民衆を知的プロセスへと導くが、その「卑屈の気風」を「独立の気風」へと、具体的にどのように導くのか。たとえば、士族民権家の気風の在り方について考えてみよう。維新政府の身分制解体により武士としての特権と役割を奪われ、そのことについての強烈な不満を抱きながら、あいかわらず封建時代の「専制の気風」を身につけたまま、新たな「独立自尊の気風」を醸成する方向へ向かう議論主義的な性格、それゆえ知的性格を備えた自由民権運動へ参加した者の一タイプである。これは、武士としての「専制の気風」をなお抱きながらも自由民権運動の「独立自尊の気風」を身につけつつあるかぎり、一人格の中に新旧の二つの気風が同居した貴重な民権家類型である。彼は、透谷ふうに言えば、封建的な「過去の勢力」と民権的な「創造的勢力」の衝突を自らの中に体現している。ただし大切なことは、彼が現在は武士ではなく、武士としての身分と特権を失った士族であり、民権家であるということである。彼の場合は、いまなお彼を支配し突き動かす「過去の勢力」は、彼を取り巻く社会状況、封建社会が崩壊したにもかかわらず「専制の気風」が残存する社会状況としてばかりでなく、彼自身の個人的な過去として存在しているのである。いずれにしても、二つの気風の衝突は、一般的な封建勢力と民権勢力という二つの社会勢力の間のそれとしてではなく、このケースについては、一個人の中の二つの自己の間の葛藤・分裂として考察できる点で、貴重なのである。

封建社会における人民の「卑屈の気風」と為政者の「専制の気風」は、表裏一体、一枚の紙の裏と表の関係になっている。為政者といえども、上位の者に対しては卑屈になる。したがって、封建社会の上下関係を反映させ一個人に定位して総合的に表現すれば、封建社会の気風とは「目上の者に対しては卑屈に、目下の者に対しては専制的にふるまう気風」である。しかるに、没落武士としての士族は、なお封建的気風を維持しているかぎり、その気風の背後の客観的基準として封建的身分制の上下関係を前提しているが、その基準としての上下関係それ自体が崩壊してしまった以上、身分制に恋々としているわけにはいかない。封建的身分制内の失職とはわけがちがうのである。だが、気風はそう簡単には変わらないだろう。そして封建的な気風は、必ず封建的な身分制を基準にしているから、その気風に縛られた士族は、自分の没落を封建的身分制内の失職と同様なものと考えようとするだろう。彼の中に残存した封建的な気風は、身分制の再生を空しく志向する。彼の没落が封建的身分制内の失職ならば、身分の下降であるから、気風上は、卑屈にならなければならないことになる。かつての武士としての特権に恋々とし農民・商人等に対し傲慢な専制的姿勢で臨む士族は、自分が直面する問題への知性的な対応から遠ざかったところで、自己内における二つの気風の衝突に翻弄されているにすぎないが、自らの封建的気風の客観的基準が身分制であることを承知している士族ほど、自分の没落の現実を直視し、毅然として卑屈な姿勢を取るであろう。この卑屈から解放してくれるのが、自由民権運動に含まれる議論主義であり「独立自尊の気風」である。

この新たな気風を身につける第一歩は、結社に参加し、自己の主張を表明し、他の参加者と議論を行なうことを通じて、問題を共有し、問題に対する総合的な知的対応を行なっていくことであろう。何よりも自己主張の表明という表現主義こそが、直接的に卑屈からの脱出を可能にするが、他人の意見に耳を澄ませそれを適確に理解する姿勢、議論の場において求められる姿勢は、封建的気風において卑屈の裏側を構成する専制からの脱出も可能にする。つまり自己の意見を表明し、それに対する反対意見を受けとめる議論の場こそが、士族民権家のように自己内に新旧二つの気風の衝突をかかえる者にとっては、古い封建的気風を構成する「卑屈」と「専制」の受動性を、知的プロセスを通じて、「独立自尊」の能動性へと根本的に転換してくれるのである。たとえば、相手の言葉を聞き取るという、一般的には受動的と見える局面で、それが命令であれ意見であれ、それを慎重に聞き取り正確に理解する作業それ自体は、新旧いずれの気風においても重要であるように思えるかもしれない。しかし、封建的な気風において、そうした慎重・正確な聞き取りが求められるのは、相手が目上の場合のみである。目上である相手は、目下である聞き手に対し、たんに命令を下すばかりではなく、あわせて慎重・正確な聴取をも命令し、義務づけ、達成されなければ制裁を課すことになる。専制たる所以である。重要なことは、慎重・正確な聞き取りそれ自体ではなく、それが行なわれる環境であり、専制的な環境においては、それは命令・義務・制裁・恐怖によって強制される。その環境の中で作業を行なう聞き手は絶対的に受動的である。これに対して知的な環境としての議論においては、そうした聞き取りは、窮極的には自らの意見の検証のための他人からの意見の聴取として、知的な意味で、きわめて能動的に行なわれる。

自分の言葉を相手に向かって表明するという、一般的には能動的と見える局面でも、事情はほぼ同様である。「国を憂ふる語あるべからず」という封建的な気風が支配するところでは、目上の相手に向かっての言葉の表明は、実際には相手から説明・報告などとして強制されたことに対する受動的反応であり、能動的な意見、とりわけ相手に自らの意見を検証させるような反対意見にはなりえない。封建社会において、もちろん言語は流通し、コミュニケーションは行なわれていた。しかし身分制によって、その言語流通は阻害されていた。何よりも、人びとが他人からの自分に対する「反対意見」を受けとることは、きわめて限られていたと思われる。目上から来るのは「反対意見」ではなく有無を言わさぬ「命令」であり、目下から来るのは却下自由でせいぜい参考にすれば足る「報告」とか「説明」であり、いずれの場合も、受けとった本人に自らの意見を検証させるような「反対意見」にはなりえなかった。そうした反対意見は、人びとのもとに同一身分の相手からのみやって来ることになろう。しかし身分制は、たんに「士農工商」に分かれていただけではなく、上下関係は各身分階層の内部をさらに細かく区分していたから、厳密な意味での同一身分の相手の数はきわめて少なくなっていただろう。さらには、たとえ同一身分であっても、率直に反対意見をぶつけるのは失礼であり礼儀違反であるというモラルが広まって、反対意見は、封建社会からほとんど締め出されるかのようにさえ思える。封建社会は、反対意見を言わず聞かない社会であり、それが無議環境となる所以である。反対意見がなければ議論のしようはない。

反対意見が原則として存在しない社会でも、もちろん不満は発生し、上下身分間でも同等身分間でも衝突は起こる。しかし、その衝突への対応は、問題それ自体に即した解決策の探求ではなく、審議・検討が行なわれるにしても、身分制維持を最重要目標として、それを脅かしかねない衝突の発生そのものを押さえ込むことがその「本位」となる。身分制社会の中にも、もちろん為政者側に審議の場はある。そもそも審議は為政者側に独占されているのである。そこで審議の本位は、身分制維持と定められている。民衆の参加を認めず、したがって民衆側から為政者側への提案も反対意見も存在せず、身分制維持という大枠の中で行なわれる審議は、問題解決の方法としての「議論」ではない。議論の最も重要な本質的目印は、厳密な意味での反対意見の存在である。反対意見とは、同一問題に関与する複数の参加者からなる議論において、その問題の解決策として提案された意見に反対する他の参加者から提出された意見のことである。議論への参加者は、発言権の上でも参加権の上でも、互いに対等・平等でなければならない。そうでなければ、目上の参加者の提案は、目下の参加者にとって命令的性格を持ってしまうので反対意見は提出できず、目下の参加者の提案に対しては、それを否定的に受けとめた場合、目上の参加者は反対意見を提示するのではなく、専制的な却下の姿勢をとるから、参加者に不平等があるかぎり議論は成り立たない。また、議論には、当該問題に関与するすべての利害関係者、少なくともその代表が平等に参加する必要がある。要するに、こうした議論を成立させるためには、身分制を解体しなければならないことになる。

　問題解決策の検証という知的意義を持った本来の議論は、身分制社会の封建的気風においては成立し難い。明治維新における「四民平等」という身分制の解体は、この意味で、本来の議論のための環境構築となった。垂直的な「士農工商」の秩序が水平化される。しかし、「士農工商」がなくなるわけではない。上下の「身分」ではなく、対等の「職分」になるのである。福沢諭吉も、『学問のすゝめ』冒頭で「天は人の上に人を造らず人の下に人を造らずと言えり」（福沢、前掲書、一一頁）という身分制解体宣言に続けて、誰でも「政府に対して不平を抱くことあらば、これを包みかくして暗に上を怨《うら》むることなく、その路《みち》を求めその筋《すじ》に由《よ》り、静かにこれを訴えて遠慮なく議論すべし。天理人情にさえ叶《かな》う事ならば、一命をも抛《なげうっ》て争うべきなり。これ即《すなわ》ち一国人民たる者の分限と申すものなり」（同書、一五～一六頁）と、端的に平等を議論の可能性に結びつけ、さらに「分限」も持ち出している。社会的役割である。福沢は、社会的な役割分担ないし分業のコンテキストで、たとえばすでに見た「学者の職分」のように「職分」という言葉も使っている。

　福沢におけるこの平等と議論の結びつきを見ておこう。福沢は、人びと相互の平等を説明するにあたって、まずは人びとそれぞれが置かれた状況の多様性を確認する。そして、各人の置かれた状況がまったく異なるのに平等と言われるのは、互いに対等な議論が行なえるようになった、議論における発言権が平等に確保されることになったという意味で平等なのだと述べる。「今、人と人の釣合《つりあい》を問えばこれを同等と言わざるを得ず。但《ただ》しその同等とは有様《ありさま》の等しきを言うに非《あら》ず、権理通義の等しきを言うなり。その有様を論ずるときは、貧富強弱智愚の差あること甚《はなは》だしく、（中略）或《ある》いは強き相撲取《すもうとり》あり、或いは弱き御姫様あり、いわゆる雲と泥との相違なれども、また一方より見て、その人々の持前の権理通義をもって論ずるときは、如何《いか》にも同等にして一厘一毛《いちりんいちもう》の軽重あることなし」（同書、一二頁。傍点は引用者）。各個人の置かれた状況の多様性を貫いて、各個人相互の平等を保障するのは、各人に与えられた「権理通義」であるが、ここでは議論における発言権と考えていいだろう。

次に、翻って各人の置かれた状況の多様性の側に移って、「分限」ないし「職分」、つまりそれぞれの社会的役割について見てみよう。ただし、多様性に注目するといっても、福沢自身は、士農工商の職分の違いをではなく、むしろその各職分に共通する課題を論じる。「このごろは四民同等の基本も立ちしことなれば、（中略）凡《およ》そ人たる者はそれぞれの身分あれば、またその身分に従い相応の才徳なかるべからず」（同書、一六頁）。ここで「身分」となっているところは、身分制解体後ということで「職分」と読んでおきたい。多様な各「職分」に共通して求められるこの才徳を与えるものが、「学問」ということになる。「学問」とは人びとに「物事の理」（同前）を教えるものである。異なる職分間の関係については、福沢は「政府」と「人民」の職分を取り上げている。「そもそも政府と人民との間柄《あいだがら》は、前にも言える如《ごと》く、ただ強弱の有様を異にするのみにて権理の異同あるの理なし。百姓は米を作って人を養い、町人は物を売買して世の便利を達す。これ百姓町人の商売なり。政府は法令を設けて悪人を制し善人を保護す。これ即ち政府の商売なり。この商売をなすには莫大《ばくだい》の費《ついえ》なれども、政府には米もなく金もなきゆえ、百姓町人より年貢運《うん》上《じょう》を出《いだ》して政府の勝手方を賄《まかな》わんと、双方一致の上、相談を取極《とりき》めたり。これ即《すなわ》ち政府と人民との約束なり。故に百姓町人は年貢運上を出して固く国法を守れば、その職分を尽したりと言うべし。政府は年貢運上を取りて正しく使い払いを立て人民を保護すれば、その職分を尽したりと言うべし。双方既にその職分を尽して約束を違《たが》うることなき上は、更《さら》に何らの申分《もうしぶん》もあるべからず。各々その権理通義を逞《たくま》しうして少しも妨げをなすの理なし」（同書、二三〜二四頁）。

ここで言われる「権理通義」を上のように「発言権」と理解すれば、最後の部分は、「政府も人民も、それぞれの職分を十分果たしてさえいれば、自分の発言権を徹底して行使してよい」という主張と読める。

また、福沢は、七編「国民の職分を論ず」では、政府が暴政を行なった場合の「人民の分としてなすべき挙動」（同書、六八頁）を説明し、その挙動は「ただ三ヶ条あるのみ。即《すなわ》ち節《せつ》を屈して政府に従うか、力をもって政府に敵対するか、正理を守りて身を棄《す》つるか」（同前）であると言う。そして、その第三策、つまり政府に隷従するのでも暴力をもって敵対するのでもなく「理をもって迫る」（同書、六九頁）策が最善である、としている。しかるに、その理を教えるのが学問であるから、学問は人民が暴政を行なう政府に迫るときに携える「理」という武器を与えることになる。この最善策は、たんなる非暴力主義ではなく、議論主義・合理主義・学問主義である。人民は、暴政を行なう政府に対しては、その「分」として、学問を学び、「理」を武器として政府と議論しなければならない。

＊

近代の知的社会とは、問題に遭遇したら、上述の知性の総合的力を社会全体で機能させて対応する社会ということである。特定の個人が自らの知性を使って、ということではなくて、「知性を社会全体で機能させて」ということである。知的社会とは、たんに知的レベルの高い市民からなる社会、知的意識・学力が高く教養がある市民を構成員とする社会、いわゆる民度の高い社会のことではない。知的社会であるためには、個々の構成員の知的レベルの高さよりも、その社会の知的構造のほうが重要である。知的構造の最も分かりやすい例は、政治における議会制である。議会制という政治制度は、その核心に議論が置かれる点で、きわめて知的である。議論とは、問題解決のための異なる意見・主張を突き合わせて検証を行なう知的方式だからである。しかしもちろん、その議論が、政治の制度的頂点としての国会その他の議会で行なわれるだけでは、知性が社会全体で機能するには程遠い。

知性が社会全体で機能するためには、議論の姿勢が、民衆・人民・国民の間に広まり、当たり前の習慣のようなものにならなければならない。福沢諭吉は、たとえば羽仁五郎が指摘した松平定信の「君子は国を憂《うれ》ふる心あるべし、国を憂ふる語あるべからず」(『婆心録』。羽仁、前掲『明治維新史研究』三二五頁)という言葉に端的に現れた封建道徳による無議の習慣を一八〇度転換して、多事争論の気風を民衆の間に醸成しようとした。福沢の偉大さは、議論の核心には惑溺脱出のための検証効果があることを見抜き、しかもその議論を人民全体に気風として広げて知的社会を形成し、彼にとって最大の「自国独立」の問題を現実的に解決しようとした点にあるように思える。福沢の自由主義・議論主義・主知主義・啓蒙主義は、統一的・総合的にとらえる必要がある。彼の自由主義はとりわけ人民の気風としての議論主義として現れるが、それは議論の核心に惑溺を脱出させる検証過程が内在しているので主知主義にとって議論が不可欠であるからであり、そうした問題解決のための戦略を現実のものとするには、気風改革をめざした人民への啓蒙が行なわれなければならないのである。こうして、知的社会構築において、政治の頂点には国会が置かれ、議会制という知的構造が形成される。そして社会の底辺では、「多事争論」という人民の気風の習慣づけに向けた一歩が踏み出される。この習慣はメディアの整備によって後押しされ、自由民権運動の展開をとおして、ある程度広がっていったと考えられる。そもそも民衆レベルでのそうした習慣が、議会のように一種の自動機関として「そこでは議論するのが当たり前」の場となり、知的構造と呼べるような安定的なシステムをどれほど生み出したかの正確な見極めは難しいところであるが、自由民権運動における結社や討論会は、まさに議論の場であったから、日常生活の中にそうした議論の場が次第に増えていき、民衆が議論に慣れていったことは予想できる。

近代社会は、その議論環境によって特徴づけられる、と言ってもいいかもしれない。実際、我が国の場合は明治維新以降、自由民権運動の展開とともに、全国に結社が生まれ、新聞・雑誌・書籍・演説会などのメディアが整備され議論環境が構築されて、国民的規模の政治的議論が行なわれた。国会は、全国規模で広がった議論環境の政治的頂点であり、シンボル的な議論の場であった。そして思想界は、自由民権運動の挫折ないし敗北の結果として、あるいは政治至上主義の惑溺からの脱出として、政治の世界から一線を画したところに、議論に特化した独立の領域として成立し、今後思想家は原則として、もはや政治家になろうとはせず、政治の観察者・分析者・批判者の役割を果たそうとするであろう。知的趨勢の自然な落ち着き場所かもしれない。しかし問題は、政界と思想界の間に引かれた「一線」、あるいは政界から身を引いた「一歩」の意味である。私たちは上でそれを、惑溺と無関心の境界線と性格づけた。思想は今後、基本的には政治に対する適切な関心を失わないとしても、次第に無関心の側に傾いていくように思える。しかし傾きすぎれば、思想は、問題解決のための知的道具となるという、その社会的役割を放棄することになる。思想にとって、政治との、現実との適切な距離の問題は、最も重要な問題として残るのである。

以上のように、近代の知的社会における思想の役割は、きわめて明快である。しかし、思想が政治と未分化の自由民権期までは、この役割は、必ずしもはっきり秩序づけられてはいなかったように思える。思想がその知的性格を十分発揮するためには、どうしても政治的現実から一歩離れる必要があるのである。この一歩は、運動から関心への一歩であって、無関心への一歩ではない。しかも、この一歩はきわめて大きな一歩になりえ、その大きさが思想の豊かさとなるものである。

社会内での思想界の分化・独立とともに、思想界内部でも分化が起こる。とりわけ「大学人思想家」の登場とともに、思想における学問研究の比重が高まってくる。たしかに明治の初め頃も、「思想家」は「学者」と呼ばれ、その中心は福沢諭吉のような洋学者であった。しかしその頃は、明六社に集まった知識人のように、彼らのうちには政治家であった者も少なくない。一〇年代になると、中江兆民のように自由民権運動に関わる運動家として活動し、やがて国会議員となる学者も出てくる。一〇年代の終わり頃から、上述のように「思想家」という呼称がかなり一般化し、彼らは政治から一定の距離をとり、一種の専門家、思想の専門家になっていく。これ以降は、大学制度が整備されることにともない、次第に「大学人思想家」「アカデミシャン思想家」が増えてくる。やはり社会科学・人文科学にたずさわる者が目立つ。他方で、ジャーナリズムの発展とともに、「ジャーナリスト思想家」も目立ってくる。これは、上述の「現実との適切な距離の設定」という思想にとっての根本課題に対応するための、思想界という領域内における分化・専門化・分業であろう。現実へのたえざる接近という役割を担うのがジャーナリスト思想家であり、現実から一歩退いた検証という役割を担うのが大学人思想家である。つまり思想はその本性上、アカデミックな傾向とジャーナリスティックなそれという相対立する傾向を内に含んでいる。前者は現実への惑溺を避けて現実から距離をとろうとし、後者は現実への無関心に抗って現実にくいさがろうとする。思想の根本課題は、この相対立する両傾向を混淆ないし折衷によって緩衝し消滅させることではなく、まったく逆に、両者を或る回路の中へ統一し調停することによって、それぞれの傾向を究極まで推し進めることである。現実に狙いを定めて最大限に引き絞られた弦と、現実へ向かって突き出された弓から構成される張りつめた扇形――それが思想である。ジャーナリズムという弓は現実へ向かってできるかぎり突き出され、アカデミズムという弦は逆方向へ、北村透谷の言う「純理」（本書四一一頁）に向かって引き絞られる。思想の豊かさは、この弓と弦との幅、現実との緊張の幅にあるが、この頃思想は、思想界の領域としての独立・分化に由来する上記の内部分化の必要を映し出すかたちで、こうした緊張を自らの問題設定の基盤として明確に内部構造化したように思える。政界からの思想界の分化が思想界内部の分化を促し、それが思想それ自体の問題設定の基盤となったということである。

7 思想と学問

この観点からすれば、思想という扇形を構成する弦となるかぎりで、北村透谷の言う「純美」を追求する詩と並び、現実から最も離れたかに見える高踏的な学問は、現実との緊張が最も高まるはずの部分である。ところが、この思想の核心部である学問は本来、制度になじみやすく、実際明治初め大学として制度化された。これは思想にとって、現実との緊張の維持という点で根本的試練であったように思える。制度化された学問は、容易に現実との緊張を失い、現実に飼い馴らされるか現実に背を向けるかして、「卑屈の気風」へと逆行しかねないからである。「大学人思想家」の固有性の理解は、この試練の深さを知ることから始まるのではないだろうか。大学人思想家と言っても実際はもちろんいろいろだが、あえて類型化を行なって彼らの思想の固有性を取り出そうとするなら、自由主義的傾向が発見できよう。この傾向は、大学人としての彼らの社会的存在と本質的関係を持つ。「思想はその主体の社会的位置の表現である」という社会思想史的命題は、特に大学人思想家の場合よく当てはまるように思える。

彼らが属する大学とは、一つの制度である。制度なるものの本来的機能は、何らかの社会的力を、抑圧によって消耗させることではなく、秩序・方向づけによって持続的に活性化する点にある。社会的な知的エネルギーの制御の役割を、教育制度の頂点として担うのが大学である。したがって制度は、強制するよりむしろお膳立てする。たとえば大学において、教師と学生の出会いの場たる講義は、ほぼ全面的に制度によって設定される。制度は講師に対して経済的保障を与えるばかりでなく、或る種の権威を持たせることによって、象徴的保障も与える。そして制度は、純然たる学則を軸にこうした類のさまざまな象徴性を武器にして、圧倒的な力で学生を教室に集める。講義内容も前もってほんの概要しか知らされないまま、数万人の学生が各自の受講する授業の教室に整然と分散し、各教室では毎時間ごと、数十名、いや数百名の学生が、皆一様に視線を一定方向に向け口を噤《つぐ》み耳をそばだてている……。教員の発信を全面的に支える驚くべき制度の力である。

このように準備万端整えて、「では、あとはよろしくお願いします」と講師に頭を下げるのが制度である。しかし講師のほうは、そうした準備の過程とそこで働く制度的な力の大きさを考える、いや感じることすらほとんどない。それは大学人の「意識の低さ」などではなく、制度が講師の心理をも準備し、講師の目に講義を「当たり前」と見せるからである。学生一人ひとりとの個人的出会いの絶対的積分として数百名の聴衆に面するとしたら、しかもその場の設定が制度内にいる膨大な数の人びとの合力として成立していることを意識したら、その責任の重さに講師は押しつぶされ、制度内での彼固有の役割をまっとうしえないおそれがある。制度が講師にその舞台裏を忘却させてくれるのである。優れた制度は、恩着せがましくなく、「当たり前」という顔をする。「講義内容はおまかせします。先生はただそれにだけ精魂を傾けてください」と。

実際、大学の講義内容のチェックシステムはふつう設けられておらず、教員は自由に講義できる。教員の言論の自由は、制度によって準備され確保されている。これを教員の制度内自由と呼ぼう。この場合、制度の要求は具体化しないので強制という性格は現れず、教員という発信者と学生という受信者から構成される講義の現場は、発信者と受信者が固定されているという点で、制度的回路内に突如出現した真空地帯の観を呈する。制度内自由のこうした発信者としての教員の特権性の外観は、制度がもたらす必然的効果である。制度は講師に全体を忘却させ役割を限定することによって、象徴的委託による固定的な分業システムを機能させるのだ。しかし、大学人思想家の自由主義の本領は、大学においては、この発信の自由という自らの特権的租界を守りながら発信者としての自らの制度的な役割を盲目的に担う点にはなく、何よりもまず、発信者と受信者の役割を学生と自由に交換し、自らの主張と合わせて自らに対する反対意見も学生に提示しつつ、自らが明快な発信者としてばかりでなく柔軟な受信者としても学生のモデルとなるようにして、制度によって与えられた発信のための特権的租界を、学問の自由の基盤である議論環境へと構築し直す点にある。

これに呼応して、思想界において大学人思想家に求められる役割は、特にその学問性・学術性であり、知的プロセスにおいて不可欠な客観性・検証性・総覧性である。思想家としては一勢力を代表する発言者であったとしても、大学人としてはあらゆる勢力を総覧し客観性をめざすことが期待される。透谷の言う「舟師」の役割、衝突し合う諸思想を調整する役割である。こうして大学人思想家には、上記の知的プロセスに則って検証を経た客観的な意見が求められるのである。思想は、特にこの大学人思想家の登場によって、その知的性格を強めることとなった。

そうした大学人思想家の役割を政治的に支える考え方は、すでに本書第二章で取り上げた五条誓文中の「万機公論」に議論主義として現れているが、一勢力に与しない広範・公平な意見聴取による客観主義という点からすると、以下のような神田孝平《かんだたかひら》の「日本国当今急務五ヶ条の事」（明治元〔一八六八〕年）に、より一層端的に表現されている。

一、我日本は永久独立国たるべし。決して他国の付属となるべからず。
二、我日本独立せんと欲せば、是《これ》に相応せる国力を起こさざるべからず。
三、右国力を起さんと欲せば、日本国中宜《よろ》しく一致すべし。
四、日本国中一致せん事を欲せば、悉《ことごと》く政府の政に従はしむべし。
五、国人をして政府に従はしめんと欲せば、政府にて広く日本国中の説を採《と》るべし。決して一方の説に泥《なず》むべからず。

国運の興廃を担う危機意識に貫かれたこの「五ヶ条」は、最終的に大前提たる第一条の「独立」に収斂するにせよ、その体系性に従うなら、むしろ基盤になるのは第五条の「総覧」である。大学人思想家は、自らが支えとするあらゆる勢力から離れた「学問の自由」の政治的意義を、この政治構想をとおして、第五条の「広く日本国中の説を採るべし。決して一方の説に泥むべからず」という国民からの幅広い意見聴取の原理に照らし合わせて、位置づけることができるであろう。

たとえば早稲田大学の大隈重信はこう語っている。「国民の意志が、常に政府の意見と同一になると云《い》ふ事はないのである、或場合に於ては政府の意見と国民の意志と背馳《はいち》する事もある、若《も》し此《この》教育と云《い》ふものが、一の勢力の下に支配されて居《お》れば、或《あるい》は国家の目的を誤つ事がありはしないか、之《これ》は一の杞憂《きゆう》である、併乍《しかしなが》らあらゆる勢力から離れて学問が独立すると云《い》ふ事は、或は国家に貢献する上に於《おい》て大なる利益ではあるまいか」(「早稲田大学開校式に於いて」『早稲田大学開校・東京専門学校創立廿年　紀念録』所収、山本利喜雄編、早稲田学会発行、一九〇三(明治三六)年、二六頁)。大隈の「学問の独立」は、『大隈重信演説談話集』(早稲田大学編、岩波文庫、二〇一七年、I-三「『学問の独立』―早稲田の気風」)などを見ると、「西洋の学問からの日本の学問の独立」が強調されている(たとえば同書、一三一~一三三頁)が、同時に上記引用文にあるように「政府からの学問の独立」も意味している。しかもそれは根本的には「あらゆる勢力からの学問の独立」、つまり政府・反政府いずれの政治勢力からも独立すること、むしろ「政治からの学問の独立」であって、あらゆる勢力の主張についての客観的総覧であり検証である。大学の自治の要求とは、この客観的な総覧者・検証者の役割を大学が担うための学問の自由の要求である。そして思想界の独立も、こうした大学の独立の意義をモデルとして把握すべきであり、当時は、大隈の言うのと同様の政治的コンテキストにおいて国家への貢献に結びつけて考えられていたかもしれない。いずれにせよ、透谷の言う思想家の課題である思想の諸勢力の調整のためには、その客観的総覧が必要であり、その総覧のためには、一種高踏的な姿勢が不可欠である。大学人思想家は、こうした役割を担う者として現れたように思える。今後、思想界は、現実から距離をとる局面において、大学をその拠点とし学問の自由を理念とする。客観性のために現実から離れるという思想の高踏性の頂点の一つは、大学人によって担われるであろう。大学人思想家は、思想の知的頂点において、学問の自由を砦にするのである。

それに対して、思想の底辺は国民の知的関心によって支えられる。時代を遡れば、幕末から維新にかけて我が国に滞在したロシア人宣教師ニコライは、次のように伝えている。「国民は突如目ざめて起き上がり、すべての者が自国の遅れをまざまざと目にし、実に真剣かつ精力的に事態の改善に努めているのだ！　すべての者が、ヨーロッパのものを見たい、それを知りたい、学びたいと、熱烈に欲している！」（ニコライ『ニコライの見た幕末日本』中村健之介訳、講談社学術文庫、一九八四年、一八頁）。この国民の知的関心が、欧米列強の脅威という問題に対する知的対応の第一歩であった。その意味で、この知的関心は、すでに一つの問題解決のための知的戦略の第一歩になっている。丸山真男はこう書いている。「福沢の言葉によれば『いまの勁敵《けいてき》は隠然として西洋諸国に在りて存せり』（学問のすすめの評）、西洋諸国こそ、もっとも恐るべき敵なんだということになる。最大最強の敵から学ぶのが、まさに現代の日本のやらなければならないことだ。幕末維新の状況において、彼はそう考えた」（丸山「福沢諭吉の人と思想」、松沢弘陽編、前掲『福沢諭吉の哲学』二〇〇頁）。幕末維新の日本人は、福沢の言葉を待たずして知的関心を抱くことにより、まず何よりも脅威を与える相手のふところへ「学ぶ」「知る」という知的な仕方で飛び込もうという国民的な意志・心性・欲求を形成し、知的戦略を起動していたことになる。

こうした西洋に対する底辺の国民の強烈な知的関心に、思想の学術的頂点にある大学人は、自ら西洋学問の翻訳を行なうことによって直接応じるとともに、それをめぐって思想界で沸き起こる議論において、とりわけ専門的な知識をもとに厳密性・客観性を重視する立場から、主導的な役割を担っていく。幕末維新の頃、列強に対峙していたのは幕府ないし維新政府だけではない。国民全体が西洋に対して強い知的関心を抱くというかたちで、知的に対峙し、すでに西洋列強への対応の知的戦略の大枠を描き出していた。この知的戦略を、議論と翻訳をとおして実現していくのが知識人である。西洋諸国への対応である以上、この知的戦略の中心となるのは洋学者であり、その後もこの知的戦略が枠組みは変わらないまま発展していくとすれば、明治二〇年代以降目立ってくる大学人思想家は洋学者の末裔であることになろう。

この知的戦略は、もちろん最終的には西欧列強の脅威に日本社会全体で対応するため、日本社会を知的社会として構築するものであった。知的社会とは、自らが遭遇する問題に対して情報収集・分析・検討・解決案策定といった知的プロセスに従って、社会全体で対応する社会であるから、そこには、原則として社会の構成員全員が情報・問題を共有し、その問題解決の知的プロセスに参与するシステムが必要になる。実際、明治維新期の我が国においてはきわめて短期間のうちに、上述のような西洋知識に飢えた国民のために、その知識を与える翻訳が行なわれ、それが国民のもとへ届けられるメディアが整備され、国民が問題を共有しながら議論を行なうことによって、社会的な問題解決の知的プロセスに国民が原則参加しうるこのシステムが出来上がった。この国民参加の直接的で、それゆえ実験的な試みが明治一〇年代の自由民権運動である。まもなく知的社会の成熟とともに、明治二〇年代になると、社会内部には領域分化・専門化が起こり、政治からは一歩身を引いて諸問題を分析し相互に議論することを役割として担う一種の専門家として思想家が現れ、知的プロセスへの国民参加は間接的となり、国民が問題関心は維持しながら思想家相互の議論の観客となるような体制が出来上がるのである。その後、大正デモクラシー期の憲政擁護・普選請願運動、戦後の二つの安保反対運動など、国民的な直接的議論と呼べるようなものがあったにせよ、この体制それ自体は、おそらく今日まで基本的な部分では変わっていない。

ここであらためて注目しておきたいのは、この知的戦略を下支えし、その体制の大枠を素描して、それを起動させたように思われる上記の国民の強烈な知的関心である。上で丸山が福沢の考え方として伝える「最大最強の敵から学ぶ」という言葉は、福沢は単純な西洋びいきではなく西洋を最大の敵とみなし、しかもそこから学ばなければならないとしていた、という文脈で語られている。この言葉は、直接的には「西洋は最大最強の敵だが、文明先進国だから、こちらの国力を増し対抗するために、その敵から学ばなければならない」ということであろうが、より一般的には、すでに見たところだが、福沢が「立身論」で述べた「敵に適切に対抗するには敵を知らなければならない」という対敵の知的戦略のヴァリエーションと見ることができる。ロシア人宣教師が伝える当時の日本国民もまた、西洋に対する強い知的関心を抱くと同時に、西洋を「最大最強の敵」と意識し切実に脅威を感じていたはずである。国民意識における同じ西洋に対するこの敵対感情と知的関心の同居・並存、一種のアンビヴァレンスが、すでに福沢の言う対敵知的戦略を素描しているように思える。

上では知性を、個人にとどまらず一つの社会が問題に遭遇したときの対応能力として考察した。ここでは、敵に対峙したときの対応能力として考えてみよう。まず第一に知性は、上述の思想の扇形を構成するものであって、対象への対応の基本姿勢として、自らの対象に対する逆向きの行動ベクトルをパラドキシカルに内包しうるものである。知性は、自らの対象に働きかけそれを支配するためにこそ、その対象から戦略的に一歩退き距離をとる。そして、この後退する後ろ向きのベクトルによって、かえって対象への関心という前向きのベクトルは強まるのである。先に思想界の独立について見た、現実への「惑溺か無関心か」という思想の根本問題、「現実からの適切な距離」の問題も、基本的には知性のこうした戦略に関わっている。

第二に知性は、とりわけ見ず知らずの異質な対象、いうなら他者に対する柔軟性、新状況への適応能力を備えている。その対象が、こちらの存在を脅かす敵であっても、知性はそれに背を向けることなく、むしろ自らを有効に守るための戦略として、かえって貪欲に相手を知ろうとする。国民に、突如出現した脅威の対象である列強に強い知的関心を抱かせ、敵を知ろうとさせるのは、この知性の柔軟性であり適応性であり戦略性である。ただし福沢の言う「敵を知る」とは、西洋の知を我が物とすることによって、我が国の文明を発展させ西洋に対抗することであったが、異質な対象に対する知性のこの柔軟性・適応性・戦略性の射程は、もっと遠くまで及ぶはずである。つまり知性は、「敵を知る」ことによって、その敵に対する有効な対応策を捻出するばかりではなく、その理解をとおして敵それ自体の異質性を減らし、ある意味で敵との同質性へ、敵対関係の解消に不可欠な敵との相互理解のための自分の側の対敵理解へと向かう。寛容さである。実際、我が国は西洋化されたが、これはきわめて知的で柔軟な適応であり、有効な戦略であった。カール・シュミットの言うように、敵がその異質性によって定義されるものなら、知性はこの意味で同質性へ向かうことによって、究極的には敵対関係の解消をめざしているとも言える。もちろんその実現は、夢というよりも、気の遠くなるような知的プロセスを前提とする。知性は、まさに議論を中心にした然《しか》るべき知的プロセスが整えられれば、自己保存としての自国独立を超えて、国際平和主義の原理にもなりうるのである。

そこから、第三に知性が、問題解決の知的プロセスにおいて忍耐力を備えていることも忘れてはならない。倦むことなく知性は相手を知ろうとする。それは、我が国の幕末維新期においては、国民の西洋に対する強い知的関心に始まり、それに呼応した膨大な翻訳として現れ、議論の場が構築されて知的プロセスが辿られ、その中で学問研究の体制が構築されたのである。

したがって第四に知性は、たいへんな貪欲さを持つ。自らの対象の認識についてばかりではなく、自らの環境の構築についても貪欲である。対象については、時間と空間という二つの水平軸と、詩的＝形而上学的な垂直軸に沿って、知性はありとあらゆる他者へ果敢に向かう。この知的志向のうちの時空の広がりは、メディアの整備によって国民レベルで実現している。垂直軸は、透谷の高踏性が一例となるが、国民レベルではなくむしろ思想固有の役割に結びつくことになろう。また、環境については、知性はこの時期に、忍耐強く知的プロセスを可能にするための知的環境を構築することによって、いうなら我が国の近代社会を知的な色で塗り上げたのである。

結論

映画「奇跡のひと　マリーとマルグリット」（ジャン＝ピエール・アメリス監督、Star Sands / Doma 配給、二〇一四年）の一場面。視覚と聴覚に障碍を持つ少女マリー（左。Ariana Rivoire）に、修道女マルグリット（右。Isabelle Carré）が、マリーの「檻に閉じ込められた知性」を解き放とうと、自らの病を押して、猛烈なマリーの抵抗にもめげず、触覚による手話の指導を試み、最初の手話語「ナイフ」をマリーに覚えさせた瞬間である。マリーが両手の人差し指を交差して表現しているのが「ナイフ」。（本書五四三頁）

精神を、その一番つらい仕事から解き放ってくれるありとあらゆる手段が、どんどん発展している。記憶力の代りに覚えてくれるさまざまな道具があるし、頭脳が計算作業をしなくて済むすばらしい機械ができており、ひとつの学問の全体をいくつかの記号のなかに詰め込める象徴や方法も現われて、〔ついには〕かつては人に何とか理解してもらわなければならなかったことを、人にただ見てもらえれば済むようにする感嘆すべき方策だって創り出され、個々のイメージはもとより、連続したイメージや、その並び方の置き換え規則それ自体を、直接収録でき、いつでも復元できるようになっている。

——ポール・ヴァレリー「知性について」(Paul Valéry, «Propos sur l'intelligence», *Œuvres I*, Pléiade, 1957, pp.1043-1044. 傍点は引用者)

いま議論というものは、誰にとっても身近なものであるが、その重要性を明確に認識することは難しいように感じられる。福沢諭吉が指摘したとおり、明治維新以前の我が国においては議論の環境は存在せず、人びとの間に議論の習慣はなかった。そして、福沢をはじめとする明治維新の知識人たちは、議論の重要性を明確に認識し、人びとの間の議論こそ文明発展の力であり、自国独立のための最大の武器であることを見抜いていたから、全力で議論環境の構築に取り組んだ。現代の私たちは、その遺産である議論環境の中で、議論を習慣として身につけながら、かえって議論の意義を見失いつつある。明治維新から一五〇年が経ち、議論がすっかり身近なものになった現在、あらためて議論の意義を忘却から救い上げるという大きな課題が浮上しているように思える。

しかし、そもそも議論というものは、あまりにも身近であるからこそ、かえってとらえどころがなく、アプローチが難しい。この言葉はきわめて日常的で一般化しており、そのことが学術的ないし思想的アプローチを困難にするのである。たとえば『広辞苑』の「議論」の項には、こうある。「議論――意見を戦わせること。互いに自分の説を述べあい、論じあうこと」(第二版補訂版、岩波書店、一九七六年)。これでは、どこから手をつけていいいか、戸惑ってしまう。実際、手元にある新旧和洋の哲学事典の類(『岩波哲学・思想事典』岩波書店、一九九八年/『哲学事典』平凡社、一九七一年/『岩波哲学小辞典』増訂版、岩波書店、一九三八年/『現代哲学辞典』日本評論社、一九三六年/André Lalande, *Vocabulaire technique et critique de la philosophie*, PUF, 1972など)を手当たり次第に調べても、「議論」にあたる項目は見あたらない。

なるほど、現在でも、議論への雄弁術的ないし説得術的アプローチを行なう書物は存在する。「議論に勝つための方法」といったことを指南するハウツーものである。言うまでもなく、これらは、古代ギリシアのソフィスト以来のものであって、議論環境が成立し、議論に勝ちたい者がいるところには必ず現れるものだから、そうした書物の出現はむしろ議論環境の成立を証言していることになる。この種の書物は、議論の仕方のテクニックを教えるものなので、議論の意義をあらためて探究することはなく、どうしても詭弁指南に傾きがちである。たしかに、そうした一種の詭弁指南が、議論での勝利を「餌」にするにせよ、生徒・学生を議論に慣れさせ、彼らの関心を議論に向かわせて、彼らに議論の意義を理解させる第一歩になる、という考え方もあるかもしれないが、本書は、そのような考え方を採らない。

あらためて本書全体を、若干補足しながら、振り返っておこう。第一章「議論」で試みたのは、議論についての思想史的アプローチである。あらかじめ第1節で外国思想の文化的受容が議論を前提すること、そして第2節では議論が問題解決法であることを注意した上で、第3節「議論の方法」では、アプローチの出発点として、明治維新期において社会的広がりを持った議論の重要性が明確に認識され、適切な議論の必要が痛感されていたことを、特に福沢諭吉について確認した。そして第4節「議会・思想界・世論」で、仮にその議論環境を議会・思想界・世論の三層構造を成すものと押さえた上で、第5節「世論」において、あくまでも「議論」の糸を辿るようにして、まずは議論環境の底辺たる世論について、一般市民の意見・議論の質向上のためのウォルター・リップマン『世論』の提案を中心に検討した。議論のとらえどころのなさは、ある意味では、議論環境の底辺としての世論のつかみどころのなさに由来する。しかし、その底辺においても、議論の質向上のための具体的方策が見つかり、ありうべき議論のかたちが素描され、議論の意義が浮かび上がるのである。

次に、第6節「議会」では、今度は方向を転じ、議論環境の頂点たる議会について、カール・シュミットの『現代議会主義の精神史的状況』に沿って考察した。思想史的アプローチにとって、一九世紀ヨーロッパの議会主義的思想家たちは、近代の議論概念の考察における先駆者である。シュミットが明らかにしたように、ジョン・ステュアート・ミルやギゾーなど彼ら議会主義者たちは、「議論」の概念化、議論の意義の明確化をすでに十分行なっていた。だからこそ、福沢諭吉も彼らから議論の重要性を学んだのである。だが、シュミットは、たんに議論概念の精神史を辿って見せたばかりではなく、現代における議論をめぐる問題を、次のようなかたちで提示した。彼によれば、私たちが慣れ親しんだ議会制民主主義は、議会主義と民主主義が合体したものであるが、議会主義は対立を原理とする自由主義に基づき、民主主義は同質性を原理としている以上、その両者の合体には調停不可能な矛盾が含まれていることになる。議論は議会主義の核心・魂であり、対立を原理とする自由主義の側にある。他方、同質性を原理とする民主主義は、根本的には議論と相容れない、とシュミットは言う。根本的矛盾、原理的矛盾を内に孕んだ議会制民主主義は、破綻へと運命づけられているのか。

こうして私たちは、シュミットの問題提起を受けとめながら、第7節「民主主義」で、議会制民主主義の原型について考えるために、しかもあくまでも「議論」という糸を手繰りながら、古代ギリシア史家フィンリーに導かれ、一九世紀の議会主義者たちと同様、古代アテナイへと遡ることになった。フィンリーによる古代アテナイの議論環境についての叙述は、議会である民会を中心にしたものであるが、決してそれに限定されるものではなく、一般市民の日常的な動きを含めたきわめて総合的なものであった。たしかに議論環境の要の一つは、市民の問題関心・問題意識・問題共有である。議論環境は、それを高めるために構築される。しかしリップマンが述べたように、市民にそれを過剰に期待してはならない。古代アテナイの市民についても同様である。だが、フィンリーによれば、古代アテナイにおいては、なるほど市民の全員が民会で発言するわけではなかったが、市民は現代人に比べ、遙かに豊かな統治経験を持ち、政治についての強い関心を抱き、積極的な姿勢で政治に関与した。つまり市民は、日常的に問題を議論する姿勢を身につけていたが、それは家庭をはじめとする日常的な場において、そのように教育されていたからである。各人は、アテナイ人としての同質の共同体的意識を持っていたが、その意識を構成する重要な要素として、積極的な議論の姿勢があったのである。シュミットが言うように、議論の原理が対立だとすれば、古代アテナイ人は議論の姿勢を共通して持つかぎりにおいて同質であり、対立性という同質性を備えていたことになる。

この議論姿勢がベースとなった国民的同質性、つまり対立性という同質性、いうなら対立的同質性こそが、議会制民主主義の基礎となるのであり、まさにその点で、古代アテナイは一九世紀の議会主義者たちにとって、そして現代の私たちにとってもモデルになるのである。シュミットは、この議論姿勢を共有する国民の同質性を、少なくとも現代において、おそらく考えられず期待できなかったのであろう。それは、結局は、議会主義の対立性と民主主義の同質性という原理的矛盾の解決不可能性に、彼が圧倒されたことに由来するのかもしれない。一種の惑溺、原理主義的な惑溺である。いずれにせよ、議論姿勢を共有し結束を固める国民のモデルは、古代アテナイに発見できるのである。

以上のように、第一章では、身近すぎてとらえどころのない議論について考察するための、いわば取っ掛かりとして、明治維新期（第3節）から始まり、いったん二〇世紀初めのアメリカ（第5節）を経由した上で、一九世紀ヨーロッパ（第6節）へ、さらには古代アテナイ（第7節）へという順に辿り、思想史的文脈を提示した。過去における議論についての重要な思索と議論環境構築の試みを発掘して、考察の足掛かりとするためである。そして実際、これらの時代・地域においては、議論についての思想と、議論を軸とした社会的な環境・制度の構築が発見できたのである。

思想史的文脈ということで、一八世紀に書かれたルソーの『社会契約論』（一七六二年）にも触れておこう。ここでルソーは、もっぱら一般意思形成の過程よりも結果について、人民の対立よりも結合について、要するに議論よりも合意について論じている。たしかに、上で見たカール・シュミットの指摘にあるように、タイトルの「契約」という対立を含意した門構えは自由主義的であるが、屋台骨となる「一般意思」の形成においては、民主主義的原理である人民の同質性に基づく「議論なしの全員一致」が求められるということからすると、シュミットともに『社会契約論』の全体構成は、根本的に自由主義と民主主義の矛盾を含んでいると言えるかもしれない。しかし、ルソーが議論なるものそれ自体を否定的にとらえていたわけでも、無視していたわけでもない。実際、彼は「意見を表明し、提案し、分割審議に付し、討議する権利についても、多くの考察をなすべきであろう。しかし、この重要な論題は別個の論考を必要とするであろう」（ルソー、前掲『社会契約論』一四〇頁）と断り、一般意思の形成過程について、少なくとも次のように語っている。「一般意思は共同利益にしか注意しないが、全体意思は私的利益に注意するもので、特殊意思の総和にすぎない。しかし、この特殊意思から、相殺される過剰の面と不足の面を除去すれば、一般意思がその差の合計として残るのである。人民がよく事情を知って討議するとき、市民が相互間になんらの連絡ももたないとしても、多くの小差があったところで結果として常に一般意思を生じ、その決議は常に正しいものであろう」（同書、四一頁。傍点は引用者）。

　上記引用文の「相殺される過剰の面と不足の面を除去すれば」にルソーは以下のような注を付した。「ダルジャンソン侯は次のように述べている。『各人の利益はおのおの違った原則の上に立っている。二つの特殊利益の一致は、第三者の利益に対する反対によって成り立つ』。ここに彼は、あらゆる人の利益の一致は、各人の利益に対する反対によって成り立つ、と付け加えることもできよう。したがって、もし利益の相違ということがなかったならば、なんの障害も受けないような共同利益を考えることはできないだろう。そうなればすべてはおのずからはこび、政治も一つの技術ではなくなるであろう」（同書、一八九頁）。

　この注を含めて、上記引用文については、注意深い読解が必要である。まず基本枠として確認すべきは、「人民がよく事情を知って討議するとき、……結果として常に一般意思を生じ、その決議は常に正しいものである」という、議論を一般意思形成の条件とする議論主義的主張である。ただし問題は、その議論の在り方である。この場合の「人民がよく事情を知って」を、仮に「人民が問題関心を抱き、情報を与えられ、専門家の意見も配慮しながら問題を自ら分析するといった、しかるべき知的プロセスを辿って」と理解すれば、議論の検証性によって一般意思の客観性を保証しようという、一九世紀のジョン・ステュアート・ミルをはじめとする議会主義者の見解の先取りとなる主張とみることもできよう。しかし文脈からすれば、ここでのルソーの主張において、議論の検証性は必ずしも重要性を持ったものとして明確に提示されているわけではない。議論の検証性とは、各人の主観的な意見が他人との議論を通じて知性的に検証され、客観的な意見として一般意思が形成されるということである。そこには、優れた少数意見が、議論を通じて他の通俗的な意見を説得し、形成される一般意思の中心となるという可能性が潜んでいる。議論の検証性の重視は、意見の質の重視へ、少数意見の尊重へとつながるのである。

　これに対して、ここでルソーが注目するのは、意見の検証、その前提としての各人の「意見の相違」ではなく、各人の「利益の相違」である。たしかに、注における「もし利益の相違がなかったなら共同利益を考えることはできない」というルソーの言葉は、「もし意見の相違がなかったならば一般意思を考えることはできない」という一般的な議会主義・議論主義の言葉として理解することもできよう。各人の意見は各人の利益の表現だからである。しかし、各人の利益の相違への注目は、ルソーにおいて、共同利益の発見のための条件ではあるが、もちろんその共同利益に資する少数者の特殊利益の尊重にはつながらない。むしろそこには、少数者の特殊利益の特権化を徹底的に避けるため、あらゆる特殊意思を特殊利益として、数学的に平等化・同質化し、意見の質の違いの問題を排除する姿勢が発見できるように思える。

　なるほど、特に注に現れた「利益の相違」ないし反対意見の重視の背後には、「意見の相違」の重視、つまり意見の多様性の重視という議論主義的姿勢を見て取ることができるが、特殊意思の「過剰の面と不足の面」の相殺・除去という考え方、とりわけ注にある反対意見の取り扱い方を見るかぎり、むしろ意見の内容の質、議論の内容の質を考えなくてもいいような議論システムの構築がめざされている。「あらゆる人の利益の一致は、各人の利益に対する反対によって成り立つ」という、注でルソーが付加した言明は、一般意思の目的を共同利益に収斂させ、反対意見を各人の私的な特殊利益に対するものと限定している。反対意見は、一人の相手の私的な利益を攻撃するかぎりにおいて、一般意思の形成の条件となる。これを、反対意見のルソー的意義と呼ぼう。ここには反対意見の検証的意義は、私的利益の共同利益への転換を除いては、まったく含まれていない。だからといってルソーが、反対意見の検証的意義を排除したとは言い切れないだろう。むしろ反対意見の検証的意義の本質は、そうした転換にこそある、とルソーは考えたのかもしれない。しかし少なくとも、この転換のプロセスにおいては、私的利益に基づくとされる個人的意見に対して、共同利益を後ろ盾にした多数者による反対の圧力がかけられ、いうなら反対する多数者による少数意見に対する平等・公平な排除が行なわれる。

おそらくルソーにとって、政治体の結合のために何よりも重要だったのは、それを構成する各人の私的利益を共同利益へと転換することであり、議論もその目的に向かって意義づけられたことから、そして彼の平等主義・公平主義に由来する少数意見の特権化に対する危惧も手伝って、議論の持つ検証的意義は後景に押しやられることになったのであろう。この議論の検証的意義を前景に据えて考察する作業は、やはり文明の発展による議論環境の整備・充実という点で、一九世紀を待たざるをえなかったように思える。

*

さて、議論なるもののとらえどころのなさは、以上のような思想史的文脈の提示によって全面的に解消されるわけではない。思想史的文脈から離れて、そもそも本質的に、議論にはつかみどころのなさがある。なぜなら議論は、知的プロセスの中の一段階であるから、この知的プロセスの内に位置づけないと把握ができないからである。議論について考えるには、この知的プロセス全体から理解していくことが大切である。

当たり前のことだが、或る問題について議論が闘わされるためには議論を行なう当事者双方からの意見表明がなければならない。そして、意見表明が行なわれるためには、その意見表明を行なう者による自らの意見の事前の練り上げがなければならない。さらに、当事者が意見表明の練り上げを行なうつもりになるためには、そもそも問題に関心を抱き問題意識を持っている必要がある。逆に、議論が行なわれれば、当事者双方が各自の意見を検証し、必要なら修正する可能性が出てくる。知的プロセスとは、こうした問題関心・問題意識→意見構築→意見表明→議論→意見検証→意見修正といった一連のそれのことである。もちろん、これは、議論を実際に行なう意見表明者が辿るプロセスであるが、議論の場には、そしてその場が公開ならば場外にも、直接議論に加わらないがそのプロセスを注視しながら、これに準じたプロセスを辿りつつ自らの意見を構築し検証・修正していく観客がいるので、基本的にはその観客のプロセスともなりうる。

議論環境の構築という観点からすれば、議論の場を設定するだけでは足りず、それを公開するだけでも不十分で、一般市民の問題意識を高めること、そのためには市民に問題の情報や専門家による問題の分析が提示されること、そしてそれを受けとめるだけの市民の知的姿勢・知的能力があらかじめ培われていることなどが、当然必要になる。それは、福沢諭吉が言うように、人民の「気風」という根本から改めるという壮大な事業とならざるをえない。議論なるもののとらえ難さは、この事業の壮大さの「手に余る」という印象とも重なっているのかもしれない。中江兆民が述べたとおり、その事業の必要を確実に洞察し、その事業の壮大さを見据えるかぎり、性急さを控え、人民の脳髄に蒔かれた思想の種の成長を待つという基本姿勢が重要である（本書三九八～四〇六頁）が、それは、何もしないでその成長を静観するということではない。展望が長期的であればこそ、いまやるべきことは山のように出てくる。

議論は、上記の知的プロセスのいわば頂点である。このプロセスが「知的」であるのは、「検証」のステップを内蔵しているからであり、そのステップが議論なので、議論がこのプロセスの頂点になるのである。こうして議論には、この知的プロセスを構成する他のすべての段階が不可分に結びついている、あるいは含まれている、と言ってもいい。議論前の発言者の個人的な問題関心・問題意識・問題分析、専門家からの参考意見聴取、自分の意見構築、発言方法の工夫、そして議論後の相手と自分の意見の検証、自分の意見の修正など、すべては議論という検証の場を中心に組み立てられ構成されている。その核心は、議論においてこそ、各人の意見が検証にかけられ、客観的な問題解決策が決定されるという点である。

議論がこうした総合的な知的プロセスを前提したものである以上、議論の活性化や質の向上を考えるためには、狭い意味での議論の改善を考えるのではなく、議論の背景となる知的プロセス全体の改革をめざさなければならない。福沢諭吉や中江兆民は、「卑屈の気風」に浸り沈黙している人民に対し、まず何よりも議論成立の大前提である意見表明を行なうよう促した。身分制が解体され、「国を憂ふる語あるべからず」の環境、「無議」の環境は消滅が定められたからである。しかし問題は、意見の質、議論の質である。そしてその質は、問題関心・問題意識の持ち方、問題についての情報の集め方、問題の分析の仕方、専門家からの参考意見の聴取の仕方、そして何より自分の意見の練り上げ方、さらには議論を通じた他人の反対意見の受けとめ方、それによる自分の意見の検証の仕方などで決まる。福沢が『学問のすゝめ』で「学者の職分」として示したように、明治の知識人たちは、人民に対して、議論の仕方、意見構築の仕方を、福沢も「説諭」より遙かに効果的と述べているもっぱら「実例」をもって、つまり自ら意見を主張し議論を闘わせるというかたちで、行なった。

議論について考える場合、その背景となるこうした総合的な知的プロセスを視野に収めることは不可欠であるが、焦点を絞ることもまた必要である。上述したように、議論の本質はその検証性にあり、検証性は知的プロセスの核心だから、議論はそのプロセスの頂点に位置する。焦点となるのは、知的プロセスにおける議論前と議論後の意見表明者個人の思索過程の中で、議論の際の反対意見の事前の想定ないし事後の受けとめが、その個人的思索過程の検証の機会となることである。意見表明者は、これから自ら臨む議論における反論を想定することによってあらかじめ自らの意見を検証し、議論を先取りする。そして、実際の議論現場で反対意見に出会えば、その場で、あるいは事後的に、それを受けとめ、自らの意見を検証し、必要ならばそれに修正を施す。議論は、この意味で、実際にそれが闘わされている間に限定されず、議論後にも、議論前にさえも、意見表明者にとって自らの意見の、そして思索過程それ自体の検証の機会となる。

＊

このように、思想史的文脈を概観し、「議論」概念を大づかみに把握した上で、いよいよ第二章「万機公論」で、第1節「議論環境の構築」から、本書の主題である明治維新期における知的環境の構築がどのように行なわれたかの叙述に入った。本書が主軸としたのは、維新の際に新政府が発布した五条誓文にあった第一条「万機公論」と、第五条「知識ヲ世界ニ求メ」が表現する「文明開化」である。まず、「万機公論」は、議論環境を構築し国民からの意見聴取を行なうための原則であり、その環境構築と国民的議論は、民撰議院設立建白書に始まる自由民権運動として展開された。国民的議論の重要性、そのための議論環境の構築の必要性を、明確な言葉で説いた知識人の代表が、福沢諭吉であり中江兆民であった。

議論環境の構築というものは、きわめて総合的なものであって、国会開設という政治的頂点における作業から、新たな「演説会」という方式の導入、さらには政府主導の『問答』スタイルのパンフレット配布、国民の関心を引くための「撃剣会」の開催や「民権歌」の作成に至るまで、実に多様な作業を含んでいるが、特に本書が重要性を指摘したのは、議論主義的な教育である。リップマンは、市民に対する議論主義的な学校教育を提案し、フィンリーは、古代アテナイにおける議論主義的な家庭教育の存在を報告していた。本書では、我が国の明治維新期における同様の議論主義的な家庭教育論として、中江兆民のそれを紹介した。議論主義的な教育が重要になるのは、教育というものが共同体意識の構築に直結するからであり、上述したようにカール・シュミットが民主主義の原理とする共同体意識の同質性につながるからである。議論主義的な教育とは、異質なものを認め対立を含む同質性をめざすものであって、シュミットの考える同質性、異質なものを斥け対立を排除する同質性に、真っ向から対抗するものである。

国会開設へ向け、自由民権運動というかたちで国民的議論が展開されているかぎりにおいて、議論環境の構築作業は比較的スムーズに進んだように見えたが、そうした議論主義的な流れを押しとどめるようなベクトルが、上述の意味で枢要な領域である教育において現れる。教育勅語である。第２節の「国会開設と教育勅語」というタイトルは、議論主義的ベクトルと反議論主義的なそれとの対立を表現している。両ベクトルが前提する国民イメージは、逆向きである。議論主義的な国民は「意見表明する国民」、議論する国民であり、教育勅語が育成する反議論主義的な国民は「意見表明しない国民」、沈黙する国民である。明治国家の内部構造を分析する際に、この両ベクトルの対立こそ根本的である。その点で、第二次世界大戦が終了して約一〇年後に書かれた久野収と鶴見俊輔の共著『現代日本の思想』（前掲）において、著者たちが提示した「絶対君主・制限君主」あるいは「顕教・密教」という天皇解釈の二重性に基づく「国民大衆・支配者層エリート」の対立、「さけめ」が根本的である、という考え方には重大な問題があった。そこでは、大衆であれ支配者層であれ、国民はすべて意見表明しないものとして描かれていながら、国民大衆とのさけめの設定によって、教育勅語の射程を国民大衆に限定し、支配者層の従順さ・卑屈さが見落とされたように思えるからである。

次に、第3節で扱った、もう一つの主軸である「文明開化」は、自国独立の維持のため我が国の文明を発展させるという基本構想に支えられていた。この構想を最も明快に表現したのが、福沢諭吉の『文明論之概略』である。五条誓文の「知識ヲ世界ニ求メ」ること、西洋知識導入は、その構想実現のための主要な手段の一つであった。しかし福沢がこの著書で訴えたのは、西洋の知識を導入し西洋文明から学ぶことよりむしろ、我が国の文明発展の原動力となる「人民の気風」の改善である。封建時代に培われた人民の「卑屈の気風」は、「独立自尊の気風」へと改められなければならない。その人民の「独立自尊の気風」を養うものこそ、議論環境であった。自国独立のためには「文明開化」が必要であり、そのためには人民の独立自尊の気風を養う議論環境、「万機公論」原則に従って構築される議論環境が不可欠である。圧縮して表現すれば、「文明開化」のための「万機公論」である。私たちが設定した二つの主軸は、このように密接不可分なものであった。

福沢諭吉は、人民の共同体意識の核を成すもの、一種の愛国心の必要を説き、それを「報国心」という言葉で表現していた。この「報国心」は、たしかに一種の愛国心と言えるが、議論主義的な愛国心、古代アテナイ的な愛国心、対立を含む同質性へと向かう愛国心である。報国心とは「自国の権義を伸ばし、自国の民を富まし、自国の名誉を燿《かがや》かさんとして勉強する」姿勢のことであり、「一人の身に私するには非ざれども、一国に私するの心」（前掲『文明論之概略』二三九頁）であって、卑屈・従順・沈黙といった人民の品行からは生まれず、まったく逆に、外国人による差別があったら自国の独立を見据え同等同権へ向けた積極的な意見表明を行なうような、議論主義的・表現主義的な品行からこそ生まれ、積極的な意見表明の最初の一打ちが行なわれると、表現・議論の輪の連鎖が次々と波及していくような議論環境において培われる。

この「報国心」という議論主義的な愛国心を提示することによって、福沢は、やがて教育勅語が打ち出す反議論主義的な愛国心、井上哲次郎が「共同愛国ノ義心」と呼んだものを、あらかじめ批判していたように思える。福沢は報国心の定義に「自国」という言葉を繰り返し用い、「他国に対して自他の差別を作り、（中略）自国は自国にて自ら独立せんとすること」こそ「報国心」の最大の眼目であることを注意していた（同前）。これに対し勅語では、外国に対する関係なしに、それゆえ臣民の自国独立への姿勢なしに「愛国心」が語られるのである。要するに、勅語の「愛国心」は国内に閉じており、「他国に対して自他の差別を作り、自国は自国にて自ら独立せん」という自国独立維持の心を含んでいない。福沢は、まったく逆に、人民を自国独立維持の問題に主体的に関与させようとしたのであって、その主体的関与をベースとした人民の心構えを「報国心」と呼んだのである。

そもそも福沢はその『文明論之概略』最終第十章「自国の独立を論ず」の冒頭から、一貫して我が国の人民の文明意識に定位して文明を論じていた。我が国の文明を創り維持し発展させるのは、まさに人民だからである。自国独立とは、たんに政治家・軍人によってのみ対応されるべき政治的・軍事的問題ではなく、まさに人民全体で取り組むべき文明的問題である。人民の全体が創り上げる文明がなければ、たとえきわ立ったものであれ政治力・外交力・軍事力のみでは、優れた政治家・外交官・軍人の貢献だけでは、独立は保てない。少なくとも福沢諭吉にとっては、「文明開化」とはたんに「西洋知識導入」にとどまるものではなく、我が国の人民が日本の独立維持をめざし、封建的な風俗習慣に由来する卑屈さという姿勢から脱却して、まずは外国人による我が国人民に対する差別の現実を直視し、そこから視野を広げて西洋先進国がその植民地で行なっている行為を知り、自らの手でこの問題を解決することによって我が国の文明化を推し進めることである。

端的に言えば、「文明開化」とは、我が国の人民による自国独立をめざした議論主義的・議会主義的表現主義的な姿勢による文明化運動であった。そしてこうした国家的問題への人民の積極的関与、議論主義的関与を表現したのが「万機公論」である。したがって「文明開化」が「万機公論」に文明論的枠組みを与え、「万機公論」が「文明開化」に方法を与えて、相互に支え合っている。また、この文明論的枠組みの中に位置づけられて初めて「西洋知識導入」は意味を持つ。

こうして、上述の意味で「文明開化」のための「万機公論」という基本枠を押さえた上で、「文明開化」原則が求める外国知識ないし情報の収集と、「万機公論」原則に従った国民からの意見聴取が、開かれた姿勢に基づいている点では共通しているが、本質的に異なっていることに注意すべきである。外国からの情報収集と国民からの意見聴取、そもそも情報と意見は、政策決定のプロセスにおける重さが本質的に異なる。そこにおいては、情報は参考にすれば足りるが、意見はそれだけでは足りない重さを持っており、提示された側はそれを正面から受けとめ検討し、その意見に対して自らの意見を提出することが求められる。意見は議論プロセスの内部に入り込んでそのプロセスを始動させるが、情報はそのプロセスの外部にとどまる。情報が意見となるためには、発言権を持った者が情報を咀嚼し自らの意見へと練り上げる必要がある。「西洋知識導入」において行なわれたのが、まさにそれであった。

「文明開化」原則に従って世界に求めるのは意見ではなく知識、広い意味では情報であり、意見は「万機公論」原則に従って国民にのみ求められ、外国人には求められない。こうした万機公論の意見聴取対象からの外国人排除は、上記の自国独立・自国文明発展の観点からして当然のことであるが、あくまでも議論主義に忠実な文明開化の観点からはそうした外国人の「意見」は不可欠である。そこで、その外国人の意見を日本国民がいったんはあくまでも「知識」すなわち「情報」として取り入れ、それを国民が咀嚼し自らの意見として提示する方式がとられたように思える。このように国民による咀嚼を介して、外国情報は、我が国の議論環境の中に意見として内在化されることとなり、「万機公論」原則との齟齬は解消されたのである。

「万機公論」原則に従うかぎり、西洋知識を咀嚼するのは一握りの知識人ではなく、国民全体であり、そうした国民的規模での咀嚼による自らの意見への取り入れを実現するための決定的な手段こそ、翻訳であった。翻訳が持つ両原則上の重要性、文明論的かつ議論主義的な重要性は、まさにここにある。翻訳がなければ、西洋知識の国民的規模での受容は不可能であり、国民の意見への取り入れも行なわれず、国民的議論の質の低下は明らかであった。

明治維新期には、外国人の意見聴取の排除（万機公論）、外国人からの情報収集の推進（文明開化）、その収集結果の日本人による咀嚼をとおした意見表明（国会・思想・世論）というシステムが成立したように思える。そして、外国人排除という万機公論にとっての国民国家的限界は、文明開化による外国情報収集と、その収集結果の日本人による咀嚼をとおした意見表明によって、システム的に補われなければならないことになる。この意味で、翻訳は万機公論の限界を補っているのである。

さて、第4節「翻訳論」では、翻訳をめぐる議論を設定した。日本語で行なわれた翻訳は、日本文化であるか否か。日本文化である、と三木清は言う。「思想と言葉とが密接に結合しているものである限り、外国の思想は我が国語をもって表現されるとき、既にもはや単に外国の思想ではなくなっているのである。意味の転化がすでにそこに行なわれている。このときおのずから外国の思想は単に外国の思想であることをやめて、我々のものとして発展することの出来る一般的な基礎が与えられるのである。翻訳の重要な意味はここにある」(前掲「軽蔑された翻訳」三木清全集17所収、一九七頁)。ただし注意すべきは、ここで三木が、日本語に翻訳された外国の思想は「既にもはや単に外国の思想ではなくなっている」と言い、端的に「もはや外国の思想ではない」とは言っていない点である。もちろん、原典としてはあいかわらず「外国の思想である」という含みがここにはある。「我々のものとして発展することの出来る一般的基礎」とは、「日本語表現が与えられると、それが一般的基礎となって、外国から持ってこられた思想も、我が国の文明の一部を構成する日本の思想として発展することが可能になる」の意であろう。

これに対して丸山真男は、翻訳を読むときは、その翻訳の背後の原典を生んだ異文化の異質性を意識することが大切であると述べた(丸山・加藤、前掲『翻訳と日本の近代』三〇〜三八頁)。外国思想の翻訳ならば、日本思想を読んでいるつもりになってはならず、その背後の外国文化の異質性をつねに意識しなければならない、ということである。二者択一は問題ではない。外国語で書かれた原典を自国語に移す作業が翻訳である以上、翻訳は、異文化的面と自文化的面を持つ。丸山はもっぱら前者を、三木はもっぱら後者を指摘したにすぎない。丸山の主張は、異文化間の異質性、とりわけ自文化と異文化のそれを強調する多文化主義的翻訳論であり、三木のそれは、翻訳の持つ文明史的意義を評価する文明史的翻訳論である。

ヴァルター・ベンヤミンは、その翻訳論「翻訳者の課題」(前掲『暴力批判論』所収)において、あくまでも翻訳者の立場に定位しながら、翻訳を原典の模写とする一般的翻訳観を批判し、一種の文明論的ないし文明史的観点から、翻訳を異文化における原典の新たな展開と押さえることによって、三木の課題であった原典に対する翻訳の地位回復を成し遂げるとともに、丸山が提示する原典・原語・原文化の異質性に対する感覚の保持の問題、多文化主義的問題も解決しているように思える。そればかりかベンヤミンは、その「異文化における原典の新たな展開」としての翻訳概念の延長上にさらに一歩を進め、異言語に翻訳されることによってはじめて、原典は自言語・自文化の殻を破り、「真の言語」「真理の言語」「純粋言語」へ向かう端緒を得る、という形而上学まで提示する。「真の言語」へ向かうプロセスとは、原典を自言語・自文化の殻から解放し、同時に翻訳をとおして翻訳の属する言語・文化も豊かにするプロセスであって、翻訳を機に原典が他文化内で花開き、翻訳された原典の異質性に触れることによって翻訳の属する言語・文化が豊かになっていく異文化交流のことである。原典側の言語と翻訳側の言語のこの並行的発展は、あたかも共通の理念的目標を持つかのように進捗する。「真の言語」なるものは、あくまでもこの並行的発展を説明するためのものであって、そこへの実際の到達などは問題にならない。

「真の言語」とは、彼方の「文明の統合」地点を示す言葉である。翻訳は、あくまでもほんの萌芽的なかたちではあるが、「文明の統合」をかいまみさせるのである。翻訳の格別の意義、特権的とも言うべき意義は、まさにこの点にある。重要なことは、翻訳がかいまみさせる「文明の統合」が「一文明による統一」ではなく「相互に異質な諸文明の統合」である点である。我が国が後進文明国として自国独立維持をめざし先進文明国の圧力に抵抗しあくまでも「相互に異質な文明の統合」へ向かうかぎりにおいて、その歩みは、ベンヤミンの翻訳主義的文明史観と相即することになるが、先進文明国として翻訳の意義を忘れ異文化に対する異質性感覚を失って自ら「一文明による統一」へ向かいはじめるとき、ベンヤミン的文明史観との齟齬は決定的となる。翻訳は、異文化との接触の最突端にあってその異文化を自文化に咀嚼しつつなおも両文化の異質性を直視しながら両者の「統合」をかいまみ、二つの異文化が相互に異文化であるまま理解し合える可能性を探っているのであって、そのかぎりにおいて先進文明による植民地支配・帝国主義的支配に、どれほど微力といえども、歯止めをかけるものである。丸山真男が指摘した異文化間の異質性感覚の重要性は、以上のような射程を持ったものであるように思える。

一文化は、異文化との接触によって、変化し豊かになる。ベンヤミンが言うように、一言語は、異言語で書かれた文献のその言語による翻訳によって、変化し豊かになる。実際、日本語は、かつては漢語からの、幕末維新期以降はもっぱら西洋語からの翻訳によって、膨大な「翻訳語」を持つことになった。もはや翻訳語を抜きにして、日本語は十分機能しないだろうし、日本語について考えることもできないだろう。そして柳父章が指摘するとおり（前掲『翻訳語成立事情』）、翻訳語には、或る種の違和感がこびりついている。この違和感は、こなれた日本語の美意識からすれば問題となろうが、異質性感覚の保持の観点からすれば積極的な価値を持つ。異質性感覚を喚起する目印となるからである。さらに言えば、翻訳語の違和感とは、日本語が異文化と接触していることの直接的表現であり、そこから自らの古い殻を脱ぎ捨てるための機会であり、その作業が進行中であることの目印である。最後に、議論主義的観点から重要なのは、翻訳語の多くは議論語、つまり議論で使われる言葉であり、その違和感は、「この言葉については注意せよ、その意味を明示するよう努めよ、そのために議論せよ」という注意信号として機能するという点である。日本語は、翻訳語をとおして、この意味で議論を指示する言語構造を獲得し、議論環境をその基盤として支えうるものになった。

＊

以上のように翻訳の意義を押さえた上で、私たちは第5節「翻訳法」において、主に加藤周一の論考「明治初期の翻訳」（加藤・丸山校注［編］、前掲『翻訳の思想』所収）に沿って、明治初期に実際に行なわれた翻訳の問題を具体的に検討した。校注［編］者の一人である加藤、および校注担当者・矢島翠の指摘によると、当時の翻訳の最大の問題は、訳文の流暢・簡明が優先され、原文が留保・限定を行なう慎重・緻密な表現についての意識が希薄である点にある。その結果として、過度の省略・圧縮、逆に過度の補足・文飾が行なわれて、訳文が不正確になり、語の一対一対応原則が解除されて、読者にとって訳文理解が困難になっている、というのである。

加藤ら校注者たちによる分析を検討しながら、私たちが特に注目したのは、当時の翻訳者たちの異同感覚、つまり原語が指すものと日本語が指すものを同じと見るか異なると見るかの感覚である。上で見たとおり丸山真男が翻訳における異質性感覚の重要性を強調しながら指摘したように、私たちは、異文化と自文化の間で、実際には異なるものを同じと見る強い傾向を持つからである。実際、ヘンリーによる英訳から和訳された永峰秀樹訳のギゾー著『欧羅巴文明史』（原書はフランス語）において、「社会全般の力と福利におけるはっきりした増進」にあたる英文が「富国強兵」と訳され、これを加藤は「歪曲」と断定したが、その理由として、加藤らの言う「修辞上の要請」や「国家イデオロギー」や「思想理解の限界」を挙げるだけでは十分ではないように、私たちには思えた。なぜ、修辞上の要請や国家イデオロギーが翻訳を歪めるのかが解明されなければならない。

まず、修辞上の要請は、なぜ翻訳にとって危険なのか。私たちの見解では、永峰は、「富国強兵」を英文が指すのと同じものとしてではなく、我が国における類似の対応物による比喩として、つまり類似ではあるが異なるものであることを承知した上で、すなわち原文の描く事態を正しく伝えないことを承知の上で、用いた可能性がある（上掲の文章で森鷗外が挙げた例で言えば、原文「アーメン」を「南無阿弥陀仏」と和訳するとき、後者は前者の比喩である（本書三一一頁））。もしそうなら、承知の上である以上、それは「歪曲」になる。流暢・簡明という修辞上の要請が翻訳上危険なのは、このように翻訳者の異同感覚を歪める比喩の使用へと、翻訳者を向かわせるからなのである。比喩は翻訳者に、原文の描く事態を我が国における類似の対応物によって置換することを許し、あくまでも原文の描く事態を正確に読者へ伝えようという姿勢を免除してしまうのである。

次に、国家イデオロギーは、どのように翻訳に介入するのか。私たちの見解では、永峰は、「富国強兵」を比喩ではなく、「社会全般の力と福利におけるはっきりした増進」にあたる英文を正確に写しているものととらえ、両者を同一視している可能性もある。もしそうなら、そのような同一視はどのように起こったのか。当時、維新政府は、上で扱った『開化問答』（本書二三二頁）などのパンフレット配布をはじめ、さまざまな仕方で政府と人民の同一性を主張し宣伝していた。「政府は人民の政府、政府の仕事は人民の仕事」「政府の権はすなわち人民の権、政府の行なう政事はすなわち人民の行なう政事」（井上清、前掲『明治維新』二八〇頁）というような主張であり、この場合問題にすべき国家イデオロギーとは、この同一視、政府と人民の同一視である。永峰の頭の中には、この同一視が潜んでいたように思える。明治政府なら、この政府と人民の同一性の前提に基づき、「富国強兵」は人民のための政策であり、「社会全般の力と福利におけるはっきりした増進」のことであると認めるであろう。重要なことは、永峰の頭の中に、明治政府支持の政治的信条とか、明治政府の見解の厳密な理解とかがある必要はまったくなく、政府と人民の同一性の前提のみがありさえすればいい、という点である。翻訳法の観点からすれば、この政府と人民の同一性原則は、その無際限な抽象性のために、あらゆるもの相互の等値を可能にし、翻訳者の異同感覚を根本から歪めるゆえ、この上なく危険である。この原則に従うかぎり、ギゾー原文の内容が人民の利益になることでありさえすれば他のいかなるものになっていようが、「富国強兵」とイコールにすることができるのだから。このように国家イデオロギーは、翻訳者の政治信条とは直接関係のないところで、翻訳者にほとんど無意識のうちに政府と人民を同一視させ、翻訳者の異同感覚を歪めるというかたちで、翻訳に介入するのである。

上述のように、明治初期の翻訳の問題点の一つとして、『翻訳の思想』の校注者たちは「補足・文飾」を挙げていた。私たちは、重野安繹が漢訳から重訳したヘンリー・ウィートン著『万国公法』において、翻訳者・重野が行なった「補足」の中に、国家イデオロギーが訳者に同一視を押しつけながら翻訳に介入するもう一つの例を発見した（本書二三九頁〜）。今度は、君（＝主権者）と国（＝国家）の同一視によって、漢訳原文の論理が歪められる例である。英語原文が「実際、いかなる国においても絶対的で無際限の君主政体をとった政府が支配しているときはいつでも、君主その人が国それ自体と必ず同一視される。『朕は国家なり』がそれである」にあたる表現になっているところ、中国語訳は「若君権無限、則君身与国体無別、法国路易十四所謂国者、我也」、重野による日本語訳は「若《も》シ君ノ権ニ限リナクバ、君身ト国体ト別ツコトナシ。法（フランス）国路易（ルイ）十四世ガ、国ハ我也《われなり》ト謂《い》ヒシ」としている。この箇所については、日本語訳は中国語訳に忠実であって、その英語原文には、絶対・無際限の君主政は、必ず君身と国との同一視をもたらすとあり、中国語訳もおおむね同じであるから、問題はない。続けて英語原文は、「そのため君（＝主権者）と国（＝国家）がしばしば同義で使われ、ときに前者は後者の比喩として用いられる」という主旨のことを述べる。校注担当者のジャニン・ジャンは、これに対応する中国語訳、したがってそれを基にした日本語訳において「しばしば frequently」が脱落し「ときに sometimes」が「皆」（中国語訳）

「スベテ」（日本語訳）という無条件に肯定的な語に書き換えられていることを指摘している。私たちの見るところ、重野による「スベテ」という訳語は、中国語訳の「皆」をそのまま訳したにすぎないかもしれないが、それ以下の重野訳の加筆の内容と密接に結びつく。この文章「スベテソノ君ヲ借リテ、ソノ国ニ代エ」のすぐ後に重野は、次のような中国語訳にない、したがって英語原文にもない補足的解説を加筆している。「君トイエバ、国ノコトニ通ズルコト、コレ公法ノサダマリ也《なり》」と。

この加筆文において重野は、上述の「絶対・無際限の君主政は、必ず君身と国との同一視をもたらす」という原文の論理を、おそらく中国語訳の「皆」の普遍化力にも支えられて、巧妙に逆転させようとしているように思える。つまり、「君（身）と国が同一視されていれば、その君主政は必ず絶対・無際限である」と。このように論理を逆転させれば、君と国の同一視は、君主政の絶対・無際限の結果ではなく、その目印さらには原因であることになる。重野がこだわった君と国との同一性の向こう側には、絶対・無際限の君主政としての明治天皇制国家の繁栄イメージが浮かび上がっていたのではないか。このイメージも国家イデオロギーであって、今回の場合も同一性ないし同一視をベースにしたものであった。そして、こうした同一性の問題の中に位置づけてはじめて、限定辞（frequently, sometimes など）の扱いの問題性も明確になるように思える。同一視を貫こうとする翻訳者の惑溺が、その異同感覚を曇らせ、限定辞の扱いを粗雑にさせるのである。なお、上で見た「比喩」の問題は、ここにも浮上している。上記の「ときに前者（君）は後者（国）の比喩として用いられる」にあたる原文中の in a metaphorical sense は、中国語訳、日本語訳ともに現れていない。中国語訳者にとっても、とりわけ日本語訳者にとっては、君は国の比喩ではなく、君は国でなければならない、少なくとも国の「代わり」でなければならないのである。

＊

翻訳について、あくまでも「議論環境の中での翻訳」という大枠を設定し、第二章後半で以上のような基本的ないし準備的考察を行なった上で、私たちは第三章「翻訳」において、明治維新期の翻訳に照準を絞った検討へ入った。第1節「思想の翻訳」では、前章でも見たとおり当時から思想の翻訳には「簡明」ないし「論旨明快」の強い要請があるが、それは翻訳された思想が議論の場で議論対象になりうるようにという議論環境からの要求であること、そのため翻訳者はその「論旨明快」か「原典忠実」かで不可避的に引き裂かれること、明治維新期には明治政府にも、『開化問答』で見られたのと同様の、翻訳に対する比較的自由な議論主義的な姿勢があったことなどを指摘した。そして、前掲『翻訳の思想』の中で加藤周一が言う「日本文化の洗練によって翻訳が可能になった」とは、日本には西洋文化の対応物がすでに存在していたので翻訳が容易であったということであるが、それは、たしかに一方で翻訳者の作業を容易にするが、他方で原物と対応物の安易な同一視という危険に翻訳者をさらすことを注意した。前章で見たように、とりわけ思想の翻訳の場合は、その危険は大きい。その危険を乗り越えるのが翻訳者の異同感覚、同一性と異質性のバランス感覚であり、それを検証することによって翻訳者をバックアップするのが議論環境である。

明治維新期に行なわれた加藤周一の言う「奇蹟的訳業」は、西洋文献に集中しており、その背景には、幕末以来の西洋への国民的関心の急激な高まりがあった。そして、そうした訳業が可能になったのは、第2節「洋学と翻訳傾向」で見たように、洋学の伝統があったからである。この西洋学術研究の伝統は、キリシタン時代に遡り、当初はポルトガル、スペインから渡来した学術を対象とする「南蛮学」「蛮学」として始まり、やがてオランダ書に基づく「蘭学」となって本格化する。彼ら蘭学者たちのうちには、漢学・陰陽五行説に依拠する在来科学に対する厳しい批判と、西洋学術の根底をなす科学的認識についての高い評価、そこからくる彼ら自身の基礎科学志向が、すでに現れていた。また、蘭学の研究対象は、医学・天文暦学にばかりか、世界地理・西洋事情、さらには「卓越した科学技術を生んだ西洋の社会機構、あるいは西洋文化の全体に通ずる思想的原理」（前掲『日本史大事典』第六巻「洋学」の項〔佐藤昌介〕、九七七頁）にまで及んだ。明治維新期の翻訳に見られる明確な学術・思想志向は、こうした蘭学以来の洋学的伝統に基づいているように思える。

この洋学的伝統は、とりわけ科学的認識の点で、在来の漢学的伝統に対する対立的姿勢が顕著であった。しかし、明治維新の翻訳は、漢学的伝統とまったく切り離されたところで行なわれたわけではない。丸山真男と加藤周一は、前掲『翻訳と日本の近代』の中で、維新期に集中的に行なわれた文明史の翻訳に注目し、そうした特徴的な「歴史的アプローチ」が漢学的伝統に根ざしたものであることを指摘している。丸山によれば、我が国の漢学的伝統は、歴史よりも超歴史的な形而上学が重視された中国の儒学の伝統とは異なり、歴史的アプローチ重視の姿勢を持っていた。丸山は、我が国の漢学的伝統に見られ、明治維新の知識人にも連なるこの歴史主義、形而上学的関心の欠如ないし排除の姿勢を、一種の実証主義と見る。

この歴史主義については、彼らは、文明論の枠組みを設定し、中国ないしギリシア・ローマのような文明先進国は「永遠の規範」を産み出しそれを最重要視して、自ら後進国にとっての「永遠の規範」となり、それに対して日本のような後進国はそれを模範にしつつ自らは歴史を重視して、「自分の位置を歴史軸で決めようとする」という考え方を提示する。この考え方からすれば、文明先進国としての西洋に面したとき明治の知識人たちは、中国という文明先進国に対峙しながら産み出された歴史主義という方法を、漢学的伝統から受け継ぎ実践したように思える。漢学的伝統は、文明の格差に直面した明治維新の知識人たちに、それに対処するための歴史主義という方法を教えたのである。

さらに丸山は、明治維新の知識人たちは、漢学的伝統から、こうして歴史主義を教わるとともに、その歴史主義を通じて実証主義の姿勢も学んだ、と言う。しかしもちろん、明治維新の知識人の歴史主義・実証主義は、漢学的伝統のそれを、一八〇度転換するものであった。維新知識人の新たな歴史主義、西洋から学んだ歴史主義は、漢学的伝統にはなかった進歩・進化・発展を含むそれであり、彼らの新たな実証主義は、一見「空理空論」ないし「虚学」と見える基礎研究、実験による仮説修正という方法を内蔵することによって深みと力を備えた実証主義、これも漢学的伝統にはなく、洋学的伝統が打ち出してきた実証主義である。丸山によれば、福沢諭吉は西洋科学の核心を実験主義と押さえ、それを何であれ絶対化の惑溺を避ける相対主義と理解し、自然科学の対象に限らず、政体にすら適用されるべきものと考えた。「革命でさえ、試験してみればその結果まちがうかもしれない」（同書、一六五頁）。あらゆる理論を相対化し仮説化して、実験によりその真偽を確定しようとするこの姿勢は、あらゆる主張を相対化し意見化して、議論によってその採否を決定しようという福沢の議論主義の現れであろう。

おそらく、この柔軟な姿勢は、幕末維新期の翻訳環境の中に、次第に広がっていったと思われる。緊急事態に対応するには「実学」が必要不可欠であるが、その事態の深さ・深刻さを見据えれば、小手先の対応では済まず、「空理空論」「虚学」と見えるものも、ないがしろにすることはできない、という考え方の広がりである。あらゆる理論は、相対化し、実験ないし議論の対象として、検証・検討すべきであるという雰囲気が出来上がってくる。そのような雰囲気が素地となって、美学・哲学、そして思想の翻訳が行なわれることになる。

すでに従来の漢学的伝統において、学問というものは「経」と「史」、つまり形而上学と歴史学、「虚学」と「実学」から成り、中国では前者が重視されていたのに対し、我が国では後者が重んじられてきた。幕末維新以降も、この「虚学・実学」構造それ自体は引き継がれる。その学問体制内部で、「虚学」と「実学」の間には、つねに議論がつきものであろうが、その学問体制の幅・深さ・奥行きを創り出すのは、この両者からなる構造・体制であり、両者の議論である。ただし、その「虚学」と「実学」の中味は、もちろん幕末維新以降、根本的に変化する。

丸山によれば、福沢は「実学」の重要性を強調すると同時に、「空理空論の大切さ」を初期から説いていた。その積極的な意味で「虚学」という言葉を使えば、明治維新の西洋学術の受け入れ、とりわけ西洋文献の翻訳において、虚学志向とは、具体的にどのようなものであったのか。第3節「学術志向と学者の職分」で立てられた問いがこれである。高坂正顕は、その『明治思想史』（前掲）において、マックス・ウェーバーの『職業としての学問』におけるいわゆる「価値からの自由 Wertfreiheit」の立場を挙げ、「わが国の学問の系譜において、かかる学問のための学問、或いは真理のための真理という如き思想が、はたして何時頃から認められるのであろうか」と問うて、幕末維新期についてそれを検討している（本書二七六頁）。

虚学志向ないし純学問志向は、自然科学においては幕末蘭学に見られるような基礎科学志向、直接的実用性から距離をとった志向として現れ、文化科学ないし人文社会科学においては、まずは福沢の「学者職分論」のように、政府という直接的政治性から距離をとった志向として現れた。福沢のこの学者職分論は、一種の知識人論、その先駆である。学者は知識人として、政府の外にあって、政府に対する「私立の気風」の実例となることにより、人民の「卑屈の気風」を改善する社会的役割を担う、というその主張は、政府と人民の議論主義的な対抗関係を基本に置き、人民を政府に対する「外的刺激」（「外物の刺衝」）として明確に提示していた。「政府はなお生力《せいりょく》の如く、人民はなお外物の刺衝《ししょう》の如し。今俄《にわか》にこの刺衝を去り、ただ政府の働くところに任《まか》してこれを放頓《ほうとん》することあらば、国の独立は一日も保つべからず」（前掲『学問のすゝめ』三六～三七頁）。人民による外的な刺激がなくなれば、ちょうど太陽や水を失った生物のように、政府ばかりでなく、日本国がたちまちのうちに立ち行かなくなる。人民がこのような外的刺激となるためには、その「卑屈の気風」を改めなければならず、そのためには知識人が人民に向かって自らその気風の実例を示さなければならない。つまり政府と人民が接する政治の場において、問題は、両者の古い気風が支配しているせいで、文明発展に必要な政治の健康維持のための、両者の調整・相助・相応が困難になっている点にある。そして学者の職分、知識人の社会的役割は、この古い気風、とりわけ人民の「卑屈の気風」の一掃にある。

人民の「私立」の気風醸成のための実例提示を核とし、こうした実用的な人材活用も視野に収めた福沢の学者職分論は、ウェーバーの言う学問の価値自由、高坂の言う「学問のための学問」とは無関係であるように見える。福沢が考えていたのは、学者の学問ではなく人民の学問である以上、当然である。そもそも『学問のすゝめ』は、「人民皆学問に志して物事の理を知り、文明の風に赴《おもむ》くこと」（同書、一七頁）を勧めるものであった。しかし、学者の本来の職分は学問にあり、人民の学問は学者の学問を模範にする。言い換えれば、学者は人民に対して、福沢の言うような「私立」の気風の実例となるばかりでなく、まさにその本分としての学問研究の実例ともなる。むしろ、学者は人民にとって学問研究の模範だからこそ、気風の模範となりうるのである。ありうべき気風は、学者においても人民においてもまったく同じであるが、ありうべき学問は、両者において異なる。学問の実例として学者によって示される価値自由ないし真理探究は、人民にとって理念としてかいまみるものであっても到達はもとより目標にもなりえない。人民は、学問については、福沢の言う一種の「分限」を知ることになる。そして、価値自由ないし真理探究、あるいは「学問のための学問」といった純学術志向は、人民の学問関心の広がりとともに、人民自身には直接関わらないものの、学問それ自体の重要な構成要素として象徴的価値を備えつつ、次第に市民権を獲得し、人民の学問意識に遠隔作用を及ぼしていくだろう。

高坂によれば、明六社同人のうちで、学者の本来の職分である学問研究に定位した「福沢に対する最も周到沈着な批評は、何と言っても西周のそれ」（高坂、前掲『明治思想史』一二一頁）であった。西は、学者の職分とは、人民への気風の実例提示の前に学問研究である、と正しく指摘したのである。その上で西は、学者の政府内外の活動を認める。西の場合、学者の本分たる学問研究とその政治活動は齟齬をきたしてはいない。明治維新期の知識人たる所以であろう。これに対して福沢は、人民の気風のモデルとして学者に政府内活動を禁じた。彼が政治への惑溺を批判し、上で見たように新たなかたちで虚学の重要性を明確に主張していることを考えれば、当然のことながら福沢は、学者がその本分たる学問研究についても政治活動一般から、しかるべき距離をとるべきであるとみなしていたように思える。

なるほど一見すると、直接的に学者の職分はその学問研究にありとした西にこそ、我が国における虚学志向、純学問志向の先駆を発見できるように見える。高坂は「西は、福沢の派手な議論に対し、学者の忍耐強い着実な態度を要求している」（同前）と書き、そうみなしているようである。しかしながら、ウェーバーの学問の「価値自由」がそうであったように、純学問志向については、政治からの距離のとり方が最大の問題になる。その点では、西には政治からの距離の意識は希薄であり、むしろ福沢のほうが純学問志向に近い。おそらく福沢において、学者は、その本分の学問研究に関し政治から距離をとるからこそ、人民の「私立の気風」のモデルになれるのである。

ただし、西において、学術志向の実例を発見できることも確かである。西は、西洋のすべての学問を分類するにあたって、それらの学問を成立させている原理にまで遡り、そこで「異同」の検証を行ない、必要な区別を提示した。つまり、西による区別の裏には、「異同」の検証作業がある。西において評価すべきことは、区別それ自体より前に、この検証作業を導いた彼の異同感覚であるように思える。

翻訳者はまず原語にあたる対応語を日本語の中に探し、原物にあたる対応物を日本文化の中に探す。その対応の発見を支えとしなければ、翻訳作業は進まないからである。対応語が発見できない場合は、翻訳者は新語を作り出さなければならない。西の場合も、それを積極的に行なった。翻訳語としての新語作成とは、原語文化と日本語文化についての翻訳者の理解を通じた両文化・両言語の対応づけ作業、新たな同一性の創出作業である。しかし、新語が作成されたことによって日本語には原語の対応語は存在するようになるが、少なくとも当初は日本文化の中にはいまだ対応物は存在しないままである。翻訳者は、新語として対応語の同一性を設定することをとおして対応物の同一性をも設定するものの、日本文化におけるその対応物の現実的不在を知るかぎりにおいて、両文化の現実的な異他性を把握している。これが翻訳者の基本的な異同感覚ではないか。新語を創出した翻訳者は、両言語の言葉の同一性の向こうに、両文化の現実の異他性を垣間見ている、と言ってもいい。

しかし、西の『百学連環』はたんなる翻訳ではない。西洋諸学の分類体系の提示の試みである。まずは、その分類体系も西洋から輸入し翻訳することが考えられるが、ことの性質上、その決定版は西洋文化の中にも不在であり、他方、そうした西洋諸学の分類体系が基準として確保されないかぎり、個々の西洋学問の導入は、そしてそのための翻訳は、無秩序で行きあたりばったりのものになってしまう。このような必要に迫られ、にもかかわらず原典の不在により翻訳という方法の限界が画されて、西洋文化に対する姿勢が受動から能動へと転じる一例である。だが、それで翻訳語の問題を含め、西洋文化の拘束が解除されるわけではない。

日本文化の中に導入される西洋諸学を分類し体系化しようとする者は、いわば日本文化において西洋文化の課題を果たすことになるが、それはたんなる両文化の「折衷」ではなく、西洋諸学の背後にある西洋文化とその導入を求める日本文化の「異同」の深い理解を前提とした作業である。その場合、「同」に関わるのは、翻訳の通常の作業である既存の対応物・対応語の「発見」ではなく、むしろ対応語としての新語の作成にあたる作業、つまり対応の先取り的「創出」である。この分類体系の場合は、日本文化における対応物が不在なことはもちろん、西洋文化における原物も不在のまま、西洋文化の原物と日本文化の対応物の両者に先立って、その対応物の一種のレプリカ、一種の新語が構築されるのである。それが『百学連環』であった。

すなわち『百学連環』とは、西洋文化と日本文化の対応の先取り的創出、両文化の先取り的対応づけである。対応の先取りを裏返せば、対応の未実現という現実と、実現への方向づけがある。上で述べた両文化の「異同」の理解における「異」は、対応という「同」の未実現状態における「同」実現への方向づけに関わり、具体的には西洋文化と日本文化の差異・格差の認識と、その格差の是正につながる。日本文化は、西洋文化との「異」を格差として実感し、両文化の差異としての「異」を認識するために、まずは翻訳において新語創出によって両文化を先取り的に対応づけるというかたちで両者の「同」を設定し、その「同」へ向かって日本文化における対応物の実現をめざす。しかし、「分類体系」のように西洋文化に原物が不在の場合には、「同」の構成要素の両文化における不在ということになるが、そのときは西洋文化に原物を探しつつ、西洋文化内での原物不在のまま日本文化内での対応物の構築をめざすことになる。翻訳者・洋学者に求められる異同感覚とは、以上のようなプロセスへの構えを可能にするものではないか。『百学連環』は、根本的には、西洋文化と日本文化の間のこうした異同のダイナミズムの中から、西の異同感覚を通して産み出されたように思える。この異同感覚が、西洋知の中心をなす西洋学問の茫漠とした同一性に踏み込み、要素としての諸学を適切に分類し相互を体系化して、西洋諸学の秩序立った導入の基準を構築する試みを、可能にしたのであろう。

西の『百学連環』は、通常の翻訳の個別性・受動性を越え、西洋諸学の全体を見据え、その分類体系の構築を能動的に行なおうとする点で、そしてそれが異同感覚によって貫かれている点で、西洋学問に対する明治維新期の学術志向の頂点である。そして、この西の学術志向は、儒学的伝統にとっては虚学志向と見えようが、少しも「空理空論」ではなく、膨大な西洋諸学の翻訳・導入の必要という現実に直面し、その導入を秩序立ったものとするための基準として分類体系を構築しようという点で、あくまでも福沢の言う意味での「実学」的な志向であった。

＊

さて、この時期の西洋思想の翻訳書は具体的にどのようなものであったか、第4節「西洋思想の翻訳書」で私たちは『国立国会図書館蔵書目録　明治期』（一九九四～九五年）に従って概観した。この時代の翻訳書は、やはり重訳が目立つ。

特に西洋哲学文献についていては、英訳からの重訳が行なわれ、英訳文献が揃えられていたという事態は、なかなか興味深いところである。西洋哲学文献を読む当時の知識人にとってオリジナルの価値がどれほどのものであったか、原典至上主義がどれほどのものであったか、に関わるからである。原典忠実主義は、特に翻訳に際して、私たちが追ってきた西洋学問に対する純学術志向を構成する重要な基本要素であり、特に哲学書の翻訳・読解については、強く求められるところである。その観点からすれば、英訳からの重訳も英訳による読解も、翻訳方法・読解方法云々の前に退けられるべきものだからである。

第二章で見たとおり、昭和六（一九三一）年に三木清は、翻訳を軽蔑する知識人読者の過剰な原典至上主義を戒めていた。その半世紀以上前の明治維新期には、英語以外の西洋語文献を直接日本語に翻訳する体制が、翻訳者の数・能力などの点で、おそらく十分整っていなかったのであろう。重野安繹訳の『万国公法』のように原典が英文のものでさえ漢訳から重訳されたわけだから、「短期間のうちの、膨大な量の、広範な領域の、およそ正確な翻訳の実現」を求められたこの時代の翻訳体制にとって、重訳はその作業に不可欠な手段であったはずである。しかし、だからといって、そうした重訳の広がりが、当時の知識人における原典忠実主義の希薄さを証言するわけではないであろう。

翻訳における原典忠実主義は、我が国の新たな学問にとって、それが西洋学問を核として成立している以上、基本中の基本である。ひと言で翻訳と言っても当時のそのジャンルは多種多様であるが、少なくとも学術書の翻訳、さらに限定すれば虚学性の強い哲学書の翻訳は、原典に忠実に、それを正確・厳正に写すものでなければ、西洋学問を基礎とする我が国の学問は破綻する。この認識は、当時の知識人の純学術志向の中心に確固として存在し続け、翻訳体制の整備を方向づけたように思える。何もすべてのジャンルの翻訳に原典忠実主義が求められるわけではなく、原語との一字一句の対応が重視される哲学書のような純学術的なそれにのみ限定されるのであるから、翻訳体制は、ジャンルによって原典忠実か柔軟・自由かというかたちで分化しながら整備されていくことになる。

こうした分化は、たとえば明治二四（一八九一）年に森鷗外が翻訳をめぐる論争の中で書いた文章「戯曲の翻訳法を説いて或る批評家に示す」（加藤・丸山校注［編］、前掲『翻訳の思想』所収）において、明確に現れている。

鷗外は、たんに誤訳を指摘するばかりでなく、哲学書の不適切な実質的「翻訳」が「祖述」という隠れ蓑をまとって出現する道を封じるために、哲学書の翻訳者が翻訳者としての責任回避に他ならない「祖述」の自由へと向かわないように、翻訳者に戯曲翻訳の自由を積極的に明示したように思える。翻訳者の自由は、「祖述」という責任回避の中にではなく、戯曲翻訳の中にこそある。そうすると逆に、哲学書翻訳には戯曲翻訳のような自由はなく、むしろ「祖述」への逃避を誘発しかねないほどの厳正さが求められることになる。ここには、哲学書翻訳に限定した原典忠実主義というかたちで、明治維新期の知識人の純学術志向が、はっきりと確認できるのである。重要なことは、原典忠実主義があらゆる翻訳に求められるのではなく、特定の学術的領域、厳正さが前提される純学問的領域の翻訳について、限定的に、しかも不可欠のものとして要請されるということである。純学問志向ないし虚学志向というものは、もちろん人民の志向として広がるものではなく、特定領域の知識人が自らの職分として担い、それを人民がかいまみて自らの知的姿勢を形成し「私立の気風」へ向かう一助とするものであろう。人民にとってそれは、職分上、あくまでも間接的に関わるものであるが、間接的にしか関われない以上、その関わりは非常に重要であり、その志向との出会いを可能にする知的環境の構築は、知的社会成立のためには不可欠である。人民にとって、翻訳は、その志向との出会いの貴重な機会の一つとなる。

哲学書翻訳について訳者に求められる厳正さは、たんに原文の字句についての原典忠実主義だけではない。基本的には、複数の西洋諸言語の習得がある。西洋各国の哲学が相互に他国のそれを参照し合っている以上、西洋哲学研究にはそうした複数言語の習得が必要になるからである。我が国における西洋哲学研究は、その総体的アプローチのための複数言語習得という純学術的な基礎的志向によって、西洋文明内のポリグロット的・多言語主義的な紐帯を輸入する貴重な機会にもなった。

*

周知のように、かつて哲学はラテン語で、国境を越えヨーロッパ全体に広がる知的な哲学者共同体の構成員に向けて発信されていた。しかし、デカルトはフランス語で書くようになる。哲学の普遍性の具体的な姿は、その読者について言えば、かつては国境を越えることであったが、いまでは社会階層の垣根を越えることを意味するようになった。私たちはこの変化の意味を第5節「翻訳の戦略」において考察した。この変化の背後には明らかに、使用言語と普遍性について、国境か社会階層かの二者択一が存在し、母国語使用の選択とともに、国民国家内の社会階層の乗り越えの選択が行なわれ、その裏側として、超国民国家的・超国民文化的な知的共同体の後退があった。しかし実際は、デカルトはすべてフランス語で書いたわけではなく、形而上学の専門家へ向けた『省察』（前掲）のような著作はラテン語で書き続け、一般読者のためにはそのフランス語訳を出版するという戦略をとった。ラテン語による超国民国家的戦略は、根本的には母国語による超社会階層的戦略に転換されつつも、国民国家の乗り越えというその基本的役割は翻訳による戦略に引き継がれたのである。また、もちろん現在でも、西洋内では上述のポリグロット的議論は行なわれているし、ラテン語に代わって英語を使用した世界的規模の知的共同体は、たとえば国際学会というかたちで機能している。

英語国語化論を主張した森有礼と、それを批判した馬場辰猪の論争についても、「国境か社会階層か」

の問題として理解すべきである。馬場は、社会階層分断回避の観点から、つまり統一的国民文化形成の観点から、森の英語国語化論を批判した。このとき国民文化形成とは、社会階層の上下分断を避け、究極的には上下間の国民的議論による万機公論を実現することにほかならない。西洋知識の導入にあたって英語国語化を退け翻訳という方法を採ったことの意義とは、この社会階層の上下分断の回避であり、万機公論の実現である。我が国の場合は、あらためて明治維新において、翻訳主義的伝統に基づいて日本語による社会階層の統一をめざす国語策が選び直されたのであった。これは、上の二者択一で社会階層の垣根の乗り越えのほうを選択するものであるが、国境の乗り越えを諦めるものではない。そこで国境の乗り越えの仕事を担うのが、翻訳である。

森の英語国語化論の背後には、露骨な英語帝国主義と、それを支える安易な学術的世界市民主義、そして社会階層意識の希薄さが見て取れるように思える。ここで「社会階層意識」とは、言語習得能力を含む国民の知的能力・知的関心の現状についての意識、そしてその現状における知識人の役割の意識、さらにはその現状においてその役割が果たされることによって実現されるべき国民的統一についての意識を意味する。西洋知識が我が国の直面する問題の解決のためにどれほど有効であるにしても、その言語を習得する前に、国民には果たすべき職分があるのであり、そうした国民のために、その理解を助け国民的議論を実現することこそ、知識人の役割である。翻訳とは、西洋知識の国民的理解のための、知識人によるそうした支援の第一の方法であった。

さて、一方ではラテン語に代わって英語が共通語として設定され、その使用による各種国際学会というかたちで知的共同体が再構築されるとともに、他方で各国語相互の「翻訳」という方法が浮上するようになった。英語という共通語に基づいた国際学会のほうは国境を越えた知識人交流のため、各国語相互の翻訳のほうは社会階層の垣根を越えた国民規模の相互文化交流のためのものである。こうして翻訳は、ラテン語という共通語の消滅、まさに「バベルの塔崩壊後」の状況にあって、一方では英語の共通語化による「塔」再建が行なわれる中、原著の属する国民国家・国民文化を越えた他の国民国家・国民文化への移植によって、各国語への翻訳を全体として見れば、共通語設定とはまったく異なる多言語主義的な方式で、世界的規模の知的共同体の再構築へと向かっているのである。この翻訳による知的共同体の多言語主義が向かうものを、ベンヤミンは「真の言語」「真理の言語」「純粋言語」と呼んだのではないか。

翻訳は、原文の内容を正確に伝える能力に致命的な限界を持つレプリカではなく、デカルト哲学に向かう原文より多少遠回りの道である、と考えるべきである。ただ「遠回りの道」とは言っても、多少時間をかけて翻訳を読み続けていさえすれば必ず目的地としてのデカルト哲学へ到達できる、ということではない。そのような保証がありえないことは、原文の読者でも同じことである。「道」とは、「到達」の保証なしにただ「向かうこと」を意味する。その点では原文も同じであるが、おそらく原文は多少「近道」なのである。翻訳は、原典が表現する時空的にきわめて限定された一文化の知的営為を、時空的に離れた他文化内へと移植し、上のような意味で読者の知的関心を異文化へと方向づけ、ときには歴史的流れの中で、その知的営為に他文化内での独特な在り方を身につけさせるという点で、異文化交流の最も重要な知的手段である。

異は同があって初めて成り立つ。仏教は中国・日本に渡って、それぞれ独自な形態を身にまとい、新たな文化的生命を獲得したと言えよう。しかし、インド仏教・中国仏教・日本仏教の違いは、仏教の何らかの同一性が前提されなければ存在しえない。では、その同一性は、どこにどのように設定されるべきか。過去にか未来にか。起源としてか目的としてか。原典忠実主義は、起源ないし動力因としての原典を絶対化し過去に同一性を設定することになる。これに対してベンヤミンは、起源ないし動力因としての原典を決して否定するわけではないが、それとあわせて目的ないし目的因としての「純粋言語」というかたちで未来に同一性を設定した。起源＝原典という過去の同一性のみだと、翻訳は原典への絶対的隷属のもとで、自らの実在性を失い、それゆえ独自性も確保できない。「翻訳において原典の生は、つねに新しく、最終的でもっとも包括的な展開を遂げる」（ベンヤミン、前掲「翻訳者の課題」『暴力批判論』七四頁）のであり、これこそ文明史のダイナミズムであるから、翻訳が実在性を失うと、このダイナミズムが影のようなものになり、結局は、原典それ自体が「死後の生」を喪失してただただ起源においてのみ独り空しく輝いていることになるだろう。原因が結果としての現在を規定する仕方について言えば、過去における動力因である原典が絶対的モデルとして、現在における結果としてのすべての翻訳を一義的に規定するのに対し、未来における目的因である「純粋言語」は、原典とそのすべての翻訳の多義性を許容する。皆が、同一地点を出発し、異なる道を辿りながら、はじめとは異なる同一地点へと向かっている。道の多様性は、出発点の同一性によってではなく、目的地の同一性によって保証されるのである。

鷗外の言う「戯曲翻訳法の自由」（加藤・丸山校注［編］、前掲『翻訳の思想』三〇二頁）の根拠は、このような目的地の同一性、未来の同一性が根拠となるように思える。しかし、やはり鷗外が言うように、戯曲翻訳と哲学書翻訳は区別しなければならない。そして、哲学書翻訳の厳正さは逆に、とりわけ原典＝出発点の同一性、過去の同一性を根拠にしているように思われる。だが、もちろん戯曲翻訳にも原典という過去の同一性のしばりがあり、哲学書翻訳にも未来の同一性による自由はある。哲学書翻訳の厳正さが、その自由のかたちを規定する。その自由は、我が国において、カント『純粋理性批判』、ヘーゲル『精神現象学』、ハイデガー『存在と時間』など重要著作の翻訳が複数存在する点に、現れているように思える。

同一原著の同一外国語による複数翻訳である。厳正さの要求の結果、いくつもの翻訳が現れることになる。原典＝出発点の同一性へ忠実に向かう結果、解釈の多義性が出現し、かえって未来の同一性が浮かび上がるわけである。

＊

さて、最後の第四章「思想」で私たちがめざしたのは、明治維新期のこうした知的環境下で「思想」が果した役割の総合的な解明であった。まず第1節「鎖国から開国へ」で見たように、安政元（一八五四）年の日米和親条約締結に始まる我が国の「開国」は、何よりも「情報開国」であった。新たに海外、特に西洋からは膨大な量の外国語情報が、我が国にどっと入ってくる。言うまでもなく、これに対応したのが翻訳者たちである。しかし、翻訳された西洋情報は、国内に流通させなければならない。全国的な国民的規模の情報流通システムの構築が必要になったのである。そもそも鎖国時代は、海外情報が遮断されていたばかりではなく、幕藩体制・身分制のもとで、国内情報の流通が阻害されていた。「情報開国」が国民にとって実質的なものとなるためには、上述のようなシステムが構築されなければならない。このシステムの地盤作りとして進められたのが、新聞・雑誌・書籍などメディアの整備であった。松本三之介は、特に新聞について、それが「国民であるという感覚（the feeling of nation-ness）」を醸成するための不可欠の手段であった、と述べている（「新聞の誕生と政論の構造」、松本・山室校注［編］、前掲『言論とメディア』「解説」四五八〜四五九頁）。この国民感覚が、「議論する公衆」のベースとなるのである。

第2節「メディアの整備」で私たちは、山室信一の研究に従い、その整備状況を跡づけた。山室は、その「国民国家形成期の言論とメディア」（同書「解説」）において、開国から帝国議会開設に至る時代を、我が国における国民国家形成期と押さえ、特に「言論による政治」の成長という観点に立ち、対外的・国内的の両面から、このほぼ三〇年の期間を中心に、言論の場としての新聞・雑誌・書籍などのメディアの発展の条件となる郵便・電信などの情報インフラ整備の進展を追った。国民国家形成のためには、国民形成がなければならず、国民形成のためには国民意識の形成が不可欠である。そして、同じ一つの国の国民であるという意識が形成されるためには、国民一人ひとりの間での問題意識の共有が必要であり、その実現のためには情報共有が行なわれなければならない。この時代に、その情報共有を可能にする情報インフラとしての郵便・電信が整備され、世界の各国と日本全国の津々浦々とがつながり、世界から収集した情報の国民的規模での配信のための基盤が出来上がって、新聞・雑誌・書籍というメディアが国民の問題意識の共有へ向かって活動を開始する。国民一人ひとりの「言論」と国民相互の「議論」が、国民意識を形成することによって国民を形成し、そのことによって国民国家を形成していくための舞台が整ったのである。

さらに第3節「知は力なり」において、松本三之介の論考を中心に、今度は学術的地盤の形成を辿った。上述のような幕末維新期における急激なメディアの発展による議論環境の地盤整備の進捗と、知識人の役割の上昇は、国民形成、国民国家形成という方向へ向かう点で、一致している。知識人は、まずは自らの活動の場の形成をバックアップし、その場の整備とともに、そこにおいて積極的に活動を展開することになる。そしてまた、議論環境が整備され、国民が形成されていくと、その国民は、空間が縮まり時間が加速されるといった新たな空間感覚・時間感覚を備えた準知識人的性格を持つことになる。おそらく、このようにして議論環境の成立により準知識人として国民が形成され、それをベースとして知識人の仕事が活性化する点こそ、我が国における国民国家形成の核心である。

西洋知識のための受容環境の構造は、単純ではない。まずは、郵便・電信の発達をベースとした新聞・雑誌・書籍などのメディア環境がインフラとして整備されなければならない。しかしまた、学問環境の再構築こそ、決定的な重要性を持つだろう。学者・知識人の本分はここにある。福沢諭吉は、その新しい学問環境を、儒学的伝統から断絶したものとして、西洋の学問をモデルとして、再構築しようとした。福沢の最大の目標は、我が国の国民的規模の文明の発展であり、それを可能にするのがやはり国民的規模での学問・知力の進捗である。文明発展の鍵が学問・知力である以上、学者・知識人の役割は格別の重さを持つようになるが、彼らにはその学術研究・状況分析に加えて、議論環境の整備に貢献することが強く求められることになる。たとえば、メディア地盤においては、一般読者の「投書」への対応とか、「演説会」「討論会」での意見表明とかが望まれる。要するに、人民の「卑屈の気風」の刷新を行なって、人びとを、政治においては積極的な発言、日常においては積極的な学習へと導くことが、そのまま文明の発展につながるのである。こうした福沢の観点からすれば、儒学的伝統の道徳主義は、文明の発展のための主知主義に逆行し、「卑屈の気風」を醸成するものである以上、批判の対象になるのは当然であろう。議論環境の学問的地盤は、我が国の文明の発展、自国独立を見据え、伝統的な道徳主義に対する主知主義的批判によって形成されなければならない。

情報共有とは、問題共有でもある。しかし、情報共有のためのメディアの地盤が整ったからといって、それだけで直ちに国民の問題意識が高まり解決策提案能力が発揮されるわけではない。それまで人間関係が分断され固定化され、活動範囲・情報が制限されて、受動的になっていた国民の姿勢を、能動的なものへと転換させ、情報を集め学び考え発言し提案する姿勢、要するに知的で積極的な姿勢を、国民に身につけさせる必要がある。それが新しい知識人の役割であった。専制的・封建的国家における伝統的知識人は、住民を受動的な気風に向けて導いたが、国民国家における新しい知識人は、西洋をモデルとし、自らを「実例」として提示しながら、国民を能動的で知的な気風に向けて導くことになる。

「情報開国」とともに、その知識人たちに第一に課された仕事が「翻訳」であった。しかもそのとき知識人に求められたのは、たんなる外国情報ばかりでなく、実用的技術から哲学へ至るありとあらゆる西洋の学術文献、我が国の今後の運命を左右する学問それ自体の翻訳、きわめて知的な翻訳である。それは、西洋文明が知的であり、それをモデルに我が国が構築しようとしている近代社会が知的であるということを意味していた。新しい知識人たちは、西洋文明の力がその「知」にあることを熟知しており、「知は力なり」ということを自明のことと考えていたのである。そして、知識人たちは、政治制度からメディア・システムを経て「人民の気風」に至るまで、国家の枠組みから社会の地盤まで、すべてを一貫して体系的に知性化しようと努めたように思える。上で見たばかりの福沢諭吉の主知主義ないし「文明の精神」こそ「知性化の精神」であり、それは「徳義」に対しては「智恵」を、学者の「空理」に対しては「実験観察」を、人間関係の「分断」に対しては「交際」を、社会の「固定」に対しては「進歩」を、気風の「卑屈」「受動」「服従」に対しては「独立」「能動」「自由」を、そして問題対応の「上意下達」に対しては「議論」を、というかたちで伝統的精神に全面的に対峙して、新たな諸価値を明確に打ち立てる体系的に一貫した姿勢であった。

そしてこれこそが、モデルとしての西洋から新しい知識人たちをとおして明治の日本国民が学んだことの、そして西洋文献の翻訳者たちが翻訳した内容の、本質的部分であった。個別的な科学技術をいくら輸入しても、それだけでは文明の発展は望めない。あるいは、たとえ突然、新しい政治制度を導入しても、同様である。社会の受容環境が整わないかぎり、文明発展には結びつかない。西洋の知を導入し、それを文明発展に生かすためには、その知を生んだ西洋の知的環境それ自体を導入し、日本社会を知性化し、知的社会にしなければならない。知的社会の基盤をなす人びとの日常生活においては、伝統的な「無議環境」「卑屈の気風」が一掃され、問題を自分の責任で受けとめ自分の頭で考え自分の言葉で発言し議論するという「議論環境」「独立自尊の気風」が広がる必要がある。この知的社会の政治体制が議会制民主主義である。「議会」は、社会全体の議論環境の頂点であり、この議論環境なしには存在しえない。

＊

メディア的地盤、次に学問的地盤を概観した後で、私たちはようやく第4節において「思想」に辿り着いた。

議論環境は、三層構造を持つものと考えることができる。底辺には「世論」があり、頂点には「議会」つまり「国会」があって、その中間に媒介の役を果たす「思想界」が存在する。我が国の近代において、それなりのまとまりと独立性をもった領域として「思想界」が成立するのは、メディアの整備が完了し、自由民権運動が終焉した明治二〇（一八八七）年頃のように思える。この頃までに、日本社会は急激に知的成熟へ向かう。「大学」「学会」「学界」「出版」「新聞」「雑誌」など、知的制度・知的組織・知的メディア・情報流通システム等で構成される近代的な知的社会システム、知的環境が整ってくるということである。実際、この頃から、「思考」や「思索」という言葉と比べ、特に社会性・表現性・客観性を含意する点で特徴づけられるものとして「思想」という言葉が使われるようになり、「思想家」「思想界」「思想雑誌」などという表現が一般化してくる。それらの表現の対応物が現実に存在するようになり、その存在が社会的に認知され、その表現の共通理解が広がったからであり、とりわけ「思想界」が、「思想」の主張・議論の場たることを自らの存在理由とし、「思想家」を自らの構成員として、「思想雑誌」を自らのメディアとする独立した領域として成立したからであると考えられる。「思想」という統一名称が付されるためには、「思想」に特化された独立の領域の成立が不可欠であろう。

私たちは、「思想」という言葉の歴史的・社会的意義、特に明治維新期以降のそれを発掘しなおさなければならない。日本語の「思想」という言葉は、西洋思想への基本的方向づけ、知的社会システム（大学・学会・出版・雑誌・研究会・講演会など）の整備、それをベースとした社会的規模の広がりといったことを、大前提として含意するからである。明治維新以降、とりわけ明治二〇年頃から、自らを「思想家」と規定した知識人が、知的社会システムの整備を前提として、つまり広範囲の読者を想定し、「思想界」を自らの活動の場とみなしながら、自らの思索を「思想」として、「思想雑誌」というメディアを通じ、広く社会に向けて発信するようになる。私たちが使う日本語の「思想」という言葉は、そうした近代的なシステムの全体を前提した、きわめて近代的な意味を備えた言葉なのである。

中江兆民は、その『三酔人経綸問答』（一八八七〔明治二〇〕年。現代語訳、前掲）において、生物学的な比喩を用い、「思想」を植物に例えている。「思想」は、人民の頭の中で育つ植物のようなもので、思想家が文章や演説をとおしてその種子を人民の中に蒔《ま》いてやれば、そこで成長し葉や花をつけ、やがて将来、具体的な「事業」というかたちでその果実をもたらす。歴史における進化とは、人びとの頭の中におけるこの「思想」の成長と、その果実としての「事業」とからなるプロセスにほかならない。人びとの考えとして社会的に広がり歴史進化の原動力となる点で、「思想」は、「文明の精神」ないし「人民の気風」に近いものになる。ただし「思想」は、「精神」や「気風」の内に根を張る「草花」であり、それら「田地」で育つ作物であって、その発端は、明確に知識人による種蒔き作業にある。ここに、「文明の精神」ないし「人民の気風」への知識人の関わり方は、「学者職分論」などを経ながら、思想誌紙などメディアの整備という社会的現実に支えられて、「思想の種を蒔く人」として明確に具体化されたのである。このことを踏まえて私たちは、あらためて次のような思想の定義を試みた。

「思想」とは——

思想家個人の思索に発し、思想界を中心とした集団の議論を経ながら、社会構成員一人ひとりへ向かってその思想家により種を蒔くように表現され、社会構成員の思考の中で熟成されつつ広範に広がり、当該社会あるいは外部社会の自己認識・方針決定のベースとして使われることをとおして歴史を動かしうる知的な考え方のこと。近代の知的社会では、構成員の知的な社会参加の主要なかたちとして、構成員の知的情熱・知的倫理の発露となり他構成員にとっての問題提起となるため、その社会的重要性が増すので、その生産・議論・伝播等のためのメディア・制度・組織が整備され、近代社会における枢要な知的装置となる。

上に引いた兆民の考え方では、「進化」という概念が重要な役割を果たしていた。この兆民の文章が書かれた明治二〇年頃、「進化」は一種の流行であった。その直接の発端となったのは、加藤弘之が明治一五年に著わした『人権新説』である。山室信一によれば、加藤のこの著作は、学問思想史上、次の点で注目すべきである。それはこの著作で、明治初年以来、学問の真正さの基準となった「実験観察」の強調が頂点に達し、「実験観察」を方法とする自然科学こそ真正の学問であって、その方法が脆弱な人文社会科学は「妄想」であるとされ、儒学の伝統で明治期にも引き継がれていた形而下の学の軽視、形而上の学の重視という見方が、全面的に逆転されたことである。しかし、その後、人文社会科学の領域で実際に起こったのは、生物学をモデルにした自然科学化、あるいは実験観察という方法の導入ということよりもむしろ、生物の進化の歴史をモデルにした歴史主義であった（松本・山室校注〔編〕、前掲『学問と知識人』四九五〜四九六頁）。そして、その「歴史主義に立つドイツ学による日本学問の独立が進行していく」（同書、四九七頁）。

この歴史主義＝ドイツ学主義とは、「国家は有機体として最高の進化段階にある」とする国家主義的進化論であり、国民精神の独立とは無関係なところで、日本学問の独立による日本国の独立を達成しようというものであった。これに対し小野梓は、「日本学問の独立による日本国の独立」というプランには、国民精神の独立という契機を欠くことはできないとして、ドイツ学主義を批判し、イギリス学の受容を説いた。このプラン自体は、国家の独立が最終的には「智力」「学問」によって維持されるという福沢的な文明論の観点から理解できる。国家主義の側も、学問による自国独立という知的戦略を提示しているのである。しかし、福沢的な文明論の観点からすれば、国家の独立は外国からの独立であるが、それは国民精神の独立によってこそ支えられなければならず、国民精神の独立とは、外国からの独立と同時に政府・伝統からの独立でもある。日本学問の独立という課題も、外国学問からの精神的独立と政府・伝統からの精神的独立という意味とを持っていた。小野には、ドイツ学主義とその歴史主義は、場合によっては国体主義と結びつき、「政府・伝統からの独立」を危うくし国民精神を脅かして、日本学問を閉鎖的なものへ傾かせるように思えたのであろう。

兆民はといえば、小野と同様、この国民精神の独立が鍵になることを見抜いていたように思える。「進化神は、（中略）人々の脳髄中に蟠踞《ばんきょ》する者なり。是故《このゆえ》に進化神は、人々思想の相合《あいがっ》して、一円体《いちえんたい》を成す者なり」(中江兆民、前掲『三酔人経綸問答』一九八頁)。現在までの進化の行路が、過去の歴史経過であるが、その進化を動かすものは、人びとの一つになった考え方、人びとの頭の中で成熟した思想、国民の意向、独立した国民精神である。政治家も知識人も、その成熟を鋭く見極めなければならない。ここには、有機体としての国家概念などからは遠ざかった、兆民の人民主義的進化論を見て取ることができる。

私たちはもう一つ、「思想」という言葉の使用事例を取り上げた。兆民『三酔人経綸問答』の六年後、北村透谷が明治二六(一八九三)年七月に発表した「国民と思想」(『評論』八)と、その直前に書かれた諸論文である。「国民と思想」論文で透谷が提示する構図では、まず基本に「一国民の心性上の活動」が置かれる。この活動を支配するのは、「過去の勢力」「創造的勢力」「交通の勢力」の三つである。思想界は、「一国民の心性上の活動」の一種の縮図であり、この三つの勢力のぶつかり合いが目の当たりにできる「土俵」である。いまそこでは、「過去の勢力」は東洋思想として、「交通の勢力」はむしろ「外来の勢力」である西洋思想として力を揮っているが、「創造的勢力」は十分に現れていない。まず何よりも、『三酔人経綸問答』の中で兆民が南海先生の口を借りて洋学紳士に言ったのと同様の意味で、こうした「勢力」の大きさと、それを動かすことの困難さが自覚されなければならない。要するに「自然の順序」の認識である。そして、東洋思想については過去への頑迷・夢酔・執着、西洋思想についても外来のものへの心酔、利便追求といった、さまざまな惑溺から脱却し、原理的には三つの勢力を調整し、当面は東西思想を調和させ創造的勢力を解放しながら、「鉄鞭の下に駆使する」「舟師」のような「国民大の思想家」が求められる。

明治一四(一八八一)年に中江兆民が、沈黙・孤立する人民に向かって訴えたのは「思想の表現」と「思想の交流」であった(本書第一章第1節)。その一二年後の明治二六(一八九三)年に透谷が報告するのは、「思想の競争」であり「思想の衝突」である。この一〇年余りの間に、メディアが整備され思想界が成立し、思想は、表現・交流の段階から競争・衝突の段階へ移ったと言えるかもしれない。透谷にとって当時最大の「思想の衝突」は東西思想のそれであるが、むしろ彼は、その衝突のいわば新たなヴァリエーションとして「地平線的思想」と「高踏的思想」の衝突を設定しているように思える。東西思想の衝突の本質は、「生命と不生命」の衝突にあった。「高踏的思想」と「地平線的思想」の衝突も、同じ本質を持っている。おそらく透谷の役割は、地平線的思想の批判による両者の衝突の調整である。地平線的思想の代表としては目の前に山路愛山がおり、その向こうには福沢がいる。これを批判し、形而上的・詩的な「高踏的思想」を提示して新たな思想の衝突を設定しなければ、西洋思想の真髄たる生命には辿り着けず、それゆえ、東西思想の衝突から創造的勢力は醸成されないであろう。福沢には、「東洋思想」との調和の配慮と「高踏的思想」とが欠けていることになろう。

兆民や透谷の「思想」とは、「思想家」の思索表現から発し、「人民の脳髄」に種が蒔かれやがてそこに生い茂って、あるいは「一国民の心性上の活動」を導くことにより、歴史の原動力となるものである。この「思想」は人民ないし国民に広がることによって初めて歴史を動かすものである以上、人民・国民中心のその概念は、当時の社会にメディア・システムや近代的大学制度などの知的環境が実際に整備されたこと、そしてそれを支えに思想界が成立したことの結果の一つと考えることができる。「思想」とは、根本的には、一般の人びとに開かれた歴史の動きへの参与の方法である。とにかく、一般の人びとが自らの思索表現によって歴史の動きに参与できるという手応えを持ちうるようになったことは、きわめて画期的であり重要である。ただし、この「思想」をまず発信し、「思想界」という土俵で互いにぶつけ合うのは「思想家」たちである。「思想界」は「思想の衝突」の場であり、その衝突は「一国民の心性上の活動」を支配する諸勢力の衝突を映し出すとともに、国民の生命を担う創造的勢力が醸成される機会となる。国民は、思想の衝突を受けとめ創造的勢力を醸成することによって歴史を前進させる。思想家という知識人と国民という民衆が、それぞれの職分・役割をまっとうすることが必要なのである。

我が国の国民国家は、国民相互の愛国心の結びつきの前に、国民相互の全国的規模さらには世界的規模の情報共有、そして問題共有によって成立したと考えられる。上述の歴史の動きへの国民の参与は、まずは国際政治における近代的単位としての国民国家の政治への参与をとおして行なわれ、自由民権運動とともに国民の政治参加のための国会開設が求められたわけだが、国会という議会は、あくまでも代表を通じた間接的な議論の場であって、国民相互の直接的なそれではない。それに対して、国民の声の全体は「世論」と呼ばれるが、「世論」の内部には、実質的な議論は存在しない。集団にとって重要な問題の解決をめざして、その構成員全員が議論しその最善の解決策を見出すことが、議論主義の理想である。この理想に沿って、議会が求めるような代表の資格なしに、国民が自らの思索表現をもって参加でき、その表現がメディアによって伝播され、国民全体が少なくとも問題関心を持った読者・観客として見守る実質的な議論の場として、思想界は成立したように思われる。私たちの観点からすれば、思想界の最大の社会的機能は、議論の場となることである。それは、福沢的に言うと政府から距離を置いた「私立」の議論の場、そして議論環境内の頂点的な議論の場としての国会からも距離を置いた議論の場、国民の「世論」に接する議論の場である。

思想のデビューの場は思想界であり、棲家は民衆であり、最終的な表舞台は歴史である。そうである以上、思想史研究も、思想界を構成する思想家の思想内容を追うだけでは済まない。その行方を辿り、歴史の原動力になりうる民衆の思想を視野に収めなければならない。民衆思想史となる必要があるのである。実際、一九六〇年代以降、色川大吉をはじめとする民衆思想史が活性化したが、何もそれを待つまでもないように思える。丸山真男は、日本近代の思想史の方法論の歴史的段階を、明治初めから第二次大戦中まで時代順に、文明論的思想史・同時代的思想史・国民道徳論的思想史・文化史的思想史／生活史的思想史・唯物史観的思想史・「日本精神」的思想史の六段階に分けた。そのうちには国家主義的立場から統治ないし支配の対象として民衆・国民に照準を合わせていたものも見出される。しかしそれらが民衆・国民の教導を課題としていた点からすると、その主たる関心が民衆・国民にあることはまちがいないのであって、それらもまた一種の民衆思想史と言えるのではないか。日本近代の思想史の主たる関心事は一貫して民衆であり、民主主義的か国家主義的かという、そのアプローチについて真っ向から衝突がある、と言ったほうが正確であるように思える。

＊

自由民権期は、政治への強い関心が、一部知識人のものではなく、広範な社会的広がり、国民的広がりを持った時代であった。少なくとも自由民権運動の発端においては、その運動に見られる人びとの強い政治的関心の根底には、身分制が崩壊した社会における士族の大きな不満、政治・統治に参与できないという政治的不満があった。「民撰議院設立」の建白は、この士族問題という深刻な政治的・社会的問題の解決法の提案、議会主義的解決法の提案として受けとめられたのである。しかも、その提案が新聞という新しいメディアを通じて社会に広く伝播したことで、政治的関心は社会的規模となった。不満士族の政治参加要求を発端として議会開設が提案され、その提案がメディアを通じて社会全体へ伝播し議論が闘わされて、広く社会で政治関心が高まったのである。この時代の「政治熱」の実態は、そのようなものであった。旧統治者の政治参加要求を議会開設によって吸収するという提案を、メディアを通じ社会的規模で議論できたということは、すでに議論環境が整いつつあり、その整備の最終段階として国会開設が議論されたということである。

第5節「『卑屈の気風』の変容」で私たちが注目したのは、思想の変容である。自由民権期において、思想はきわめて政治的であった。国会開設・憲法制定が思想上の最大の問題であったということである。また、政治はきわめて思想的であった。上記の政治問題が新聞・演説会などを通じて、広く社会的に議論されたということである。それが明治二〇年頃になると、「思想」は「政治」から次第に分離し独立していくように見える。直接的にはそれは、国会開設・憲法制定が目前に迫ったための政治のそれなりの安定、そのことによる自由民権運動の終焉から帰結した「思想」の「政治」離れである。政治体制の安定があり、自由民権運動の終焉があり、思想の政治離れが起こって、「精神革命」とも言うべき新たな思想の展開が起こる。明治二〇年前後のこのプロセスをとおして、思想界が特に政界に対して独立性を獲得し、思想の新たな展開のための基盤となるように思える。つまり、思想の政治離れは、たんなる政治主義という思想傾向の消滅を意味するばかりでなく、政界に拮抗しそれからの独立性を持ちつつそれと緊張関係を維持するような一領域としての思想界の成立も、表しているのではないか。思想・思想界にとって重要なのは、政治・政界との緊張関係であり、距離のとり方である。たしかに、政治至上主義は思想を貧困にしかねない。その意味では、思想は政治から一定の距離をとる必要がある。思想家というものは、政治家として直接政治に参与すべきものではなく、むしろ、自らの思想表現を通じて、政治の問題点を指摘し批判し、改善策を提案すべきものである。思想家は、思想界で活動すべきで、政界に踏み込む必要はない。こうした動きは、福沢が学者職分論で述べた、政府から独立した「私立の気風」という方向へ向かっている。

思想家は、政治には直接踏み込まないが、政治を注視し批判し、それを国民に提示していく。しかし、いざその思想家としての領域を踏み越えようとすると、そこには高い壁が立ちはだかることになる。政治と思想の間に打ち立てられた境界壁は、必ずしもすべてが思想の独立・自律のためのものではなく、為政者が各種の規制をめざす法令によって造った部分、さらには思想家側が「卑屈の気風」へと逆行・逃避しながら自ら造った部分もあるように思える。こうして「思想」と「政治」の間に壁ができるということは、自由民権運動の中では「思想」と「政治」が混然としていたばかりでなく「思想」と「民衆」も一体となっていた、つまり政治は思想と民衆の直接的な出会いの場であった、という面からすると、「思想」と「民衆」の間にも壁ができるということではないか。色川大吉は、近代になると民衆が「政治や文化的創造の規定的要因」として重要性を増すことにともなって、近代思想史の方法論の中に民衆思想史の視角を取り入れざるをえなくなることを注意した上で、「北村透谷が明治二十年代においてなお、そのラディカリズムを維持できていたのは、かれが自分の思想の根底をこの『最下流の人民』への内面的な共感においていたからである。(『我は地底の水脈の苟且《こうしょ》〔その場しのぎの対応〕にすべからざるを思う。社界の外面に顕われたる思想上の現象に注ぐ眼光は、須《すべか》らく地下に鑒下《かんか》して幾多の土層以下に流るる大江《たいこう》を徹視せん事を要す』。透谷「徳川氏時代の平民的理想」)」(色川、前掲『明治精神史』下、八二頁。傍点は引用者)と述べた。透谷が自分の思想の根底においたこの「最下流の人民への共感」の姿勢とは、思想界の成立にともなって上述の思想と民衆の間にできた壁を乗り越える姿勢ではなかったか。そして、その姿勢はたんなる「最下流の人民」への哀れみのような心理的なものではなく、上で見たような歴史の原動力としての民衆の重要性、「一国民の心性上の活動」の重要性の認識に基づいた方法的なものではなかったか。思想家は自らの思想を民衆へ向けて発信する前に、「幾多の土層」のように立ちはだかる壁を越えて、民衆を「徹視」し、民衆の思想表現を注意深く聴取しなければならない。

我が国における思想界の成立にともなって、思想それ自体の根本的な変容が起こるが、それは政治との距離ができるとともに、民衆との距離ができることから把握すべきである。自由民権運動において、政治活動は、思想と政治が渾然一体となり、知識人が民衆と直接、接する場であった。それが終焉するとともに、知識人は、政治から離れるばかりでなく、地域から離れ、人民から離れ、根無し草のようになり、文化的軽やかさを身につけながら、都会に集中してくる。このとき、北村透谷は「人民への共感」の重要性を指摘した。おそらくそうした共感の希薄化を鋭く感じ取ったからであろう。たとえば徳富蘇峰は、その平民主義において、資本主義的生産性の観点に立ち、歴史の原動力たる「人民」のうちから特定の社会階層（豪農・地主と中富農からなる「田舎紳士」）を「平民」として選別する、つまり「人民」を限定する。しかも、色川大吉によれば、蘇峰はその階層の社会・経済的現実の把握に失敗した。方法的な「人民への共感」の喪失の一例である。

政治・地域・人民という桎梏からの知識人の解放は、明治二〇年代の我が国における近代文化の全面的開花をもたらしたようにも思える。しかし、その開花の裏では、色川によると、この時代の数多くの思想家たちが、その文化を構成する資本主義・民主主義・個人主義・民族主義といった要素間の矛盾を、自己分裂というかたちで経験していた。北村透谷の言う「舟師」としての「国民大の思想家」の役割を、思想の分裂を自己内で衝突と受けとめて調整することだとすれば、二〇年代の思想家たちの自己分裂とは、その「舟師」としての思想家の調整作業の困難である。そして、その自己分裂が思想の衝突であり、創造性を持ったものであることからすれば、「思想の衝突は、創造的勢力を醸成する」という透谷のテーゼに従って、明治二〇年代の我が国における近代文化の全面的開花を、上述の「解放」よりも多少整合的に説明できるかもしれない。

議論主義的観点からして、最大の問題の一つは、人民の「卑屈の気風」であった。福沢が我が国の文明の発展のために改善しようとしたのが、この気風である。議論環境の整備とともに、この気風は少しずつ改善に向かったと考えていいだろう。しかし、その改善作業は容易ではなく、成果に楽観は許されなかったと思われる。教育勅語をはじめとする、国家主義的な逆行する力が働くからである。実際、明治二〇（一八八七）年に徳富蘇峰は、その『新日本之青年』の中で、偏知主義を批判し、独立自尊主義を主張している。色川は蘇峰の考え方をこう説明する。「これ〔偏知主義〕は青年を卑屈な生活主義、物質主義、大勢追随主義のあやまった道につれこみ、また、批評心のみ強め、『懐疑的ノ世界』におとしいれている。そのため、一般青年の間には道を失って懐疑自棄するものが多くあらわれた。これは『我ガ知識世界ニ於《おい》テ其《その》猛撃ナル大害』といわなければならない」（色川、前掲『明治精神史』下、一六頁）。「卑屈な生活主義」とは、政治に無関心になり政治参加を行なわない姿勢、「卑屈な物質主義」とは、物質的利益追求の姿勢、「卑屈な大勢追随主義」とは、たんなる権力追随ばかりではなく新たに登場した世論追従の大衆社会的な姿勢のことであろう。これが偏知主義によってもたらされたものであるというのは、それらの問題点が新たに登場したインテリ層、知的大衆の中に発見されるということであると思われる。いうならば、新たに、積極的・行動的・知的な「卑屈の気風」が出現してきたのである。福沢が批判していたのは、封建時代の「卑屈の気風」であった。そこには、消極性・保守性・感覚性・伝統性・沈黙性といった姿勢が顕著で、積極性・行動性・知性・進歩性・発言性といった姿勢が著しく欠けていた。ところが明治の近代社会になって、そうした封建時代の「卑屈の気風」は消えてきたが、その気風はなくなったわけではなく、新たな衣を身にまとって現れてきた。だからこそ蘇峰はあらためて「独立自尊主義」を訴えなければならなくなったのである。

国民の情報共有・問題共有による国民国家形成へ向けて、社会的にメディアが整備され、翻訳とりわけ学術的翻訳が広がり、国民的規模での知的環境の構築が進む中で、西洋文献を翻訳し学術研究に取り組み思想的議論を展開するという知識人の役割が明確に浮上し、その議論の場として思想界が成立する。議論環境は成熟し、明治一〇年代に中江兆民が人民に向かってその沈黙を破り「思想の表現」を行なうように訴えた表現主義の段階から、明治二〇年代の後半に北村透谷が東西思想を中心とする激しい「思想の衝突」を報告し、その諸思想の衝突の調整を思想家の役割として定式化する段階へと移る。思想界の成立の条件としては、上記のような知的インフラの整備に加え、とりわけ自由民権運動の終焉をきっかけとして、政治・地域・人民から離れ、根無し草となって都会へ集まってくる知識人階級の出現があった。根無し草とは、惑溺からの一種の脱却であるが、無関心への一歩であり、新たな惑溺の始まりでもある。議論環境が成熟し議論が活性化する中で、饒舌な「卑屈」が現れ、自らの思想への惑溺が広がり、政治・地域・人民への無関心が生まれてくる。上で見たように（本書四一〇〜四一四頁）、透谷は、「高踏的思想」を設定することによって惑溺脱却の基本とし、諸思想の「調整」を思想家の任務とすることによって自らの思想への惑溺を思想家に回避させ、「人民への共感」を訴えることによって思想家たちの人民への関心を維持しようとしたと考えられる。

こうして議論環境の成熟、思想界の成立とともに、新たな危険・課題が浮上する。私たちが第6節「惑溺か無関心か」で扱ったのがそれである。思想界は、社会内での領域分化が進み、各領域の専門化・閉鎖性が顕著になる中で、自らもそのような一専門領域として備えた閉鎖性の危険を乗り越えつつ、各領域が直面する重要問題について、議論を通じ、国民に向かってその問題の所在を客観的に明示することを使命とする特殊領域である。一般国民は、そして専門家も自分の専門以外の領域については一般国民と同様に、思想界における議論を通じて問題の所在を把握することになる。思想界は、領域分化の流れの中で、その一領域として成立するにしても、その分化の結果として必要になる領域間コミュニケーションに特化した領域、重要問題について領域間の垣根を越えて普遍的な議論を行なうことによって、国民に向かって問題の所在を明示する役割に特化した領域となるのである。知的環境の成熟のためには、専門化が必要であり、そのためには領域分化が不可欠である。しかし、領域分化が進むと、問題についての総合的な検討が困難になる。その総合的な検討に特化した領域が思想界であり、そのような特殊領域の成立によって、領域横断的な議論の場が保障されたことで、知的環境全体における専門化・領域分化が一層活発に進むことになったのではないだろうか。

　思想界にとって「独立」とは、たんなる領域分化ではなく、「対象からの距離」の設定、「惑溺」からの脱却という知的・方法的意味を持つ。逆に言うと知的環境における領域分化は、思想界という特殊領域の成立においてはじめて、各領域の自己閉鎖性を乗り越え、この知的・方法的意味を明確に持つようになる。つまり成熟のために領域分化を必要とする知的環境には、分化した領域相互の知的関係維持が不可欠になるが、その役割を担う特殊領域として思想界が成立したと考えられるのである。今後、思想は、その知的性格を強めていくが、それは根本的なところで惑溺を逃れると同時に、無関心を避けるという両面的な用心深さに支えられてはじめて、領域横断的で総合的な議論の場を担う役割を果たすことができるであろう。

　近代の知的社会とは、問題に遭遇したら、上述の知性の総合的力を社会全体で機能させて対応する社会ということである。知性が社会全体で機能するためには、議論の姿勢が、民衆・人民・国民の間に広まり、当たり前の習慣のようなものにならなければならない。近代社会は、その議論環境によって特徴づけられる、と言ってもいいかもしれない。実際、我が国の場合は明治維新以降、自由民権運動の展開とともに、全国に結社が生まれ、新聞・雑誌・書籍・演説会などのメディアが整備され議論環境が構築されて、国民的規模の政治的議論が行なわれた。国会は、全国規模で広がった議論環境の政治的頂点であり、シンボル的な議論の場であった。そして思想界は、自由民権運動の挫折ないし敗北の結果として、あるいは政治至上主義の惑溺からの脱出として、政治の世界から一線を画したところに、議論に特化した独立の領域として成立し、今後思想家は原則として、もはや政治家になろうとはせず、政治の観察者・分析者・批判者の役割を果たそうとするであろう。知的趨勢の自然な落ち着き場所かもしれない。しかし問題は、政界と思想界の間に引かれた「一線」、あるいは政界から身を引いた「一歩」の意味である。私たちは上で（本書四五五〜四五六頁）それを、惑溺と無関心の境界線と性格づけた。思想は今後、基本的には政治に対する適切な関心を失わないとしても、次第に無関心の側に傾いていくように思える。しかし傾きすぎれば、思想は、問題解決のための知的道具となるという、その社会的役割を放棄することになる。思想にとって、政治との、現実との適切な距離の問題は、最も重要な問題として残るのである。

　社会内での思想界の分化・独立とともに、思想界内部でも分化が起こる。とりわけ「大学人思想家」の登場とともに、思想における学問研究の比重が高まってくる。たしかに明治の初め頃も、「思想家」は「学者」と呼ばれ、その中心は福沢諭吉のような洋学者であった。しかしその頃は、明六社に集まった知識人のように、彼らのうちには政治家であった者も少なくない。一〇年代になると、中江兆民のように自由民権運動に関わる運動家として活動し、やがて国会議員となる学者も出てくる。一〇年代の終わり頃から、上述のように「思想家」という呼称がかなり一般化し、彼らは政治から一定の距離をとり、一種の専門家、思想の専門家になっていく。これ以降は、大学制度が整備されることにともない、次第に「大学人思想家」「アカデミシャン思想家」が増えてくる。やはり社会科学・人文科学にたずさわる者が目立つ。他方で、ジャーナリズムの発展とともに、「ジャーナリスト思想家」も目立ってくる。これは、上述の「現実との適切な距離の設定」という思想にとっての根本課題に対応するための、思想界という領域内における分化・専門化・分業であろう。現実へのたえざる接近という役割を担うのがジャーナリスト思想家であり、現実から一歩退いた検証という役割を担うのが大学人思想家である。つまり思想はその本性上、アカデミックな傾向とジャーナリスティックなそれという相対立する傾向を内に含んでいる。前者は現実への惑溺を避けて現実から距離をとろうとし、後者は現実への無関心に抗って現実にくいさがろうとする。思想の根本課題は、この相対立する両傾向を混淆ないし折衷によって緩衝し消滅させることではなく、まったく逆に、両者を或る回路の中へ統一し調停することによって、それぞれの傾向を究極まで推し進めることである。現実に狙いを定めて最大限に引き絞られた弦と、現実へ向かって突き出された弓から構成される張りつめた扇形――それが思想である。ジャーナリズムという弓は現実へ向かってできるかぎり突き出され、アカデミズムという弦は逆方向へ、北村透谷の言う「純理」（本書四一一頁）に向かって引き絞られる。思想の豊かさは、この弓と弦との幅、現実との緊張の幅にあるが、この頃思想は、思想界の領域としての独立・分化に由来する上記の内部分化の必要を映し出すかたちで、こうした緊張を自らの問題設定の基盤として明確に内部構造化したように思える。政界からの思想界の分化が思想界内部の分化を促し、それが思想それ自体の問題設定の基盤となったということである。

この観点からすれば、最終第7節「思想と学問」で述べたように、思想という扇形を構成する弦となるかぎりで、北村透谷の言う「純美」を追求する詩と並び、現実から最も離れたかに見える高踏的な学問は、現実との緊張が最も高まるはずの部分である。ところが、この思想の核心部である学問は本来、制度になじみやすく、実際明治初め大学として制度化された。これは思想にとって、現実との緊張の維持という点で根本的試練であったように思える。制度化された学問は、容易に現実との緊張を失い、現実に飼い馴らされるか現実に背を向けるかして、「卑屈の気風」へと逆行しかねないからである。しかし、大学人思想家の自由主義の本領は、大学においては、その発信の自由という自らの特権的租界を守りながら発信者としての自らの制度的な役割を盲目的に担う点にはなく、何よりもまず、発信者と受信者の役割を学生と自由に交換し、自らの主張と合わせて自らに対する反対意見も学生に提示しつつ、自らが責任ある発信者としてばかりでなく柔軟な受信者としても学生のモデルとなるようにして、制度によって与えられた発信のための特権的租界を、学問の自由の基盤である議論環境へと構築し直す点にある。

これに呼応して、思想界において大学人思想家に求められる役割は、特にその学問性・学術性であり、知的プロセスにおいて不可欠な客観性・検証性・総覧性である。思想家としては一勢力を代表する発言者であったとしても、大学人としてはあらゆる勢力を総覧し客観性をめざすことが期待される。透谷の言う「舟師」の役割、衝突し合う諸思想を調整する役割である。こうして大学人思想家には、上記の知的プロセスに則って検証を経た客観的な意見が求められるのである。思想は、特にこの大学人思想家の登場によって、その知的性格を強めることとなった。今後、思想界は、現実から距離をとる局面において、大学をその拠点とし学問の自由を理念とする。客観性のために現実から離れるという思想の高踏性の頂点の一つは、大学人によって担われるであろう。大学人思想家は、思想の知的頂点において、学問の自由を砦にするのである。

それに対して、思想の底辺は国民の知的関心によって支えられる。時代を遡れば、幕末から維新にかけて我が国に滞在したロシア人宣教師は、次のように伝えている。「国民は突如目ざめて起き上がり、すべての者が自国の遅れをまざまざと目にし、実に真剣かつ精力的に事態の改善に努めているのだ！　すべての者が、ヨーロッパのものを見たい、それを知りたい、学びたいと、熱烈に欲している！」（ニコライ、前掲『ニコライの見た幕末日本』一八頁）。この国民の知的関心が、欧米列強の脅威という問題に対する知的対応の第一歩であった。その意味で、この知的関心は、すでに一つの問題解決のための知的戦略の第一歩になっている。そしてそれは、福沢が「立身論」で述べた「敵に適切に対抗するには敵を知らなければならない」という対敵の知的戦略のヴァリエーションと見ることができる。

福沢の言う「敵を知る」とは、西洋の知を我が物とすることによって、我が国の文明を発展させ西洋に対抗することであったが、異質な対象に対する知性のこの柔軟性・適応性・戦略性の射程は、もっと遠くまで及ぶはずである。つまり知性は、「敵を知る」ことによって、その敵に対する有効な対応策を捻出するばかりではなく、その理解をとおして敵それ自体の異質性を減らし、ある意味で敵との同質性へ、敵対関係の解消に不可欠な敵との相互理解のための自分の側の対敵理解へと向かう。寛容さである。実際、我が国は西洋化されたが、これはきわめて知的で柔軟な適応であり、有効な戦略であった。カール・シュミットの言うように、敵がその異質性によって定義されるものなら、知性はこの意味で同質性へ向かうことによって、究極的には敵対関係の解消をめざしているとも言える。もちろんその実現は、夢というよりも、気の遠くなるような知的プロセスを前提とする。知性は、まさに議論を中心にした然るべき知的プロセスが整えられれば、自己保存としての自国独立を超えて、国際平和主義の原理にもなりうるのである。

＊

議論と翻訳――明治維新期において、新たな知的環境が構築されるに際し、当時の知識人たちが全力で担った最も重要な二つの作業である。新たな知的環境は、議論と翻訳という二本柱を支えにして構築された、と言ってもいい。翻訳が国民の眼を世界に向かって開かせ、議論が国民相互の問題共有を実現した。現代の私たちにとっては、翻訳も議論も当たり前のことになっているから、鎖国の無議環境の中で生きてきて、突然、西洋翻訳と多事争論の環境の中に置かれた当時の人びとの衝撃は、なかなか想像するのが難しいであろう。しかし、そうした当時の人びとの衝撃の中にこそ、現代の私たちが忘れてしまっている議論と翻訳の本当の意義が輝くのかもしれない。

四年前に封切られたフランス映画に「奇跡のひと　マリーとマルグリット」（原題は Marie Heurtin。ジャン＝ピエール・アメリス Jean-Pierre Améris 監督作品、二〇一四年）という実話に基づいた作品がある。主人公の少女マリー・ウルタン（映画原題はこの少女の名前）は、生まれつき目が見えず、耳が聞こえず、口がきけない多重障碍者で、ある日、両親によって聾唖の少女たちが暮らす女子修道院に預けられる。そこでマリーに命がけで取り組んだのが修道女マルグリットであった。はじめマリーは、すべてに反抗的・暴力的で、院長をはじめとする修道女たちからも他の少女たちからも敬遠・放置されていた。しかし、ひとりマルグリットは、自らの病を押してマリーの世話を続け、やがてマリーに触覚を使った手話を理解させ彼女とのコミュニケーションを成し遂げるが、まもなく病のため亡くなってしまう。マリーは、その修道院に残り、教師として自分と同様な障碍を抱えた少女たちの指導にあたる、という物語である。

この映画は、それを観る者に大きな感動を与えるが、それは、マリーとのコミュニケーションがその障碍のせいでほとんど不可能に思えるにもかかわらず、また、マリーからの激しい抵抗にあっても、マルグリットが彼女への働きかけに努め、ついには彼女との間にコミュニケーションを成立させるからである。マルグリットは、まずマリーに触覚を使って手話を教える。手話とはふつう、耳が聞こえないが眼は見える障碍者相互のコミュニケーションのための発信‐受信の道具である。修道院で生活する聾唖の少女たちにとって、相互の意思疎通は手話で行なわれ、指導を行なう修道女の中には健常者もいたが、手話が修道院内の共通の言葉であった。たとえばナイフは、両手の人差し指を交差して示す。マルグリットは、マリーに、人差し指の交差とナイフそのものの対応関係、つまり言葉と物の対応関係を理解させるために、自分の交差させた人差し指をマリーに触らせるとともに、マリーの人差し指を交差させ、同時に、入院以前からマリーがとても気に入って持ち歩いていた実物のナイフを、あらためて握らせる、という作業を果てしなく繰り返す。するとあるとき突然、マリーは、実物のナイフと人差し指の交差の対応関係に気づくのである。「ナイフ」が、マリーの最初に覚えた手話語であった。

こうしてマリーは、自分の人差し指を交差させて、周囲の者に向かって「ナイフ」という言葉を発信し、周囲の者が人差し指を交差させるのを触って「ナイフ」という言葉を受信することができるようになった。この最初の一打ちの後、マリーの語彙は急激に増えていく。「生」と「死」、あるいは「神」という言葉でさえも、触覚を通じてマリーは理解していく。たとえば、「生」を、マルグリットは、呼吸や心臓の鼓動、身体の温かさといった触覚で、「神」を、マリーが触れる世界のすべてを創造し統括している者として、理解させる。そして、病状が悪化し、自らの死期が迫ったとき、マルグリットはマリーに、自分は死ぬが、上空の天国からマリーのことを見守っているから安心するように伝えて、息を引き取る。

おそらくマルグリットがいなければ、とりわけマルグリットが、多重障碍を抱えコミュニケーションを断固拒否するかに見える入院時のマリーの中に、「檻に閉じ込められコミュニケーションを切望する知性」を見て取らなかったら、マリーは、たとえ修道院でつまはじきにされ自宅に戻されて、優しい両親のぬくもりの中で生きたとしても、両親ともそれ以外の他人ともコミュニケーションは成り立たせることはできなかったであろう。人間には、必ず知性があって、その知性は他人とのコミュニケーションを求めており、どんな障碍をかかえていても、適切な指導があれば、その知性は言葉を覚え、自らの意見を表明し、他人の意見を理解することができる。両親は、マリーに面会に来て、娘が手話を覚え見違えるように明るくなった姿を見たとき涙を流して喜ぶが、それは、マリーが自宅にいたときのように、人間の知性は、いくら温かくてもコミュニケーションなしの檻の中では幸せになれない、と感じたからであろう。

言葉を覚えるということは、他人とコミュニケーションをとれるようになるということである。おそらく自宅にいたときのマリーにとって両親はすでに、自分に関心を持ち何かを訴えてくる存在、だからこそ自分の気持ちを訴えたい存在であり、自らの触覚的世界の中で、風や雨や花や動物の肌触りとは異なった、人間的肌触りを持った存在として現れていたはずである。「人間的肌触りを持った存在」とは、自分のことを分かってもらえ相手のことを分かりたい存在のことであるが、手話の言葉はマリーが待ち望んでいたこの他人との相互理解の可能性を開いたのである。マリーが初めて人差し指の交差がナイフを指し示せると他人＝マルグリットから教わり理解したということは、まずはその他人に対して、たとえば見あたらなくなった「私のあの大切なナイフはどこなの？」という意味で「ナイフ！」と適確に欲求の対象を限定して叫ぶこと、そしてその他人から、「あなたの大切にしているそのナイフを見せてくれない？」という意味で「ナイフ！」という言葉が発せられたら、その意向を正確に受信することができるようになるということであろう。マリーは、自分の欲求を他人に向かって知的に表現すると同時に、他人の意向を知的に理解する端緒、他人との知的関係の端緒、他人とのコミュニケーションの端緒、結局はまさに議論の端緒についたのである。

マルグリットは、通常の視覚的手話語を触覚的手話語に翻訳した。実に見事な工夫であり手法である。視覚を持たないマリーにとって、視覚的手話語はそれ自体では、視覚的距離が前提された受信不可能な言語であり、自分が完全に疎外されたところで外国人どうしが交わす外国語、そのやり取りを行なっていること自体すら触知できず「意味不明」という認知にすら到達できない外国語、意味理解ばかりでなく知覚を越えた外国語であった。しかし、手話語には、通常の視覚を通じた使用法以外に、触覚を通じた使用法が秘められていた。通常の視覚的手話語においては、「手」が相手の「眼」に語りかける。それに対して触覚的手話語の場合は、二人の「手」どうしが語り合うのである。おそらく、この後者こそ、本来の「手話」である。マルグリットが発見したのは、この本来の手話であった。通常の視覚的手話語の場合は、語り手の「手」が「口」となり、聞き手の「眼」が「耳」となる。「手」という発信の座と、「眼」という受信の座が区別される。それに対して触覚的手話語を使うマリーの場合は、「手」は話し手としては「口」となり、聞き手としては「耳」になるという仕方で、発信‐受信の座となる。触れ合った二人の手は、触覚的手話語を用いて、他のいかなる感覚も介在させずに直接、会話を交わし議論を闘わせるわけである。

マルグリットによる通常の視覚的手話語の触覚的手話語への翻訳は、不可能と思えていたマリーと周囲の者たちとのコミュニケーションを実現した。視覚的手話語と触覚的手話語は、まったく異なる言語であるわけではない。同じ手話語である。とりわけ視覚的手話語使用者にとっては、触覚的手話語もほぼ同様の使い方であって、ただ、相手の手に触れながら発信するという点のみが異なるだけである。それに対して、触覚的手話語使用者＝マリーにとっては、上述のように視覚的手話語によるコミュニケーション世界への参入は不可能である。視覚的手話語から触覚的手話語へ赴くことは、周囲の者たちにとってはこの上なく容易である。マリーと話すときだけ、その手に触れればいいだけであるから。周囲の視覚的手話語使用者たちは、マリーと話すために彼女の手に触れるときのみ、触覚的手話語の世界に入る。それに対して、マリーは、相手の手話を見られない以上、少なくとも受信については、触覚的手話語から視覚的手話語へ赴くことはできない。

外国語で書かれたものを自国語に表現し直すことによって、両文化のコミュニケーションを実現するものが翻訳だとすれば、修道院で使われていた視覚的手話語を、マリーが理解できる触覚的手話語に表現し直して、マリーと周囲の者たちとのコミュニケーションを実現したマルグリットの仕事は、一種の翻訳である。もちろんこの翻訳作業は、通常のそれとは大きく異なる。視覚的手話語と触覚的手話語は、語彙は同じで、発信・受信の方法のみが異なるだけであるから、基本的には同じ言語とも言える。しかしマリーにとっては、その受発信方法の違いが決定的であり、両者は同じではない。周囲の者がマリーに語りかけるときは、その視覚的手話語を毎回、触覚的手話語に翻訳することになり、マリーが自ら発信する場合は、自分の触覚的手話語をいつも相手の視覚的手話語に翻訳しつつ表現することになる。マルグリットによる翻訳作業は、こうして永続化される。マルグリットは、その最初の一打ちによって、視覚的手話語の基本語彙を、触覚を通じてマリーに与えたばかりではなく、マリーに自らの触覚的手話語を視覚的手話語に翻訳することを教え、さらには逆に、周囲の者に自らの視覚的手話語をマリーのために触覚的手話語に翻訳することも教えたのである。

言語の断絶を乗り越えるのが、翻訳である。言語の断絶は、そしてそれの乗り越えは、ときにドラマチックな姿で現れる。マリーとマルグリットの間に存在した言語の断絶と、それを乗り越えたマルグリットの仕事は、明治維新期の知識人による翻訳作業を考えるとき、彼らがめざし実現した、鎖国という「檻」からの国民の脱出の重さを思い起こさせてくれるように思える。西洋語と日本語との言語的断絶には、マリーにとっての視覚的手話語と触覚的手話語とのそれに匹敵するほどの深さがあったと想定してみることは、重要である。

また、コミュニケーションの断絶を乗り越えるのが、自分の意見の表明であり相手の意見の聴取であって、つまりは議論である。マリーは、初めて触覚的手話語を覚えたとたん、待ちかねたように、そして堰を切ったように自己表現を行ない、相手の意見を切望する。無議環境から脱却した明治維新期の国民が、同じような切実さ・情熱を持って議論を闘わせたと想定することもまた、重要であろう。

（完）

あとがき

本書では、二本の映画を紹介した。「はしがき」で扱った「ダウン・バイ・ロー」と「結論」部末尾の「奇跡のひと　マリーとマルグリット」である。本書の全体は、この二本の映画に挟まれるかたちになっている。前者の映画で注目したのは外国人ボブの叫びであり、後者では障碍者マリーのそれであった。その点からすれば、本書の全体は両者の叫びの間にある。叫び声は、文字どおり本書のアルファかつオメガになっている、と言ってもいい。外国人と障碍者の叫びはいずれも、他人の言葉を理解すること、そして自分の言葉を表現し理解してもらうことの難しさを思い知った、重く力強い響きを持っていた。母国語の中で生きる健常者が忘れている、他人との意思疎通に対する強烈な欲求に由来する響きである。

私は「議論と翻訳」をテーマとした本書の読者に、本書の全体を通じて、この叫びを通奏低音として聴いていてほしかった。今日の議論の低迷の原因は、参加者の意思疎通の欠如にある。参加者が相手の表現を理解し自分の表現を理解させることが困難なので、議論は低迷している。しかし、母国語の中で生きる健常者は、議論における理解と表現のこの困難さそれ自体を忘却しているように思われる。

多くの人は、慣れ親しんだ母国語による議論では、理解と表現は容易である、と思い込んでいる。この困難さの無自覚こそが、意思疎通の欠如を引き起こし、議論を低迷させているのである。相手を理解できていない、相手に理解されていないという痛切な自覚がなければ、理解しよう理解されようという努力は生まれない。外国人や障碍者は、この困難の真っ只中にいる。読者には、彼らの叫びを聴いて、あらためてこの困難に気づき、自らの内なる強烈な意思疎通の欲求を甦らせてもらいたかったのである。

さて、ふつう議論と翻訳は、別物と考えられている。議論は、一般的には同一民族語で行なわれる他人の言葉の理解と自分の言葉の表現からなり、翻訳は異国語の理解と母国語への再表現からなる。私は「はしがき」で、翻訳者を議論の「媒介代理人」と性格づけた。原著者と翻訳読者の間の議論を媒介し可能にする第三者である。翻訳者には「自分の言葉の表現」がない。だから翻訳は議論とは別物と考えられるわけである。

しかし実際上、翻訳が社会的規模で行なわれるようになって以来、つまり我が国で言えば明治維新期以降、議論の定義にとって翻訳は不可欠になった、あるいは議論は翻訳から切り離して定義できない。そのとき、議論は基本的に、異民族・異文化の表現をも受けとめるもの、たしかにその意味で一民族・一民族語を超えるものとなった。ただしそれは、単純にたとえば英語のような共通語によって一民族語による議論という大枠が乗り越えられたということではない。一民族語による議論という大枠は、そのままで、翻訳によって外国・外国語・外国人へ向かって開かれたのである。日本語を習得した外国人が日本語による議論に参加すること、逆に外国語を習得した日本人がその外国語による議論に参加すること、つまり母国語の外で他民族語による議論に参加することも、その後ますます増えているが、今日まで、（本文で触れたような、いくつもの民族語が飛び交うポリグロット的議論が特定の地域で行なわれるとしても）議論が一民族語によって行なわれるという大枠には何の変化もない。我が国の議論は、明治維新以降、日本語という一民族語の大枠を変えることなく、翻訳のおかげで外国語へと決定的に開かれたものになったのである。この意味で、議論は明治維新期以降、翻訳によって根本から変わった。その「根本」とは何か。

まず、周知のとおり翻訳は、議論の中に膨大な外国思想・外国文化を持ち込んだ。また、翻訳語の創出によって、日本語を変質させた。そればかりか翻訳は、議論の中に、上述の相互理解の困難の自覚に通じる或る重要な姿勢ないし感覚、翻訳に由来するそれも導入したように思える。ここで私が、議論という観点から、特に重視したい「根本」とは、議論の中でのこの翻訳姿勢・翻訳感覚の広がりである。ひと言で言えば、日本語のような同一民族語内で行なわれる議論においても、翻訳とともに、相手の主張の理解が容易でないという感覚、それゆえ異国語を理解するかのように相手の言葉を解読しようとする姿勢が現れてきたのである。

それゆえ、私がここで言う翻訳の姿勢は、何も外国語にのみ適用されるものではない。それは、日本語内での異質な表現を理解し明確な日本語表現に表現し直そうとする姿勢であって、意思疎通の欠如の打開へと向かうものである。

私は本書で、明治期の我が国の思想家の文章も随所に引用した。しかし、明治期の文章にあまり慣れ親しんでいない私にとっては、それらは日本語とはいえ、ふだん接してきた西洋語の文章よりも、はるかに言語的に異質性の強いものであった。私の場合は、言語的に、明治は西洋より遙かに遠く感じられたのである。でも、いま明治期の日本語の文章にこうした印象を持つのは、おそらく私だけではないだろう。本文でも扱ったように、兆民の『三酔人経綸問答』のそれのような現代語訳があるし、明治期のテキストに付されるルビは時の流れとともに増えているようである。

このように、同じ日本語という民族語の内部にあっても、過去に遡れば異言語性に出会うことは容易である。その場合も、それを理解するには、一種の翻訳の姿勢が求められることになる。さらには、異言語性は、過去に遡らなくても、現代語の中の新語・若者言葉・専門用語などにおいても見出すことができる。

翻訳の姿勢が必要になる領域は、きわめて広いのである。

日本語内の議論における意思疎通の欠如の打開という点から、翻訳の姿勢が重要になるのは、外国語の理解と日本語での再表現という本来の翻訳作業にともなう感覚、その作業がつねに未完了にとどまるという感覚を、その姿勢が保持するかぎりにおいてである。それは、どうしても外国語表現には日本語表現に移しきれない部分が残るという感覚、異言語感覚である。日本語内の議論においても、その同じ感覚があれば、日本語内での異言語表現の理解と自言語での再表現という作業が容易ではないという、上述の理解と表現の困難が自覚され、翻訳の姿勢が起動し、意思疎通の改善へと向かうことになるだろう。厳密には、この異言語感覚、困難の自覚は、翻訳者のものであろうが、翻訳読者も翻訳が原書そのものではないことはよく分かっている以上、決して無縁ではない。翻訳読者といえども、翻訳感覚・翻訳姿勢を持ちうるのである。

＊

本書の執筆構想は三〇年以上も前に遡る。この間に、紆余曲折があり、中断もあった。その結果、最初の構想の原型は、本書では第四章「思想」の一部に僅かにその断片をとどめるのみである。遅々として進まなかった執筆に弾みがついたのは、勤務する駒澤大学から平成二九（二〇一七）年度に一年間の「国内留学」（国立国会図書館）を認めてもらえたためである。集中的な取り組みを可能にしてくれたこの一年間がなければ、本書は決して日の目を見ることがなかったであろう。留学についてご理解をいただいた駒澤大学総合教育研究部の教職員諸氏には、心より感謝申し上げたい。とりわけ私が所属する外国語第二部門の同僚の皆様には、留学中、温かいご配慮を賜った。厚くお礼申し上げる。また、本書の出版に際しては、同じく駒澤大学より「平成三〇年度駒澤大学特別研究出版助成」を受けることができた。記して謝意を表したい。

この度も、本書の編集・制作については、新評論の山田洋編集長と編集部の吉住亜矢氏にひとかたならぬお世話になった。新評論は、駒澤大学とならんで、この数十年間、私にとって「議論と翻訳」のかけがえのない場の一つとなってきた。駒澤大学は学生に外国語を指導しながら学生・同僚と議論する場であるのに対し、新評論では私は、実際に翻訳の機会をいただき、編集者と議論をたたかわせながら訳文を練り上げ、さらには新評論が主宰する多様な研究会に参加させてもらって、さまざまな方々と議論する機会に恵まれた。私にとってこの新評論という場がなければ、おそらく「議論と翻訳」をテーマとする本書は生まれなかったであろう。山田編集長との議論もかなり長きにわたるものとなった。

その議論のテーマはきわめて広範に及ぶが、やはり中心となるのは私の翻訳作業に際しての訳文表現である。翻訳作業は原著理解と日本語表現からなるが、そのうち原書理解は翻訳者の仕事、日本語表現は翻訳者と担当編集者の協同作業である。少なくとも私の場合はそうであった。担当編集者は最初の読者であって、訳文の日本語表現について公刊前に訳者に指摘できる唯一の読者である。編集者から訳文について指摘があれば、訳者は原著にあたり直し自分の理解を再確認することになるから、その編集者の指摘は、翻訳作業の全体に影響を及ぼす。このことからすれば、翻訳作業の全体が翻訳者と編集者の協同作業であると言ってもいい。

上で私は、翻訳読者といえども、翻訳感覚・翻訳姿勢を持ちうる、と書いた。私の翻訳の最初の読者としての山田編集長は、そうした読者の実例である。山田編集長のその一貫した姿勢、変わらぬ感覚は、翻訳書ではない本書の編集・制作においても遺憾なく発揮された、と私は感じている。ここに、山田編集長に対し、本書の編集・制作についての謝辞に加え、あらためて、その翻訳感覚・翻訳姿勢をもって粘り強く議論の相手をつとめていただいたことに、深謝申し上げる次第である。
また、吉住氏からは、本書で用いた引用資料の確認作業等において、貴重で手堅いご協力をいただいた。心からの謝意を表させていただく。

桑田禮彰

平成三〇（二〇一八）年九月九日

ミル、ジョン・スチュアート Mill, John Stuart
『自由論』世界の名著38「ベンサム　J・S・ミル」所収、早坂忠訳、中央公論社、1967年／ *On Liberty*, Penguin Books, London, 2010　50, 69
森鷗外
「戯曲の翻訳法を説いて或る批評家に示す」（上記『翻訳の思想』所収、加藤周一の項を参照のこと）　310, 515
矢島翠
「欧羅巴文明史」（上記『翻訳の思想』所収、加藤周一の項を参照のこと）　212
柳父章
『翻訳語成立事情』岩波新書、1982年　11, 40, 198, 209, 500
山室信一
『学問と知識人』（松本三之介の項を参照のこと）　354, 383, 403, 527
『言論とメディア』（同上）　337, 340, 362
「国民国家形成期の言論とメディア」（上記『言論とメディア』所収）　338, 340, 520
「日本学問の持続と転回」（上記『学問と知識人』所収）　383
リップマン、ウォルター Lippmann, Walter
『世論』上・下、掛川トミ子訳、岩波文庫、1987年
／ *Public Opinion*, Free Press Paperbacks, New York, 1997　40, 73-5, 484
ルソー、ジャン・ジャック Rousseau, Jean-Jacques
『エミール』上・中・下、今野一雄訳、岩波文庫、2016年／ *Émile ou de l'éducation*, Éditions Flammarion, 2009　10
『言語起源論』小林善彦訳、現代思潮社、1982年／ *Essai sur l'origine des langues*, Flammarion, 1993　10
『社会契約論』井上幸治訳、中公文庫、1974年／ *Du contrat social*, Garnier-Flammarion, Paris, 1966　61, 85, 100, 486, 487
『人間不平等起源論』世界の名著30「ルソー」所収、小林善彦訳、中央公論社、1973年
／ *Discours sur l'origine et les fondements de l'inégalité parmi les hommes*, Flammarion, Paris, 1992　14, 19

フィンリー、モーゼス Finley, Moses
『民主主義——古代と現代』柴田平三郎訳、講談社学術文庫、2007年／*Democracy Ancient and Modern*, Chatto & Windus, London, 1973　75, 104
福沢諭吉
『学問のすゝめ』岩波文庫、1942年　272, 280, 287, 375, 437, 446, 465, 476, 491, 509
『文明論之概略』岩波文庫、1986年　37, 39, 40, 62, 72, 73, 138, 142, 159, 160, 171, 172, 178, 211, 242, 301, 358, 376, 379, 381, 391, 422, 432, 433, 441, 442, 446, 494, 495
ベルクソン、アンリ Bergson, Henri
『創造的進化』ベルグソン全集4、松浪信三郎・高橋允昭訳、白水社、1966年／*L'Évolution Créatrice*, PUF, Paris, 1969　47
ベンヤミン、ヴァルター Benjamin, Walter
「翻訳者の課題」『暴力批判論』所収、野村修編訳、岩波文庫、1994年／"Die Aufgabe des Übersetzers", ders. Gesammelte Schriften Bd.IV/1, S.9-21, Suhrkamp, Frankfurt/Main, 1972　12, 188, 216, 328, 498, 519
松沢弘陽
『福沢諭吉の哲学』（編）岩波文庫、2001年　302, 445, 447, 476
松沢裕作
『自由民権運動——〈デモクラシー〉の夢と挫折』岩波新書、2016年　136, 423
松本三之介
「新しい学問の形成と知識人」（下記『学問と知識人』所収）　365
『学問と知識人』（山室信一との共編）日本近代思想大系10、岩波書店、1988年　365, 371, 382
『言論とメディア』（同上）日本近代思想大系11、岩波書店、1990年　334, 520
「新聞の誕生と政論の構造」（上記『言論とメディア』所収）　334, 520
『明治思想集』II（編）近代日本思想体系31、筑摩書房、1977年　407, 414, 416, 452
丸山真男
「超国家主義の論理と心理」『世界』岩波書店、1946年、第5号　148
『日本の思想』岩波新書、1961年　394
「福沢に於ける『実学』の転回」〔1947年〕（上記『福沢諭吉の哲学』所収、松沢弘陽の項を参照のこと）　302
「福沢における『惑溺』」〔講演録1985年〕（同上）　445
「福沢諭吉の人と思想」〔みすずセミナー講義1971年〕（同上）　448, 476
『「文明論之概略」を読む』上・中・下、岩波新書、1986年　62, 74, 376, 378, 380, 381, 421, 422, 433, 459, 498
『翻訳と日本の近代』（加藤周一の項を参照のこと）　187, 249, 268, 271, 506
『翻訳の思想』（同上）　242, 310, 325, 330, 503, 519
三木清
「軽蔑された翻訳」三木清全集17所収、岩波書店、1968年　186, 498

「日本文学史骨」（同上） 407, 422
久野収
『現代日本の思想――その五つの渦』（鶴見俊輔との共著）岩波新書、1956年 148, 395, 443, 493
栗原昇作
「建碑と発刊を記念して」『「五日市憲法草案の碑」建碑誌』所収、あきる野市教育委員会、2014年 139
高坂正顕
『明治思想史』京都哲学撰書1、燈影舎、1999年 41, 275, 285, 289, 425, 426, 508, 510
幸徳秋水
『兆民先生・兆民先生行状記』岩波文庫、1960年 154, 156
ジャン、ジャニン（張嘉寧）
「『万国公法』成立事情と翻訳問題――その中国語訳と和訳をめぐって」（上記『翻訳の思想』所収、加藤周一の項を参照のこと） 237
シュミット、カール Schmitt, Carl
『現代議会主義の精神史的状況』樋口陽一訳、岩波文庫、2015年
／ *Die geistesgeschichtliche Lage des heutigen Parlamentarismus*, Duncker & Humblot GmbH, Berlin, 1996 12, 40, 83, 176, 484
高島善哉
『社会思想史概論』岩波書店、1962年 395
鶴見俊輔
『現代日本の思想』（久野収の項を参照のこと） 148, 395, 443, 493
デカルト、ルネ Descartes, René
『省察』世界の大思想7「デカルト」所収、桝田啓三郎訳、河出書房新社、1970年／デカルト著作集2、所雄章訳、白水社、1977年／ *Les Méditations, les objections et les réponses*, in Œvres philosophiques de Descartes, tome Ⅱ, Classiques Garnier, Paris, 1970 51, 321, 516／287
デコンブ、ヴァンサン Descombes, Vincent
『知の最前線――現代フランスの哲学』高橋允昭訳、TBSブリタニカ、1983年／ *Le même et L'autre, quarante-cinq ans de philosophie française (1933-1978)*, collection «critique», Les Éditions de Minuit, 1979 185
中江兆民（篤介）
『兆民選集』嘉治隆一編校、岩波文庫、1936年 58, 140, 155
『三酔人経綸問答』桑原武夫・島田虔次訳・校注、岩波文庫、1965年 397-9, 406, 442, 525, 528
ニコライ（俗名：イワン・ヂミートリエヴィチ・カサートキン）
『ニコライの見た幕末日本』中村健之介訳、講談社学術文庫、1984年 476, 541
羽仁五郎
『明治維新史研究』岩波文庫、1978年 37, 179, 468

主要引用文献索引（著者別・五十音順）

＊翻訳書のうち、筆者が原書を参照したものは、その版名を翻訳書に付した。
なお、この原書版は、引用した翻訳書の底本になっているとは限らない。

石附実
『近代日本の海外留学史』中公文庫、1992年　317
井上清
『明治維新』日本の歴史20、中央公論社、1966年　135, 159, 175, 182, 230, 232, 502
色川大吉
『近代国家の出発』日本の歴史21、中央公論社、1974年　139, 147, 434, 436, 437, 439, 455
『明治精神史』上・下、講談社学術文庫、1976年　413, 418, 429, 436, 439, 440, 533, 535
内村鑑三
『代表的日本人』鈴木俊郎訳、岩波文庫、1941年　53
大隈重信
『大隈重信演説談話集』早稲田大学編、岩波文庫、2017年　475
「早稲田大学開校式に於いて」『早稲田大学開校・東京専門学校創立廿年　紀念録』所収、山本利喜雄編、早稲田学会発行、1903〔明治36〕年　475
大西祝
「方今思想界の要務」『大西祝選集』II所収、岩波文庫、2014年　332, 417
加藤周一
『翻訳と日本の近代』（丸山真男との共著）岩波新書、1998年　268, 322, 506
『翻訳の思想』（丸山真男との共編）日本近代思想体系15、岩波書店、1991年　209, 212, 218, 236, 237, 241, 248, 253, 261, 266, 275, 310, 323, 325, 330, 501, 503, 505, 519
「明治初期の翻訳——何故・何を・如何に訳したか」（上記『翻訳の思想』所収）　209, 236, 248, 501
カント、イマニュエル Kant, Immanuel
『純粋理性批判』世界の大思想10「カント」上、高峰一愚訳、河出書房新社、1965年／*Kritik der reinen Vernunft*, Felix Meiyer Verlag, Hamburg, 1956　299, 330, 519
北村透谷
「国民と思想」（下記『明治思想集』II所収、松本三之介の項を参照のこと）　406, 407, 438, 452, 528
「人生に相渉るとは何の謂ぞ」（同上）　407
「内部生命論」（同上）　407

著者紹介

桑田禮彰（くわた・のりあき）

1949年、東京に生まれる。1985年、一橋大学大学院社会学研究科博士課程満期退学。2013-2017年、駒澤大学副学長・学校法人駒澤大学執行理事。現在、駒澤大学教授。専攻：フランス思想・哲学。

著訳書：『フーコーの系譜学』（講談社選書メチエ、1997）、「法・歴史・政治」（マルク・クレポン著／白石嘉治編訳『文明の衝突という欺瞞』所収、新評論、2004）、J＝M・ドムナク『世紀末を越える思想』（新評論、1984）、『ミシェル・フーコー　1926－1984』（福井憲彦・山本哲士との共編、新評論、1984）、P・マシュレ『ヘーゲルかスピノザか』（鈴木一策との共訳、新評論、1986）、F・エワルド編『バイオ――思想・歴史・権力』（菅谷暁・古賀祥二郎との共訳、新評論、1986）、V・ジャンケレヴィッチ『アンリ・ベルクソン』（阿部一智との共訳、新評論、1988）、J・L・マッキー『倫理学――道徳を創造する』（加藤尚武監訳／森村進他との共訳、哲書房、1990）、A・クレメール＝マリエッティ『ミシェル・フーコー――考古学と系譜学』（赤羽研三・清水正・渡辺仁との共訳、新評論、1992）、P・ブルデュー『ハイデガーの政治的存在論』（藤原書店、2000）、J＝P・アロン『新時代人』（阿部一智・時崎裕工との共訳、2009）他。

議論と翻訳
――明治維新期における知的環境の構築　　（検印廃止）

2019年1月31日　初版第1刷発行

著　者　桑 田 禮 彰
発行者　武 市 一 幸

発行所　株式会社 新 評 論

〒169-0051 東京都新宿区西早稲田3-16-28
http://www.shinhyoron.co.jp

T E L 03（3202）7391
F A X 03（3202）5832
振 替 00160-1-113487

定価はカバーに表示してあります
落丁・乱丁本はお取り替えします

装 幀　山田英春
印 刷　フォレスト
製 本　中永製本所

ISBN978-4-7948-1110-3
Printed in Japan